民族学人类学论坛 第二辑

散杂居民族问题研究

主 编 雷振扬

副主编 李吉和

民族出版社

目　　录

一、民族关系研究

二、城市少数民族流动人口研究

三、少数民族权益保障研究

四、民族工作研究

五、少数民族与民族社区研究

六、民族经济研究

七、研究综述

一、民族关系研究

散杂居民族问题研究

鄂豫皖杂散居地区民族关系概述

答振益

我国是一个统一的多民族国家。在辽阔富饶的神州大地上，除汉族遍布全国各地外，就少数民族居住情况而言，大体上分为聚居区和杂散居区两大类型。鄂豫皖三省除湖北境内的恩施州及其毗连的长阳、五峰两个土家族自治县外，均属杂散居地区，在内地省份具有一定的代表性。因此，研究鄂豫皖杂散居地区民族关系的历史和现状，对于加强民族团结，维护安定团结的政治局面，乃至做好全国杂散居地区民族工作，都会有所借鉴和补益。

一

湖北、河南、安徽三省地处华中偏东地区，境内有黄河、淮河、长江及汉水等著名水系和众多的湖泊，气候宜人，适于耕作。早在远古时期，这里就是"蛮"、"楚"、"巴"、"越"等原始部族或民族的生息繁衍之地。秦汉以来，经过长期的、多次的民族大迁徙和大融合，到明清时期，鄂豫皖境内的古代民族或部族，大多数已与汉族融为一体，仅在鄂西南逐渐形成了以土家族、苗族以及清初陆续由湖南等地迁来的侗族为主的聚居区。在三省境内的其他大部分地区，由于不断融进了一些北方民族或其他民族成分，形成了本文所说的杂散居地区。这些不断融入的北方民族或其他民族成分主要有：

回族。我国境内元代才开始出现的新的民族共同体。但早在回族形成之前的唐、宋时期，回族先民阿拉伯、波斯穆斯林商人，已陆续进入今鄂豫皖三省境内。因为唐代是我国统一多民族封建国家经济、文化高度发展的时期，封建经济的繁荣，文化科技的辉煌成就，国力的强盛，使唐朝在当时国际上享有很高的声望。亚非地区许多国家的使节、贵族、商贾、学者、艺术家，不断来华访问和贸易。阿拉伯帝国是当时世界上另一个最强盛的国家，和唐帝国的领土在中亚接壤。不少阿拉伯、波斯穆斯林商人，沿陆上"丝绸之路"、海上"香料之路"到达中国后，由西北或沿海港口相继进入河南、湖北、安徽境内。唐开元初（713—714年），司徒李勉任职期满，由开封往游扬州，行至睢阳（今商丘县南），遇见商贩于此已愈二十年的波斯胡贾。[1] 天宝五年（746年），有胡商在开封卖药和经商。[2] 诗人杜甫有"商胡离别下扬州"，"为问淮南米贵贱"的诗句。五代十国时，南平（荆南）国首都江陵，有蕃客穆思密（阿拉伯语对男性穆斯林之专称，并非人名）寄住。[3] 北宋时，开封系全国政治、经济、文化中心。大食、波斯等国使节和各界人士，纷纷到中原进行经济、文化交流。从宋太祖开宝元年（968年）至宋徽宗政和六年（1116年）的148年中，仅大食人前来朝贡者就达46次。"大食诸国蕃客，乞往诸州及东京买卖"[4] 者为数更多。当时，在三省境内任职、落籍的穆斯林及其后裔已屡见不鲜。宋太祖建隆二年（961年），西域鲁穆人马依泽应召来华修订历法，越二年书成，授钦天监监正，后定居陕西泾阳。其第11代马乾玠（号枢仪，南宋宁宗庆元丙辰年进士），理宗绍定五年（1232年）任南阳府知府，遂入籍新野沙堰镇。[5] 宋神宗熙宁年间（1068—1077年），西域人梁柱（赐姓）来华任金疮科御医，后落籍开封。据马注《清真指南》载：宋熙宁时，臣祖所菲尔为阿思补哈剌（布哈拉）国王入贡京师，神宗大悦，留住淮、泗之间。[6] 元丰三年（1080年），散来时所部五千人于淮泗之间耕种。[7] 开封艮岳万岁山内有不少山洞，原来"皆筑以雄黄及卢甘石。雄黄则避蛇虺，卢甘石则天阳能致云雾，渰郁如深山穷谷。后因经官折卖，有回回者知之，因请买之。几得雄黄数千斤，卢甘石数万斤"[8]。购买偌大政府拍卖的财产，绝非短期在华经营的外商之财力及能力所能及。这些唐宋时期落籍鄂豫皖境内的阿拉伯、波斯使节和穆斯林商人及其后裔和全国各地回族先民一起，与元代大批东迁来华的阿拉伯人、波斯人、中亚各族人及中国境内的汉人、维吾尔人、蒙古人等，经过长期的融合，于明代形成了新的民族共同体——回族。由明迄清，直至民国，随着社会经济的发展，境内回族自身人口的增多，加上由于出仕、军队调遣、经商、逃避战乱和自然灾害、移民等原因，陕西、甘肃、山西、山东、河北、江苏、浙江等地回族的不断迁入，三省的回民逐渐增多。湖北形成了武汉、荆沔、襄樊、郧西为中心的四大回民居住区。河南形成了城市以郑、汴、洛为主，全省范围内以豫东商丘、豫西南阳为主的回民居住区。安徽则形成了淮河以北的阜阳、六安地区为主的回民居住区。总之，新中国成立前回民已遍及三省大部分市县，其中尤以河南最多，基本上已遍及全省广大城乡。

蒙古族。蒙古族进入鄂豫皖三省，始于宋元交替之际。元朝统治确立后，不少蒙古贵族、士兵被派往全国各地充任各级官吏及执行驻防。元朝统治被推翻后，他们之中某些军政人员即流寓、隐居于三省境内。如湖北松滋有世镇江西信州的镇南王子大圣奴之隐居，改姓部氏。[9]河南有镇平晁陂镇及淅川县九重乡之王氏；平顶山市官渡乡荆山村有马秃塔儿后裔。[10]明初，归附的蒙古武将王哈刺因战功调任荆州镇守，靖难之役时，王哈刺不服从调遣，燕王朱棣即位后，王"乃去官为民"，定居城西贝子桥（祕司桥）。数传后，子孙迁徙定居于枝城、建始等县。[11]清代，三省境内不仅有蒙古官员任职，而且在湖北荆州、河南开封、安徽安庆均有蒙古八旗官兵驻防，他们及家属及其后裔构成三省境内蒙古族的主要来源。民国期间，这些蒙古人后裔因生活所迫或由于政治因素所致，虽有所迁徙，但变动不大。总之，新中国成立前鄂豫皖三省境内蒙古族人数不多，居住较为集中，分布面不广。

满族。鄂豫皖境内满族的主要来源，是清廷派往三省驻防的八旗官兵及在各地任职后落籍的满族官员之后裔。康熙二十年（1681年）清廷平定三藩之乱后，将"藩兵尽撤回京师，在福州、广州、荆州各设旗驻防"。[12] 1683 年，始遣满、蒙八旗官兵进驻荆州。到光绪八年（1882 年）共有八旗人员 25927 人，其中满旗约占 3/4，近两万人。辛亥革命后，荆州满族一部分迁往武汉、荆门、潜江及鄂东、鄂北、鄂南诸地，一部迁往北京或东北原籍。抗日战争时期，因避难又由北方诸省迁来少数满族，主要居住在恩施州建始县的苗平和细沙等地。康熙五十七年（1718 年），清廷在开封城内原明朝周王府遗址的东北部营建里城（俗称满城）。1720 年派八旗满、蒙官兵一千人到开封驻防，后其家属也陆续迁入，人口不断增加。南阳系豫西重镇，清初满族奎庵任南阳镇总戎，康熙七年（1668 年）卒于家，其后裔留居南阳，子孙繁衍，分布于南阳及附近各县。辛亥革命后，开封满族有迁居郑州、通许、杞县、陈留等县者。安徽满族为清代驻防安庆的八旗官兵和少数落籍满族官员的后裔，直到新中国成立前，为数甚少。

畲族。清末光绪年间，畲族先后由浙江淳安、兰溪、桐庐和福建莆城等地，迁居皖南的宁国县杨山乡青草湖、云梯乡千秋关等地定居，新中国成立前仅有数百人。

此外，新中国成立前鄂豫皖三省境内，尚有维吾尔、壮、朝鲜、高山、瑶、黎等少数民族成分，他们或从政、从军、从商而来，或通婚联姻而来，或因逃避灾害、战乱而来，但为数极少。尽管如此，上述事实已足以证明，鄂豫皖地区历史上就是一个多民族杂散居地区。

二

我国的民族关系，包含汉族与少数民族之间的关系和各少数民族之间的关系两个方面。在我国历史上，汉族一直是人口最多的主体民族。因此，它与各少数民族之间的关系构成了我国民族关系的主要内容。就湖北、河南、安徽三省杂散居地区而言，应该说其主要内容就是回汉民族之间的关系。其理由为新中国成立前，鄂豫皖三省境内杂散居地区的民族构成除汉族外，主要有回、满、蒙古、畲等民族，其中以回族人数最多，分布最广。新中国成立后，据1990 年全国第四次人口普查统计资料[13]，除塔吉克族外，鄂豫皖三省境内共有 55 个民族，总人口为195685706人；除汉族外，有 54 个少数民族，人口总数为3472848 人。除湖北恩施自治州，长阳、五峰自治县聚居区外，鄂豫皖三省杂散居区共有少数民族人口1471959人，其中回族人口为 1250313 人，占84.9%，且分布于三省境内的各个市、县。故我们说鄂豫皖三省境内杂散居地区的民族关系主要是回汉关系。

鄂豫皖地区回汉民族之间的关系，总的来说历来是比较好的。他们长期交错杂居、和睦相处，在开发农业、防御自然灾害、发展文化教育、反对封建压迫和外来侵略的斗争中结下了深厚的友谊。

早在明初，沔阳回族农民和当地汉族农民一道，开发了沔城附近的七里垸、金马垸、江北、官路等地，并开挖了大、小莲花池。[14]大约在明代中期，由武昌、嘉鱼等地迁往沔南（今属洪湖市）湖区的黄蓬、黄泥潭、月堤、马家沟、吕蒙口等地落籍的回民，以定姓回族为主，联合王姓、马姓回族和当地汉族农民一起，在珂里湾插标为界，围垦喜鹊湖、扁湖、长湖、双湖、桂朋湖、大小深湖、木渣湖的湖田[15]，共同促进了当地农业生产的发展。

1841 年 8 月，黄河在开封西北决口，河水先后由南门和宋门南边的水门涌入城内。回族群众带头把家中的棉衣、棉被、麻袋、房上的砖瓦，甚至将清真东大寺的砖瓦拆掉，用来堵塞漏洞和加固城墙。20 名回族青年跳进波涛翻滚的河水中，协助河营兵将两只装满砖石、麦秸的料船拉到城墙边，修复了塌陷之处，保护了全城人民的生命财产，但 19 名回族青年献出了宝贵的生命。为了表彰回族人民在抗洪救灾中的贡献，1846 年清廷重修了东大寺，并赐以

"护国清真"的匾额以示褒奖。[16]

自清代中朝起，鄂豫皖各地回民多办有"义学"，清末到新中国成立前夕，又陆续创办了回民（清真）学校，学生"回汉兼收"，同样为贫穷汉族子弟提供了学习机会。少数汉族教师在回民学校义务教学，为推动当地回民教育发展做了一定的工作。

在反对封建压迫和反对外来侵略斗争中，回汉群众更是相互支援，团结战斗。早在明成化年间，荆襄流民起义时，"外郡安置回回达达，结合成群，假以贩马为名，侵扰道路"[17]，给起义以有力的配合和支持。崇祯十四年（1641 年）12 月，李自成率起义军进攻河南午阳县城，汉民景长舒、回民杜金为内应，开门迎闯王入城。[18]清末，邓县回民马武源率众参加捻军的抗清斗争，与张宗禹部联合作战，大败僧格林沁于邓县王良店。在辛亥革命中，鄂豫皖地区的回族志士马骧云、沙金海、马刚侯、海风山、丹鹏晏等和当地汉族人民一道并肩战斗，流血牺牲，为推翻清王朝反动统治，结束在我国历史上延续两千多年的封建专制政体，立下了功勋。在大革命、土地革命和彻底埋葬蒋家王朝的解放战争时期，鄂豫皖地区回族人民在中国共产党的领导下，开展了支援北伐、打土豪分田地、建立红色政权和支援解放的斗争。湖北郧西回民组建了回民排，河南博爱等县回族人民组建了回民大队，安徽怀宁县三益圩回民村 127 名回族水手组成支持大军渡江的支前中队。他们和各族人民一道，为中国人民的彻底解放进行了英勇斗争。在斗争中，湖北马世茂、王文雄、魏登恒，河南金孚光、袁良惠、海风阁、马庆华，安徽白之义、马吉荣、丁宪良等无数回族人民优秀儿女献出了宝贵的生命，为中国人民解放事业作出了重要的贡献。

在抗击外来侵略、保家卫国的民族自卫战争中，第一次鸦片战争期间，安徽回族将领马辰[19]积极协助林则徐在虎门销烟，并和土家族爱国将领陈连升一道抗击英国武装挑衅。第二次鸦片战争中，河南回族将领沙春元与各族爱国官兵一道在大沽重创英法联军后壮烈殉国。中法战争期间，安徽回族将领杨歧珍和各族官兵一道，两次重创入侵镇海的法国海军，保卫了祖国神圣疆域。抗日战争时期，鄂豫皖地区回族人民和各族人民一道，开展了声势浩大的抗日宣传和爱国活动。特别是在中国共产党的领导下，湖北钟祥九里回汉群众组织抗日游击队和组建由回民赵直堂、答汉臣任正、副乡长的檀合乡抗日民主政府[20]；河南洛宁县回民组织抗日游击中队[21]；安徽定远县二龙乡清真营等和各族军民一道，为抗击日本帝国主义侵略，保卫祖国大好河山作出重要贡献，各族人民结下了深厚的友谊。

1949 年中华人民共和国的成立，结束了帝国主义、封建主义、官僚资本主义在中国的统治，彻底废除了一切剥削压迫制度，实现了各民族一律平等和前所未有的民族大团结。在社会主义民族大家庭中，各族人民对于彼此的宗教信仰、风俗习惯互相谅解，相互尊重；在物质文明、精神文明建设中，互相学习，相互支持和帮助，谱写了民族团结的颂歌。党和国家为了保障杂散居区少数民族平等权利的实施，制定了一系列方针、政策，采取了许多行之有效的措施，鄂豫皖境内杂散居区少数民族的经济、文化教育有了较大的发展，生活水平有了显著的提高。鄂豫皖地区回汉民族关系也进入了一个新的历史时期，民族平等、团结、互助，共同发展，共同繁荣，新型的社会主义民族关系已在各族广大人民中蔚然成风，成为当地民族关系的主流，成为回汉民族关系的主旋律。

三

在人类社会发展史上，各民族之间既有密切的交往合作，也存在着矛盾和斗争。在以私有制为基础的阶级社会里，由于剥削阶级统治的需要，历代反动统治阶级大都推行民族歧视、民族压迫的政策，使其成为一个带有普遍性的问题。因而在不同的历史阶段或不同地区，主体民族和少数民族之间的矛盾冲突时有发生，历史上鄂豫皖地区回汉民族之间的关系也大体如此。自回族形成以来，历代反动统治阶级，特别是清代和国民党反动统治时期，极力推行民族歧视和民族压迫政策。曾发生过清代乾隆年间涉及湖北、安徽等数省的震惊全国的海富润案及湖北襄阳县武举苏绵章指使其外甥王小庆屠杀双沟回民的流血事件；道光年间，安徽正阳关自号王天小的汉族劣绅与回民的多次械斗；光绪、宣统年间，安徽六安县城和河南固始回汉民之间的械斗；1936年汉口世界电影院放映《战地黄花》影片及1947年汉口《罗宾汉报》刊登《诸肉莫吃》的辱教案；同年安徽反动乡长孙世茂枪杀回民朱红侠、朱锡宽的事件；特别是1943年农历四月十七日，河南孟县县长张百华和县大队队长李文翰，纠集国民党15军18支队和地主武装数千人，夜袭桑坡回民村，致使100多人被杀害，180多人被绑架，400多间房屋被焚毁，450多户遭洗劫，造成了震动全国的"桑坡惨案"。上述事件、惨案均系少数上层反动分子策划和制造，它虽然使回族人民生命财产遭受到巨大损害，但并不代表回汉民族关系的全貌，更不是回汉民族关系的主流，只是其中一股逆流。因为人民群众是历史的主人和创造者，回汉民族关系的主流应该是人民群众之间的相互交往和联系。

1949年中华人民共和国成立，彻底消除了产生民族压迫的剥削制度及历代统治阶级所散布的民族偏见和制造的民族隔阂，各民族一律平等，当家做了主人。我们党和国家在处理民族问题时所制定的方针、政策及其所取得的巨大成就，受到国内各族人民的拥护和称赞，得到国际上的公认，更是世界上任何其他国家所无法比拟的。但民族问题受诸多因素所制约，绝非短期内能使所有问题得到彻底解决。就鄂豫皖地区来说，由于杂散居区少数民族人数少，和汉族交错杂居，他们的民族特点、风俗习惯和生活的特殊需要容易被忽视。少数汉族群众民族政策观念淡薄，历史上遗留下来的侮辱、歧视少数民族的语言、口头语绝非短期内能被消除。加上三省所处的贯穿南北、连接东西的地理位置，与各大区联系十分密切，和各民族的联系、交往较广。特别是改革开放以来，不仅本地区各族人民之间的交往日趋频繁，和边疆地区维吾尔、藏、蒙古等民族人民之间的接触也日益增多。这虽然为各民族的团结创造了物质条件，给发展社会主义民族关系提供了良好的机遇，但"交往多了，摩擦系数也就大了；商品经济发达了，经济权益冲突的可能性也就增多了"。[22] 近年来，在鄂豫皖境内，或外省来三省经商、学习、过境的少数民族群众中，因经济、生活习俗等原因，就发生过回汉、藏汉、维汉民族之间的多次摩擦冲突，其中尤以本地区回汉民族之间的摩擦冲突最为突出，城乡均有发生，尤以乡村为多，有时甚至还造成了人员的伤亡和财产的重大损失。尽管这些摩擦和冲突是少数人的行为，并不能代表回汉民族之间的关系，且我国已消灭了人剥削人的制度，实现了各民族一律平等，这些摩擦冲突属于人民利益根本一致基础上产生的非对抗性的人民内部矛盾，事后均得到了妥善的处理解决，但它毕竟是以民族冲突的形式表现出来的，不仅对不明真相的人具有一定欺骗性，而且对安定团结的政治局面必将产生不利的影响，应引起有关部门和各族群众的高度重视，绝不能掉以轻心。

"国家的统一，人民的团结，国内各民族的团结，这是我们的事业必定胜利的基本保证。"[23] 只要我们遵循毛泽东同志的教导，加强马克思主义民族观和民族政策的教育，加强汉族和少数民族谁也离不开谁的教育，加强民族法制建设，用法律规范民族关系，努力提高处理民族间内部矛盾的水平，不断总结经验，近年来在前进过程中个别村、乡所出现的摩擦和冲突定会得到根本的解决。我国民族平等、团结、互助、共同发展、共同繁荣的新型社会主义民族关系必将得到进一步的巩固和发展。

参考文献：

[1] 太平广记. 卷402,《李勉》条

[2] 太平广记. 卷28,《郗鉴》条

[3] 钱易. 南部新书. 癸集

［4］宋会要稿，职官 44

［5］马风洲．马氏宗谱

［6］马注．清真指南．卷一，清褒表

［7］咸阳壬抚滇功绩

［8］（宋）周密．癸辛杂识

［9］［11］湖北省志·民族志（送审稿）．见：民族概略·蒙古族，1992

［10］马迎洲．河南少数民族史稿．郑州：中州古籍出版社，1990

［12］魏源．圣武记

［13］国家统计局人口统计司．中国人口统计年鉴（1992）．北京：中国统计出版
社，1993

［14］中共沔阳县统战部．沔阳县民族志．1986 铅印本

［15］洪湖县民族志．1984 初稿

［16］白宗正．开封回民堵黄河保汴京的事迹．见：开封市史志资料选辑．第 3 期．1985
（8）

［17］明宪宗实录，卷151

［18］河南省民族志．（打印稿）第五章，1985

［19］答振益．回族抗英爱国将领马辰．回族研究，1983（1）

［20］答振益．湖北回族，第五章第三节．北京：中央民族学院出版社．1992

［21］记洛宁县回民抗日游击中队．见：河南省民族宗教史志资料通讯，第 3 期

［22］赵延年．坚持马克思主义的民族观，不断把民族工作推向前进．河南少数民族，
总第 7 期

［23］毛泽东．关于正确处理人民内部矛盾的问题．在最高国务会议第十一次（扩大）
会议上的讲话，1957 年 2 月 27 日

（原载《中南民族大学学报》1994 年第 5 期）

鄂豫皖乡村回汉民族关系的现状

许宪隆

　　四十多年来，鄂豫皖乡村回汉关系获得了健康的发展。民族团结是鄂豫皖乡村回汉关系的主流，是回汉两族人民群众的共同愿望，是社会主义制度下新型民族关系的具体表现，也是回汉群众民族觉悟和群体素质提高的例证，同时还是各地民委、统战部门卓有成效的工作实绩。但是，在和睦融洽的氛围中，不时飘过的民族摩擦与纠纷的阴影，则是民族团结主旋律中的不和谐音，必须予以充分的重视。

　　本文通过对鄂豫皖乡村回汉关系现状的综合考察，旨在颂扬民族团结先进人物，披露存在的问题及其症结所在，企盼有关部门及时总结经验教训，积极引导本地区民族关系向更加健康和睦的方向发展。

一、鄂豫皖乡村回汉关系和睦的正效应及其表现

　　第一，回汉团结是民族关系良性循环的基础。我们在调查中，有这样一种基于感性的共识：凡是回汉关系良好、民族团结突出的乡、村、镇，多数都是乡镇企业繁荣，人民生活富裕的地方。经济的发展，促进了民族关系的改善，而民族关系的改善，反过来又进一步加速了经济的腾飞和回汉群众生活水平的提高，形成一个"回汉团结—共同富裕—回汉团结—共同富裕"的良性循环圈。

　　在河南洛宁县王范镇王东村，全村人均不到二分地，原先少数

穆斯林只能靠经营传统的宰牛羊、割皮条和铲粽糕等小本生意生活；很多汉族群众闲散于社会无事可做。因此，回汉村民之间由穷由闲而生事，大乱子没有，小纠纷不断。1978 年党的十一届三中全会后，农村改革的春风吹到了这里，26 岁的回族青年买秀峰包下了村里的几个小饭馆，立下军令状：赔了自己掏，赢利归大伙。结果 30 多人干了两年即赢利 10 万元，取得了全村回汉群众的信任。利用这笔积累资金，经村里批准，他专程奔赴上海请来了 4 名身怀绝技的汉族老师傅，添置了一套热处理设备，办起了本小利丰的拉丝厂。有了一定收益后，针对当地回汉个体运输机动车增多的情况，1984 年他又组建了洛宁个体汽车联营公司。第二年又发动回汉乡亲共同办起了豫新汽车修配厂。他看到本地的优质牛皮低价被外地皮鞋厂收购，做成皮鞋后又高价返销，就下决心到上海、常州一带请来 27 位师傅办起了皮鞋厂，产品当年即荣获河南省乡镇企业一等奖。1986 年底，王范回族镇成立，他又辞去所有可以坐享其成的职务，回乡创办民族企业——洛宁福利化轻总厂，使 120 名回汉贫困户和残疾人员彻底摆脱了贫穷和失业的烦恼。[1]自从有了乡镇企业后，全村人人有事做，个个有收入，回汉群众亲如一家，再未出现民族纠纷。

第二，回汉团结有利于缩短民族差距，消除民族隔阂。在民族友好和睦的氛围中，回汉群众增加了往来，互相学习，共同提高，历史上造成的民族间发展事实上的差距正逐步缩小，汉族和回族在生产、家居诸方面已看不出明显的区别；在共同的劳动、生产、创业过程中，回汉民族增进了对彼此宗教信仰、生活习俗等方面的了解，做到自觉的相互尊重和理解，那种由于互不往来造成的心理隔阂正在日益淡化和消弭。

湖北省襄阳县古驿区金王村是个回、汉杂居的村子，过去单一的农业经济一度遏制了经济的全面发展，大多数回汉群众的温饱问题还没有解决。改革开放以后，回族农民魏长茂承包了村里的鱼塘，他致富不忘汉族乡亲，1983 年拿出 2000 元帮助 7 户汉族村民解决了生产急需的资金；1985 年又无偿资助汉族青年马安生外出学习无线电修理技术，一再嘱咐他学成归来为回汉群众多办好事；1986 年，魏长茂自愿将村里最穷的汉族特困户张永贵作为自己的扶持对象，使他在短短两年内迅速脱贫；1998 年大旱，他将自己承包的鱼塘里的水放出来给回汉村民灌田，自己损失上千元换来了乡亲们的丰收；他还利用饲养的几百只牛羊的粪便兴建了 18 个沼气池，既解决了回汉群众烧饭照明的困难，又为农田解决了大量优质肥料。汉族群众从未因民族不同而把他当外人看，一次他在镇里开会，家里晒着 5000 多公斤小麦，天气骤变，村里汉族乡亲丢下自己的麦子跑来帮他抢场。全村回汉群众心无芥蒂，亲密无间，生活中互相尊重，近几年没有发生一件伤害民族感情的事。[2]

第三，回汉团结促成了社会安定。鄂豫皖不少回汉杂散居的乡村社会治安良好，甚至夜不闭户。这一方面得益于日渐普及的法制宣传教育，另一方面也与阿訇时常向本地回汉群众宣讲伊斯兰教的教义有关，更重要的是由于民族关系的和睦，很少出现打架、斗殴、偷、扒、拿等丑劣现象。有些乡村回汉群众还自发组织治安联防，使村民们人人有安全感，解除了生产和生活的后顾之忧，形成了安定团结的政治气氛和欣欣向荣的生活气氛。

第四，回汉团结是杂散居乡村进步和发展的前提。民族关系改善了，就会形成良好的社会环境，富裕起来的回汉各族群众才会致力于文化、教育、卫生等公益设施的建设，才会放心地进行精神文明建设方面的长期投资。河南泌阳县水南关村，昔日是一个"多难关"的回汉杂居村，在党的富民政策指导下，变成了今日远近闻名的"明星村"。全村回汉群众齐心协力，在发展经济的同时，也十分注重两个文明建设一起抓。村里每年拨 2 万元补充教育经费；1986 年投资 42 万元为学校兴建了教学楼和教师办公室、宿舍楼；1987 年又投资 15 万元建了幼儿园，给教师每人每月增发一定数额的浮动工资；从 1985 年开始实行了奖学金制度；1988 年村里投资 24 万元修建水泥路面，为各家各户铺设自来水管；村里投资 17 万元架设了专用供电线路；该村还制定了"养老"制度，每月给 70 岁以上老人及 60 岁以上党员、烈军属、五保户发放不低于正常水平的生活补助等。[3]通过这些基本建设，努力提高下一代人的文化素质，培养尊老爱幼的新风尚，从而推动整个社区的文明与进步。

二、鄂豫皖乡村回汉关系和睦的原因

第一，汉族干部能自觉摒除大汉族主义思想的影响，设身处地地为少数民族着想，为他们多办实事。安徽寿县陶店回族乡许墙村党支部书记陶元师是一位杂散居地区的汉族基层干部，当他看到村里的清真寺自从 1954 年被大水冲垮，阿訇出走，丧葬用具全部荡然无存，给回民生活带来极大不便时，想回民所想，急回民所急，首先倡议重建清真寺，得到全村回汉群众的一致响应和赞同，短短两个月清真寺就建成了。陶书记专程到外地请来一位阿訇，回族群众激动地说："陶书记是咱清真寺里不清真的清真人。"陶书记的举动增进了回汉两族人民的情感，在回汉村民间架起了一座心灵上的"民族团结桥"。[4]

第二，少数民族干部和致富能人能自觉克服狭隘民族主义倾向，主动打破民族界限，带领回汉群众共同致富。对于历史上长期遭受大汉族主义歧视的少数民族来说，要做到这一点尤为可贵。改革大潮中涌现出的一大批回族"弄潮儿"他们顾全大局，不计前嫌，以共同进步之"德"报历史上大汉族主义之"怨"，带领、帮助回汉群众战胜贫穷与落后，使本社区成为民族团结先进的乡、村、镇。河南邓州市稂东村回族致富能人李书安说得好："我要想自己富也容易，但自己富了不算富，大家富裕才算富。"[5]

第三，国家、集体利益至上，回汉群众利益第一，这几乎是所有回汉团结先进乡村的共性。河南镇平县贾宋镇桥北回民村回族企业家吴天喜在创办诸多企业的过程中，始终把国家、集体、他人利益放在首位。当清真冷冻厂与南阳地区冷冻厂联营时，对方提出投资各半，亏损各半，利润各半，他却说："全民企业是国家的，应得大头，利润咱们就四、六分成"[6]；买秀峰功成名就后自愿放弃优越条件回乡创办民族企业；全国优秀农民企业家、河南郏县回族谢孝志个人捐款十余万元救济回汉贫困户。他们的所作所为无不体现了这种大公无私的精神。

第四，任人唯贤，不分回汉亲疏远近，是鄂豫皖民族团结乡村用人的共同标准。回族乡镇企业聘请汉族兄弟担任厂长、经理、技术人员的情况屡见不鲜。河南邓县稂东村毛纺厂厂长回族李书安的妹夫玩忽职守，损耗羊毛 15 公斤，李厂长不顾妹妹求情、老娘骂人、干部规劝，坚持将其除名。[7]这种举不避仇、罚不避亲的用人风气，使回汉民族群众在量才录用方面真正得到了一视同仁、人人平等的待遇。

第五，创业成功后，回汉干部群众不沉湎于物质享受，而是保持勤俭朴实的创业精神，争取更大的成功。在杂散居地区乡村，由于创办乡镇企业致富的回、汉企业家不是少数，他们不因自己成了"大款"就恃财傲物、花天酒地，而是一心一意把钱用在为本村本乡回汉群众谋福利上，让一些贫困户也能尽快走上富裕道路，直接促成一种自上而下、自富而贫的民族团结的风气。回族农民企业家吴天喜的话很有代表性，他说："近几年，我确实挣了不少钱，如果用在个人消费上，可以说够几代人用，但我不会那样做，也更不会把钱带进坟墓中。我是一个回民，我们回民讲究清白来清白去，党的政策给我带来了富裕，我要把我从社会上挣来的钱用之于社会，用之于国家建设，用在带领群众共同致富上。"[8]

三、鄂豫皖乡村回汉民族纠纷的负效应及其表现

鄂豫皖乡村回汉民族纠纷，至少还存在三个方面的负效应：

第一，造成民族隔阂的加深。鄂豫皖乡村是回族主要杂散居地区之一，历史上历代统治者推行的民族歧视、民族压迫政策的影

响，毋庸讳言，使本地区回汉之间残存着一定的心理隔阂。近现代以来，在各民族共同进行反帝、反封建、争取民族解放的斗争中，这种由于统治者蓄意挑拨、分而治之形成的民族间的"宿怨"，为一致的革命和建设目标所代替，日渐冰消雪释。但是，一定规模、一定程度、一定波及面的民族纠纷与摩擦，必然会使大汉族主义和狭隘民族主义情绪死灰复燃，加固回汉民族壁垒。1958 年的宗教改革运动，鄂豫皖乡村某些基层干部不顾及回族与伊斯兰教源远流长的族教关系和视若生命的宗教感情，为了表示宗教改革的彻底性，把回族干部、阿訇、社头召集到清真寺里开会，强令他们"烟酒并举"，并说吃不吃猪肉是革不革命的标志；有些地方还关闭了清真寺。安徽寿县清真寺系明代古建筑，却被改为麻纺厂；河南临颍繁城清真寺也是有几百年历史的古寺，结果古碑被烧成石灰，各种宗教用具被全部砸成 500 多公斤废铜。[9] 这些行为引起信教群众的反感，使已趋缓和的回汉关系再度紧张起来。

第二，阻碍各民族共同进步繁荣。民族纠纷使回汉之间戒备森严，不愿与兄弟民族往来，生活缺乏最起码的稳定和安全保障。1988 年 2 月 5 日，河南睢县吴庄回族村与经楼汉族村之间发生民族纠纷，回族邀集省内外本族青壮年数千人汇合成立了一个组织，设有主任、副主任、文书等职，还制定了《关于战前的几项条约》，分发回族群众；经楼的汉族群众，在村委会干部的组织下，把 8 个村组的青壮劳力编成四个连，还自发组织了一支武术队，制定了几套方案。后来在当地政府、公安部门、武警部队的强行制止下，一场一触即发的流血械斗才得以避免。这种鸡犬之声相闻、民至老死不相往来的不良关系，当然不利于各民族经济、文化上的交流、互相学习和取长补短。

第三，波及四邻，影响社会安定。每当一处乡村出现民族纠纷时，回汉两族邀人"助拳"，请人打架，近则邻村邻县，远至周围各省，甚至甘肃、新疆。如上述 1988 年睢县"二五事件"中，吴庄回族不仅邀本省的民权、太康、柘城、开封、宁陵等地的回民，还写信请来了安徽、山东、河北、湖北及西北诸省的部分回民。前来"帮忙"的人必然都是各地的青壮年，无论农闲农忙，招之即来，动则数十辆汽车，严重影响了正常生产不说，所经各地横冲直撞、杀气腾腾，引起人心惶惶，一些坏人还趁机作案，直接破坏了安定团结的政治局面。

近几年，更有一些不法分子借民族纠纷处理"法不责众"的时机，大肆打、杀、砸、抢、烧。这种畸形的人生观如不及时加以纠正，将会带来更大的社会问题。

四、鄂豫皖乡村回汉纠纷的原因

剖析鄂豫皖乡村回汉纠纷的原因，必须着重指出的是，鄂豫皖乡村中出现的民族纠纷与旧社会的"辱教案"有着本质的区别。"辱教案"是统治阶级为达到"分而治之"的目的，故意挑起民族或宗教事端，制造民族隔阂的结果，属敌我矛盾；现阶段的民族纠纷是在根本利益一致前提下的人民内部矛盾，它的出现是受到多方面因素的影响。

第一，历史因素。历朝统治者实行的民族压迫政策，使不少回族群众形成一种防卫和戒惧心理，一旦与汉族群众发生矛盾，首先就有"汉人欺负回回"的先入为主的概念，对一些带有歧视性、侮辱性的称呼尤其敏感，稍不留意，就会伤害、刺激民族感情，更不用说强迫回族人抽烟喝酒吃大肉，取笑讽刺民族习俗等忍无可忍的行为了。遇有这样的情况，多数回族群众基于民族自尊心，既不问是非曲直，也不管相识与否，与自己有无直接关系，无不竞相参与冲突或械斗。

第二，政治原因。鄂豫皖乡村最初的几起民族纠纷都是政治原因造成的。敌对分子为颠覆社会主义制度造谣惑众、挑拨煽动；大力发展养猪事业，强迫回民养猪，忽略民族禁忌；对回族干部采取极端过火行为；强行将清真寺改为工厂、仓库、学校等。这些政策执行中出现的偏差引起回族人民的反感和抵触情绪，影响很坏，很多回族群众现在提起来仍然愤有啧言，常常借机发泄。

第三，文化及信仰因素。回汉民族文化、信仰上的互异性，导致他们在服饰、饮食、婚丧、宗教生活诸方面的差别，如果做不到相互尊重、互不干涉，就必然会产生不和。在诸多民族纠纷中，个别回汉群众开始争吵时，汉族群众往往以与猪相关的语言刺激回民；事态扩大后，回民以民族和伊斯兰教为旗帜，汉民以村庄、宗教相号召，发展为具有强烈民族及宗教色彩的冲突。

第四，经济因素。"商品经济的发展"，使"交往多了，摩擦系数也就大了"[10]。据调查，鄂豫皖乡村80%以上的民族纠纷都是由经济方面的原因引起的——诸如拉车的想多要几毛钱，乘车的想少出点钱；卖毛线的缺斤短两；地界有几公分出入等等。在本族内纯属常见的小矛盾，一旦掺杂进民族感情，唤起民族意识，往往会导致斗殴，甚至引出命案。

第五，法制因素。一些群众法制观念淡薄，不懂得使用法律手段解决问题，尤其是乡村的一部分回、汉青少年，还处于法盲状态，他们把打架、斗殴作为"正当"、"合法"的防卫手段，甚至唯恐天下不乱，极尽煽风点火之能事，以至犯法尚不自知。若被打死、打伤，亲属也不是去向公安机关报案，让凶手受到法律制裁，而是向本村、本族群众诉苦，谋求械斗报复。

第六，管理体制因素。一些地区的某些部门对民族问题的严重性估计不足，干部配备不全，素质不高，解决实际问题的能力有限。还有的乡、村有少数民族数千人竟无一名主管民族工作的干部，遇事则相互推诿，无人拍板，引起双方群众不满，小乱酿成大乱。有的地方虽配备干部，却反应迟钝，处事不力，不是本着大事化小、小事化了的态度，而是站在本民族立场上小题大做，致使局面难以收拾。譬如1991年5月河南正阳县打死5人伤8人的恶性械斗事件，一开始仅是个人小摩擦，拖了12天无人处理，造成严重后果；睢县"二五事件"烧毁房屋52间，经济损失32万多元，也是小纠纷引起的大冲突。据统计，有半数以上的民族纠纷是因未得到及时处理由小拖大的，有些甚至至今未有是非公断，成为未来民族纠纷的隐患和诱发因素。

参考文献：

[1]［3]［5]［6]［7]［8］河南省民委．中原民族之星．郑州：河南人民出版社，1989

[2］答振益．湖北回族．北京：中央民族学院出版社，1992. 155～156

[4］安徽寿县人民政府民族宗教科．热心为回族办实事的老书记．广播通讯稿

[9］马迎洲．河南少数民族史稿．郑州：中州古籍出版社，1990. 133，158

[10］赵延年．在豫鲁皖三省增进民族团结进步座谈会上的讲话．河南少数民族，1991（12）

（原载《中南民族大学学报》1994 年第 5 期）

鄂豫皖城市民族关系初探

柏贵喜

城市是现代文明的象征，也是透视一国民族关系面貌的窗口。我国鄂豫皖地区的城市，由于发挥着承东拉西、引南连北的特殊作用，城市的民族关系对周边的民族关系及祖国的统一与稳定，必然会产生重要的影响。随着改革、开放的逐步深入，各民族人口互动日益频繁，特别是边疆少数民族向鄂豫皖城市扇聚，造成城市民族关系更加复杂多变。因此，研究鄂豫皖城市民族关系，对于做好城市民族工作，维护祖国的安定团结，无疑具有重要的意义。

一、鄂豫皖城市的多民族属性

鄂豫皖地区是我国城市兴起较早和发展较快的地区之一。其城市起源可追溯到考古学上的龙山文化时期。[1]此区又由于"居天下之中"，不仅是历朝建都之地，拥有"山河拱戴，形势甲于天下"的九朝故都洛阳和"北据燕赵，通通江淮"的六朝故都开封等古代名都；而且有众多的军事重镇、商贸港埠、工矿新城。目前，鄂豫皖地区已成为我国城镇较为密集的地区之一，湖北省（恩施自治州除外）拥有城市 28 座，河南省拥有城市 27 座，安徽省拥有城市 18 座。此外，鄂豫皖小城镇鳞次栉比、星罗棋布，三省共有县辖镇达 1189 个。[2]

鄂豫皖城市早期人口的民族结构单一。宋代以前，城市居民主要是华夏族及在秦汉后形成的汉族。宋代，鄂豫皖城市经济的繁荣吸引了众多非汉群团的商人前来商贸。例如开封，出现了"万姓交易"的盛况，参加交易的除"大食诸蕃客"[3]外，还有"胡商"[4]等；并且，在开封市场上出现了日本人的扇子、高丽人的墨料。元代，随蒙古大军南下迁入鄂豫皖的回回除屯田的外，也有经商、为官于城市者。明清之际，回族移居鄂豫皖城市的人口骤增，在武汉、襄樊、郑州、开封、洛阳等市形成了相对集中居住的区域。同时在清代，蒙古族、满族军士和满族官员被清廷派驻三省城市，进行军事驻防和政治经制，其后裔便留居开封、南阳、安庆、荆州等市镇。

据1990年第四次人口普查，鄂豫皖城市少数民族成分数大为增长，武汉和郑州均为42个，合肥市已达46个。在多民族属性的城市中，少数民族有如下特点：

1. 各少数民族人口多寡不一，其中回族人口占相当大的比重

鄂豫皖城市少数民族人口依民族不同而有差别。在部分城市的少数民族中，有的人口达数万，有的则仅一人。从总体看，回族人口占城市少数民族人口的比重最大，其次是满族、蒙古族；个别城市中，土家、壮、苗等民族的人口也占有较大的比例。

2. 城市少数民族分布类似全国少数民族"大杂居、小聚居"的态势

多数散布于机关、团体、厂矿、学校及各街区等；少数有自己相对集中的聚居点或区，形成了城市少数民族的社区。回族社区有武汉的广益桥、二七街、起义街，郑州的管城，开封的顺河，洛阳的河，合肥的北门双岗等；满族、蒙古族社区有开封龙亭区里城居委会里城大院等。另外，少数民族在武汉市的中南民族学院校园组成了城市独特的校园民族社区。

3. 城市少数民族人口文化程度较高，分布行业较广

同乡村比较，城市少数民族具有较高的文化程度，其中，具有中高级职称的知识分子占有很大比例。例如，1982年，湖北的毛南、裕固、俄罗斯等民族人口全部分布在城市，三族人口的文化程

度都在初中以上,其中毛南族人口大学文化程度和中学文化程度各占50%。城市少数民族分布的行业极广,涉及制造、建筑、交通运输、邮电通讯、教育文化艺术、科学研究和机关政党及群众团体等众多门类,有些民族的部分人口还从事郊区农业。

二、鄂豫皖城市民族关系的特点

鄂豫皖城市多民族属性使城市成为各民族联系、互动的大舞台。在城市光怪陆离、千变万化的生活环境中,各族群众组成了一个相互作用、相互影响的关系网络。但是,鄂豫皖杂散居城市民族关系既不同于乡村的民族关系,又迥异于聚居区及边疆的民族关系,而呈现自己的特点:

1. 多元网络性

多民族共居城市使城市民族关系行为主体具有多元的特点。这种多元行为主体包括一个民族人口整体;由于民族文化心理合致、宗教信仰趋同、居住地或祖居地相近等因素而组成的多族族性联合体;还包括被赋予号召、表率等群体象征及其他民族属性的民族成员个体等。民族关系行为主体的多元使民族间结成多向网络状的联系。在城市生活中,各民族间不是孤立存在的,而是要进行各种交往,建立多样联系。但这种交往和联系不同于乡村的单纯,而是以多向为特征。一个民族的交往对象不是一个或两个,而是多个,在有些城市中达十几个乃至几十个,而另一个民族则朝同样多的方向关联自己的交往对象,这样各族联系相互交织,就组成了城市民族关系的网络。但鄂豫皖城市各民族人口多寡不一,对城市生活的影响有别,因而在网络状的民族关系中,必有少数起主导、决定作用,如汉、回、满、蒙古等,这样以某个主导民族为中心,就形成了一种由网络关系转化而成的辐射状的民族关系模式。

2. 错综复杂性

民族关系行为主体的多元和民族间多向网络状关联是城市民族

关系复杂化的前提。都市化加快、人口互动增速、生活方式骤变、民族利益意识强化等又是加剧民族关系错综复杂性的重要因素。从内容上讲，城市民族关系涵盖政治、经济、文化、宗教、语言乃至民族心态等众多层面，它是政治关系、经济关系、文化关系、宗教关系、语言关系等各种关系的相互交织。例如：民族关系在经济关系上的表征主要是民族企业与其他企业的经济联系与冲突，各民族传统生业方式的相互作用和影响等；在文化关系上则显现为少数民族迁入城市后的城市文化适应与各民族传统文化间的相互尊重、知觉和涵化。从性质上观照，新中国成立后，由于消灭了剥削阶级和阶级对立，社会主义的民族关系主要是各族劳动人民之间友好的平等团结互助的关系，但又存在历史上遗留下来的事实上的不平等及以此为主要因素而产生的民族间经济、刑事的纠纷及宗教文化的排抗等民族问题。在当前风云变幻的国际环境中，个别分裂主义分子往往以城市为据点，利用人权问题和民族问题挑拨、扩大民族矛盾，增加了城市民族关系的复杂性。另外，城市民族关系还黏着于同事、同学、邻里、家庭等社会关系上，在一定条件下，这些业缘、地缘、血缘的社会关系便转化为民族关系。

3. 功能依赖性

城市社会关系是一个大的系统，其内的民族关系便是这个大系统中的一个子系统。不同民族关系行为主体间，不同民族关系间以及城市民族关系与乡村民族关系、边疆民族关系间都不是孤立存在的，而是彼此感应、作用和影响，即在功能上是相互依赖的。其一，城市民族关系不同行为主体之所以能够建立联系，就在于双方在功能上是依赖的。如商品的交换、文化的交流等，这是民族关系的共性；城市民族关系所具有的个性是由于少数民族人口分散、行业多样、民族关联多向，两个民族间的关系状况及变化便会快速而直接影响到其中之一与其他民族的关系状况及变化。其二，民族关系各内容间也是彼此依赖、相互影响的。政治权利的平等与否必然影响到经济文化发展权利平等与否；经济纠纷矛盾会上升到政治冲突。其三，由于少数民族多来自乡村和边疆，与乡村和边疆有着千丝万缕的联系，城市民族关系的好坏必然对乡村及边疆民族关系产生深刻的影响，尤其影响到边疆的稳定和祖国的统一；反之，乡村和边疆民族关系的变化也必然造成城市民族关系的调节。另外，城市作为一个窗口，从中还可透视到国际民族关系的变动。

4. 隐含性和敏感性

由于城市少数民族居住较分散，行业范围广，民族间的交往以个体交往为主要形式，因而民族关系从总体上说，主要被其他社会关系所掩盖，民族问题也就隐含于其他社会问题之中；又由于城市各民族人口文化程度和内在涵养相对较高，对政策和城市生活的认同度较高，各民族成员对民族问题多能采取以礼相让的态度。经过调节，民族间的矛盾和冲突就会弱化或转型。民族问题的隐含性对处理城市民族问题，形成和谐的民族关系具有积极的意义，但隐含性只表征问题的不外显，并不说明问题的消失。在一定条件下，这种潜伏的民族问题将会上升到表层，必然影响到民族间的团结。民族问题由隐含而公开化多是由一些敏感因素造成的。如回族是一个禁猪民族，饮食禁忌就是一个影响民族问题产生的最敏感的焦点。历史上，鄂豫皖城市回汉族间的摩擦和纠纷，相当部分根源于回族的饮食习俗没能得到尊重。

三、民族关系的协调机制和新型民族关系的建构

民族关系的协调机制是指采取灵活多样的形式、手段和规则，用以加强民族间友好往来，妥善地处理民族问题的机构及其职能的总和。新中国成立后，中国共产党为了构建社会主义的新型民族关系，不断建立并逐步完善了民族关系的协调机制。

1. 民族工作机构的协调机制

新中国成立后，鄂豫皖各城市建立和完善了不同级类的民族工作机构，在政府部门建立了民族事务委员会、民族事务（或民族宗

教事务）局或科，成为政府的职能部门之一；在政协系统建立了民族宗教委员会或工作组；人大也多设立民族委员会；党委统战部设立民族宗教处。各级各类民族工作机构的职能都是围绕协调民族关系这个中心，宣传、贯彻、执行党和国家的民族政策及有关民族事务的法规、决议、命令，管理本市民族事务，保障少数民族平等权利，促进少数民族各项事业的发展和各民族共同繁荣等。

2. 民族社团的协调机制

早在晚清、民国时期，鄂豫皖城市就曾出现过许多民间的民族社团，它们本着"回汉和睦"的宗旨，在维护地方治安，加强民族团结方面发挥过积极的作用。新中国成立后，在党的领导下，鄂豫皖城市建立了一些新的民族宗教团体。20世纪50年代成立的有武汉市回民文化协进会、武汉市伊斯兰教协会、安庆市回民联合会、蚌埠回民青年联合会等；80年代以来建立的有武汉市民族宗教研究会、湖北省伊斯兰教协会、湖北民族教育研究会、河南伊斯兰教协会、河南少数民族教育研究会等等。这些社团任务虽各有侧重，但都以城市为依托，本着建立新型民族关系的目的来发挥职能。其职能要者可分两类：其一，从事少数民族各项事业的研究，为决策提供依据；其二，配合人民政府宣传民族宗教政策，促进民族发展，加强民族团结，处理民族纠纷，加强各国穆斯林间的友好往来等。

3. 民族社区的协调机制

新中国成立后，党和政府十分重视鄂豫皖城市民族社区的工作，除完善社区服务设施外，在大多数少数民族人口较少的城市民族社区或城镇设立民族居委会（或联合居委会），如安徽省各市的回族居委会有26个；在少数民族人口较多的城市民族社区或城镇建立民族区或民族镇，在民族区（镇）下再分设街道办事处和居委会，如郑州市管城回族区，在市区内下设5个街道办事处，作为回族区的派出机关，5个办事处下辖99个居委会。民族区机关及其派出机关有宣传、执行民族政策，发展本区各民族的事业，排解民族纠纷，维护民族团结的职能；民族（联合）居委会也具有协调民关系的职能，如焦作市解放区民生南街各居委会制定了街民公约，明确规定：不准在街区内养猪，不准说侮辱少数民族的话，不准在公用水管里洗大肉。公约的制定加强了回汉民族间的和睦团结。

民族关系协调机制的建立和完善是社会主义新型民族关系建立的前提、保障和动力。随着各类机构民族关系协调职能的充分发挥，鄂豫皖城市逐步建立起了民族平等、团结互助和各民族共同繁荣的新型的社会主义民族关系。

1. 民族平等基本实现

新中国成立后，在鄂豫皖城市实施了一系列的政策、法规，保障了民族平等权利。其一，提高民族区、镇机关干部的民族化程度，选拔了一批少数民族先进分子充实到领导班子，尤其强调民族区、镇的区镇长必须由少数民族干部担任。其二，在市镇不同机关、部门，大量选拔、培养和任用少数民族干部。据不完全统计，郑州市现共有少数民族干部 679 人，占干部总数的 2.77%，其中副科（局）级以上的 591 人，副县（市、区）级以上的 85 人，副地（市）级以上的 3 人。其三，为使少数民族人民参与国家事务的管理，在历届人大代表和政协委员中都安排一定比例的少数民族名额。如洛阳市第六届人大 250 名代表中，有少数民族代表 14 名，占代表总数的 5.6%。

2. 民族间事实上不平等逐步消除

在经济上，随着各项优惠政策的落实，民族经济快速增长。1991 年郑州市民族工商企业已达 1500 个，其中乡镇企业 83 个，经营清真食品的企业 1300 多家，市区民族工业企业 33 个，集体和全民所有制商业网点 44 个。由于民族经济的发展，少数民族生活水平不断提高。1991 年郑州市少数民族人均收入已达到 1165 元。[5] 在教育上，除历年高考对少数民族考生给予降分照顾外，还帮助城市少数民族创办了各类民族学校，以发展民族教育。1988 年，河南郑州、开封、洛阳、焦作、新乡、漯河、许昌、平顶山、三门峡、濮阳等 10 市共有各类民族学校 199 所，其中民族中学 34 所（回族

中学 31 所，蒙古族中学 3 所），民族小学 116 所（回族小学 115
所，维吾尔族小学 1 所），职业学校 1 所，民族幼儿园 48 所。在湖
北和安徽许多市镇也建有回族中小学、回族幼儿班与学前班、民族
业余学校。另外，在武汉市建有 1 所民族高等院校；在合肥、沙市
等市的部分中学设有西藏班。

3. 民族团结互助关系正在确立

新中国成立后，随着民族平等权利的保障和民族间事实上不平
等的消除，鄂豫皖城市各族人民确立和发展了团结、互助的民族关
系。在城市中，各族人民和睦共处、互相尊重。他们同在一条街道生
活，同在一个工厂工作，同在一所学校学习，彼此友爱，谦逊礼让，
精诚与共。通过政府的大力宣传，各族群众互相理解和尊重。尤其回
族等少数民族的风俗习惯得到了广泛的理解和尊重。如在城市的交通
要道，回族等禁猪民族人口较多的街巷、工厂、机关、学校等处设立
清真饭店、清真食堂或窗口；在城镇主要街区设立牛羊肉供应点或在
副食品商店、菜市场设立清真专柜。在回汉族通婚的家庭，汉族一方
多遵从回族的习惯。城市各族人民还相互支援和帮助。1984 年，襄
樊友谊街回族五保老人王志贵生病，汉民王正英主动关照，经常为他
端药、送水、做饭、料理家务，直到老人病故。

四、鄂豫皖城市民族问题及对策

鄂豫皖城市民族关系的主流是各民族的平等、团结、互助，但
也存在一些民族问题。这些民族问题以隐含性和敏感性为特征，以
文化不适、弹性矛盾和不平衡发展等为主要内容。

1. 文化不适

多族共居的城市中，文化调适是一个长期的过程，民族互动中
的文化不适为普遍的症状。文化不适存在于不同民族之间，但以少
数民族对汉族的文化不适和少数民族对都市文化的不适最明显。文
化不适固然以单位不适为类型之一，但社区不适却是主要的层面。

历史上，回族在城市中经商做工，经常因为与汉族的社区文化不相适应而发生纠纷和冲突。回族文化调适的主要结果就是移居一地，形成独立的民族社区。新中国成立后，尤其是改革开放以来，农村和边疆少数民族到城市经商做工及从事其他行业的日益增多。但在经营中，少数民族多不能很快适应城市社区生活，如语言不通、生活习俗和心理素质殊异等等。这种文化不适，一方面使部分少数民族人口基本上游离社区生活之外，他们在居住、饮食、购物及子女入学等众多方面存在着种种困难，这又进一步造成少数民族的孤独、无助，甚至对社区的不满；另一方面使少数民族与汉族无法沟通、理解，进而造成两种文化间的冷漠、怀疑甚至排抗，影响到民族间的合作、团结和社会安定。

2. 弹性矛盾

除文化不适外，城市民族关系中还存在一些矛盾，如民族习俗、宗教信仰的保持与辱损的矛盾；民族感情、宗教感情的浓化与伤害的矛盾；民族合法权益的期望与触犯的矛盾；民族间经济、民事、刑事纠纷等等。城市中的这些矛盾弹性很大，一般不表现为公开的行为冲突，但如果不予正确对待和处理，这些矛盾也会激化。

3. 不平衡发展

鄂豫皖城市民族发展的不平衡是一种最恒久的民族问题。各民族发展的基点高低不一，发展的速度和程度也有差异，由此造成民族间的差距。民族发展中所呈现的差距，不仅表现在经济文化方面，也表现在心理素质方面。差距的比较，实际上就是自卑心理和自负心理的比较，其伴生物即是不平等甚至歧视。因而，差距所产生的民族问题比差异所产生的民族问题更本质、更显著。

城市民族问题产生了一系列负效应，不仅带来了社会动荡，影响了周边的安定；而且使民族间隔阂加深，阻碍了各民族共同繁荣。消除这些问题将是城市民族工作的当务之急。

第一，建立、健全社区服务设施，完善社区服务功能，优化民族文化调适环境。在少数民族人口较多的民族社区要建立和健全图书馆、文化馆、幼儿园、敬老院、调解处、法律咨询处等服务设施，使民族社区完善宣传、调节、发展等多种功能；在少数民族人口较少，尤其是有少数民族暂住或滞留的非民族社区，其各种服务应该兼顾民族特点，增加为少数民族服务的设施，为少数民族生活提供便利。

第二，加强民族政策、法律和少数民族风俗习惯、宗教信仰的宣传，增进各民族相互间的了解。过去，城市民族宣传中存在几个误区：宣传政策法规多，宣传民族特点少；对少数民族宣传多，对汉族宣传少；在社会地位较高的人群中宣传多，在市民社会中宣传少；利用文件宣传和民族类期刊宣传多，利用其他媒体宣传少。总之，城市民族宣传内容过窄，对象褊狭，方式和手段单一，这样难以使民族政策、法规深入人心，进而达到民族间沟通的效果。因此，防止民族问题发生的切实办法就是全方位、多渠道、多样化、经常化地进行民族宣传。

第三，贯彻《城市民族工作条例》，制定切实的措施，帮助少数民族发展各项事业。各民族只有同步发展，才能真正地携手共荣，消除隔阂的根源。而同步发展的实现，要求各级政府部门认知历史上遗留下来的民族间事实上的不平等和民族间的差距，把民族发展事业作为一项系统工程来抓。

参考文献：

[1] 河南省文物研究所．河南淮阳平粮台龙山文化城址试掘简报．文物，1983（3）；河南省文物研究所，中国历史博物馆考古部．登封王城岗遗址的发掘．文物，1983（3）

[2] 据《中国人口统计年鉴》（1992年）整理

[3] 宋会要辑稿，官职四四

[4] 李昉．太平广记，卷二十八

[5] 据《郑州市民族工作概况》（打印稿）整理

（原载《中南民族大学学报》1994年第5期）

我国中、东部地区城市民族关系特点刍议

李吉和　　周彩云

随着我国政治经济文化等各项事业的发展，尤其是改革开放以来，我国步入了城市化快速发展的轨道。据统计，我国的城市化水平已从 1990 年的18.96% 提高到 2003 年底的 40.53%。在城市化进程中，中、东部地区城市化水平高于西部地区，2000 年中国东部地区的城市化水平为 44.6%，中部为33.0%，西部则为 25.5%。[1] 根据预测，到 2020 年，我国的城市化率将达到 55% ~ 60%。中、东部地区城市化的发展，对经济欠发达民族地区的人口产生了较大的吸引力，西部地区的少数民族纷纷步出闭塞的乡村，涌入经济社会蓬勃发展的中、东部地区特别是大、中城市，促使少数民族在中、东部地区的城市化率不断提高。如到 2000 年，辽宁省少数民族人口城市化率为 37%，天津为 83.03%，北京为 83.57%，山东为63.72%，江苏为 62.62%，上海为96.16%，浙江为37.97%，广东为 61.19%。少数民族成为中、东部地区城市一支重要的建设力量，并向世人展现其缤纷多彩的文化，增进地区之间和民族之间的交往，丰富城市文化的内涵。特别是经过新中国成立以来党的民族理论政策的宣传教育，城市各民族之间相互了解程度不断加深，关系日益密切，相同点逐渐增多，逐步建立起平等、团结、互助、和谐的城市民族关系。如对上海市民族关系的满意程度问卷调查得出，几乎 90% 以上的少数民族对民族关系表示满意和基本满意。[2] 当然，民族之间交往的增多、频率的加快，难免出现摩擦、纠纷甚至冲突，使城市民族关系面临新的问题，会激活原有的民族关系特点，同时出现一些新的特点。

对城市民族关系的特点，我国的民族理论和实践工作者给予了高度的概括和总结。金炳镐指出，城市少数民族的结构特点，决定了城市民族问题主要不以本地区民族关系问题为主，而是以整个本民族的问题为主；城市的辐射功能，决定了城市民族问题反应快、连锁性强；城市的中心作用，决定了城市民族关系是我国民族关系的晴雨表、测量表；中国城市少数民族人员构成状况，决定了城市民族问题中，少数民族知识分子的影响大，少数民族与少数民族之间的矛盾增多。[3]郑信哲、周竞红认为，城市民族关系问题具有多民族化现象明显、民族意识强、城市少数民族的特点往往被忽视、民族问题信息传播快、辐射性强的特点。[4]雷海认为，城市民族关系具有敏感性、辐射性、连锁反应性等特点。[5]《中国城市民族工作的理论与实践》一书总结出城市民族关系有历史性、差异性、场景性、政策性、复杂性5个特点。[6]《关于武汉市构建城市和谐民族关系调控机制的调研报告》认为，城市民族关系有复杂敏感性、广泛性、表现形式的多样性、效应上的互动性、功能上的示范性等特点。[7]这些研究由浅入深，由点到面，是我们进一步研究城市民族关系的基础。本文在此基础上，对城市民族关系的特点进行初步总结和探讨，为正确认识和处理城市化进程中的民族关系、构建和谐社会、促进各民族共同繁荣发展服务。

一、利益性

利益性是民族关系问题的一个基本特征。利益是满足人的物质需要和精神需要的保障条件。马克思说："人们奋斗所争取的一切，都同他们的利益有关。"[8]目前，我国的社会主要矛盾是人民日益增长的物质文化需要同落后的社会生产之间的矛盾，我国民族问题的实质也是民族的发展问题，而这一切集中表现为民族物质利益的矛盾。

随着市场经济的发展，各民族间的经济交往愈来愈频繁。广泛的经济往来实现了民族间的互助合作，有助于增进相互了解，同时也增大了发生各种直接利益摩擦的概率。在目前社会资源和经济利益有限的情况下，民族成员之间出现矛盾和经济利益纠纷在所难免。由于利益意识的强化以及利益差距的不断扩大，少数民族对物质利益问题十分敏感，对物质利益损失更加不能容忍，这就进一步加剧了民族之间的物质利益矛盾。在民族关系中，许多民族纠纷都直接与利益相关。"各民族的根本利益是一致的，但在某些具体权益，主要是经济权益方面，民族之间仍会发生一些矛盾和纠纷。"[9]如不同民族成员之间交易时的讨价还价，商业摊位争执，房地产纠纷，企业之间的债务纠纷，原材料、资金争夺，生产企业与流通企业之间的利润分配之争，土地之争等等。特别是"随着改革开放不断深入和社会主义市场经济不断发展，我国经济社会结构发生深刻变化，各种利益关系更为复杂，各种思想文化相互激荡，这一切必然会对我国民族关系产生深刻影响。"[10]如河南省从1982年到1990年共发生涉及不同民族成员的群体间的纠纷66起，其中由经济利益引起或与经济利益有关的纠纷有44起，占总数的66.7%。[11]可以预见，未来城市民族关系中的利益关系问题会不断增多。

二、复杂性

复杂性是我国民族关系问题的一般特征。在中、东部地区城市，民族关系的复杂性表现为民族关系内容的多样性、民族关系主体的多元化、民族关系形式的复杂化。

第一，在民族关系内容上，城市少数民族不仅关注民族经济利益的平等，也逐渐重视民族政治地位的提高和民族文化的发展。尤其是城市中，传统文化与现代文化、乡村文化与城市文化、国内文化与国外文化等相互交映、互动，不断发生冲突与融合。而少数民族人员作为社会成员，拥有少数民族身份，其本民族的文化在他们身上会有不同程度的反映，同时还会面临着与异文化的碰撞与交融，城市少数民族文化的保持、发展问题成为影响民族关系的重要因素。

第二，民族关系主体的多元化趋势增强。主要表现为城市尤其是中、东部地区城市民族成分增多，少数民族人口大幅增加。据2000年全国第五次人口普查统计，全国55个少数民族总人口为10643万人，占全国总人口的8.41%，其中城镇少数民族人口有2458万人，占全国少数民族总人口的23.35%。1990年在全国31个省市区中56个民族成分都有的只有北京市，而到2000年已多达11个省、市、自治区，并且主要集中分布在中、东部地区。[12]不可忽视的是，由于中、东部地区经济的快速发展，对欠发达的民族地区和少数民族人口产生强大的拉力，少数民族人口在中、东部地区还会不断增加。不仅如此，随着具有不同教育背景、身份各异、进城目的不一的少数民族人口进入城市，城市少数民族的内部关系也会出现较为复杂的情况。城市少数民族由于迁入时间不同，文化教育、收入、地位存在一定的差异，实事上存在社会分层，不同的阶层有不同的政治、经济、文化诉求，这些问题有时也会在民族内部产生摩擦。特别是世居少数民族和流动人口，由于社会经济文化发展水平受特定的历史、社会等条件的限制，相对低于当地城市的平均发展水平；而以工作调动或大学毕业分配等形式迁入城市的少数民族成员从职业上、文化素质上及生活上均优于世居和流动少数民族。这种状况，容易使世居少数民族和流动少数民族成员产生不平等感及自卑感[13]，在某种程度上也会激化民族内部矛盾。

第三，民族关系表现形式的复杂化。在城市民族关系中，既存在经济利益关系，也有文化利益关系，既有世居民族问题，也有少数民族流动人口问题，特别是城市少数民族流动人口问题成为影响民族关系的一个重要因素。如2000年全国流动的少数民族人口已达到3000多万，其中，70%的少数民族人口流向东南沿海和中部地区经济发展较快的大中城市，在这些城市中少数民族流动人口少则几万，多则几十万。[14]他们之间既有群体性问题，也有个体之间的纠纷；既有少数民族与汉族的，也有少数民族之间的关系问题；既有直接的民族关系问题，也有间接的民族关系问题。如因不尊重少数民族风俗习惯而影响民族关系的事件，其表现形式是直接的；而由发展差距、产业调整、经济体制变化等经济原因导致的民族问题，如少数民族职工下岗、清真"三食"企业陷入困境、少数民族人员进入城市经商受挫等，其表现形式是间接的。[15]

所以，"在现实生活中，我国的民族问题往往表现为经济问题与政治问题交织在一起，现实问题与历史问题交织在一起，民族问题与宗教问题交织在一起，国内问题与国际问题交织在一起。"[16]各种因素交错，发挥影响的因素不同，作用大小也不同，增加了处置民族关系问题的难度。

三、敏感性

敏感性是民族关系一个突出特点。历史上反动统治阶级曾对少数民族实施民族歧视、压迫政策，如果现实中少数民族的平等地位、合法权益得不到保障，容易引起少数民族的历史记忆，产生新的积怨。特别是在城市，很多少数民族成员文化教育素质较高，民族意识强，因而对民族政策能否执行，民族文化尤其是宗教信仰和风俗习惯能否受到尊重非常敏感。我们实行的是民族平等政策，我国的宪法及其他法律、法规都对少数民族的权益和地位有具体的表述，如果城市在这方面出现偏差，容易引起少数民族对政策的不信任。民族问题往往与宗教问题联系在一起，但在城市中，最容易因不尊重少数民族风俗习惯和宗教信仰而引起民族关系问题，使民族问题敏感性增强。城市少数民族有自己的宗教信仰尤其是特有的风俗习惯，如我国 10 个信仰伊斯兰教的民族，就对饮食等更有特殊的要求，所以，清真食品的生产经营，涉及广大穆斯林群众的切身利益，也是关系到贯彻党的民族政策，维护社会和谐、稳定的大事。但有部分企业和个人受利益驱动，违规生产销售假冒清真食品，引起穆斯林群众的强烈不满。"各民族的特点、文化风俗各异，特别是城市少数民族中信仰伊斯兰教的较多，他们对本民族的风俗习惯、宗教信仰等有关问题更为关注，一旦发生问题，十分敏感。"[17]

正是因为民族问题具有高度的敏感性，因而也往往具有很强的突发性，常常是在意想不到的时间或意想不到的地点突然爆发，需要我们建立民族关系问题预警和快速反应机制，随时应对出现的民族关系问题。

四、影响的广泛性

随着社会的发展，各民族交往的增多，在信息高度发达的今天，城市中发生的民族纠纷在时间和空间上引起共振的概率不断提高。某一局部出现的民族关系问题有可能迅速影响到其他地区，在国内甚至国际上造成一定的影响。

城市是一个国家或地区的政治、经济、文化中心。随着城市化进程的加快，城市的中心地位和功能增强，影响扩大。城市少数民族虽然在数量上占少数，但民族意识、民族心理和民族感情决定了他们有较强的凝聚力、感召力，一旦发生涉及少数民族的突发事件，他们容易聚集成群，并引起广大少数民族和民族地区的关注，如不能及时、妥善处理，有可能激化矛盾，扩大事态，影响民族团结和社会稳定。城市少数民族来自一定的民族地区，他们与自己的家乡有广泛联系，也与自己民族的其他地区的成员有联系。即使出生在城市并在城市长大的少数民族成员，因父、祖辈的关系，因民族感情、民族意识等纽带关系，加上一些工作关系，大多数都与自己民族地区或其他民族地区有或多或少的联系。城市民族关系与民族地区的民族关系、散杂居地区的民族关系互相影响、互相促动。"近年来，随着大众媒体的普及和现代化通讯事业的发展，大大加强了城市中少数民族成员之间的联系，由于他们人数少，因此民族认同意识比较突出，同一民族之间联系非常密切，民族事件一旦发生，往往在很短的时间内传播到很大的地区，引起一连串的反响，波及面大，时间长，如果处理不好，还有可能使矛盾进一步升级和扩大。"[18]

五、转化性

民族关系的转化性特点，在社会结构转型、各种思想激荡的时代，在民族关系发生的实践中表现得比较突出。这种转化主要表现为在一定时间和场景下问题性质的转化。

从宏观上看，民族关系是民族与民族之间的关系，但是在散杂居的中、东部地区，少数民族散居化趋势明显，并且就某一个城市而言，由于城市改造、工作、生计需要，流动人口增多，少数民族分散在城市的各个角落，城市民族之间尤其是汉族与少数民族之间互动加强。这种互动关系一方面增进了各民族的相互了解，有利于民族关系的和谐、良性发展，同时在某些时候难免产生矛盾和摩擦。虽然个体成员之间的矛盾不等于民族矛盾，但这种民族个体之间的矛盾若处理不好会转化为族际之间的矛盾[19]，演绎为民族之间的关系问题。"从城市民族关系来看，城市使各民族人民居住分散，分业率高，血缘群体较小，一个民族的成员分散在不同的业缘群体里，因此，个体之间的交往成为主要形式。个体之间的交往使民族关系通常附着在同事、同学、战友、邻里、家庭等社会关系上。"[20]特别是少数民族在城市里是"弱势群体"，遇事容易"抱团"，对涉及个别民族成员的事件，往往看成是"本民族"的事情，在一些人的组织、串联或极少数别有用心的人的煽动下，很容易酿成群体性事件，带来上访、聚集、静坐、串联、游行等行为。"杂散居地区少数民族群众，往往以民族认同和宗教信仰为纽带，抱成一团，不管事情大小和是否有理，都声援、支持。因此，即使是很小的单纯的经济纠纷和邻里口角，也会演变成民族关系问题，甚至导致出现政治问题。"[21]如2000年2月，几名来自新疆的维吾尔族农民在武汉销售葡萄干时，被一个浙江人骗走18.5吨货物，他们打印了一百多份《告湖北武汉穆斯林同胞书》，准备集结在武汉的新疆人游行，散发传单，还扬言要采取进一步的行动。武汉市民委以及其他有关部门及时妥善处理了此事，为他们追回货款，保护了他们的合法利益，避免了事态的扩大。不少城市发生的民族问题，最初仅仅是不同民族成员个人之间的冲突，但后来演变为双方参与群众有数十人甚至上百人的纠纷。另外，城市中涉及少数民族政治平等权利方面的问题，有时表现得不那么明朗和公开，开始往往表现为一种不满和抵触情绪，但积累到一定程度，就会借其他问题爆发出来，从而影响民族关系[22]。

从总体上看，我国民族问题是人民内部矛盾，民族问题是非对抗性的。但是，在某一时期，这种矛盾和问题的对抗性因素在增长，矛盾激化的程度在提高。少数民族成员与当地群众之间的矛盾和冲突，在一些因素的影响下，有可能转化为少数民族与当地政府和有关部门之间的对抗，甚至出现冲击党政机关的严重群体性事件。[23]对此，必须防微杜渐，积极应对，依法处置，防止民族间纠纷性质的转化。

参考文献：

[1] 赵建华. 中国城市化进程与社会分层. 改革，2004（2）

[2] 郑敏，高向东. 上海市民族关系现状分析. 中南民族大学学报，2006（5）

[3] 金炳镐. 论我国杂散居地区民族问题的特点和发展规律. 内蒙古社会科学，1992（3）

[4] 郑信哲、周竞红. 少数民族人口流动与城市民族关系研究. 中南民族大学学报，2002（4）

[5] 雷海. 浅谈城市民族问题. 黑龙江民族丛刊，2002（2）

[6] 杨侯第. 中国城市民族工作的理论与实践. 北京：民族出版社，2001

[7][15][17][22] 武汉市民族事务委员会专题调研小组. 关于武汉市构建城市和谐民族关系调控机制的调研报告. 民族研究，2001（6）

[8] 马克思，恩格斯. 马克思恩格斯全集. 第一卷. 北京：人民出版社，1956. 82

[9] 江泽民. 加强各民族大团结, 为建设有中国特色的社会主义携手前进. 见: 民族工作文献选编. 北京: 中央文献出版社, 2003.29

[10] [16] 胡锦涛. 在中央民族工作会议暨国务院第四次全国民族团结进步表彰大会上的讲话. 北京: 人民出版社, 2005.6

[11] 宋文立、郭国志: 浅谈杂散居地区民族纠纷的产生及其处理问题. 民族工作研究, 1996 (4)

[12] [14] 国家统计局人口和社会科技统计司、国家民族事务委员会经济发展司. 2000年人口普查中国民族人口资料. 北京: 民族出版社, 2003

[13] 郑信哲. 浅谈我国城市民族关系的现状与发展趋势. 中央民族大学学报, 1996 (3)

[18] [19] 姜明、侯丽清. 城市中民族问题产生的原因. 阴山学刊, 2002 (5)

[20] 杨昌儒. 贵阳市民族关系初探. 贵州民族学院学报, 2006 (4)

[21] 王峰辉. 当前我国杂散居地区民族关系探析. 见: 中央统战部民族宗教工作局. 中国民族工作五十年理论与实践. 北京: 中央民族大学出版社, 1999.474

[23] 国家民委政策法规司. 关于城市化进程中民族关系的调查报告. 见: 铁木尔. 民族政策研究文丛: 第二辑. 北京: 民族出版社, 2003.155

(原载《中南民族大学学报》2007 年第 4 期)

我国城市民族关系问题及其对策研究

陈乐齐

  为贯彻落实中央民族工作会议精神，推动城市民族工作，巩固和发展平等、团结、互助、和谐的社会主义民族关系，我们重点对珠江三角洲地区的广州、东莞、深圳，长江三角洲地区的上海、南京、无锡、苏州、扬州，以及中西部地区的武汉、长沙、株洲、郑州、洛阳、西安、兰州等大中城市的民族成分构成状况、少数民族流动人口的特点和当前影响城市民族关系的问题，进行了调查研究。

  经过调研，我们发现，随着我国改革开放的深入发展和城市化进程的不断加快，有越来越多的少数民族群众流向经济较发达的大中城市。据人口普查，2000年在全国流动的少数民族人口已达到3000多万，是1990年的10倍以上。其中，70%的少数民族人口流向东南沿海和中部地区经济发展较快的大中城市，在这些城市中少数民族流动人口少则几万，多则几十万。[1]少数民族群众能够走出山区、农区和牧区到城市务工、经商，这是我国经济发展、社会进步的必然结果和具体体现。不仅弥补了东部沿海发达地区以及中西部地区大中城市劳动力资源的不足，而且少数民族群众通过务工、经商，学到了技术，更新了观念，积累了资金，有利于脱贫致富，促进民族地区的发展；不仅有利于打破城乡分离的二元社会结构，为城市发展注入新的活力，加快推进我国的工业化、城市化、现代化进程，而且有利于密切各民族的交流与合作，增进民族间的了解和感情，巩固和发展平等、团结、互助、和谐的社会主义民族关系。

但是，由于城市社会管理机制和公共服务体系功能尚未健全，使城市的发展和稳定也面临许多新的问题。这些问题不解决，不仅会影响城市的稳定与发展，而且会影响整个国家的稳定与发展。

一、当前城市民族成分构成的变化及少数民族流动人口的基本特点

近十年，随着民族地区经济的持续快速增长，少数民族城镇化水平明显提高。据人口普查，2000 年我国少数民族平均城镇化水平为 17.5%，比 1990 年增加了 3.3 个百分点，已有 19 个少数民族城镇化水平高于或接近汉族城镇化率 25.4% 的平均水平。[2] 少数民族城镇化水平的提高，意味着少数民族群众离开世居的山区、农区和牧区向城镇迁移流动的趋势加快，促使全国各地民族成分的构成发生了深刻变化。1990 年在全国 31 个省市区中 55 个民族成分都有的只有北京市，到 2000 年已多达 11 个省、市、自治区，即北京、广东、江苏、山东、安徽、四川、河南、湖南、云南、广西、贵州。[3] 现在有 50 个以上少数民族成分的省、市、自治区已上升为 28 个，且这些省、市、自治区的大中城市的少数民族人口迅速增加。[4] 以东南沿海的几个省市为例，过去在城镇中几乎没有的少数民族，如今这些民族的人口却在以几倍或十几倍甚至几十倍的速度快速增长。少数民族流动人口的不断增加，不仅改变了城市民族成分的构成以及过去一个少数民族成分只有少量人口的状况，而且还形成了少数民族人口分布城镇化、散居化的新格局。据调查分析，少数民族流动人口具有以下几个特点：

1. 流动速度加快

党的十六大以后，随着我国全面建设小康社会战略的实施和社会主义市场经济体制的逐步完善，少数民族人口向大中城市迁移流

动的速度明显加快。据调查，1991—2000 年广东省少数民族人口年平均增长速度高达 13.8%，到 2005 年居住半年以上的少数民族流动人口已达到 98 万人，比 2000 年增加了 31 万人。其中，广州达到 22.18 万人，比 2000 年增加了 11.2 万人；深圳达到 34.56 万人，比 2000 年增加了 14.29 万人；东莞达到 20.14 万人，比 2000 年增加了 4.2 万人。2002 年西北回民到江苏省经营清真拉面馆的只有 300 多家，到 2005 年已发展到 3000 多家，3 年间增长了近 9 倍。[5]

2. 流向比较明确

据有关资料显示，大部分少数民族具有从世居地向城镇扩散的趋势，而且流向比较明确。[6] 从迁移地区来看，少数民族流动人口大多是由西部地区向东部沿海地区迁移流动，主要流入地是广东、浙江、江苏、山东、福建、上海等省市，占少数民族流动人口的 58.2%，其中又以广东为首选，特别是来自于湖南、广西和贵州三省区的少数民族人口即占流入广东少数民族人口的 79.9%。从全部流动人口看，流动强度达到 100‰有朝鲜族，大于 50‰的有蒙古族、回族、壮族、土家族和满族，小于 50‰的有藏族、苗族、彝族、维吾尔族、黎族、傣族、哈尼族、哈萨克族等。从省际流动强度看，流动强度达 38‰的是朝鲜族；大于 20‰的民族有壮族、土家族、侗族、满族、苗族和瑶族；在 5‰左右的有蒙古族、回族、布依族、满族、白族、黎族等。

3. 聚居现象普遍

由于文化背景、风俗习惯、宗教信仰、民族认同感等原因，流入城市的少数民族人口比较喜欢聚居，以家庭、亲朋好友为主或以同乡、同民族为主的聚居现象十分普遍，带有明显的地域性和民族性。以到广东的少数民族流动人口为例，壮族主要聚居在临近广西的湛江、茂名、云浮、肇庆等城市，土家族主要聚居在惠州市，朝鲜族主要聚居在深圳市，而来自西北地区从事清真餐饮业的回族个体户，则常以一个家庭加上亲朋好友、同乡、同民族人员相对聚居。

4. 从业特征明显

据调查，少数民族流动人口职业构成主要有三类。一是普通务工，大多结伴在建筑工地、搬家公司和劳动密集型企业从事体力劳动，主要是来自西南、中南地区的少数民族，占流动人口的83.24%。二是从事工商业，主要是经营牛羊肉、拉面、葡萄干、切糕等特色行业，以青海、甘肃、新疆、宁夏的回族、维吾尔族为主，占流动人口的14.13%。三是流动商贩，大多贩卖药材、藏刀、首饰等，主要是来自四川、青海、贵州、新疆、西藏的藏族、回族、苗族、维吾尔族，占流动人口的2.64%。[7]

5. 受教育水平低

在少数民族流动人口中，年龄在15～35岁的人口比例最高，占少数民族流动人口的80%以上。这些人文化素质普遍较低，大多只有小学、初中学历。其中，未上过学的人在回族、藏族、哈尼族、哈萨克族、彝族中的比例接近或超过20%。[8]由于少数民族流动人口普遍受教育程度低，就业层次不高，大多摆摊设点或从事临时重体力劳动，除少量的以婚姻、学习、工作迁入落户以外，85%的属于暂住人口，居无定所，辗转于城市和城郊之间。

二、影响城市民族关系的主要问题及其原因

随着少数民族流动人口的增多，涉及少数民族流动人员的矛盾纠纷和治安事件有增无减，并呈上升的趋势。据有关资料显示，广东、上海、江苏、浙江、湖南几个省市从2000年以来，所发生的影响民族关系和社会治安的大小事件，80%涉及少数民族流动人员。[9]

1. 主要问题

第一，管理不当。某些部门和单位以及管理人员，不认真学习和贯彻执行民族政策、法规，在了解情况方面缺乏细心，在化解矛盾方面缺乏耐心，执法方式简单，伤害了少数民族人员的感情，并由此而引发不少矛盾乃至聚众上访事件。

第二，一些少数民族人员不服管理。来自西北、西南的少数民族流动人员，有些是无证开业；有些流动商贩常常在商业中心区集中沿街摆摊，强买强卖，违章经营。在执法检查中，他们常常不服从管理，有的还故意制造伤、病，诈称钱物丢失，借机高额索赔，甚至聚众上访、阻塞交通，极力把问题升级和复杂化。有的还以民族风俗习惯为由携带管制刀具，动辄持刀相向，制造事端。

第三，因经济利益引发矛盾。一方面，一些少数民族人员之间为了自身的利益，争地盘，抢生意，欺行霸市，常常为一些利益纷争造成恶性伤亡事件；另一方面，与当地居民因利益纠纷将矛盾扩大化。

第四，一些涉及少数民族流动人员切身利益的问题未能得到妥善解决。例如，其子女难以享受城市居民孩子同等受教育的权利，上不了学或读不起书；"入口"的清真食品供应点少，且经营管理比较混乱，有的"清真不清真"；"入土"的公墓在一些城市历史上就没有，死后"下葬难"等，使少数民族流动人员产生了一些不满情绪。

上述问题，属于管理不当而引发事端的占20%，属于不服管理而引发事端的占47%，属于利益纠纷引发事端的占15%，属于社会治安及刑事犯罪的占8%，属于不尊重少数民族风俗习惯而引发事端的占7%，因新闻和文艺作品伤害少数民族感情而引发事端的占3%。[10]这些问题由于涉及政治、经济、社会等诸多方面，而且相互交织，对城市民族关系的影响，有的是直接的，有的是间接的，有的是潜在的。

2. 产生这些问题的原因

从客观上看，首先，大量的少数民族人员从农村、牧区流入城市后，呈现出"两个不适应"。一是流入城市的少数民族人员不适应城市的生活，不懂城市的管理规章，面对新的环境感到茫然和无助，总有一种防范的心理，往往容易抱团，加上自身文化习俗与城市文化的差异，一时很难融入到城市社会之中。二是城市对大量涌入的少数民族人员不适应，一些城市的政府和有关部门思想准备不足，许多市民在心理上不理解、不接受，往往用另一种眼光看待他们甚至歧视他们。其次，到城市务工、经商的少数民族人员，大多来自于西部贫困地区，家境比较贫困，尤其"退耕还林"、"退牧还草"以后，基本上没有了生产资料，为了求生存、谋发展，他们带着千方百计甚至几乎倾家荡产而筹集到的少量资金来到城市闯荡，精神压力和心理负担都很重，且在面对城乡的差别和东西部的差距时，有一种失衡的心理，因此，往往遇事不够冷静，表现出浮躁和烦躁的情绪。最后，到城市务工、经商的少数民族人员，一是大都文化层次比较低，不少人在沟通上还存在语言上的障碍；二是法制观念比较淡薄，对法律法规和城市管理规章知之甚少，违规的现象比较突出；三是民族意识很强，动不动就打着"少数民族"的牌子，强调个性的多，注意共性的少，有意或无意间使自己成了城市中的"特殊公民"。这些由于民族差异、城乡差异和东西部差异而造成的客观存在的现象，从多层面说明了少数民族虽然享受到了政治上和法律上的平等，但在经济、文化、教育等方面依然存在着历史遗留下来的事实上的不平等，以致他们在经济、社会活动中，很难享受和行使自己的平等权利。

3. 工作中的五个不到位

从主观上来讲，面对大量的少数民族人员流入城市务工、经商，许多城市的政府及其有关部门也采取了一些积极有效的措施，积累了一些经验，但总体上看，目前还存在五个不到位。

第一，思想认识不到位。当前，无论从国家层面还是从地方层面，面对这一"送上门来的民族工作"，思想认识和准备都不足，没有把城市民族工作摆到应有的位置，以致城市民族工作在政策指导上、工作措施上都比较滞后，跟不上城市民族工作发展的需要。概括起来，有"三少"、"三难"。所谓"三少"，即一是投入少，民族地区有少数民族发展资金，而城市民族工作没有专项资金；二是优惠政策落不到实处，很多人认为城市少数民族已经与汉族没有什么区别，应该"一律平等"，不应该再有什么"照顾"；三是关键措施少，工作全靠一张嘴，软弱无力。所谓"三难"，即一是流动人口管理难，二是城市少数民族聚居区改造难，三是清真食品管理难。

第二，法制建设不到位。市场经济的发展，使原有的民族政策体系面临着新的考验。面对城市民族工作的新情况、新问题，迫切需要出台适应城市民族工作发展需要的法规、政策和配套措施，对现实问题作出回答，对实际工作加以规范。建立健全城市民族工作的政策法规体系，不仅是城市民族工作者多年的要求，也是少数民族群众的殷切期盼。但从国家层面来看，可以说存在反应迟钝、行动迟缓的问题，"立、留、改、废"的工作跟不上形势，尤其对少数民族流动人口的管理，对散杂居少数民族合法权益的保障，缺乏法律依据，严重影响了城市民族工作的开展。

第三，政策法规宣传不到位。加强民族理论政策、法律法规和民族知识的宣传教育，是做好民族工作的思想基础。从当前影响城市民族关系的问题来看，一个重要的原因是民族理论政策和法律法规宣传教育工作做得不深入、不广泛。一是对各级党政干部宣传培训不够，相当多的党政领导干部不懂、不重视民族问题和民族工作，对民族工作不愿管、不敢管、不会管。二是对行政执法人员的宣传培训不够，以致一些由于行政执法人员执法简单、粗暴，甚至歧视少数民族、侵犯少数民族流动经商人员的合法权益而引发的事端屡屡发生。三是对新闻出版人员的宣传教育不够，许多作者、编者不了解、不尊重少数民族的风俗习惯和宗教信仰，以致伤害少数民族群众感情的事件屡禁不止。四是对少数民族群众的宣传教育不够，造成少数民族流动人员不懂法规、不服管理的现象比较突出。

第四，服务和管理不到位。从流出地来看，无论是政府还是有关部门，对外出务工、经商的少数民族人员，基本上是持放任自流的态度，既不掌握他们的行踪，也不了解他们的去向；既不对他们进行必要的政策法规教育，也不对他们进行有关的实用技术培训和就业指导，结果是盲目流动，无法监管。从流入地来看，有的认为少数民族务工、经商人员流动性大、情况复杂、不好管理，畏难情绪很大；有的认为少数民族惹不起躲得起，遇事绕道走或干脆采取提高"门槛"的办法，拒之门外了事。没有从适应城市发展和人口流动的趋势、转变社会服务和公共管理职能层面进行认真研究，形成一套有效的服务体系和管理办法。

第五，工作手段和机制不到位。首先，作为城市民族事务工作主体的民委，面对当前城市民族工作任务越来越重、民族关系越来越复杂的情况，已经力不从心。尤其是东南沿海城市的民委，在机构改革时定编很少，如今流入的少数民族人员以几万、几十万的数字在增加，但民委的编制却没有因此而增加，以致一人要做几万甚至十几万人的工作。如广州、深圳、珠海、佛山、东莞、中山6市的少数民族流动人口已接近80万，而这6个城市具体做民族工作的干部只有10人，与少数民族人口的比例是1：80000。[11]同时，民委还不具有流动人口管理的法定职能，也没有行政执法权，缺少工作经费，全凭责任感和事业心，靠的是"一张嘴"和"两条腿"。其次，民族、公安、城管、工商、税务、卫生、环保等有关部门没有形成有效的齐抓共管机制，相关的管理机构、制度、法律法规不健全；流出地与流入地缺乏沟通、配合与协作，在防范和处理突发事件方面没有形成协同共管的预警机制和应急机制。因此，往往小矛盾引发大问题。

三、解决问题的对策和建议

1. 抓认识，认真贯彻落实中央民族工作会议精神，切实把城市民族工作摆到更加突出的位置

少数民族离开世居的山区、农区和牧区，大规模地向城市迁移流动，是趋势，是潮流，是社会进步的表现。但任何事物总有两面性。人口的自由流动，逐渐打破了城乡分割的局面，大量的少数民

族人口涌入城市，为城市的发展注入了生机与活力，同时也使城市民族工作越来越重，民族关系越来越复杂。如果进城的少数民族人员的合法权益得不到保障，就会产生对政府的不满情绪；如果对他们的务工、经商缺乏积极引导、热情服务和规范管理，就会给城市的发展造成新的问题；如果涉及少数民族人员的矛盾纠纷得不到及时妥善的处理，就会影响城市和民族地区的社会和谐与稳定。因为城市是中心，是窗口，是纽带，是桥梁，影响力很大，辐射面很广，加上流入城市的少数民族人员与民族地区有着千丝万缕的直接联系，城市民族关系出了问题，势必会波及到民族地区。城市的民族工作已经日益凸显出它的重要性，各级领导对此必须有个清醒的认识，容不得有半点的疏忽。

2005年中央民族工作会议，第一次把"各民族共同团结奋斗、共同繁荣发展"确立为新世纪新阶段我国民族工作的主题；第一次把"和谐"同"平等、团结、互助"一道确立为我国社会主义民族关系的本质特征和做好新形势下民族工作的"八字方针"。这是构建社会主义和谐社会的要求在民族工作中的具体体现，为处理新形势下的民族关系进一步指明了方向。少数民族群众到城市务工、经商，是送上门来的工作，能否做好这部分人的工作，是对我们构建社会主义和谐社会的认识、能力的一种全面考验，是真心实意帮助少数民族发展、缩小差距的极好机会。因此，各城市的党委和政府要认真贯彻落实中央民族工作会议的精神，把少数民族流动人口的服务和管理纳入党委和政府的议事日程，放到更加突出的位置。要根据当前城市民族工作所面临的新情况、新问题，认真研究城市民族工作，加强对城市民族工作的领导，从健全民族工作机构入手，强化其职能，赋予他们必要的工作手段。要充分调动民族干部队伍的积极性，及时准确地掌握少数民族流入人口的构成、从事职业的状况以及分布的情况，不断研究城市民族工作所面临的新形势，切实加强各部门之间的协调配合，强化城市的服务和管理功能，努力把城市民族工作提高到一个新的水平。

2. 抓根本，把流动人口的管理纳入法制的轨道

所谓根本，就是法制。依法治国，依法行政，依法处理一切矛盾和纠纷，是构建社会主义和谐社会的重要保障。但从当前情况来看，我们的法制建设还相对滞后，跟不上形势发展的需要，致使城市民族工作无法可依、无章可循的现象比较突出。为使少数民族流动人口的管理纳入法制轨道，我们认为：

第一，尽快起草、制定《散居少数民族权益保障条例》、《清真食品管理条例》和《少数民族流动人口管理条例》等上位法，修订《城市民族工作条例》。虽然一些地方出台了《少数民族权益保障条例》、《清真食品管理条例》，但由于是地方性法规，缺乏上位法的支撑，执行起来很难达到应有的法律效用。大量少数民族人口流入城市，是改革开放和经济社会发展到一定程度的产物，随着城市化进程和户籍改革，流入城市的少数民族人口只会增加而不会减少，因此，制定《少数民族流动人口管理条例》，把少数民族流动人口管理纳入法制轨道，是非常必要的。《城市民族工作条例》是 1993 年出台的，基本上是计划经济体制下的产物，已不符合市场经济体制的要求，必须尽快修订，以适应城市民族工作发展的需要。

第二，加强民族政策的宣传教育。加强民族理论政策、法律法规、基本常识和民族团结的宣传教育，历来是民族工作的一项重要内容，也是做好民族工作的思想保障。针对当前民族宣传存在的问题，要采取灵活多样的形式和切实可行的办法，加大对各级领导干部、知识分子和青少年，特别是行政执法人员的宣传教育，使他们进一步提高对民族问题和民族工作重要性的认识，了解党的民族政策，懂得和尊重少数民族的风俗习惯，自觉把维护民族团结融入自己的思想行动。

第三，建立法律援助制度。少数民族流动人员法制观念淡薄的表现，一方面是不熟悉有关法律规章制度，另一方面是不懂得用法律武器来维护自己的合法权益。因此，建立法律援助制度，帮助他

们学法、懂法、守法，学会用法律保护自己，是做好城市少数民族流动人口工作的重要环节。这方面，武汉市民委的经验和做法值得学习和借鉴。他们从高等院校、司法部门中请来本身是少数民族的法学教授、律师、法官，组成法律顾问团组，免费为少数民族群众进行法律咨询、培训和民事调解，由于大家都是少数民族，便于情感沟通和增加信任度，取得了非常好的效果。

第四，坚持法律面前人人平等。公平、公正是执法的基本要求，是构建和谐社会的核心。当前，对在城市的少数民族流动人员执法不公或简单粗暴而引发的问题比较多，"大闹大解决，小闹小解决，不闹不解决"的现象也不少，"花钱买平安"的做法依然存在。这就使得本来简单的问题变得复杂化，而且留下了诸多后遗症，也助长了一些人的不法行为和无理取闹。解决这些问题的关键，是必须坚持不管你是什么民族，法律面前人人平等，一切依法办事，保护合法的，防范违规的，打击犯罪的。同时，在法律面前人人平等的前提下，对处于弱势的少数民族要高看一层、厚爱一分，讲感情、讲政策，讲方法，坚持是什么问题就按什么问题处理的原则，把民事、刑事、治安等问题与民族问题严格区别开来，把民族问题与宗教问题严格区别开来，把风俗习惯与宗教信仰严格区别开来。

3. 抓源流，加强少数民族流出地与流入地的协同管理

"外出一人，脱贫一户"，"致富一家，带动一片"，少数民族人员从农村到城市务工、经商，对于解决就业、脱贫致富、促进民族地区的发展，的确发挥了重要的作用。正因如此，一些地方政府给予了积极的号召和鼓励。如青海化隆回族自治县就提出要往外输出 10 万人（约占全县人口的一半），四川阿坝州的黑水县，3.7 万藏族人口中就有 1.7 万人走了出来，以致"长三角"、"珠三角"的每个城市都有几百家化隆回民开的拉面馆，都能见到卖药材、刀具的黑水藏族流动商贩，卖葡萄干、羊肉串等特色干果、食品的维吾尔族人更是几乎遍布全国。[12] 但是，有些地方政府除了号召和鼓励外，对外出务工、经商的人员基本上是放任自流，不跟踪、不监

管，而且在外出前既不进行必要的政策法规教育，也不对他们进行有关就业指导和实用技术培训，造成了流入地在服务和管理方面很多的困难。因此，流入地的有关部门不得不上门求助，到流出地请求支援。例如，江苏省南通市从 2004 年开始，每年从新疆请 2～3 位警察到南通市协助工作，专门处理新疆流动人员的问题，吃住、交通、通讯费用由南通市公安局和民委负责，目前已有 9 批次 27 人到南通轮值；江苏泰州市海陵区民宗局局长马骥，到青海化隆回族自治县考察时，要求县委书记傅增春写下"化隆籍在泰州的务工乡亲们，请你们一定要服从市民宗局马局长的领导，切切"的"手谕"；上海民委专门派人到四川黑水、青海化隆和贵州龙里考察走访，请求当地政府协助管理；湖南民委就黑水县等地部分少数民族在湖南多次引发社会治安问题专门给四川省民委、省公安厅发函，请求协助支持处理相关事件。[13]这些做法虽然取得了一定的效果，但都只是权宜之计。

为了对少数民族流动人员实行有效的管理，应从国家层面以文件的形式，责成流出地加强与流入地的协同管理。一是畅通与流入地的沟通渠道，建立协同共管的工作机制。二是责成所驻相关城市的办事处积极配合有关部门，加强对本地区流动人员的管理，妥善处理相关事件。三是对外出人员加强遵纪守法和民族团结教育以及基本实用技术的培训，提供就业指导，变无序流动为有序流动。

4. 抓服务，畅通诉求渠道，构建公共服务体系

做好城市民族工作，尤其是少数民族流动人员的工作，抓好服务是至关重要的。因为有了服务才能有交流，有了交流才能有理解，有了理解才能有相互的尊重和感情。通过服务而使工作富有成效的鲜活例子有许多。例如，东莞民宗局局长张灿炎亲自为经营拉面馆的化隆回民填表办理证照、联系学校解决子女入学问题；武汉市民委为解决少数民族流动人员的就业牵线搭桥，寻找店面，并为每个少数民族人员发放联系卡；上海市民委设立服务热线，为少数

民族群众排忧解难，同时举办有关政策法规和上海话的培训班，提供就业帮助；江苏省的"三个关心"（生活上要关心，劳动就业要关心，有困难要关心）、"三个必访"（家中有大事必访，重大节日必访，生病住院必访）；广州市的"晓之以理，动之以情，导之以行"等做法，都深受少数民族群众欢迎，都说民委的同志是他们的贴心人、好朋友，从内心深处感受到了党和政府的关怀和温暖。但是，仅仅靠民委一家服务是不够的，还应走社会化的路子，在政府领导下，由民委牵头，与教育、民政、劳动、城管、工商、税务、卫生等有关部门，坚持以人为本，共同构建起务工、经商、子女入学、就业培训、法律咨询、饮食、丧葬等全方位的公共服务体系，畅通诉求渠道，了解少数民族群众的意愿和要求，做到"民有所呼，我有所应"，真诚地为他们排忧解难、热情服务，让在城市的少数民族群众真正感受到党的民族政策的温暖。这是城市化建设的需要，是构建和谐社会的需要，也是政府职能转变的需要。

5. 抓管理，建立齐抓共管的长效工作机制

服务里有管理，管理本身也包含着服务。但服务更多的是要讲感情，而管理强调的是要注重科学和规范。城市民族工作是一项系统的社会工程，涉及方方面面，触及到社会的各个角落。转变政府职能，更新管理理念，加强和完善社会管理，是做好城市民族工作，构建城市和谐民族关系的有效方法和途径。在这方面，有些城市已摸索出了一些相应的办法，积累了许多宝贵的经验。在总结他们经验的基础上，我们认为，加强和完善社会管理，建立长效的齐抓共管机制，应当从政府主导、部门协作、社会参与、民间配合四个层面入手。

第一，建立由政府分管领导负责的协调工作领导小组。定期召开协调工作会议，梳理存在的问题，把握问题的规律，分类制定解决问题的政策，提出相应的处理和防范措施，把问题消除在萌芽状态。

第二，建立由政府有关部门组成的长效管理机制。一方面，城市民族工作，尤其是少数民族流动人口的管理，涉及民族、公安、安全、城管、工商、税务、卫生、民政、计生、消防、劳动、旅游、信访等十多个部门，必须在政府主导下，各部门密切配合，并由民族工作部门牵头，形成齐抓共管的工作机制，才能有效地防范和化解涉及少数民族群众的矛盾纠纷，减少和避免刑事和治安案件发生，维护好城市社会稳定。另一方面，少数民族流动人员的管理，离不开流出地政府部门的协同配合，因此，必须加强两地（流出地与流入地）的联络和沟通，明确有关部门的责任，确定专门负责人员，建立两地协同共管的工作网络和机制，才能更加有效地及时防范和妥善处理好问题。

第三，进入社区，建立纵向到底、横向到边的市、区、街道、居委会四级民族工作网络。社区工作是政府职能转变、社会管理重心下移的具体体现，也是城市化建设的必然要求。同理，城市民族工作进社区，也是新时期民族工作发展的需要。少数民族流动人员进入城市后，大多居无定所，常年流转于市区和城郊，要了解他们的情况，掌握他们的行踪，帮助他们解决困难，只有靠社区工作才能落到实处。近几年来，一些城市把民族工作纳入社区工作范畴，实行市、区、街道、居委会（村）四级管理，取得了明显成效。例如上海、江苏等省市，就摸索出了一套很有效的办法。其中，上海民族工作进社区，从试点到覆盖整个上海，并纳入党建的范畴，历时 8 年，成效非常显著。[14] 但民族工作进社区也不是一件容易的事，主观上是社区工作部门认识不够，埋怨"社区是个筐，什么都往里装"，有抵触情绪；客观上是编制少，配备不了民族工作专职干部，而且没有专项经费，很难开展工作。江苏是靠党委、政府下发文件，才真正把民族工作纳入社区工作的。因此，民族工作进社区，一方面各级党委和政府必须给予高度重视和大力支持；另一方面，在城市民族工作条例修订的时候，必须确立社区民族工作的法律地位。

第四，发挥社团作用，搭建团结互助的联谊平台。由于少数民族流动人员大多散落于城区和郊区，处于"无政府状态"，要把他们联络起来、联动起来，搭建团结互助的联谊平台，发挥民间社团的作用应该说是比较好的办法。例如，深圳市民族团结发展促进会从1996年成立至今，在抓学习、提素质，抓联谊、促凝聚，抓法规、化矛盾，抓创建、乐奉献，抓会务、办实事等方面，发挥了积极的作用。上海的少数民族联合会分市、区、街道、居委会四个层面，有49个团体会员、261个联络组、2481个联络员，在沟通了解、增进感情、促进发展、维护稳定方面作出了重要的贡献。湖南长沙、株洲的少数民族联谊会，不仅进入高校，也深入了企业，在联络、联动、联谊方面取得了良好的效果。[15]

第五，树典型，发挥先进人物的榜样作用。在少数民族流动人员中，有许多是遵纪守法、维护民族团结和社会稳定的，有的在少数民族群众中还具有一定的威望和声誉。请他们协助政府部门化解矛盾、平息事端，往往能起到事半功倍的效果。因此，各级有关部门要十分重视和团结他们，真心诚意地与他们交朋友，使他们在关键时刻、关键问题上发挥骨干和榜样的作用。要树立"用好一个典型，可以带动一片"、"表彰一个先进，可以影响一群人"的思想，对遵纪守法、维护民族团结和社会稳定的先进人物进行大力表彰和宣传，以发挥他们"领头羊"的作用。

第六，建立联席会议制度。近几年来，一些城市在做好少数民族流动人口工作方面都进行了积极探索，积累了许多经验和办法，但还需要交流、补充和完善，对共性问题、个性问题和带有规律性的问题进行深入研究和探讨，寻求最佳的解决办法和工作模式。因此，建立联席会议制度，组织相关城市的有关部门和流出地的有关部门每年召开一次城市民族工作联席会议，对于相互学习和借鉴，加强流出与流入两地的协同管理，进一步做好城市民族工作，是非常必要的。

参考文献：

［1］［2］［3］［4］［8］国家统计局人口和社会科技统计司、国家民族事务委员会经济
  发展司 . 2000 年人口普查中国民族人口资料 . 北京：民族出版社，2003

［5］［7］［9］［10］［11］［12］［13］［14］［15］国家统计局人口统计司、国家民族
  事务委员会经济司 . 中国民族人口资料（1990 年人口普查数据）. 北京：中国统计
  出版社，1994

［6］黄荣清、赵显人等 . 20 世纪 90 年代中国各民族人口的变动 . 北京：民族出版
  社，2004

（原载《中南民族大学学报》2006 年第 5 期）

湖南杂散居区城市民族关系影响因素探析

王奎正　朱朝晖

随着市场经济的进一步发展，人员流动将会越来越频繁，民族之间杂居的现象将会越来越普遍，纯粹的单一民族聚居区将会逐渐减少，杂散居地区民族关系在我国民族关系中的地位将越来越重要。"少数民族流动迁移人口进入城市使得民族关系进一步复杂化。"[1] "散杂居地区，尤其是城市中的民族关系在我国民族关系中所处的地位将随着市场经济的进一步深入而变得日益重要，民族关系的好坏将首先在散杂居地区，尤其是城市民族关系中得到充分体现。"[2] 因此，研究杂散居地区城市民族关系，越来越具有重要的意义。湖南处在从少数民族聚居区到杂散居区的过渡地带上。从总体上看，湖南是少数民族杂散居地区。研究湖南的民族关系，对于研究我国中部杂散居地区的民族关系来说，具有一定的典型意义。

2004 年 7 月 10—22 日，中南民族大学南方少数民族研究中心《湘鄂川渝杂散居区城市民族关系》课题组一行 4 人，对湖南民族关系特别是湖南杂散居地区城市民族关系进行了调查，其中调查的重点城市是长沙。本文以调查资料为基础，对影响当前湖南杂散居地区城市民族关系的主要因素作如下分析。

一、因经济利益引发的矛盾纠纷是影响当前民族关系的主要原因

"经济关系是民族关系的物质基础。"[3] 在计划经济时代,一切资源都掌握在政府手中,资源的配置也由政府的计划控制。在这种体制下,民族之间的经济关系是相当简单和单纯的。民族之间的经济交往,与其说民族间的经济关系,毋宁说是各个民族与政府之间的关系。在这种体制中,民族之间的经济关系是由政府调节的,因此政府成了民族经济关系的唯一中介和主宰者。换句话说,在计划经济年代,民族经济关系只有通过政府而存在,民族经济关系是间接的,民族经济关系实质上是民族与政府的关系。

改革开放以来特别是社会主义市场经济体制建立以来,政府的职能主要是服务。这导致了民族经济关系的重大变化。政府在很多领域不再担任资源配置者的角色,因此也不再是民族经济关系的唯一中介和主宰者。市场的主体(企业、个人)按照市场需要自主决定资源的流动,资源在全国范围内自主流动,导致民族经济关系日趋复杂和多样化。民族之间直接的经济交往频繁,这是当前民族交往的特色。在不同民族之间的经济交往中,因经济利益而引发的民族之间的矛盾和纠纷经常发生。我们在调查中发现不少这样的案例。

2002 年 5 月,云南省 30 余名回族群众到湖南省郴州市政府上访,反映郴州市湘南烟草集团去年收购他们 400 余万元烟叶,至今分文未付。为此,他们身披标语到市政府静坐,声称要见市长,要求维护少数民族合法权益。此事由于郴州市政府的干预很快得到了圆满解决。类似的问题在当前的民族关系中是很普遍的。这类事件涉及不同民族之间的利益,如不及时妥善处理,有可能会酿成大的民族纠纷。

二、当前城市民族关系中的突出矛盾与焦点问题多与流动少数民族人口有关

改革开放以来，少数民族开始大量进入城市，少数民族人口在城市总人口中的比例在不断上升。以长沙为例，1953 年第一次人口普查时，长沙市少数民族人口占长沙市总人口的比例为 0.145‰，1964 年第二次人口普查时为 0.329‰，1982 年第三次人口普查时为 1.25‰，1990 年第四次人口普查时为 3.23‰。[4]2000 年第五次人口普查时为 7.9‰。1990 年长沙市少数民族人口为 17724 人[5]，据长沙市人民政府第五次人口普查领导小组办公室提供的有关资料，2000 年为 48564 人，增长了 174%，而同期汉族只增长了 11.19%。[6]湖南其他城市的情况也大致相同。

少数民族大量进入城市的原因是多方面的，包括户籍管理制度的松动、市场经济体制的实施、劳动力作为一种特殊的商品在全社会的自由流动以及我国现代化和城市化水平的逐步提高等。

城市少数民族人口的快速增长，给城市民族关系带来了新的活力，但也增添了新的问题，主要有以下几方面。

1. 民族交往结构问题

学者周竞红曾对城市民族关系模式作过深入分析。她认为，在城市民族关系中，城市对流动少数民族的接纳和排拒两种相互冲突的模式都在发挥作用。就接纳而言，城市对少数民族流动迁移人口的接纳有着极大的选择性，更有利于城市经济文化发展的少数民族流动迁移人口被城市顺利地接纳，如少数民族的知识阶层、干部、投资者等。被接纳的少数民族流动迁移人口也接纳了城市，由于这部分少数民族人口素质较高，适应能力较强，不仅接纳了城市的生活方式，也接纳了城市的生产和生活秩序。所以，这种接纳无疑会促进城市民族关系的良性发展。就排拒而言，城市排拒的主要是少数民族流动人口中文化素质较低的一部分人。被排拒的人也在心理

上表现出对城市生活秩序、生活方式的排拒，这种排拒是由于其本身文化素质较低，适应能力较差，生存状况不理想而产生的。[7] 笔者赞同周竞红的分析，而且认为，在相当长时间内，这种结构模式难以改变。

2. 部分少数民族流动人员违反城市管理规定违规经营

流动少数民族进入城市后，有一部分人从事具有本民族特色的经营。在经营活动中，有些人贩卖刀具，也有些人随意摆摊设点，违反了社会治安方面的规定和城市管理规定，由此引发了流动少数民族人员与城市管理部门、城市世居居民之间的矛盾。如 2003 年元月，几个卖烤牛肉串的新疆摊贩在湖南永州市东安县城随意摆摊，县城管大队几名队员制止不得法，双方发生了冲突。2003 年 3 月，四川省茂县文某等 17 名藏族、羌族同胞在常德石门县城一家店面门前摆摊卖药材，由于店主不慎用水溅湿了文某的摊布，双方发生纠纷，相互殴打。类似事件不仅在湖南甚至在全国也经常发生。要解决这方面的问题，笔者认为应从两个方面入手：一是引导流动少数民族人员了解和熟悉城市管理规章，让他们适应城市生活；一是有关部门要文明执法。

3. 个别流动少数民族人员进入城市后从事违法犯罪活动

根据江苏省民族事务委员会的统计，江苏某市"1997—1999 年发生少数民族流动人口贩毒案件就有 15 起。"[8] 根据长沙市公安局提供的资料，在长沙也存在流动少数民族人员的犯罪团伙，其违法犯罪的主要形式是强迫本民族儿童偷抢行人财物。这些犯罪行为虽属个别，但却引起了世居居民包括世居少数民族居民的强烈反感，严重败坏了流动少数民族的整体形象。

4. 有部分少数民族群众没有城市生活的技能，盲目流进城市，生存困难

据长沙市民族宗教局有关人员反映，有几十名四川藏族羌族同胞曾到长沙谋生，但由于没有一技之长，很难在长沙立足，最后由长沙市出资将他们送返了原籍。

三、因不尊重少数民族风俗习惯而引发的矛盾纠纷，是城市民族关系不和谐的主要原因之一

近年来，湖南新闻、文艺界和相关研究人员，积极到少数民族地区体验生活，搜集整理民族文化遗产，反映民族地区两个文明建设和平等、团结、互助、合作的社会主义民族关系，受到了广大少数民族群众的热烈欢迎。但也有个别单位和个人，不尊重少数民族的风俗习惯，不考虑少数民族群众的思想感情，发表了一些不符合少数民族历史事实的作品。还有一些作者和编辑，不了解党的民族政策和少数民族的风俗习惯，编发了一些不尊重少数民族风俗习惯的作品，引发了民族关系中的矛盾和纠纷，影响了民族之间的团结。

2002年6月27日，黑龙江省民委致电湖南省民委反映，湖南《体坛周报》6月23日第19版刊发了《是韩国不是亚洲》的网友文章。该文章超越足球评论的范围，用不恰当的用语和比喻评论朝鲜族，引起黑龙江省朝鲜族群众的强烈不满。接到反映后，湖南省民委领导指示政法处立即与省体育局和《体坛周报》社进行联系。当日下午，《体坛周报》有关负责人来到湖南省民委，对报社把关不严，刊发了伤害少数民族感情的文章深表歉意。编辑部于24日刊发了致歉文章。《体坛周报》社还根据湖南省民委的建议，给黑龙江、吉林、辽宁三省民委发了致歉信，并派人赴三省民委登门致歉，主动承认错误，最大限度地消除事件造成的不良影响，使问题得到了较好解决。

2003年5月20日，湖南省永州市民委向湖南省民委反映，永州市作协主席杨克祥在剧本《一夜郎》中有多处丑化瑶族先民、歪曲瑶族历史的情节，引起了永州市瑶族同胞的强烈不满。湖南省民委接信后迅速与湖南省文化厅进行了协商并达成了一致意见：一是要求作者作出深刻检查，并向江华县书面道歉；二是责成《艺海》编辑部收回所有刊载《一夜郎》剧本的2003年第2期杂志；三是

对未寄出的刊物进行封存，连同收回的刊物一并销毁；四是责成永
州市文化局下属剧团不投资演出这部戏；五是责成《艺海》编辑部
进行整改，认真总结教训，防止类似问题的发生。

在尊重少数民族风俗习惯方面尤其要注意尊重信仰伊斯兰教各
民族的风俗习惯。穆斯林在生活方面有严格的禁忌，若不尊重就会
导致信仰伊斯兰教各民族与其他民族之间的矛盾与纠纷。从全国范
围看，因不尊重穆斯林的生活习惯而导致的民族之间的纠纷事件频
繁发生。湖南近年也发生了多起这样的事件。2002 年 2 月，邵阳市
民委反映，隆回县穆斯林发现市场有人销售打着"清真"牌子的狗
肉火锅底料、佐料，生产地是成都。群众义愤填膺，要去成都砸店
烧物。前去参加隆回穆斯林"开斋节"的周副县长及县民宗局知道
情况后及时制止，并将情况报告市政府、市民宗委。市政府指示，
由市民宗委牵头，市工商局、市伊协参与，查封了该产品以及许多
打着"清真"牌子的不规范商品。之后，成都市伊协马上派人前来
处理，得到了邵阳市穆斯林的谅解。

四、一些人的个体行为，如果处理不当，也会影响民族关系

民族关系不仅发生在不同民族的群体之间，也发生在不同民族
的个体之间。个体关系往往影响着群体关系。城市世居各民族由于
相互比较了解，民族关系是比较良好的。但城市世居居民与不断增
长的流动少数民族群体之间缺乏了解，误会甚至是故意的歧视、侮
辱经常会导致双方殴斗。这些个体过激行为如果能得到及时得当处
理，那么仍是个体行为；如果处置不当，就有可能引发不同民族群
体性冲突事件，不仅造成一定的社会影响，也直接影响到城市民族
关系和民族团结。

更有甚者，一些人为一己之私利，故意挑起事端，影响了和睦
民族关系的构建。湖南邵阳市隆回县的一个事件就很有代表性。

2003年3月，随着美、伊局势的紧张，邵阳市隆回县伊斯兰教协会一副会长多次到县公安局，强烈要求办理护照去伊拉克充当"和平使者"，并声称已有十多个年轻人报名。县民宗局会同县公安局的民警，走访了伊协四位正副会长和部分穆斯林群众。经调查，这位副会长之所以有如此要求，是因为他的儿子在环卫所当临时工，转正问题未解决。邵阳市民宗委有关领导专程到隆回县与群众座谈，听取他们的意见，宣传我国政府对伊拉克的政策和立场，最终统一了穆斯林群众的思想，稳定了人心，使这部分群众打消了赴伊的念头。

五、结束语

1. 湖南杂散居区城市民族关系总体是协调的、良好的，民族工作是有成绩的

党的十一届三中全会以来，特别是近几年来，湖南省认真贯彻执行党的民族政策，努力改善和巩固社会主义新型民族关系，采取了很多具体措施改善民族关系，如1997年，省民委与省工商局联合下发了《湖南省生产经营清真"三食"管理办法》，加强了对清真食品生产经营活动的管理。这些政策和规定收到了比较理想的效果。从总体上看，湖南省的民族关系是良好的、协调的。这说明湖南的民族工作是有成绩的。

2. 要积极探索新形势下城市民族工作新思路，切实做好城市少数民族流动人口工作

城市少数民族流动人口工作涉及三个方面。一是要转变民族工作的职能，从单向的管理转变到管理与服务并重的轨道上来。城市民族工作具有窗口、示范、辐射作用，少数民族流动人口进入城市是市场经济下不可逆转的趋势，其引发的问题会越来越突出，如果处理不当则会影响城市民族关系。随着城市中流动少数民族人口的不断增加，城市民族工作已显得越来越突出、越来越复杂，原有的工作方式已不适应形势发展的要求。城市民族工作必须由管理的单项职能向管理与服务并重的双项职能转变，由以城市中世居少数民族为服务对象向以城市区域中所有的少数民族为服务对象转变。对城市少数民族流动人口既要坚持依法管理，又要为他们适应城市生活提供帮助与服务。二是要及时稳妥地处理好城市流动少数民族人口引发的各类影响民族关系的矛盾与纠纷，防止矛盾扩大、激化。三是要保障流动少数民族人口在城市里的生存权。从上述案例中可以看出，不少流动的少数民族人口进入城市后，不适应城市的生活，不了解城市生活的各种制度，甚至没有生存的技能。政府有关职能部门应采取切实可行的措施，帮助他们尽快适应城市生活。

3. 切实尊重少数民族风俗习惯，维护少数民族合法权益，这是协调杂散居地区民族关系的永恒主题

近年来，湖南省的民族纠纷事件有很多是由于不尊重少数民族的风俗习惯而造成的，如《体坛周报》事件、《一夜郎》事件、邵阳市双清区某个体户私自生产假冒"清真"食品事件等。这些事件由于处理及时得当，没有酿成大的事端。但这类事件频繁发生，说明不少人是不了解我国民族政策的，他们对少数民族的风俗习惯是不够尊重的。这也从另外一个方面说明了长期持久地进行马克思主义民族观和党的民族政策教育的必要性。

参考文献:

[1] [7] 周竞红. 城市民族关系的结构变化与调整. 中央民族大学学报，2001（6）

[2] 孙懿. 论社会主义市场经济对城市和散杂居地区民族关系的影响. 满族研究，2002（2）

[3] 王颖. 人口流动与新疆民族关系初探. 新疆社科论坛，2002（1）

[4] [5] 长沙市地方志编委会. 长沙市志：第十五卷. 长沙：湖南人民出版社，2000.1~5

[6] [8] 江苏省民族事务委员会. 加强法制建设是管理外来经商少数民族的必由之路. 民族工作研究，2000（3）

（原载《中南民族大学学报》2005 年第 2 期）

试论城市少数民族的民族意识与民族关系

——以兰州市为例

汤夺先

民族意识，概括地说，就是综合反映和认识民族生存、交往和发展及其特点的一种社会意识。民族意识是一种社会意识，是民族社会的群体意识。它的实质是对自身民族生存、交往、发展的地位、待遇和权利、利益的享有和保护。[1]同时，它还是社会成员对自己民族归属和利益的感悟，它是一种群体意识，其存在最终需要共同利益予以维系，也是民族存在的标志。[2]民族意识由三个部分组成。其一，民族属性意识，包括民族自我归属意识、民族认同意识、民族分界意识。其二，民族交往意识，包括民族平等意识、民族自尊或优越意识、民族自卑意识。其三，民族发展意识，包括民族自我发展意识、民族自主自立发展意识、民族协同发展意识。[3]

民族意识作为一个民族深层次的东西，是衡量民族之所以为民族的最稳定的标志；也是民族关系的深层内容，表达着在其他领域和层次不易表达着的隐含着的意义。[4]现阶段，在城市化的作用下，在经济利益的驱使下，在宗教因素的影响下，兰州市城市少数民族的民族意识有一种逐渐强化的特点。[5]城市中的少数民族对于本民族的尊严和民族平等权利是否受到尊重十分重视，他们不仅要求本民族经济文化迅速发展，而且重视本民族在国家和社会生活中的平等地位和权利，在政治上要求平等的意愿相当强烈。[6]由于民族意识涉及民族的归属、交往、发展、民族利益等，因而必然会带来民族关系的变动，影响民族关系的现状。

一、城市少数民族民族意识的表现形式

由于城市少数民族的民族意识是属于民族心理范畴的东西，看不到，摸不着，难以把握，再加上城市少数民族文化层次参差不齐，因此，城市少数民族的民族意识不太容易研究。马戎先生认为，一个族群与周围其他族群具有差别的方面越多，差别程度越大，它的民族意识也就越强；反之，差别越小越不明显，民族意识就越淡漠。[7]具体到兰州市，据此可以认为生活在城市中的某些少数民族如满族、朝鲜族等民族意识相对较为淡漠，而回族、藏族等少数民族与周围的汉族等在衣着、饮食、器具等生活习惯以及宗教信仰等方面存在着较大的差别，因此他们的民族意识也就相对强烈，具有敏感性、易触发性的特点。然而，每一个民族都有自己的民族意识，并且总会通过一定的形式表现出来，只不过有强弱的区别而已。比如，回族的自我意识在日常生活中并不是很明显，但在某种特殊情境中就会凸现出来，主要表现在两个方面。一是当与其他民族的成员发生带有一定群体性的摩擦、冲突或本民族遭受来自外界的某种刺激，遇到某种社会挫折时，民族自我意识就会焕发出来，民族的认同感就会明显增强，表现出团结起来、一致对外的心理和行为。二是每逢民族节日如开斋节、古尔邦节时，回族的民族自我意识要比平时强一些，这种情况主要见于城市居民中。[8]在城市中，回族群众对本民族的风俗习惯、宗教信仰、传统文化、民族认同与民族权利、民族发展等问题都极为关心。因此，透过民族意识来窥探城市里的民族关系，应该抓准回族这一重点，通过对城市回族民族意识的研究来揭示城市民族关系的现状及其内涵。

（一）城市少数民族成员的民族归属意识与民族认同意识

民族归属意识指的是一个民族成员自觉属于某一民族共同体的归属意识，民族认同意识指的是某一些民族成员之间都相互认为属

于相同的民族共同体的民族意识，它是维系民族成员之间情感联系的精神纽带，它的存在对加强民族内部的向心力、内聚力和互助性有极大的意义。[9]后者可以认为是前者的延伸，因为民族认同是社会成员对自己民族归属的认知和感情依附。[10]目前，在开放的社会里，原本封闭的人们开始比较强烈地感受到了我族与他族的不同，有了比较鲜明的我族与他族的分别，原本模糊的民族认同开始清晰或者强烈了。[11]因商务、学习、工作、旅游等原因离开本民族社区、远行在外的回族具有比往常更多的认同需求。当然，这种认同并非纯粹民族性的认同，而且包含着不分民族的地域认同及基于宗教信仰的认同。[12]比如，外来的穆斯林从故土来到城市后要做的第一件事就是寻找清真寺或者是穆斯林聚居区，显然这是一种广泛的民族认同，已经突破了单纯民族认同的界限，是一种基于伊斯兰教信仰的穆斯林群体认同。同时，每一个初来城市的穆斯林也都受到了当地穆斯林群众的热情接待。像兰州市城关区的金城关及七里河区的工林路、柏树巷等穆斯林聚居区就吸引了大量外来穆斯林入住。再如，对于穆斯林与非穆斯林的通婚，"从国家法律、伊斯兰教义、回族历史各个方面来说，回汉是可以通婚的，但是我们并不提倡回汉通婚……应教育子女，为了自己美好的幸福生活，最好找本民族的人结婚。"[13]尽管整体态度是这样，但由于当代回族青年的婚姻观发生了重大变化，这种变化与回族学校教育的大力发展，工作单位越来越广泛的多民族构成，居住的逐渐分散，以及与世俗化和都市化对伊斯兰教影响力的削弱，有着密不可分的联系[14]，因此，城市中仍然出现了为数不少的回汉通婚现象。然而，较为传统的穆斯林家庭由于受伊斯兰教的影响，在婚姻方面存在着担心与异族通婚后"损失"本民族的妇女及其所生子女的心理，因此，他们极力反对跨民族通婚。[15]有研究者认为青年异族通婚的意向和愿望与本民族传统习惯和心理定势上的冲突，将对21世纪城市民族关系的发展产生重要影响。[16]归根结底，这是一种民族认同与归属意识在婚姻态度上的反映。具体到通婚后子女的民族归属问题，在笔者所访谈的众多对象中，几乎所有的回汉通婚个案均表示孩子的族属会选择回族，显然，他们不仅仅考虑到将来让孩子享受民族优惠政策的照顾，更多的应该是一种民族归属意识的反映。

（二）城市少数民族成员的民族平等意识

民族平等意识是指民族交往联系中各自民族处在公平的地位，具有公平权利的意识。[17]它主要表现在两个方面：一是对民族侮辱歧视现象的愤怒与反击；二是对民族交往联系过程中的平等地位和权利的强调，体现在民族权力方面就是要求任用本民族干部的平等意识。

在兰州市，几乎所有的穆斯林都信仰伊斯兰教，伊斯兰教对于回族等穆斯林群众有着格外重要的意义。因此，能否正确地处理好宗教及其相应问题，关乎全市、全省乃至全国的安定团结。然而，有些新闻、出版部门出版的图书和报刊接连出现一些歪曲回族形象、不尊重回族风俗习惯、丑化伊斯兰教的事件，严重伤害和刺激了我国穆斯林的宗教感情，造成了极为恶劣的影响。仅发生在兰州的就有1984年甘肃《读者文摘》发表的《李鸿章出使俄国》一文，肆意编造伊斯兰教创始人穆罕默德是中国囚徒的言词，引起兰州市穆斯林群众的抗议这一典型案例。[18]此外，在全国其他城市也发生过类似事件。比如1989年3月，上海文化出版社和太原希望出版社协作出版的《性风俗》一书，对伊斯兰教清真寺进行肆意歪曲与诽谤，引起全国各地穆斯林的抗议；1993年1月，四川美术出版社出版发行的一套题为《脑筋急转弯》的书籍中出现丑化侮辱伊斯兰教和穆斯林的插图和文字，引起了全国许多省、区、市穆斯林群众的不满和抗议，兰州市和临夏市的穆斯林群众还上街游行，造成停课、停工、停商、停耕，并由甘肃省伊协、兰州市伊协和临夏州伊协提起民事诉讼。[19]显然，侮教事件是一种严重违反党的民族宗教政策的恶性行为，它极大地刺伤了回族及广大穆斯林群众的宗教感情以及民族平等意识，若任其发展下去将会对回汉民族之间的友好关系带来巨大的破坏作用。

穆斯林的饮食习惯是吃清真饭菜，由于城市中回族等穆斯林人口众多，因此，从事清真餐饮业有很高的利润可图，这也导致了一部分利欲熏心之徒为所欲为，置广大穆斯林群众的饮食习惯于不顾，通过开办"假清真"的饭馆、面铺牟利，欺骗穆斯林的感情，这当然会引起穆斯林的愤怒与反击。清真饮食上存在的一些问题，甚至已成为影响城市穆斯林与非穆斯林之间和睦关系的一种重要因素。[20]具体到兰州市，据兰州市民委不完全统计，该市共有包括清真餐厅、清真饭店、牛肉面馆以及卖羊杂碎的小摊位等在内的清真餐饮点 3800 多家，可以说清真餐饮业关系着兰州市十多万穆斯林的正常生活。然而，兰州市的清真餐饮业市场在巨大的经济利益的诱惑下也出现了一些"清真不清"和"假清真"问题。"假清真"现象的存在，显然会伤害穆斯林群众的民族自尊心，会在一定程度上强化穆斯林群众的民族平等意识，广大穆斯林群众对这类事件的愤怒反击就是少数民族的民族平等意识在生活习惯方面的反映和表现。同时，它也牵涉到保护少数民族合法权益的问题，过去就曾发生过许多起因为清真饮食问题引发的民族纠纷和民族突发事件，甚至导致民族冲突的发生。因为清真饮食引发的民族之间的纠纷，显然对当时的民族关系有一定的影响，会在穆斯林心目中造成一种汉族歧视他们生活习惯的想法。[21]

民族干部的任用历来是一个重要问题，在少数民族群众眼里，本民族干部的多少以及担任职务的高低，是国家及政府对本民族平等对待程度的反映。它是各民族政治平等的一种重要体现，因为民族间政治平等的实现程度主要是通过各民族对国家政治生活介入、参与的内容、形式和力度所表现出来的。它是我们评价民族关系的一个重要变量。[22]因此，关心本民族在政治上的完全平等地位和待遇也是城市民族问题的主要表现形式之一。[23]政治上平等权的突出性成为城市民族问题的一个重要特点。[24]目前，在兰州市，各少数民族都充分享有自己的政治权利。1993 年，在各级各类部门中，共有 19 个少数民族的干部 1496 人，占全市干部总数的 2.3%，回族干部 1101 人，占全市干部总数的 1.7%，占少数民族干部总数的 73.6%。大部分民族干部都分布在县区市一级，共 1470 人，占 98.3%。而到了 1997 年，兰州市仅副县级以上的民族干部就有 45 人，涉及回、满、壮、蒙古、俄罗斯、藏、东乡等 7 个民族，以回族为最多；同期副高以上专业技术干部共 32 人，涉及回、满、藏、朝鲜等 4 个民族，以回族和满族为最多。这与兰州市目前城市少数民族人口的数量及其特点相吻合：回族是兰州市人口最多的少数民族，所以其民族干部数量最多；同样，兰州市散居的回族与满族等的文化层次较高，故在专业知识分子的比例上他们也占多数。在兰州市第十、十一届人民代表大会上，少数民族的代表总数分别为 46 人和 37 人，分别占当时代表总数的 11.5% 和 9.27%，远远高于少数民族占全市人口的比例。由以上情况看，少数民族都在行使着自己政治上的平等权利。在笔者就民族干部的话题和一些少数民族群众谈天时，很多人都向笔者介绍某某是他们本民族的干部，脸上充满了骄傲和自豪的神情。这是少数民族向心心理的一种表现，他们对本民族的同志往往较有感情，每每接触就感到特别亲切。[25] 总之，城市中的少数民族群众对本民族干部的使用也是相当在意的，这在一定程度上也表现了他们的参政意识与民族政治平等意识。

（三）城市少数民族成员的民族群体意识

它主要是指少数民族成员自身对由许多本民族个体组成的人们共同体的一种民族整体性认识的反映。每一个民族都有各自的群体意识，这是由那个民族人民的共同经济社会政治利益所决定的。[26] 基于某个民族的群体意识在任何时代、任何地方都是存在的。生活在城市中的少数民族，由于大部分都是远离本民族的聚居区或者是远离故乡，遇到事情时更容易与同一城市中的本民族成员商量或求助，对此，同族的人们也愿意帮助。因此，城市少数民族的群体意识是较浓厚的。在兰州市生活着以回族为数量上的多数的许多少数民族，而中国回族的民族意识中最为突出的是其民族群体意识，极强的群体意识为回回民族高度凝聚力的形成奠定了坚实的基础[27]，因此，必须正确对待城市回族的群体意识。在城市中，无论是在城乡结合部的聚居区还是在城市楼房中的散居点，回族的群体意识在不断强化。这种被强化的群体意识也是与回族谋求更多的民族利益、发展机会以及生存质量密切相关的。它有着自己的表现方式，回族一人受欺负、众人群起声援就是典型例子。再有，在修建清真寺时，回族群众纷纷出钱出力也是一种回族群体意识强的证明；有意识地住在同一个地方即回族习惯的围寺而居也可以看做是群体意识在居住上的反映。至于如同一单位的几个同族人相交以及学校中来自同一地方属于同一民族的学生相互来往且关系较好等情况，固然是由于生活习惯的因素，群体意识也未尝不是他们相处相交的重要理由。城市中的几家少数民族民办企业也有一种基于共同利益的群体意识，比如兰州市从事清真餐饮业的几家穆斯林企业就曾联合起来，通过降价销售手抓羊肉来达到维护这一特殊群体的共同商业利益的目的等。群体意识的增强，对一个民族而言并非坏事，主观上有利于民族齐心协力促发展、进步，有利于增强本民族的凝聚力，加强本民族的团结，但同时必须处理好譬如交往过程中的"社交距离"、"护己排外"的狭隘意识以及较为明显的"族际的敌意"等容易引起民族关系不和的问题[28]，应该反对单纯民族利己主义的群体意识、民族排他主义的群体意识以及盲目的优越感和保守意识，鼓励利他主义的群体意识，只有这样，才能更好地处理各民族之间的关系。

（四）城市少数民族成员的民族帮扶意识

城市少数民族与民族地区的本民族群众有着千丝万缕的联系，再加上城市里的少数民族多是该民族知识层次较高的那部分人，他们时刻关心本民族、本地区的发展。[29]可以说，他们对于本民族倾注了全部的感情。比如，前几年内蒙古自治区遭受雪灾时，兰州市的蒙古族对这一事件格外关注，通过报纸、电视了解蒙古族同胞的情况，对受灾同胞极为关心，通过捐款捐物的形式参与到抗灾救灾的活动中。回族等穆斯林由于受伊斯兰教义的熏陶，自古以来就有一种互相帮助的民族传统美德[30]，帮扶意识可以说是与回族发展过程相伴始终的。荒年扶贫济困，战时救死扶伤，当回族穆斯林遇到困难时，众人出来相助。回族出门在外，"千里不持粮"，素昧平生的回族一旦相遇，就会产生乡情、亲情和民族情，这既是一种民族认同意识的反映，又是民族相互帮扶的做法。"一方有难，八方支援"是中华民族的传统美德，也是回族人的美德，这是典型的帮扶和互助意识，生活在城市中的回族亦不例外。2002 年 4 月 16 日，云南昭通阿语学校发生了一起交通事故，3 名学生遇难，伤者达 22 人，包括香港在内的全国各地以及埃及、沙特、叙利亚等国家的穆斯林都给予了格外的关注，共有 20 万元的捐款汇向昭通。兰州市的穆斯林除了慰问、捐款捐物之外，还在第一时间作了详细的报道，向广大的穆斯林群众介绍情况，号召穆斯林群众给予关注。[31]此外，城市中先富起来的那部分少数民族人士，通过创办企业、捐资教育或投资于社会公益事业等途径来实现对同族人、同教人以及同乡人的帮扶。

二、从民族意识的表现形式看城市的民族关系

民族意识既然是民族的内在属性和特质，那么它必然会在民族间相处和民族交往的实践中有所反映并相互作用，也就是说民族意识与民族关系是相互影响和相互作用的。[32]然而，民族意识并非是依靠少数民族成员自身或者单纯在一个民族内部得到加强或者强化的，它只有在同其他民族的接触中才有可能得到加强。[33]可以这样说，民族意识是在与他族交往不断扩大的过程中形成和变化，在异质性交往情境中不断被激发和强化的。[34]故此很难说清楚某一民族的民族意识之强弱究竟是由什么要素决定的，也许散杂居民族的个

体在遇到某些特殊情况或突发事件，比如外界对本民族的轻视或者侮辱以及对待本民族不公正时，他所表现出来的民族意识会比聚居于某些地方的同族人强烈得多。再加上城市少数民族的人员构成多是该民族知识层次较高的那部分人，这些人观察力敏锐，对某些涉及民族权利、利益的问题反应快、尖锐[35]，因此，他们的民族意识相对于民族地区的本民族群众肯定强烈得多，且多数体现在关注本民族的权益问题以及本民族的长远发展上。显然，城市少数民族的民族意识强于民族地区的少数民族，如果引导不当就有可能出现只强调民族特点、民族利益，而忽视或损伤全局利益的极端民族主义倾向，这极不利于城市民族关系的正常发展。所以，对待城市中少数民族的民族意识问题不能简单地以民族特征、居住形式等来判断，而应该全面地考虑，以免得出片面的结论。

透过城市少数民族的民族意识及其所表现出来的内容，我们可以窥知民族关系的基本情况。民族的认同和归属意识的存在，无疑利于壮大各个民族的队伍，利于民族内部的团结，但从长远来看，它的存在及其对婚姻、住所等的要求显然不利于民族之间的交往，对良好和谐民族关系的构建也是一种无形的障碍。但这并不等于说不需要民族的认同和归属。基于民族平等意识及其所衍生出来的具体表现，显然是要求一种平等团结的民族关系的必然结果。比如说侮教事件以及饮食上的"清真不清"事件等，前者是侮辱了信仰伊斯兰教各民族的宗教信仰，因为在他们的生活中，宗教是维系民族信仰和文化传统的重要精神力量，是这些民族社会精神生活的基础，对该民族的民族关系影响力巨大。后者则是伤害了这些民族基于宗教教义、传统文化而形成的生活习惯，不利于民族关系的正常发展，但这不应该简单地看做是民族意识对民族关系带来的影响，而应该看做是民族意识对破坏民族关系行径的一种正当反映。民族权利方面的平等意识则完全是民族利益以及民族发展的客观需要，这一问题处理不好，将是和谐民族关系的一种隐患。民族群体意识的强化必然导致民族凝聚力的增强，有利于民族内部的团结与协作，但如果任其发展下去，没有正确的引导，则会导致"护己排外"的狭隘意识以及较为明显的"族际的敌意"，甚至会破坏已经形成了的和睦的民族关系，必须引起注意。民族发展过程中的帮扶意识是一种友爱互助合作精神的体现，是一种值得提倡的行为，与我国的传统美德相一致，也与我国先富起来的那部分人帮助后富的群众的国策相一致，最终目标是各民族的共同富裕，这在一定程度上可以确保民族内部以及民族之间的友好和谐关系。

总之，体现在民族意识层面上的民族关系，需要正确对待，适当引导，使之朝着有利于民族关系的方向发展。

参考文献：

[1] [3] [9] [17] 金炳镐. 民族理论通论. 北京：中央民族大学出版社，1994

[2] [10] 王希恩. 民族认同与民族意识. 民族研究，1995 (6)

[4] [34] 王俊敏. 青城民族———一个边疆城市民族关系的历史演变. 天津：天津人民出版社，2001

[5] 汤夺先. 城市少数民族略论———以兰州市为例. 固原师专学报，2004 (2)

[6] 聂健全. 试论城市民族工作的地位与作用. 西南民族学院学报，1998 (3)

[7] 马戎. 论民族意识的产生. 云南民族学院学报，2000 (2)

[8] [12] [22] [32] 马宗保. 多元一体格局中的回汉民族关系. 银川：宁夏人民出版社，2002

[11] 王希恩. 社会主义市场经济和中国的民族认同. 民族研究，1998，(3)

[13] 马寅. 关于回汉通婚问题. 马寅民族工作文集. 北京：民族出版社，1995. 46

[14] 王俊敏. 蒙、满、回、汉四族通婚研究———呼和浩特市区的个案. 西北民族研究，1999 (1)

[15] 张天路. 民族人口学. 北京：中国人口出版社，1998. 198

[16] 孙秋云、朱绍华. 城市民族问题：21 世纪中国民族学研究的重要课题. 中国民族学会. 民族学研究：第 12 辑. 北京：民族出版社，1998

[18] 丁明俊. 对当代侮教案的思考. 回族研究，1994 (3)

[19] 沈林等. 中国城市民族工作的理论与实践. 北京：民族出版社，2001. 180

[20] [21] 汤夺先. 试论影响城市民族关系的几个因素. 黑龙江民族论丛，2003 (6)

[23] [29] [35] 贾春增. 民族社会学概论. 北京：中央民族大学出版社，1996. 136

[24] 马奇明，王光萍. 武汉市民族工作特点及其地位浅探. 中南民族学院学报，1996 (3)

[25] 王国良. 要充分认识配备少数民族干部的必要性和重要性."第十二届全国回族学研讨会"论文选编. 北京：1999.124

[26] [28] 马平. 回族心理素质与行为方式. 银川：宁夏人民出版社，1998

[27] [30] 马平. 群体意识与回族凝聚力. 中南民族学院学报，2001（4）

[31] 弯刀. 考验：云南昭通阿校4·16事故发生之后. 穆斯林通讯，2002（5、6）

[33] 郑信哲. 略论我国少数民族人口流动及其影响. 满族研究，2001（1）

（原载《中南民族大学学报》2004年第3期）

上海市民族关系现状分析

郑　敏　高向东

上海是多民族散居的大城市，目前有 53 个少数民族成分，10.3 万常住人口，10 万余流动人口，随着改革开放的深入和社会主义市场经济的不断发展，将会有更多的少数民族来沪经商、务工、求学、参观等[1]，民族关系问题将日益成为不可忽视的关注点[2]。因此，很有必要对上海市的民族关系现状进行分析，为促进和谐社会的构建提供依据。

一、上海市民族关系的数据来源及相关指标选择

本文致力于从少数民族的角度出发，分析上海市民族关系现状。定量分析的数据来源真实可信，是基于上海市政协 2005 年春季"构造和谐社会下的民族关系调查"课题，以等距随机抽样、试点修正等方法发放调查问卷，并召开少数民族相关人士座谈会 25 场，是有史以来覆盖面最大、内容最全面的少数民族人口调查。本文从少数民族的角度来反映民族关系，在进行族别分析时，依据上海市现有民族人数，选择数量较多的回族、满族、蒙古族等 9 个少数民族为主要研究对象，其他人数相对较少的少数民族归并入"其他"民族类。

民族关系既具有社会性，又具有民族性，是在民族交往的各个方面逐步表现出来的。我们从问卷中筛选出若干能反映民族关系的题目，设计了民族交往情况、社区居住选择、民族通婚情况等指标对上海市民族关系现状进行分析。

二、上海市民族关系现状的指标分析

1. 民族交往

民族交往情况是民族关系能否健康持续发展的重要前提。问及与民族习俗相异者（不同民族）的交往态度，户籍少数民族（特指有上海市户籍，下同）中88.7%的人倾向于和睦相处，另有2.1%表示不主动交往、8.2%持无所谓态度，仅1.0%表示会保持距离敬而远之。同时，少数民族流动人口中76.6%的人倾向于和睦相处，另有8.6%表示不主动交往、10.4%持无所谓态度，有4.4%表示会保持距离、冷淡对待。由此可见，户籍少数民族比流动者更倾向于不同民族之间主动交往及和睦相处，更易建立融洽的民族关系（详见表1）。

为了进一步分析不同民族对族际交往的态度是否存在差异，需对民族与民族交往态度进行交叉列联表分析和卡方检验，SPSS 统计分析结果表明：卡方检验的相伴概率 P 值均为 0.000，小于显著水平0.05，拒绝零假设，说明不同族别人口的民族交往态度存在显著差异。户籍少数民族中，回族倾向和睦相处的比例最高，为90.6%；而维吾尔族不主动交往及保持距离态度的比例较其他民族都高，达6.5%和8.7%。少数民族流动人口中，壮族、朝鲜族、蒙古族倾向和睦相处的比例很高，均超过85.0%；土家族和苗族愿和睦相处者不及其他民族的比例，他们更倾向不主动交往，该比例分别为20.3%、13.9%；而18.2%的维吾尔族选择保持距离，该选项比例比其他民族都高（详见表1）。

2. 社区居住

民族居住格局作为族际社会交往的客观条件之一，决定着两个具有不同语言、宗教、文化传统的民族间是否有相互交往的机会，且不同民族集团成员间广泛的社会交往有助于增强相互理解，在交流和互助中建立融洽的关系。

调查发现，在社区居住选择上，11.6% 的户籍少数民族、20.9% 的少数民族流动人口倾向于在同民族人数较多处居住，而17.8% 的户籍者、14.9% 的流动者表示最愿意住在多民族混合的社区，因为在那里族际相互接触机会多，一定程度上体现出这部分人群对不同民族文化、习俗等方面的认同和包容。[3] 持无所谓态度的少数民族户籍及流动人口比例分别为70.3%、64.0%（详见表2）。

对各民族与社区居住意愿进行交叉列联表分析和卡方检验，SPSS 统计分析结果表明，不同民族在社区居住选择上存在显著差异。回族户籍者倾向同民族居住的比例较其他民族高，为15.5%，而回族流动人口倾向同民族居住的比例更高，占38.5%，仅次于居首位的朝鲜族流动人口，表明相对于其他少数民族而言，回族的族缘性较强，倾向于单民族聚居，但回族流动人口比回族户籍人口的单民族聚居倾向更强烈。朝鲜族流动人口选择同民族居住社区的比例最高，为40.8%，而朝鲜族户籍者该比例仅8.0%，未表现出强烈聚居倾向。苗族30.9% 的户籍人口、25.3% 的流动人口以及蒙古族28.6% 的流动人口更愿意居住于多民族混合社区；满族82.4% 的户籍人口、86.2% 的流动人口以及 100.0% 的侗族流动人口则持无所谓态度。维吾尔族户籍人口13.3% 倾向于同族居住、33.3% 则倾向多民族混合居住，没有特别明显的聚居趋势（详见表2）。

表1　　　　　　　　　与其他民族的交往态度（分民族）

交往态度	少数民族	族别										平均
		回族	满族	蒙古族	土家族	朝鲜族	苗族	壮族	侗族	维吾尔族	其他	
和睦共处	户籍	90.6%	85.3%	89.4%	82.8%	89.7%	89.7%	88.0%	76.9%	71.7%	83.1%	88.7%
	流动	77.8%	72.4%	85.7%	60.8%	88.3%	73.4%	88.5%	77.8%	65.9%	79.7%	76.6%
不会主动	户籍	1.4%	1.1%	2.5%	4.3%	3.2%	5.9%	0.0%	0.0%	6.5%	6.0%	2.0%
	流动	5.9%	3.4%	0.0%	20.3%	2.2%	13.9%	3.8%	5.6%	6.8%	8.0%	8.6%
保持距离	户籍	0.9%	1.3%	1.0%	0.0%	0.0%	0.0%	0.0%	0.0%	8.7%	1.5%	1.0%
	流动	4.4%	3.4%	0.0%	7.0%	1.1%	3.8%	0.0%	0.0%	18.2%	1.4%	4.0%

表2   社区居住的意愿（分民族）

社区居住	少数民族	族别										平均
		回族	满族	蒙古族	土家族	朝鲜族	苗族	壮族	侗族	维吾尔族	其他	
同族为主	户籍	15.5%	3.5%	5.1%	6.5%	8.0%	4.4%	1.4%	0.0%	13.3%	8.5%	11.6%
	流动	38.5%	3.4%	7.1%	5.6%	40.8%	13.9%	7.7%	0.0%	18.2%	8.7%	20.9%
多族混合	户籍	17.4%	13.6%	15.3%	24.7%	16.8%	30.9%	18.9%	15.4%	33.3%	21.4%	17.8%
	流动	10.4%	10.3%	28.6%	15.4%	10.6%	25.3%	19.2%	0.0%	22.7%	16.7%	14.9%
无所谓	户籍	67.0%	82.4%	79.6%	68.8%	74.4%	64.7%	77.0%	76.9%	53.3%	70.1%	70.3%
	流动	51.1%	86.2%	64.3%	78.3%	48.6%	60.8%	73.1%	100.0%	59.1%	73.9%	64.0%

3. 民族通婚

民族通婚是民族间友好和团结的象征，根据西方社会学理论，只有当两个民族群体之间语言能相通、日常社会交往频繁、价值观彼此认同、法律及权力分配方面基本平等、相互无民族偏见等客观条件下，才可能发生大规模的民族通婚。[4]

调查显示，户籍少数民族对民族通婚（即族际婚）持赞成和无所谓态度的比例分别为36.4%、60.4%，高于少数民族流动人口29.9%、57.7%的比例。12.4%的流动人口表示反对族际婚，而户籍者反对族际婚的比例仅3.1%，比前者低近10个百分点（详见图1），可见户籍少数民族比流动者对族际婚更认同。户籍少数民族或在上海出生，或通过人才引进、毕业分配等途径落户上海，多已在上海大都市生活多年，有着城市风格的生活方式和价值观，族际交流机会较多，比初来沪的流动者更容易接受族际婚。

对各民族有关族际婚看法进行交叉列联表分析和卡方检验，发现不同民族对族际婚态度存在明显差异。无论户籍或流动人口中，土家族赞成族际婚的比例最高，而维吾尔族反对的比例最高，包括20.0%的户籍者和29.5%的流动者。此外，回族户籍人口反对族际婚的比例仅3.9%，而回族流动人口反对族际婚的比例却高达25.8%，形成鲜明差异，这可能是因为流动人口初来上海，与其他民族人士接触不多，抵触和排外心理较盛所导致的。

三、上海市民族关系现状分析

1. 民族关系满意程度

对上海市"平等、团结、互助"的民族关系的满意程度分析显示，少数民族户籍人口和流动人口的各种意见比例相差不大。户籍者中51.4%表示满意，37.1%感觉一般，不满意的比例为2.4%；流动人口中53.2%表示满意，36.1%表示一般，不满意的比例为3.3%。但问及从事民族工作的干部的意见，他们对市民满意民族关系的比例估计得过高，达到70.3%，而他们认为市民不满意民族关系的比例过低，仅1.4%，可见民族工作干部对于自己从事的工作有些过于乐观，这对未来工作的细致开展并非好事（详见图2）。

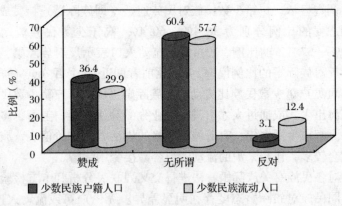

图 1　对族际婚的看法

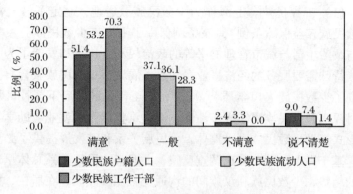

图 2　对民族关系满意程度

细究民族间对于上海市民族关系看法的差异，发现维吾尔族对民族关系表示满意的比例最低，户籍和流动人口的比例分别为28.3%、36.4%（其他诸多民族的平均值分别为51.3%、52.9%）；同时他们表示不满意的比例最高，户籍和流动人口的比例分别为15.2%、18.2%（其他诸多民族的平均值分别为2.5%、3.4%），即远高于其他民族表示不满意的比例。另外，在不同单位从事民族工作的干部对上海市各民族间相处的融洽程度的态度存在一定差异，市、区党政机关系统从事民族工作的干部对上海市各民族间关系表示满意的比例最高，为82.9%，而各类学校从事民族工作的干部认为民族关系满意的比例最低，仅53.3%。作为民族工作的主要领导者和政策制定者，市级的民族工作干部对于上海市民族关系的满意度和民众反映有一定差异，也许在促进民族关系和谐的政策实行和贯彻中，对民族关系的主要表现方面和着重点有所偏差或分歧，若不尽快找出满意度的差异原因，必将使未来的民族工作存在一定的障碍。

2. 上海市民族关系现存的优势与不足

根据本次调查，反映出上海市民族关系存在明显的优势，同时也存在一些不足之处。

（1）现存优势。上海作为少数民族散居地，制定了《上海市少数民族权益保障条例》，该条例保障了上海市少数民族公民享有参与政治生活与城市管理的平等的政治权利，扶持和发展了为少数民族特殊需要服务的经济事业，注重发展城市少数民族教育事业并提高了少数民族人口素质。[5]同时，上至市、区政府下至社区均在平时深入开展民族团结进步活动，通过维权、帮助就业、助学等多种形式帮助少数民族困难群体，为民族关系和谐发展提供了必要保障。基于以上种种，本次调查反映，上海市的民族关系总体呈现和谐的趋势，少数民族和汉族间的沟通交融比较频繁，在居住、婚姻等方面体现了族际交往的和谐、团结、共荣的氛围，为区域的和谐与可持续发展提供了极好的平台。[6]

（2）不足之处。十多年前制定的《上海市少数民族权益保障条例》的部分内容与少数民族的现状已难以适应，如部分应有权益缺乏明文规定，致使操作困难等。少数民族工作干部对市内民族关系估计过于乐观，今后对民族关系问题应予以更深入的体察和解决；专职、经验丰富的民族工作干部较缺乏，青年民族工作干部的培养亟待加强。

个别民族倾向于营造民族生活、工作聚落，这与多民族共荣共进、和谐发展的主题格局不太吻合，政府和社区应竭力予以正确引导。部分民族对于其他民族的接纳程度尚待提高，因为对其他民族过强的排斥心理于己于人都无裨益。少数民族流动人口较户籍人口更易产生民族关系的不和谐因子[7]，对于这个团体要予以特殊关注、帮助和引导，尊重少数民族风俗习惯，改善其生活、工作环境，对其进行普法宣传，努力完善他们的族际交往意识，以实现共建和谐社会的伟大目标。

参考文献：

[1] 胡令明. 城市少数民族流动人口的新情况新问题. 民族论坛，2001（4）

[2] 韩敏. 少数民族流动人口与城市民族工作. 理论月刊，2003（12）

［3］何志魁．试论少数民族传统文化保存的理论依据．青海社会科学，2004（1）

［4］马平．全球化格局下的民族文化多元化发展趋势．青海民族研究，2005（1）

［5］魏瑞亮．弘扬民族文化　开展特色宣传．人口与计划生育，2004（7）

［6］李筱文等．少数民族文化与都市文明之双向调适．广西民族研究，2001（1）

［7］凌锐．试论少数民族流动人口对城市民族关系的影响．中南民族大学学报，2005（1）

（原载《中南民族大学学报》2006 年第 3 期）

新时期散杂居民族关系的焦点

张丽剑

新时期我国各项事业取得了长足进步，但在快速发展的同时出现了一些新问题，它们制约着社会的繁荣和我国的可持续发展，成为构建和谐社会中的隐患。剖析新时期出现的新问题，从民族关系的角度探讨可能的解决方案，此即本文的出发点。

一、新时期民族关系的焦点——散杂居民族关系

党的十一届三中全会以来，我国进入了社会主义现代化建设的新时期，经济上的改革开放，民主、法制的建设，各行各业呈现出欣欣向荣的景象，整个社会进入一个高速发展的新时期。

1. 新时期少数民族地区的快速发展

新时期少数民族经济和社会发展速度加快。国家对民族地区的发展实行扶助政策，在资金、技术、人才等方面给予强有力的支援，促进了民族地区的发展和人民生活水平的提高。近年来的有关统计数据显示，各民族自治地方的经济发展速度普遍高于全国平均水平。如在西藏，西部开发投资对西藏作了重点安排，还直接安排援藏建设项目，组织有关省市对口支援建设项目等，促进了西藏经济的飞速发展。国家统计局公布的数据显示，2006 年西藏全区城镇居民人均实现可支配收入 8941 元，比上年增长 6.3%；农牧民人均纯收入 2435 元，增长 17.2%。[1] 又如新疆，近年来，国家在新疆布局了一批重点项目，取得了显著效果，新疆各族群众经济收入不

断增加，2006 年，全年城镇居民人均可支配收入 9120 元，全年农村居民人均纯收入 2737 元。[2]

2. 新时期散杂居民族面临的新问题

谋求经济发展促使少数民族人口分布扩散，民族人口的扩散化导致了民族散杂居局面的形成。民族散杂居是新时期民族发展中的一个突出现象。"在我国民族关系中有 70%~80% 都是来自散杂居民族关系中的问题。"[3] 新时期散杂居民族面临的主要问题仍是经济发展问题。尽管散杂居地区的经济状况有了明显改善，但存在以下突出问题：散杂居地区与实行自治的地区存在较大差距；散杂居民族与汉族的差距很大；城乡收入差距急剧拉大；经济结构不合理；单一产品发展模式在长时间内难以扭转；生活质量和消费水平仍然很低。

3. 散杂居民族关系的内容和特点

据 1990 年全国人口普查统计，散杂居少数民族人口约有三千万，约占整个少数民族人口的 32%，是我国民族组成中一股不可忽视的重要力量。

散杂居是我国少数民族除了聚居以外的一种重要的分布方式，它明显不同于自治区、自治州、自治县等自治地方的民族聚居，但又与自治地方的民族聚居有相通之处，即散杂居是相对聚居。从散杂居与聚居的层面比较而言，散杂居可以概括为以下三种形态的少数民族分布状况：第一种是城市散杂居少数民族；第二种是农村散杂居少数民族；第三种是民族乡散杂居少数民族。相比较于城市散杂居少数民族和农村散杂居少数民族而言，民族乡的散杂居少数民族在法律、法规方面界定更为明确，管理更为规范，统计更为系统、全面。从散杂居与民族区域自治的层面比较而言，散杂居少数民族包括以下三个方面的含义。第一，指没有实行区域自治的少数民族，如一些人口较少的民族——京族、阿昌族、门巴族、珞巴族、塔塔尔族、德昂族、赫哲族、基诺族、俄罗斯族、高山族、乌孜别克族等 11 个少数民族基本上属于散杂居少数民族。第二，指已经实行民族区域自治但不属于自治地方的少数民族，如白族在全国范围来看，她属于自治民族，成立了大理白族自治州、兰坪白族普米族自治县，而分布于这两个自治地方以外的其他省、市、县的白族就属于散杂居白族。第三，指在少数民族自治地方内的非自治少数民族，如大理白族自治州是自治地方，该区域内长期生活着回族、彝族、傣族、傈僳族等各少数民族，这些少数民族在大理白族自治州内就属于散杂居少数民族。

散杂居少数民族具有以下六个突出的特点。一是广。即我国散杂居少数民族在居住地域上分布很广，遍及全国每一个角落。二是多。这不仅指散杂居少数民族人口众多，总数达三千多万，而且指散杂居少数民族的民族成分多，我国 55 个少数民族都有散杂居人口，区别主要在于散杂居和聚居程度的差异。三是杂。指各民族交错杂居，呈"你中有我，我中有你"的分布格局，即使在民族自治地方，也往往形成多个民族共同生活居住的局面。四是散。指居住的分散状况，零星分布于汉族地区和少数民族自治地区、城市和农村。这种散居态势既包括广泛性的散居，又涵盖了散居形势下一定程度的聚居，如各地建立的民族乡和民族村就是典型的体现。五是偏。指散杂居少数民族分布的地域往往集中于边远地区、经济落后地区以及交通不发达地区。六是弱。指散杂居少数民族现实发展中的弱势地位是极为突出的。这种弱势地位首先是由散杂居人口的极度稀少决定的，散杂居少数民族尽管作为一个有三千多万人口的群体，但具体到某一个地方，散杂居的人口总是处于弱势，他们在政治、经济、文化、信仰、习俗等方面的权利很难得到实际保障，甚至成为被忽视的群体，而且由于人数少，在发展机会方面存在明显劣势。

以上散杂居少数民族的分布特点决定了散杂居民族关系的特点。

一是普遍性和广泛性。广泛性首先意味着散杂居的面广，涉及我国全部 55 个少数民族，各民族都存在不同程度的散杂居，尤其对尚未建立民族自治地方的赫哲族、门巴族、珞巴族、基诺族、阿昌族、德昂族、塔塔尔族、高山族、乌孜别克族、俄罗斯族、京族等 11 个少数民族而言，则是 100% 处于散杂居状况。广泛性还意味着散杂居民族关系不仅涉及汉族与少数民族的关系，也涉及少数民族与少数民族的关系，同时还涉及同一民族内部聚居地区和散杂居地区的关系。最后，散杂居民族关系的广泛性不仅体现在民族间的联系、交往上，还涉及社会、政治、经济、文化、教育、宗教等民族生活的所有领域。

二是敏感性和联动性。散杂居少数民族的弱势性使得散杂居民族关系非常敏感。人口的弱势导致了他们心理的敏感以及对周围事件、环境的敏感，在实际工作中，一点小的失误或考虑不周就会损害到散杂居少数民族的利益。联动性则是敏感性的必然产物。尽管散杂居少数民族居住很分散，但散杂居地区和本民族聚居区同源同种，有高度的民族认同；尤其因为散杂居人口稀少，更使散杂居地区与本民族聚居区有着千丝万缕的联系，既有散杂居地区主动加强和聚居区的联系，更多的是聚居区在注视散杂居地区的发展，所以"发生在本民族聚居地的一些重大事情，很容易传递到各地的散杂居民族中，同样，发生在散杂居民族中的一些事情，也很容易在其本民族的聚居地、边疆地区甚至全国发生影响，引起连锁反应。"[4] 对于一些跨境民族而言，他们往往和国外的民族有着天然的、历史的联系，散杂居民族关系更易扩及国内外。尤其值得注意的是，针对个别民族成员、局限于散杂居地区的事件可能会被认为是针对整个民族群体的民族性事件，从而上升为全局性的民族问题，即牵一发而动全身，所以散杂居地区民族关系更加敏感和显得重要。

二、散杂居民族关系的焦点

新时期，散杂居民族关系面临一些困扰和问题。

1. 城市散杂居问题

在城市散杂居领域，城市散杂居少数民族的组成，不仅包括长期以来居住于城市的少数民族人口，还包括追求经济利益、为改变自身贫困而涌入城市的大批少数民族，成为城市民族工作的重点。[5]据 2000 年第五次人口普查资料显示，北京市 56 个民族齐全，上海市有 53 种少数民族成分，仅缺阿昌族和德昂族，少数民族人口在全市总人口中的比重为 0.6%，武汉市现有 49 种少数民族成分，少数民族人口占全市总人口的 0.7%。从广泛的意义上来讲，现代大都市乃至中小城市都是不同程度民族散杂居的地方。[6]随着城市建设中的"危改搬迁"、"农转非"、"人口流动"等现象，城市少数民族聚居情况发生了变化，少数民族在城市中的相对聚居可分以下四种情形。一是世居少数民族聚居区；二是搬迁后的新聚居区；三是"农转非"聚居区；四是流动少数民族聚居区。由此，出现了一些亟待解决的新问题，主要反映在：部分少数民族聚居区的社区工作队伍需要加强；不尊重少数民族生活习惯的事件偶有发生；一些社区的清真餐饮副食网点不能满足需要，也有些清真餐饮副食网点存在"不专"、"不真"问题；宗教活动场所需要适当增加和维修；部分少数民族聚居区文化体育设施不足，难以开展文化体育活动。

2. 民族乡散杂居问题

散杂居劳动力流动的影响也体现于民族乡层面。民族乡作为我国民族区域自治制度的重要补充形式，在保障散杂居少数民族的权益方面发挥了重要作用。但在新时期，民族乡面临着很多困扰。首先，民族人口在经济利益驱动下涌入城市，许多优秀的人才、资源都集中到了城市，加剧了民族乡的经济发展困境，形成恶性循环，弱化了民族乡的可持续发展。其次，民族乡在组建中存在问题。根据 1983 年 12 月 29 日国务院颁发的《关于建立民族乡问题的通知》，"建立民族乡的少数民族的人口在总人口中所占的比例，一般以百分之三十左右为宜。"[7]而在局部地区，少数民族的人口比例没有达到这个数目，面临民族成分认定的困扰①，甚至出现了虚报民族成分的情况。再次，民族乡在发展中出现新问题。随着社会经济的不断发展，一些发展较快的民族乡提出了撤乡建镇的要求，但在宪法中没有"民族镇"建制，尤其是1992年国务院颁发了《关于停止审批民族镇的通知》，民族乡的升级受到了制约。在新一轮小城镇快速发展的背景下，许多地方为了升级为镇而放弃了民族乡的地位。[8]

3. 散杂居民族的生存问题

以上两个领域出现的问题和困难都在不同程度上影响着散杂居民族关系的发展，而对散杂居民族关系起决定性影响，或者说散杂居民族面临的焦点问题则高度集中地体现为生存问题。这种生存问题既包含了生物意义上的生存问题，即种的繁衍、民族的生存，这更多的是涵盖了物质的层面；更包含了文化意义上的生存问题，即文化的继承和延续，以及文化冲突、适应中的文化变迁，这更多的是涵盖了精神的层面。

生物意义上的生存问题突出地表现为生存环境对生存方式、生存策略的巨大影响。生存环境主要指自然状况、地理特点、矿产资源等方面。居住于同一块土地上的不同族群，有着不同的利益诉求，他们可能会暂时进行联合，但从长远来看，在对生存资源的争夺方面，不同族群往往处于激烈竞争。对散杂居少数民族而言，对资源的占有和对话语权拥有的程度是成正比的。而在资源占有方面，较早居住于该地的土著民族往往占据了大部分资源，尤其是优势资源，如水田、耕地、牧场、林场、矿山等，而随后迁徙来的新移民就被当地土著居民视为外来人口，这些外来人口的加入无疑加

---

① 据笔者2005年的调查资料显示：湖南省桑植县的7个白族乡在成立之初，关于白族成分的认定存在争论，后来拟定了一个方案，凡是谷、王、钟、熊、贺等姓氏成员均划为白族。这种以姓氏来划分民族的做法并不科学。笔者在参与筹建湖北省铁炉白族乡的过程中，亦发现类似情形。

剧了该地的资源争夺状况。这种资源的争夺，对散杂居少数民族而言，形势更为严峻。因为他们处于弱势地位，加之对生存资源的必然争夺和占有的强烈欲望，再加上要在该地扎根生存的现实性的、必然的需求，使得散杂居少数民族如何处理与当地民族的关系、如何在当地的民族大家庭中找到属于自己的一席之地等一系列问题，骤然上升为散杂居少数民族迫切需要解决的、关系到其生死存亡的问题。这是问题之一，即生物意义上的生存问题。

文化意义上的生存问题首先表现为对传统文化的继承与延续。不论空间的距离，还是时间的流逝，都无法割断散杂居少数民族对母文化的向心力，对故土的思念只会更加重浓浓的民族情结。于是，民族传统的文化，诸如语言、文字、服饰、建筑、宗教、信仰、风俗习惯、生产方式等成为了维系散杂居少数民族族群认同的重要标志，同时也成为散杂居少数民族努力捍卫的主要内容，成为与其他族群相区别的族群边界。与文化的继承和延续密切联系的是文化接触、交流、碰撞、冲突、整合过程中所导致的文化变迁。这是问题之二，即文化意义上的生存问题。

不论是生物意义上的生存问题，抑或是文化意义上的生存问题，必将面临如何改变本族群特点去适应当地族群特点的问题，不仅仅体现为语言、服饰、风俗习惯、民居建筑、宗教信仰等方面的外显改变，还体现在族群意识、哲学思想、价值观念等深层变化上。为了适应当地的生存环境，散杂居少数民族不得不进行调适、改变，才能满足在当地生存的客观需要。

可以推断，上述生物意义上的生存问题和文化意义上的生存问题，对于每一个散杂居少数民族而言都是普遍存在的。但各民族由于文化背景的差别、宗教信仰的不同、民族历史的迥异、发展历程的曲折程度不同等，生存问题在每个民族身上又有不同的表现，由此所表现出来的文化适应和变迁的程度、规模、进程等都截然不同，其最终结果也不同。一部分散杂居少数民族全盘接受了当地民族的文化，完全丧失了本民族的特色，成为地方文化的一个有机组成部分；一部分散杂居少数民族则顽强地保持着本民族的固有文化，甚至于最大限度地排斥、拒绝当地文化，成为独立于地方文化之外的一个标新立异的文化单元，客观上也加剧了该民族在当地生存的难度；而更多的散杂居少数民族则体现为在适应当地文化的前提下，尽可能地保持本民族的传统文化，反映出文化领域你中有我、我中有你的水乳交融的状态，甚至于有的时候，人们很难将某种民族文化和地方文化截然分开。正是这样一种对地方文化的吸收和对母文化的保持，逐渐形成为一种既类似于母文化又不同于母文化，既类似地方文化又不同于地方文化的别具一格的散杂居少数民族文化。

综上所述，在新时期各民族社会经济获得长足发展的背景下，在总体民族关系良好的前提下，旧有的民族关系发生了巨大变化。谋求经济发展促使少数民族人口扩散分布，民族人口的扩散化导致了民族散杂居局面的形成，散杂居的弱势性决定了散杂居民族关系成为新时期民族关系的焦点。而由于散杂居地区的快速发展及其与聚居地的差别、与汉族地区的巨大差距，使得散杂居地区的经济发展问题成为散杂居民族关系的焦点。经济发展下的劳动力二维流动构成了散杂居民族关系的主要内容，使城市和民族乡的民族关系成为散杂居民族关系的重要内容。在城市和民族乡的发展过程中，出现了一些新问题，核心问题是生存问题，它既表现出普遍性和广泛性，又有着敏感性和联动性，影响了散杂居少数民族的可持续发展，成为社会发展中的不和谐因素，是构建和谐社会必须要加以重视和着力解决的问题。

参考文献：

[1] 西藏自治区统计局、国家统计局西藏调查总队 . 西藏自治区 2006 年国民经济和社会发展统计公报 . http：//www. stats. gov. cn/tjgb/, 2007 年 4 月 13 日 .

[2] 新疆维吾尔自治区统计局、国家统计局新疆调查总队 . 新疆维吾尔自治区 2006 年国民经济和社会发展统计公报 . http：//www. stats. gov. cn/tjgb/, 2007 年 3 月 22 日 .

[3][4][5][7] 沈林等 . 散杂居民族工作概论 . 北京：民族出版社，2001

[6] 许宪隆. 论改革开放形势下民族关系的动向与对策. 黑龙江民族丛刊, 1997 (3)

[8] 铁木尔、赵显人. 中国民族乡统计分析与对策研究. 北京: 民族出版社, 2002.129

（原载《中南民族大学学报》2007 年第 4 期）

武汉市民族关系研究

李吉和

关于民族关系的研究，我国传统的研究方法多从政治、经济、文化等方面进行宏观的、定性的研究，而西方学者则偏重于微观的、社区的、定量的研究，并提出了一系列量化的标准。美国社会学家密尔顿·戈登（M. Gordon）在1964年出版的《美国生活中的同化》一书中曾提出用7个"变量"具体衡量和测度族群关系。我国学者马戎根据国外有关理论，总结了8个测度民族关系的变量指标，即语言使用、宗教与生活习俗的差异、人口迁移、居住格局、交友情况、族群分层、族际通婚和族群意识。[1]由于国情的差异，国外的理论并不完全适合中国的民族关系研究，在研究中可以有选择地运用。

武汉市很早以前就是一个多民族的城市。据2000年第五次全国人口普查，武汉市有少数民族成分49个，人口5.4万多人，占全市总人口的0.65%。与1990年相比，少数民族人口增加了1.45万人，增长了38.91%，高于汉族26.1个百分点。

对武汉市民族关系研究成果较多，限于篇幅不再赘述。但是，这些研究大部分是从民族工作的角度来进行的，而从民族学、社会学、人类学的视角对武汉市民族关系进行系统研究的成果十分有限。本文根据武汉市民族关系的实际状况，既采用传统的定性研究方法，也借用西方某些标准如居住格局、通婚率等，对武汉市民族关系做初步的探讨与研究。

一、制定规范民族法规政策，保证少数民族在政治、教育、文化、经济等方面的和谐发展

全面完善的政策法规体系是建立、发展和谐民族关系的根本保证。法律调控是通过民族关系方面法律的制定、执行、遵守以及宣传教育来规范民族关系的。[2] 1993 年国家颁布了《城市民族工作条例》，为城市民族关系的进一步巩固和发展奠定了基础。1996 年武汉市人民政府颁布了《武汉市城市民族工作办法》，1999 年湖北省第九届人大常委会第十三次会议批准《武汉市少数民族权益保障条例》，对少数民族流动人员合法权益的保障、少数民族风俗习惯的尊重、少数民族文化教育事业扶持发展、少数民族干部队伍的培养等作了具体的规定。从制度、法规的层面规范民族关系，引导民族关系朝着平等、团结、互助、和谐的方向发展。

1. 少数民族政治平等

政治平等是我国社会主义民族关系的基本内涵，是民族团结、和谐的前提。"民族政治关系也就是各个民族所拥有的政治资源之间的比较关系。"[3] 民族间政治平等的实现程度主要是通过各民族对国家政治生活介入、参与的内容、形式和力度所表现出来。其中，"培养一批德才兼备、让少数民族信赖、能为本民族和本地区发展献计出力的民族干部，是建设新型民族关系不可忽视的一个重要方面。"[4] 目前，武汉市有少数民族各类行政管理干部、专业技术人员 5000 余人，其中机关事业单位共有少数民族处级干部 116 人，占全市处级干部总数的 0.97%。武汉市十届人大中有 6 位少数民族代表，占代表总数的 1.1%。九届政协中有少数民族委员 27 位，占委员总数的 5.3%。这些少数民族干部、人大代表和委员的人数比例，均超出了武汉市少数民族人口的比例。他们积极参政议政，关心武汉市和少数民族各项事业的发展，在构建和谐民族关系中起到了重要作用。

2. 少数民族教育发展权利得到保障，文化素质显著提高

为了发展少数民族教育，武汉市采取各种措施，认真贯彻落实

民族教育政策，确保少数民族学生平等的受教育权利。武汉市对于散居的少数民族学生，就近安排进入附近普通学校就读；在少数民族居住相对集中的地区，则按照分级办学原则，积极创造条件兴办民族中小学（幼儿园），安排少数民族学生入学。目前，武汉市有7所民族学校（幼儿园），共有教师287人，其中少数民族教师24人，占8.36%；学生3753人，其中少数民族学生984人，占26.22%。民族学校还注意招收当地汉族子女入学，与少数民族学生混合编班，以利相互学习，增进民族间的友谊和团结。在各类招生中，始终坚持对少数民族学生实行中考加5分、高考加10分的优录政策。

随着少数民族教育的发展，武汉市少数民族人口的文化素质也有了较大的提高。到2000年第五次人口普查时，全市大专以上文化程度的人口占12.3%，而少数民族人口大专以上文化程度的达35.84%，与1990年相比，增长了5.83个百分点；高中（中专）文化程度的人口占少数民族人口的24.82%，全市平均是20.7%；初中文化程度的人口占少数民族人口的20.37%，全市为32.9%；小学文化程度的人口占少数民族人口的12.65%，全市为23.3%，与1990年相比，下降了4.67个百分点；文盲占少数民族人口的6.32%。教育的发展，文化素质的提高，有利于少数民族自身发展和民族之间的沟通与理解。

3. 民族经济发展

"民族经济关系是民族政治关系和其他一切社会关系的基础，是根本的利益关系。"[4]因此少数民族物质条件的改善、经济的发展，是民族关系和谐的基础。

近几年来，市场经济体制改革的不断完善，为武汉市民族企业的发展提供了前所未有的机遇。武汉市强化少数民族经济扶持制度，提高民族企业的发展力度。针对传统民族企业缺乏市场竞争力，一度趋于萎缩的困境，在资金、税收、原材料等方面对民族企业给予大力支持。目前，武汉市少数民族经济发展势头良好，企业数量稳步增加。全市各类民族企业在 2001 年仅 6 家，现在已发展到 18 家，主要集中在餐饮业、食品业。同时民族企业的规模不断扩大，综合效益逐年提高，在民族企业就业的少数民族群众有三千多人。

4. 少数民族的风俗习惯和宗教信仰得到尊重

党和政府坚持民族平等、团结政策，通过广泛的宣传教育，少数民族的风俗习惯和宗教信仰普遍得到尊重。尤其是政府根据少数民族的需求，满足少数民族群众在风俗习惯等方面的基本要求，促进了民族关系的和谐发展。目前武汉市有清真饮食习惯的少数民族群众有 2 万多人，加上外地来汉的少数民族，这部分人占少数民族群众相当大的比例。因此，清真饮食关系到少数民族群众的切身利益，对民族关系有很重要的影响。武汉市为做好这部分少数民族群众的食品供应工作，一方面，不断扩大清真食品（主要是清真肉食）的供应量，规范清真食品市场，满足回族等少数民族群众的生活需求；另一方面，加大资金投入，完善生产设施和供应条件，改善了清真食品的加工和供应手段，保障了商品品质。同时，增加销售点，武汉市在有清真习俗市民居住相对集中的地区设立了 3 个"清真牛肉专供点"，另在中百仓储和中商平价等 30 个大型超市及中百便民等近 170 家小超市设立"清真食品专柜"和销售点。全市还有 300 多家外来少数民族经营的清真拉面馆，基本上满足了这部分群众生活的需要。同时，武汉市开展全市牛羊屠宰市场清理整顿工作，规范市场，全市 62 个肉牛屠宰场已有 25 个因不达标而关闭，城区现有的 6 个集中屠宰点已有 3 个按标准通过整改初步达标，另外 3 个拟异地选址重建。随着清理整顿工作的深入，牛羊屠宰市场的经营秩序有了明显好转，受到了包括少数民族群众在内的广大市民的好评，社会反响良好，群众都比较满意。

为贯彻党和国家尊重回、维吾尔等 10 个少数民族丧葬习俗的政策，1990 年 10 月，经武汉市政府批准，在江夏区纸坊街何家湖村盐船山建设独立的占地面积 93.06 亩的回民殡仪馆及公墓。墓区的管理由专人负责，保持清洁、整齐、美观。公墓现安葬亡人总计1000多人，严格按照回、维吾尔等10个少数民族的丧葬习俗进行安葬。

二、少数民族居住的散居化趋势明显，扩大了民族间的交流

民族居住格局是指特定区域内不同民族在空间上的排列与组合情况，它可以反映一个民族所有成员在居住地与其他民族相互接触的机会。民族居住格局是民族交往的一种场景和变量，通过居住格局可以观察和调节民族交往的内涵、形式及质量。民族居住格局作为族际社会交往的客观条件之一，决定着两个具有不同语言、宗教、文化传统的民族间是否有相互交往的机会，且不同民族集团成员间广泛的社会交往有助于增强相互理解，在交流和互助中建立融洽的关系。一个特定区域（如某一省级行政区）内的民族构成（是单一民族还是多民族）、人口比例及各民族居住空间的组合状况（是相对隔离居住还是明显交错居住），可以反映民族凝聚程度、民族间交流合作的空间条件和相应的发展动力。[5]

武汉市少数民族的居住格局基本上属于"混杂居住模式"。尤其是随着城市化进程的加快，旧城的拆迁与改造，就业领域的扩展，从业门类的多样化，城市少数民族原先相对集中居住的格局逐渐被打破，纷纷迁出传统的民族聚居区与其他民族主要是汉族混居。同时因婚嫁、求学、经商、务工等原因迁入城市的少数民族，更是分散居住在城市的各处。武汉市尽管现在存在几个少数民族相对集中的社区，但社区中少数民族人口比重逐年下降，混居已经成为武汉市民族居住格局的主要形式，少数民族成员的分布已从板块式转向散点式，成片集中居住分布的格局已不复存在。如在少数民族居住相对集中的紫阳路街，总人口44700人，有少数民族936人，占2.09%；民权街人口40098人，有少数民族508人，占

1.27%；二七街 66371 人，有少数民族 1386 人，占 2.09%。据 2000 年武汉市第五次人口普查统计，武汉市 13 个区均有少数民族居住（见表 1），其中洪山区、武昌区少数民族人口较多，主要原因是这两个区高校多，少数民族学生多。剔除这个因素，主要中心城区少数民族人口占本区人口比重基本相当。

表 1　　　　　　2000 年武汉市少数民族人口分区分布表

地区	人口	占区人口的比例（‰）
江岸区	6127	8.5
江汉区	3794	6.4
硚口区	3668	5.3
汉阳区	3552	7.0
武昌区	11636	11.9
青山区	4738	10.7
洪山区	14322	16.3
东西湖区	1689	5.7
汉南区	119	1.2
蔡甸区	983	2.0
江夏区	2184	3.6
黄陂区	1057	1.2
新洲区	376	0.4

资料来源：根据 2000 年武汉市第五次人口普查资料统计。

武汉市少数民族居住格局的变迁，散居化趋势的加强，一方面有利于各民族在更广泛的领域接触，促进民族间的互动，增进彼此的了解，促进武汉市和谐民族关系的建立。"民族混居的程度越高，民族间在经济、社会生活各领域交往与互助合作的可能性就越大，就越有助于增进相互了解、共同发展。""少数民族居住越分散，与主体民族汉族交错居住的程度越高，社会隔绝程度越低，其经济社会发展也就越高。"[6] 但另一方面，散居化给少数民族文化的传承、发展带来了挑战，也可能会在更广泛的领域引发更多的民族摩擦和纠纷。

三、少数民族从业多元化，扩大了各民族之间的交往层次

新中国成立前，武汉少数民族人口大多处于社会底层，就业率低下，且经常处于失业半失业状态。如当时占全市少数民族总人口97.9%的回族，在经济上，大多数从事同本民族生活习惯有密切联系的行业和各种体力劳动，从业和依业人员共889人，占少数民族总人数的20.8%。新中国成立后，党和政府对少数民族招工采取同等条件优先录用的方针，经过转业、就业、组织生产自救等形式和途径，广开就业门路，少数民族从业逐渐多元化。据2000年人口普查统计资料，全市少数民族从业人口总数为20216人，分布在农林牧渔、采掘、建筑、金融保险等16个行业。其中从事批发和零售贸易、餐饮业的最多，共3642人，占少数民族从业人口的18.02%，其次是从事教育文化艺术和广播电影电视业的，占12.83%（见表2）。

表2　　　　　2000年武汉市少数民族从业人员行业分类表

序号	行业名称	从业人数	百分比（%）
1	农林牧渔业	1371	6.78
2	采掘业	372	1.84
4	电力、煤气及水的生产和供应业	294	1.45
5	建筑业	1038	5.13
6	地质勘查业、水利管理业	166	0.82
7	交通运输、仓储及邮电通信业	1234	6.10
8	批发和零售贸易、餐饮业	3642	18.02
9	金融、保险业	382	1.89
10	房地产业	215	1.06
11	社会服务业	1273	6.30

（续表）

序号	行业名称	从业人数	百分比（%）
12	卫生、体育和社会福利业	969	4.79
13	教育、文化艺术和广播电影电视业	2594	12.83
14	科学研究和综合技术服务业	715	3.54
15	国家机关、政党机关和社会团体	1087	5.38
16	其他行业	4797	23.73
合计		20216	100.00

资料来源：根据2000年第五次人口普查资料统计。

武汉市少数民族分布在不同的行业，各民族之间主要是少数民族与汉族能够在不同行业、层次交往，有利于民族间在政治、经济、文化领域相互促进、互补。

四、民族通婚增多，有利于各民族相互了解

族际之间的通婚可以从深层次上反映出民族关系的深刻状况，族际之间通婚不仅仅是缔结婚姻关系的一对异性个体之间的接受与认可程度，他们身后的民族成员之间总体关系的状况、对对方的接受程度以及对族际通婚的态度等，都会对族际通婚产生重要影响。[7] "族际通婚可以深刻反映族群深层次的状况"，因为"只有两个民族群体的大多数成员在政治、经济、文化、语言、宗教和风俗习惯等各个方面达到一致或者高度和谐，两族之间存在着广泛的社会交往，他们之间才有可能出现较大数量的通婚现象。从这个角度来看，族际通婚是民族关系融洽和谐所带来的结果。但同时，族际通婚又可通过结婚之后双方家庭之间的相互往来，反过来增进民族间的交往和友谊，成为今后促进民族关系进一步融洽的原因。所以民族间的通婚情况是测量不同民族相互关系、融合程度的一个非常重要的方面。"[8] 一般来说，当两个族群集团间的通婚率达到

10%以上时，我们可以判断说这两个族群之间的融合已经达到一定程度，关系也比较和谐。[9]

根据民族通婚率=民族通婚家庭户÷该国家（或地区）总家庭户数×100%[10]的计算公式，2000年武汉市的民族通婚率为0.66%，而少数民族人口占武汉市总人口的比例是0.65%，通婚率略高于少数民族人口的比例，说明武汉市民族通婚率是比较高的，也高于湖北省和全国的平均通婚率（见表3）。与国外相比，苏联1970年"异族通婚家庭"的比率为13.5%，非俄罗斯民族人口为46.6%；美国1980年不同种族通婚夫妇占所有已婚夫妇总数的1.3%，而美国总人口中"非白人"占15.4%。[11]

表3   武汉市民族通婚率

项目 地区	少数民族占总人口的比例（%）	民族通婚率（%）
武汉市	0.65	0.66
湖北省	4.36	2.23
全国	8.41	2.96

资料来源：根据2000年第五次人口普查资料统计。

同时，从各区民族通婚户的情况看，除洪山区外，每个区的民族通婚率均高于少数民族在该区所占的比例，尤其是中心城区、近郊区高于远郊区，近郊区高于中心区。中心城区的少数民族尤其是回族信仰伊斯兰教，居住上有围寺而居的传统，居住比较集中，社区内部交往多，加上民族的宗教信仰和风俗习惯与汉族存在较大的差异，因而内部通婚比较多。但随着居住的分散和杂居，居住格局发生了较大变迁，加上职业的多样化，文化教育水平的提高，逐渐改变了少数民族的族际通婚观念，不同民族通婚成为普遍现象。根据对武汉市少数民族主要是回族居住相对集中社区的问卷、走访调查，绝大多数少数民族群众包括年龄大的人，均对异族通婚持宽容态度，且通婚双方家庭都能相互尊重。据武汉市民委估计，武汉市有异族通婚的少数民族家庭达到其家庭总数的 80% 左右。

五、少数民族流动人口增多，使武汉市民族关系更趋复杂

随着我国改革开放的深入开展和社会主义市场经济体制的不断完善，民族地区社会经济文化的不断发展，各民族的封闭状态逐渐被打破，各民族间的交往和接触日益频繁。尤其是城市化进程的加快，少数民族为摆脱封闭和贫困，走向开放和富裕，走出大山，走进大城市。少数民族流动人口在城市少数民族人口中所占比例逐年增高，甚至超过了常住少数民族人口。如 2000 年武汉市有少数民族 5 万多人，而少数民族流动人口则达到 10 万人。

2006—2007 年，武汉市对全市流动人口进行了调查，其中对 1571 名在武汉市居住生活的少数民族流动人口的职业、来源地、文化程度等进行了登记。根据调查统计，武汉市少数民族流动人口来源广泛，登记的 1571 名外来少数民族人口，来自于全国 29 个省、市、自治区。其中来自西北 5 省区的人数占 47.1%，绝大多数是回族、维吾尔族等信仰伊斯兰教的民族；来自湖北省恩施土家族苗族自治州的土家族、苗族占 24.06%。来自西北 5 省区和本省的少数民族流动人口占全部外来少数民族流动人口的 71.16%。

由于信仰伊斯兰教民族的流动人口多，与武汉市当地文化习俗差异大，因而很容易在文化领域发生纠纷。少数民族流动人口成为城市新的民族关系焦点。通过对武汉市近 5 年所发生的民族矛盾纠纷的分析，90% 是城市管理执法部门与来城市经商务工的少数民族流动人员的矛盾，矛盾的焦点主要是管理与适应的问题；5% 是来城市经商的少数民族与经营场地间、少数民族相互间的矛盾，矛盾的焦点主要是经济利益之争；3% 是不尊重少数民族风俗习惯所产生的矛盾，矛盾的焦点主要是各民族间的文化认同问题；2% 是少数民族流动人员中的违法犯罪行为与当地社会治安的矛盾，矛盾的

焦点主要是如何有力打击的问题。[12]

外来少数民族流动人口受教育程度低，所从事职业层次不高，在一定程度上会产生相对剥夺感。武汉市外来人口中，受教育程度为初中、小学的占了绝大多数，占72.59%，而大专以上的仅占7.6%。少数民族教育程度低，对其劳动就业也会产生很重要的影响，他们主要集中于餐饮服务、简单的体力劳动岗位上，从事饮食业的回族、维吾尔族、土家族的人员占少数民族外来务工总人数的52.77%。少数民族流动人口的增多，赋予城市民族关系新的内涵，也使民族关系更趋复杂。尤其是将如何保障少数民族流动人口权益，建立和谐民族关系提到了议事日程。

为了保障城市少数民族流动人口的合法权益，2000年武汉市首创为少数民族流动人员提供法律援助制度，成立了武汉市法律援助中心民宗委办事处，聘请少数民族法律专家和律师作为兼职律师，主要为少数民族群众提供法律宣传、咨询，代写法律文书等援助事务。近5年来，免费为500多名少数民族务工经商人员提供了法律咨询，为20多位少数民族涉案人员提供法律援助，成功地调解了纠纷，维护了社会稳定。还在全市少数民族流动人员相对集中的社区、饭店、清真寺、经营点陆续设立了27个联系点，制作了统一的标牌。并挑选在少数民族群众中具有一定声望、政治觉悟较高的代表人士担任负责人，负责联系点的日常工作。据不完全统计，27个联系点共为少数民族流动人员解决子女入托入学、办理暂住证明、联系经营门面等困难和问题近2000件次。通过联系制度，做到渠道畅通、及时了解信息、清楚掌握情况、问题解决迅速，切实保障了少数民族流动人口的合法权益，促进了民族关系的团结、和谐。

参考文献：

[1] [7] 丁宏. 回族、东乡族、撒拉族、保安族民族关系研究. 北京：中央民族大学出版社，2006

［2］熊坤新、严庆．我国和谐社会建构中的民族关系发展与调控．西北民族大学学报，2007（1）

［3］杨顺清．少数民族政治关系在民族社会经济发展中的功能．云南民族大学学报，2007（5）

［4］吴钦敏．构建新型民族关系评价指标体系之初探．贵州民族研究，2007（4）

［5］马戎．拉萨市区汉藏民族之间社会交往的条件．社会学研究，1990（3）

［6］马宗保．多元一体格局中的回汉民族关系．银川：宁夏民族出版社，2002.78

［8］马戎．民族与社会发展．北京：民族出版社，2001.166～167，182

［9］［11］马戎．民族社会学——社会学的族群关系研究．北京：北京大学出版社，2004.205

［10］张天路．民族人口学．北京：中国人口出版社，1998.95

［12］朱绍华．城市化进程中和谐民族关系构建对策论．广西民族大学学报，2007（1）

（原载《中南民族大学学报》2008年第4期）

论和谐社会构建对散杂居民族关系的影响

沈再新

少数民族散杂居是我国广泛存在的一种少数民族分布居住方式。在我国社会主义和谐社会构建过程中，少数民族人口散居化、各民族交错居住的民族分布格局将会更加明显，民族关系将呈现出多样性。[1]本文认为，和谐社会构建不仅关系到散杂居民族地区经济发展、民族团结、社会稳定，关系到散杂居民族地区协调发展和最终实现共同富裕，而且将对散杂居地区民族关系产生深刻的影响。

一、和谐社会构建对散杂居地区民族关系的积极影响

1. 和谐社会构建将进一步巩固和发展各民族的团结，增强各民族的凝聚力和向心力

民族团结是构建社会主义和谐社会的前提条件。形成各尽所能、各得其所而又和谐相处的社会，是全国各族人民的共同任务。如果没有各民族的团结，就不会有全社会的创造活力，更不会有互助互利的社会风尚。目前，散杂居地区经济社会发展仍然面临着一些突出的困难和问题，同沿海发达地区相比存在着相当大的差距。在此种现状下，构建和谐社会，将会不断增强民族团结意识，加快少数民族和民族地区经济社会发展，逐步缩小与发达地区的发展差距，实现区域协调发展，最终实现全国各族人民共同富裕的和谐社会。

2. 和谐社会构建将使少数民族的平等权利得到更好的保障，不断促进各民族和谐发展

马克思主义认为，民族平等有两个层次：一是权利平等，即政治上、法律上的平等，这是较浅层次的民族平等；二是民族间事实上的平等，这是深层次的民族平等。中华人民共和国的诞生以及党和人民政府半个世纪以来付出的巨大努力，结束了民族压迫、民族隔阂的时代，促进了民族团结与互助，促进了少数民族地区政治、经济、文化建设事业的全面发展，使我国成为一个民族平等、团结、互助和共同发展的大家庭。但是我们必须清醒地看到，我们已经实现的民族平等仅仅是法律上的民族平等，而远不是事实上的民族平等。当前，和谐社会构建是在市场经济条件下进行的，整个进程将引入市场经济机制。市场经济一条铁的法则是公平竞争，各个竞争主体依照国家法律法规平等地在市场上寻求和实现自己的利益，彼此之间是一种平等互利的关系。随着市场经济这种平等互利关系的发展，将会使平等互利成为普遍的社会意识。正是在这种平等互利的基础上，各民族才能和睦相处、和谐发展。

3. 和谐社会构建将不断促进各民族的多元文化相互交流和了解，进一步夯实共生互补的民族关系

在当代，少数民族与汉族、少数民族之间相互交流和了解的形式多种多样：既有文化上的交流，如音乐、舞蹈、绘画等，也有经济生活方面的交流，尤其是大量汉族进入散杂居地区兴办企业、开发资源，众多少数民族群众也由乡村流动到城市，由贫困地区迁移到发达地区，散杂居地区封闭状态将进一步被打破，各民族在经济社会活动中你来我往，联系愈来愈密切，从而有助于相互学习交流，加深对其他民族生活方式、文化传统、风俗习惯、宗教信仰的了解，消除彼此间的隔阂和戒备心理。各民族群众可以用"美己之美，美人之美，美美与共，天下大同"的赞美心态欣赏不同民族的文化。

4. 和谐社会构建将推进各民族的互助合作, 共同繁荣的理念将更加深入人心

互助是民族关系和谐的动力, 和谐是各民族互助合作的目标。互助是民族关系充满活力的表现。其特点是各民族之间互动关系的日益密切和相互依存。民族间的互助不是单方面的, 而是双方面、多方面的相互帮助。散杂居地区和谐社会的构建, 除了依靠自身的力量、国家的支持外, 还与发达地区的积极参与合作紧密联系在一起。例如, 江西省有 51 个少数民族, 少数民族人口共 12.57 万, 共设有 7 个民族乡、61 个民族村、400 多个民族村小组, 是典型的少数民族散杂居地区。改革开放初期, 该省民族地区区域性贫困问题相当突出, 民族乡村基础设施落后, 生产发展极其缓慢, 少数民族群众收入渠道单一, 贫困率和返贫率居高不下。自 1997 年以来的对口支援政策, 在近 13 万人的民族地区结出了丰硕的成果, 改变了少数民族干部群众的思想观念, 促进了民族地区的经济发展和社会进步。2000—2003 年, 民族地区获得各类扶持资金 5500 万元, 民族乡财政收入、GDP 连续 4 年保持 12% 以上的增幅。2003 年, 该省农村少数民族人均纯收入达到 2000 元, 20% 左右的民族村突破了 3000 元, 民族乡实际招商引资也突破了 3 亿元。[2] 在和谐社会构建的过程中, 各民族互助与合作的渠道会更广, 形式会更多, "汉族离不开少数民族, 少数民族离不开汉族, 各少数民族之间也相互离不开" 的关系会更加强化, 共同繁荣的理念将更加深入人心。

二、和谐社会构建中可能出现的不和谐因素

和谐社会构建对民族关系产生的积极作用是主要的, 但由于散杂居地区经济结构、各种利益关系的调整以及社会环境的特殊性等, 在和谐社会构建这场深刻的社会变革中, 也会出现一些不和谐的因素。

1. 因经济方面的权益或利益而引发的不和谐因素

改革开放以来，随着市场经济的发展，对各方面的经济利益进行了重新调整；在和谐社会构建的过程中，不同民族共享发展机遇的同时也有不同的利益要求，少数民族和散杂居地区普遍要求加快发展，有些民族要求自己发展得更快一些，但由于他们竞争能力较弱，其经济利益往往受到削弱。虽然目前国家为保护散杂居地区的经济利益，在政策、资金、技术以至项目等方面给予了倾斜照顾，使这种矛盾得到一定程度的缓解，然而这并不能从根本上解决问题。如在云南省，一些散杂居少数民族仍处于整体贫困状态，布朗族、拉祜族、佤族、傈僳族贫困面都在70%以上，独龙族贫困面高达90%以上；该省35个边境县（市）中，分别被国家和省确定为贫困县的有25个，占71.4%，其中有22个属于国家级特困县，还有165个乡镇被列为国家"八七扶贫攻坚计划"重点扶贫攻坚的特困乡镇，占35个享受边境政策县（市）乡镇总数的41.3%。[3]这些问题如果长期得不到解决，不但会影响全面建设小康社会奋斗目标的实现，而且会直接影响到各民族的凝聚力和向心力，直接影响社会主义民族关系的和谐发展。

2. 因风俗习惯的差异而产生的不和谐因素

随着散杂居地区现代化进程的加快，外出流动人口增多，经济文化交往频繁，人际关系将更加复杂，由此带来的现代文化对传统文化的冲击将会更大，少数民族文化和风俗习惯受到涵化和影响的现象会越来越多，这种自然涵化的现象在客观上是不可避免的。但是，也应充分注意，对一些少数民族独特的风俗习惯，不能通过外力人为地加以改变。如果对民族文化保护不力和尊重不够，甚至基于猎奇、赚钱的目的，肆意加以曲解、误读，将使它受到更严重的冲击，从而伤害少数民族的感情，导致少数民族不满。武汉市民委在此问题上的调查表明，在武汉市1995—1999年的38起纠纷中，涉及清真饮食、殡葬等少数民族风俗习惯的有6起，占15.79%，各类纠纷中涉及信仰伊斯兰教少数民族的共有30起，占78.95%。[4]总之，对少数民族风俗习惯的不尊重会直接影响民族关系。

3. 因民族意识增强带来的不和谐因素

民族意识包括民族自我意识和民族发展意识两个方面，其实质就是关切和维护自己民族的权益或利益。在社会主义市场经济的条件下，随着散杂居地区经济文化的发展，民族自尊心理和民族意识有逐渐增强的趋势，各少数民族变得格外关心本民族平等的生存权利、发展权利和经济利益，具体表现在政治、经济、文化等各方面。据武汉市民委统计，近年来武汉市民委办理恢复和更改民族成分的人数逐年递增：1995 年 35 人，1996 年 70 人，1997 年 102 人，1998 年 152 人，1999 年 177 人，2000 年 353 人。[5] 这也从一个侧面说明人们的民族意识有所增强。民族意识的增强进一步强化了民族关系的敏感性，基于民族特点和差距而产生的矛盾和纠纷可能会呈上升趋势，从而影响城市民族关系的和谐。

4. 因宗教信仰不同而出现的不和谐因素

和谐社会构建中，各民族由宗教带来的风俗习惯、心理素质、价值取向也会在族际交往中时刻体现出民族间的差异。从全国范围看，因不尊重穆斯林的宗教信仰导致的民族之间的纠纷频繁发生。如湖南省近年来就发生了多起这样的事件。2002 年 2 月，邵阳市民委反映，隆回县穆斯林发现市场有人销售打着"清真"牌子的狗肉火锅底料、佐料，生产地是成都。群众义愤填膺，要去成都砸店烧物。前去参加隆回穆斯林"开斋节"的有关部门知道情况后及时制止，并将情况报告市政府、市民宗委。市政府指示，由市民宗委牵头，市工商局、市伊协参与，查封了该产品以及许多打着"清真"牌子的不规范商品。之后，成都市伊协马上派人前来处理，得到了邵阳市穆斯林的谅解。[6]

5. 民族工作中因思想认识上的偏差而产生的不和谐因素

在和谐社会构建过程中，由于一些散杂居地区的干部认识上的偏差，导致工作决策指导上的失误和不力。一是认为散杂居地区少数民族分布杂散，人口比例小，不会出现大的问题，而忽视对这些地区的民族团结教育，有些民族热点纠纷未能及时解决，进而影响了这些地区的团结稳定和经济发展。二是认为散杂居地区的经济发展和生活水平已接近汉族地区并较边疆及自治地方发达，而忽视了对这些地区发展中的困难和问题的解决，使本该解决和不难解决的问题得不到及时解决。三是认为这些地区的少数民族长期与汉族杂居，受汉族的影响，生活习惯与汉族差不多，而忽视了这些地区少数民族的特点，对这些地区各少数民族的风俗习惯尊重不够，伤害和挫伤了这些地区各少数民族的感情和积极性。例如近年来深圳及周边地区的传媒陆续有一些有关少数民族宗教信仰、风俗习惯的报道，由于部分记者、编辑对党的民族政策认识不足，对少数民族的基本常识了解不够，出现一些报道失误的情况，引起深圳市少数民族成员的强烈不满。1997、1998 年，《深圳特区报》、《深圳晚报》先后出现过几次报道失误，严重伤害了少数民族成员的民族感情，使之对传媒屡屡出错表示强烈不满。2000 年，广州《南方都市报》、《南方周末》接连出现报道失误，深圳市的一些少数民族成员群情激愤，甚至要组织几百人去广州砸报社。[7]

三、以和谐社会的构建促进散杂居地区民族关系的发展

1. 加强马克思主义民族理论和党的民族政策的宣传教育，进一步打牢构建和谐社会的思想基础和群众基础

民族团结、社会和谐，是国家安定团结、长治久安的基础。目前民族关系矛盾的核心是文化冲突和利益竞争。其原因有：①各民族间的沟通交流不够；②历史上形成的民族隔阂和民族歧视遗毒尚存；③多数人对党的民族政策、法律法规不了解。因此，必须继续加强马克思主义民族理论和党的民族政策的宣传教育，鼓励各民族之间相互学习交流，尊重少数民族的风俗习惯和宗教信仰，维护民族团结和社会稳定，根据各民族相互交往的新特点，建立和完善维护民族团结和社会稳定的有效机制。认真落实胡锦涛总书记提出的

"不仅要教育群众，更要教育干部；不仅要教育少数民族干部，更要教育汉族干部；不仅要教育一般干部，更要教育领导干部"[8]的方针，继续深入开展"三个离不开"和"四个维护"的宣传教育。

2. 加快散杂居地区的经济发展步伐，努力缩小地区差距和民族差距

"加快少数民族和民族地区经济社会发展，是各族群众的迫切要求，也是现阶段解决民族问题的根本途径。"[9]和谐社会是让不同的群体共享改革开放的成果，满足人们追求社会公平公正的心理需要。据国家民委扶贫开发办调查，四川宜宾市13个民族乡中，8个是特困乡，20%的少数民族生活困难，民族乡与全市以及非民族乡相比，贫困程度相当高，年平均收入甚至相差近千元。[10]为此，必须从维护民族团结，全面建设小康社会，促进社会和谐协调发展的要求出发，充分发挥政府宏观调控的作用，对散杂居地区少数民族继续实行政策倾斜，帮助其加快发展。要坚定不移地贯彻执行已有的一系列民族优惠政策，同时根据形势发展的变化，不断加以修改完善，及时制定一些新的民族优惠政策，坚持用政策的力量推动散杂居地区少数民族经济的加速发展，消除少数民族群众因经济发展差距拉大而产生的不平衡心理，在发展中解决出现的不和谐问题，使散杂居地区跟上全国发展的步伐，实现散杂居地区的全面小康和社会主义现代化。

3. 加强民族法制建设，为协调民族关系、保护少数民族权益提供法制保障

国家和各省区都出台过一些有关城市民族工作的法律法规，对保护少数民族的权益、协调民族关系起到了很好的作用。例如，为了尊重少数民族的风俗习惯，乌鲁木齐市政府规定：民族节日全市各单位一律放假，在节日的供应上对少数民族从优照顾；在禁食猪肉的少数民族聚居区不提倡养猪，在民族杂居地区养猪时，要求一定要把猪圈好，不得污染水源；机关、厂矿为信仰伊斯兰教的干部、职工另开清真食堂，并培养少数民族厨师；逐步更替了全市44

个清真食堂的 239 名汉族厨师等。[11]当前，要处理好散杂居地区的民族关系，一是应当健全和完善与市场经济条件相适应的民族法律法规体系，例如尽快将《民族区域自治法》、《城市民族工作条例》、《民族乡行政工作条例》修改完善，尽快出台《散杂居少数民族工作条例》，使之有法可依。二是探讨出台《少数民族权益保障法》，以应对少数民族人口流动日益频繁、民族散居化日益明显的状况，使少数民族公民的各项合法权益在社会生活的各个方面均能够得到保障。三是依法处理宗教问题，全面贯彻落实党的民族、宗教政策。四是努力形成处置突发性民族问题事件的有效机制，推动民族关系的调整手段走上法制化轨道。

4. 推进少数民族传统文化的现代转型，实现民族文化和现代化的协调

在全球化迅猛发展的今天，散杂居地区少数民族的文化正受到巨大的冲击，我们必须以客观的态度来看待经济社会发展所导致的民族特征的弱化和民族文化的消失，同时也要摒弃一些落后的传统观念，推进民族文化的现代转型。把保护、继承和弘扬散杂居地区少数民族优秀文化摆到和经济建设同等重要的位置，正确处理好传承和发展的关系，构建传统文化与全球化、现代化相互调适的体系；通过建立和完善有关的法律法规，采取切实有效的政策和措施，加大对民族文化的保护力度，让现代化内容体现民族文化特色，让民族文化再现时代特征。

5. 大力培养高素质的少数民族干部队伍，为加快少数民族和散杂居地区经济社会发展提供智力支持和人才保证

胡锦涛同志指出："做好培养、选拔、使用少数民族干部的工作，建设一支政治坚定、业务精通、善于领导改革开放和社会主义现代化建设、深受各族群众拥护的高素质的少数民族干部队伍，对于加快少数民族和民族地区经济社会发展、推进我国民族团结进步事业、维护祖国统一和社会稳定，具有决定性意义。"[12]在散杂居地区和谐社会构建进程中，重要的是大力培养和任用一支高素质的少数

民族干部队伍，这是解决民族问题的关键。因此，要把培养少数民族干部和各级各类人才，作为一项根本性的长期目标，不仅扩大数量，还要大力提高素质，注重改善结构，重视在实践中培养和任用。在这方面，一是要重点培养一批坚持马列主义、毛泽东思想、邓小平理论，在少数民族群众中有威信的中高级少数民族干部；二是要根据和谐社会构建和市场经济的需要，在强调政治素质的前提下，集中力量培养一批懂技术、会管理的少数民族专门人才。

参考文献：

[1] 王锋．当代我国少数民族人口散、杂居现状与发展态势研究．人口与经济，2006（5）

[2] 陈志刚．对口支援与散杂居民族地区小康建设——来自江西省少数民族地区对口支援的调研报告．中南民族大学学报，2005（3）

[3] 庄聪生、张永平等．构建社会主义和谐民族关系面临的新挑战．http://www.htjypx.com.cn，2007年1月16日

[4][5] 武汉市民族事务委员会专题调研小组．关于武汉市构建城市和谐民族关系调控机制的调研报告．民族研究，2001（6）

[6] 王奎正、朱朝晖．湖南杂散居区城市民族关系影响因素探析．中南民族大学学报，2005（2）

[7] 靳薇．少数民族移民与城市其他民族居民的互动及调适——以深圳为例．西南民族大学学报，2006（7）．

[8] 胡锦涛．做好新形势下的民族工作 促进共同繁荣进步．人民日报，2004年10月21日

[9][12] 胡锦涛．在中央民族工作会议暨国务院第四次全国民族团结进步表彰大会上的讲话．光明日报，2005年05月28日

[10] 国家统计局农村社会经济调查总队．中国西部农村统计资料．北京：中国统计出版社，2003

[11] 乌鲁木齐市党史地方志编纂委员会．乌鲁木齐市志．乌鲁木齐：新疆人民出版社，1994

（原载《中南民族大学学报》2007年第4期）

论城市民族通婚与城市民族关系

——以兰州市为例

汤夺先

本文以兰州市民族通婚为研究对象，探讨城市民族通婚与城市民族关系之间的内在联系，尝试从民族通婚层面反映城市民族关系的面貌。

一、城市民族通婚现状的数据统计与田野调查

兰州市共 37 个少数民族，主要是回族、满族、蒙古族、藏族、东乡族等。各少数民族人口共有 125247 人，占全市人口总数的 3.99%，其中，回族人口最多，共 98362 人[1]，主要分布在城关区与七里河区。因此，研究兰州市的民族通婚状况要以回汉民族之间的通婚为侧重点。

（一）人口普查数据反映出来的民族通婚率

有研究者认为，民族通婚率 = 民族通婚家庭户 ÷ 该国家（或地区）总家庭户数 × 100%。[2] 据此，我们可以算出兰州市、城关区与七里河区以及具体社区的民族通婚率。据甘肃省 2000 年人口普查资料《甘肃省分地区家庭户中民族混合户户数》，兰州市包括农村乡镇共有家庭户 868254 户，其中民族混合户为 11870 户，占总户数的 1.37%，即截至 2000 年包括城乡在内的兰州市民族通婚率为 1.37%[3]；若仅限于兰州市区，则兰州市区共有家庭户为 538680

户，其中民族混合户为 8807 户，占总户数的 1.63%，即兰州市纯粹的城市民族通婚率为 1.63%[4]，具体到各区县，民族通婚率各有不同（参见表1）。

从上述数据可知，其一，城市民族通婚整体水平较低，兰州市、各区县的民族通婚率都相对较低，说明兰州市存在着不利于民族通婚的滞碍性因素。其二，兰州市城市民族通婚率比城乡民族通婚率高出 0.26 个百分点，说明城市中民族通婚的发生比在乡村为易。

表1　　　　　兰州市及所辖各区县的民族通婚率情况表

地区 \ 项目		家庭户总户数	民族混合户	民族通婚率
兰州	城乡	868254	11870	1.37%
	城市	538680	8807	1.63%
城关区		287645	4568	1.59%
七里河区		135056	1989	1.47%
西固区		103373	1626	1.57%
安宁区		44344	686	1.55%
红古区		38086	489	1.28%
永登县		120600	2159	1.79%
皋兰县		39155	84	0.21%
榆中县		99995	275	0.28%

资料来源：甘肃省人口普查办公室：《甘肃省人口普查资料 2000》（上册），北京：中国统计出版社，2002；兰州市第五次人口普查办公室：《兰州市第五次全国人口普查机器汇总资料》（打印本），2002 年 4 月。

（二）田野调查资料反映出来的民族通婚现状

笔者拟将城市民族通婚状况分为少数民族聚居区与散杂居区两类来进行探讨。

1. 少数民族相对聚居区的民族通婚情况

笔者以少数民族聚居的某典型民族社区为例进行说明。该社区共有汉、回、东乡、撒拉、蒙古、维吾尔、保安、藏、满、裕固等14个民族，共有1526户，3个居民小组，总人数为4888人，其中各少数民族人数为2146人，占总人数的43.90%，而回族人口又占其中大多数。①在该社区内有一座清真寺，回族保存了较为完整的"围寺而居"的相对聚居形式，回族与回族为邻，汉族与汉族接居，他们之间基本上不来往。正如马戎教授指出的那样："在一个城市中的各街区中，不同族群是混杂居住还是彼此隔离，也会影响族群之间交往的深度与广度，影响族群关系的和谐程度，甚至会影响族群对自己本族成员与另一个族群缔结婚姻时的态度。"[5]在相对聚居的民族社区，人们普遍对民族通婚持一种不认可的态度。人们对民族通婚的倾向性态度从侧面证明了民族通婚行为的较少发生。笔者在调查过程中偶然发现了一个发生过民族通婚的少数民族家庭，并以此家庭作为个案来展示聚居区的民族通婚情况。

> 个案1：刘老先生（回族）有1子2女，均已婚，其中儿子找了汉族姑娘，已生子，大女儿嫁了汉族，二女儿嫁了回族。据老先生介绍，儿子在兰州市某开发公司工作，儿媳妇在兰州市某粮店工作，他们纯粹是自由恋爱后结婚的，感情一直较好，现在儿媳妇已随教成为一位穆斯林。当初儿子结婚时他本人及家庭并不反对（他认为这样可以增加回族穆斯林人口，壮大穆斯林队伍，扩大伊斯兰教的影响力），媳妇的娘家也很乐意，现在娘家也比较注意清真饮食习惯，尊重女婿、外孙及亲家的宗教信仰与民族习惯。大女儿在兰州市某商场上班，大女婿在兰州市某事业单位当司机。在大女儿自由恋爱并要结婚时，老先生

---

① 此组数据是笔者在兰州市某社区进行田野调查所获得的资料。

坚决反对，认为女儿外嫁非本族人，生活肯定不方便，甚至要和大女儿断绝父女关系，大女儿的婚礼老汉一家也没有参加。

显然，这个家庭之所以出现民族通婚现象，关键在于与外界有充分的接触交往机会，刘先生的儿女正是因为在市内工作有了与外界交往的机会才走上民族通婚之路的，民族接触和交往成为在一个相对封闭的地方出现民族通婚的主要缘由。即便存在着民族通婚现象，他们也不愿让外人知晓，主要是民族聚居区内部的舆论压力所致。据笔者调查，该社区回族多为传统穆斯林，较少与外界接触，像刘先生的子女与汉族结婚是极为少见的现象，整个社区民族通婚户不超过 10 户，民族通婚率是极低的。在兰州市其他回族传统聚居区像城关区的金城关社区、七里河区的柏树巷社区与工林路社区，民族通婚情况也是较少发生的，限于篇幅不再赘述。

2. 少数民族分散杂居区的民族通婚状况

居住格局的分散是民族之间产生大规模交往的前提，文化素质的整体提高导致文化以及习惯方面的互相认可，也是民族交往长期存在的另一重要前提。这在整体上导致民族通婚现象较多地发生。

个案 2：兰州市某中学目前共有教职工 43 人，其中少数民族教职工 8 人（男 3 人，女 5 人，且回族居多为 7 人，其中 4 人为回族女性），这些少数民族教职员工有 4 人属于民族通婚。由此可知，该学校范围内的民族通婚率是非常高的，如果所有的教师都是已婚的话，即假定该学校的家庭户为 43 户，则其民族混合户为 4 户，民族通婚率高达 9.30%，何况这些教师并非人人都有家庭，即民族通婚比例比 9.30% 还要高。

个案 3：李××，男，回族，大学本科，干部，已婚，妻子是汉族，在某国有企业工作，亦为大学本科学历。李××从小生活在远离回民聚居区的单位居民楼中，与汉族杂居，接触的对象大多为非回族，因此，他对汉族并不排斥，相反还乐于结交汉族朋友。工作后，经人介绍与汉族女朋友恋爱并结婚生子。他认为双方家庭的距离是维持民族通婚稳定的重要因素，这可以避免因为生活习惯带来的一些矛盾。①

由以上个案可知，少数民族散杂居区民族通婚现象的发生是相对容易的，原因在于有接触了解交往的客观条件，再加上文化层次较高，对异文化能够理解并且可以接受，结构交融和文化交融都较深入。这也验证了戈登（M. Gordon）的观点，即唯有当两个民族体之间语言能够相通，有大量的日常社会交往，价值观彼此认同，在法律上和权利分配方面基本平等，相互没有民族偏见和歧视行为的客观条件下，才有可能发生大规模的民族通婚。[6]

（三）民族离婚的基本情况

讨论民族婚姻显然不能忽视某些跨民族结婚后又离婚的现象。当前，民族离婚已经成为城市民族通婚问题中一个相对数量不小的现象，影响着民族婚姻的稳定性。有研究者研究呼和浩特市回汉通婚认为，1995 年回族族际离婚的比例高达 70.8%，而族内离婚只占离婚总数的 29.2%，族际离婚比族内离婚的比例高出 41.6 个百分点。[7]究其原因，主要是双方宗教信仰和风俗习惯不同而难以协调所致。有研究者从西固穆斯林婚姻介绍所了解到，自该所成立以来到 2000 年，登记婚姻状况为离异的回族女性达 93 人，其中 80% 是回汉通婚者。[8]由此数据可知，兰州市民族通婚特别是回汉通婚并非特别稳定。关于回汉通婚后婚姻破裂的现象，笔者在调查过程

---

① 此个案是笔者在兰州市某机关进行调查所得到的材料。

中接触过十余例民族离婚者个案，其中既有新婚不久的年轻夫妇离婚，也有已经退休的老年夫妇离婚。

个案 4：海××，女，回族，25 岁，现在某公司上班，1 年前结婚，半年前离婚，目前单身。前夫是汉族，在某企业工作。两人是经人介绍认识恋爱并结婚的，婚前丈夫迷恋她的美貌，对其百依百顺，并保证尊重她的生活习惯与宗教信仰，还主动要求成为穆斯林。但婚后丈夫不守婚前的承诺，认为木已成舟，在生活方面不再遵守清真习惯，并屡次冒犯妻子的宗教信仰。在调解无效的情况下，两人只好离婚。生活习惯的不同、文化理解方面的欠缺成为这段姻缘破裂的罪魁祸首。

个案 5：马××，男，回族，62 岁，从某机关领导岗位上退休。妻子是汉族，60 岁，家庭主妇。马××退休前工作较忙，顾不上教门知识，退休后想好好学习教门知识，并要彻底解决老伴的信仰问题，殊不知早已热衷于佛教的老伴不仅不支持他学习伊斯兰教知识，还要求他信佛敬菩萨。再加上他担心去世后，老伴会受大环境影响把自己火葬而不土葬入回民公墓。老年寻根思想与宗教信仰回归导致这对走过了大半辈子的老夫妻成为路人。价值观念的冲突、宗教信仰的迥异成为这对老夫妻离婚的根本原因。①

由以上个案可知，对彼此生活习惯、宗教信仰的尊重与否以及价值观念能否一致成为影响民族婚姻稳定的重要因素，归根结底在于两种不同文化的协调或冲突。在实际生活中，影响民族离婚的因

---

① 这两个个案是笔者在兰州市某公司与某居民区调查所得到的材料。

素很多，有传统观念、经济水平、宗教信仰、风俗习惯、妇女就业与经济独立程度等。[9] 具体到回汉通婚者身上，有研究者认为，回汉通婚家庭婚姻破裂的原因主要有三点。第一，回汉通婚双方在价值观念及生活习惯上的不同。第二，回汉通婚家庭所组建的家庭容易产生伴侣与其他成员间的冲突。第三，回汉通婚会产生令双方不能忍受的压力。[10] 基于此种情形，民族通婚尤其是回汉通婚者之间达到默契一致的首要前提是要相互理解并尊重彼此不同的生活习俗与宗教信仰，要努力处理好婚后的生活习惯、宗教信仰、子女民族成分、亲属关系以及逝世后的归属等容易引发家庭危机的种种问题，这样才能建立幸福的家庭，维持稳定的婚姻。

综观兰州市民族通婚现状，我们发现，相对而言，传统文化氛围较浓厚、文化层次相对较低、居住多为聚居型的少数民族，其与外界接触交往的机会较少，与外族通婚的情况也就较少。反之，文化层次较高、居住多为散杂居型的民族，与外界接触交往的机会较多，发生跨民族通婚的可能性越大。通过对那些成功民族通婚案例的调查，笔者发现，民族通婚的男女双方家庭的地理距离远近是影响民族婚姻成功与否的重要因素以及影响婚后家庭稳定程度和双方亲戚关系密切程度的重要杠杆；民族离婚现象的发生多与文化冲突有关系。

二、城市民族通婚的影响因素及发生条件分析

由上述调查材料可知，城市中民族通婚现象的发生并不是自然而然的，要受到某些具体因素的影响和制约。

在兰州市，回、汉民族是人口最多的民族，根据我们的田野调查资料可知，他们之间能否发生较大规模的相互通婚现象，主要受以下诸种因素的影响和制约：宗教因素（回族基本上全民信仰伊斯兰教，而伊斯兰教对跨民族跨宗教通婚持不支持态度，尤其是对妇女外嫁更反对，在回族传统聚居区更是如此），居住格局的开放与

否（兰州市一定程度上存在着的回族传统聚居区，民族通婚率极低，甚至不存在民族通婚现象），群体规模的大小（兰州市回族人口较多，在本民族范围内可供选择的对象可以满足族内通婚的需要），群体对民族通婚认可与否的整体态度（较为传统的穆斯林家庭由于受伊斯兰教的影响，在婚姻方面存在着担心与异族通婚后"损失"本民族妇女及其所生子女的心理，因此，他们极力反对跨民族通婚[11]，尤其是宗教思想较为浓厚的传统聚居区更是如此），教育水平以及与之相关的工作形式（由于许多回族、东乡族家庭不太重视教育，文化层次较低，这导致他们在就业选择上的无可奈何[12]，进而其工作选择也多不是单位形式，因此在工作单位中的交往也就相对缺乏）。正是在这些因素的影响和制约下，兰州市才没有出现较多的民族通婚现象。在兰州市民族通婚现状基础上总结出来的影响城市民族通婚发生的各种因素正好应和并验证了国内外该领域的研究结论。美国社会学家布莱克威尔（Blackwell）认为，影响不同种族成员间的约会和婚姻因素包括性比例、群体规模、群体内生活条件、工作场所内的交往机会、居住地区、娱乐场所、教育设施、社会流动、社区对种族间交往的态度、制度对社会生活的控制、潜在的约会或通婚双方间的文化相似性。[13]穆尔吉亚（Murguia）在研究墨西哥裔美国人与英裔美国人的通婚时认为，偏见、歧视以及社会地位是影响民族通婚的重要因素。[14]彼得·布劳（Peter Blau）也认为："两个群体在规模上的差异越大，那么它们在彼此的群际交往率的不一致性也就越大"[15]，即群体规模是影响不同群体间发生民族通婚的重要原因。

只有两个民族成员之间存在相互交往的基础时，这两个民族之间才出现接触、认识、了解并最终达到通婚的可能。兰州市民族通婚的发生与居住格局形式以及民族之间的交往程度有很大关系，在少数民族相对聚居区，民族通婚的发生较为困难；而在少数民族分散杂居区，民族通婚现象的发生则容易得多，兰州市某中学较多发生民族通婚现象的重要原因就在于他们与外界有了充分的交流。由此可知，民族通婚的第一必要条件就是民族之间的交流乃至杂居。[16]美国社会学家戈登（M. Gordon）认为，当文化交融（宗教信仰、风俗习惯和语言的民族交融）和结构交融（居住区、学校、工作单位、政治机构、宗教组织各领域的民族交融）大规模的发生时，必然导致高通婚率。[17]对此，有研究者进一步提出，在中国城市民族通婚研究中，更应注意结构交融——居住区、学校、工作单位、教会组织、娱乐场所相互嵌入的作用。[18]由此可知，结构交融是城市民族通婚发生的先决条件。兰州市少数民族散杂居区较容易发生民族通婚现象的主要原因正是不同民族之间结构交融的广泛性和深入性。当然，一定程度的文化交融也是通婚发生必不可少的条件，如果没有对相互文化的一定认可，即文化交融程度较低或者基本不发生时，民族通婚必然受到限制。显然，不同民族之间的结构交融与文化交融的程度成为城市民族通婚能否发生的必要条件。

根据田野调查资料，我们可以认定，不同民族相互理解与认可的程度（即民族偏见存在与否），不同民族的文化认同与文化一致性的程度（民族文化同化情况），不同民族之间交往的深度与广度（民族交往情形），以及不同民族对待通婚的整体态度（群体对待通婚的态度），是城市民族通婚能否发生的重要条件，只有具备了这些条件，大规模的民族通婚才有可能发生。实际上，这些条件在兰州市回汉民族之间并未真正具备。主要表现在：其一，回族风俗习惯的独特性以及文化层次的不一致性，一些非穆斯林对其习惯不理解，两个民族之间存在着某些偏见性看法，即在民族文化认同与理解方面存在偏差。其二，伊斯兰教对民族通婚有某些程度的排斥，比如《古兰经》规定了穆斯林的婚配范围："你们不要娶以物配主的妇女，直到她们信道。已信道的奴婢，的确胜过以物配主的妇女，即使你们爱慕她。你们不要把自己的女儿嫁给以物配主的男人，直到他们信道。已信道的奴仆，胜过以物配主的男人，即使你们爱慕他。"[19]受此影响，较为传统的回族家庭坚守着民族内婚配与宗教内婚配的原则，即宗教文化方面没有达到一致性。其三，回族仍有相当数量的人口过着聚居生活——围寺而居，民族内部交往较多，再加上较少正式参加工作，社交范围较窄，即民族交往较为缺乏。其四，基于传统文化以及对子女婚后生活方式的考虑，在回族社会内部，群众普遍不认同回汉通婚，一旦穆斯林姑娘选择了与汉族通婚便会遭到家庭与社区的排斥[20]，即群体尤其是穆斯林群众对民族通婚持一种不赞成的态度。显然，文化交融特别是在结构交融方面，回汉民族之间并未达到较为一致的和谐，因此，笔者认为，兰州市不可能出现大规模的回汉通婚现象，尽管回汉通婚的人数近几年一直呈上升趋势。

三、对城市民族通婚与民族关系的思考

民族通婚对于民族关系而言，具有非常重要的意义。西方社会学界认为它是衡量民族关系一个最重要的指标，同时是民族关系和睦融洽所带来的一个必然结果，二者之间存在着一种互补互证的关系。一般情况下，民族间的通婚是测度不同民族相互关系和深层次融合程度的一个非常重要的方面。[21]戈登认为："通婚是（民族间）社会组织方面融合的不可避免的伴生物。"[22]由此反推之，如果两个民族之间有着数量较多的民族通婚现象，我们就可以认定这两个民族之间在上述几个方面达到了较为和谐的一致，民族关系相当融洽。因此，民族通婚可以认为是民族关系融洽和谐所带来的结果，反过来，民族通婚又可以通过结婚后双方家庭的相互往来增进民族间的交往和友谊，因而成为今后促进民族关系进一步融洽的原因。[23]有研究者提出，虽然民族通婚的扩大自然非常利于同时也表明民族关系的融洽，但不发生或很少发生民族通婚也不见得对民族关系的发展有特别有害的影响。[24]这显然也适用于透过兰州城市民族通婚现状来探讨兰州的城市民族关系。

城市民族通婚状况作为城市民族关系研究的重要领域，透过它可以反映出一个城市民族关系的情况，但这并非唯一的、绝对的，

它还需要其他变量来互证。[25]比如城市少数民族的居住格局、民族意识、民族学校、工作单位等。民族通婚现象的发生显然对加强婚姻双方的交往、促进族际文化的共享以及社会的共同进步是极为有利的。然而，回汉通婚也带来一些消极的影响，它会产生两个突出矛盾：一是两族间社会亲属关系极不密切，少有互助关系与来往，二是回汉家庭所生后代信仰淡化。[26]但这些都不是主要的问题，随着时间的推移以及孩子的出生和成长，双方基于婚姻形成的亲戚关系将会趋于协调与一致。综观兰州市民族通婚状况，我们发现其数量和规模都不大，比例也不高，明显低于西方社会学家所认定的10%这一民族关系和谐一致的标准，但并不能说兰州市回汉民族以及城市各民族之间关系不好，它依然是一种平等、团结、互助、合作的新型社会主义民族关系。就通婚个体而言，基于民族通婚所带来的民族关系，一方面为当事双方的夫妻关系所掩盖，另一方面也为当事双方家庭的亲家关系以及相关的亲戚关系所掩盖。当然，族际婚在受到社会压力之后容易出现裂痕，而不成功的案例会加深两个民族尤其是人数处于劣势的民族成员对于族外婚的排斥心理，甚至有可能上升为对其他民族的心理排斥，使民族间的交往限于表面行为。[27]这会在两个民族之间产生芥蒂，从而不利于民族关系的健康发展。因此，可以说民族离婚现象在一定程度上影响了当事双方以及两个家庭之间的继续交往和友好关系，但这只是一种局部意义上的损害，不足以影响整个城市民族之间的友好和谐的关系。

参考文献：

[1] 兰州市关于第五次全国人口普查主要数据的公报（一号公报）. 兰州晚报，2001 年
    5 月 23 日

[2] [11] 张天路. 民族人口学. 北京：中国人口出版社，1998

[3] [4] 甘肃省人口普查办公室. 甘肃省人口普查资料 2000（上册）. 北京：中国统计
    出版社，2002

[5] 马戎. 民族社会学——社会学的族群关系研究. 北京：北京大学出版社，2004. 435

[6] [17] MGORDON. *Assimilation in American Life.* New York：Oxford Uni versity

Press, 1964

[7] [18] [24] [25] 王俊敏. 青城民族——一个边疆城市民族关系的历史演变. 天津: 天津人民出版社, 2001

[8] [20] [22] [26] 真慈. 城市回汉通婚问题的点滴思考. 开拓, 2000 (4)

[9] 张天路、宋传升、马正亮. 中国穆斯林人口. 银川: 宁夏人民出版社, 1991

[10] [12] 汤夺先. 城市少数民族论略——以兰州市为例. 固原师专学报, 2004 (2)

[13] BLACKWELL, JAMES E. *Social and Legal Dimensions of Interr acial Liaisons* //D Y WOLKINSON, R L TAYLOR. *The Black Mal e in America*. Chicago: Nelson – Hall, 1977. 234 ~ 235

[14] MURGUIA, EDWARD. *Chicano Intermarriage*: *A Theoretical and E mpirical Study*. San Antonio, TX: Trinity University Press, 1982. 112 ~ 113

[15] 马戎. 民族社会学概论: 第13讲民族通婚. 北京大学社会学人类学研究所2002年春季网上讲义

[16] 纳日碧力戈. 呼和浩特蒙汉通婚现状析要. 见: 阮西湖. 都市人类学. 北京: 华夏出版社, 1991. 226

[19] 古兰经. 北京: 中国社会科学出版社, 1996. 26

[21] [23] 马戎. 民族与社会发展. 北京: 民族出版社, 2004. 166

[27] 杨志娟. 宁夏城市回族通婚现状调查研究——以银川、吴忠、灵武为例. 回族研究, 2002 (1)

(原载《中南民族大学学报》2007年第4期)

新时期城市民族问题与民族工作刍议

梁 琴

在城市，特别是在民族自治地方以外的大中城市，是否也有民族问题和民族工作？它在社会主义初级阶段有何特点？新时期城市民族工作应抓些什么？本文仅就此发一议论，以引起人们的关注，并求教于识者。

一、城市民族工作历来是整个民族工作的重要部分

众所周知，我国是一个统一的多民族国家。各民族在中华大地上的分布特点是大杂居与小聚集相结合，不仅在边疆各省区是这样，在内地的大中城市也是如此。据 1982 年全国人口普查统计，全国少数民族人口共计 6800 余万，其中除 5000 余万人相对聚居于边疆省区之外，约有 1800 余万人遍布全国 95% 以上的县、市、区，与汉族交错杂居。在散杂居的少数民族人口中，就有 600 余万人杂居于城市及城郊地区。可以这样说，全国每个大中城市都有一定数量的少数民族居民。按前几年的统计，北京市有 54 个少数民族成分，32 万余人口，占全市总人口的 3.5%；在天津市，少数民族人口 16 万余人，占全市人口的 2.1%；上海市有少数民族 5 万余人，占全市人口的 0.4%；武汉市有 33 个少数民族成分，共 2.6 万余人，约占全市人口的 0.4%。这些散杂居于大中城市的少数民族人口，有些是长期世居的，如回族、蒙古族和满族就是这类情况；但大多数则是新中国成立后，在国家政治、军事、经济和文化教育建

设事业的发展过程中，因各种需要而迁居至城市，或各类学校少数民族学生毕业后留在城市工作，并得到一定程度的繁衍而来的。今后，随着改革开放的深化，随着地域间横向经济联系的开展，以及随着社会主义物质文明与精神文明建设的发展，大中城市的少数民族成分和人口还将日趋增长。这是可以预计的客观现象。

民族区别的存在，各民族内阶级剥削、压迫制度的存在，是民族间差异、矛盾纠纷乃至民族斗争得以发生、发展和存在的根源。城市既然存在民族散杂居住的现象，当然也就存在着民族关系、民族问题，即各民族间是否相处的融洽、友好、平等和团结，是否共同繁荣进步等等，这是不可避免的必然现象，是一定时期民族总问题的一部分。正因为如此，中国共产党和人民政府历来在解决全国民族问题的同时，重视城市民族关系，设置相应的民族工作机构，为解决城市民族问题进行了长期的工作，贯彻了民族平等团结的各项政策，取消或改变了旧社会留下来的带有歧视少数民族的牌坊、地名、称谓，尊重少数民族的风俗习惯，恢复或设置清真饮食、副食品供应网点，保护少数民族的宗教信仰，补贴部分少数民族同胞生活上的特殊需要，有些城市在少数民族比较集中的街区开办了民族中小学和成人文化补习班或扫盲学校，协助安排少数民族同胞就业，特别是在党、政府及人民政协等组织或机关中保证了一定比例的少数民族党员、干部，提高了他们的政治地位。随着民主改革和社会主义改造的完成，尤其是经过党的十一届三中全会拨乱反正和落实各项民族政策之后，不仅民族问题的阶级对抗因素早已消除，而且同全国各地一样，大中城市里的各族居民已经牢固地形成了平等、团结、互助和共同发展的社会主义民族关系。有些城市的少数民族老人，在回顾 50 年代城市民族工作深入细致和卓有成效的情景时，至今仍激动不已。即使在六七十年代出现了"左"倾的严重干扰，城市各民族间的平等、团结、互助关系依然存在。它对促进全国各民族的团结，维护祖国统一，起到重要的作用。总之，新中国成立以来，除了个别时期有"左"倾干扰外，城市民族问题得到了很好地解决，民族工作的成绩是巨大的，其经验和良好传统是值得肯定和发扬的。

但是，上述情况是否意味着在社会主义建设新时期，在整个社会主义初级阶段，大中城市已不存在民族问题，不存在民族工作的任务了呢？对此，必须从社会主义初级阶段的特点来分析城市民族问题，以求得科学的答案。

二、社会主义初级阶段城市民族问题的特点

我国民族关系中阶级对抗性矛盾基本消除之后，民族差别的存在，民族间因历史造成的事实上不平等问题的存在，是社会主义时期民族问题继续存在的基本根源。民族问题将贯穿于民族存在与发展的始终。因此，作为社会总问题一部分的民族问题（包括城市民族问题），也就成了社会主义初级阶段总问题的内容之一。

我国在社会主义改造基本完成后进入社会主义初级阶段，这一阶段是逐步摆脱贫穷落后，由农业国变成工业国，由自然经济半自然经济变为高度发达的商品经济，建立和发展充满活力的经济、政治、文化体系，实现中华民族伟大复兴的社会阶段。在这阶段中，各少数民族由于原来的生产力和商品经济更加落后，其起点比汉族要低得多，要实现上述任务的条件更差、困难更大、矛盾更多。简言之，它决定了各民族只能是创造条件逐步走向共同繁荣、共同进步。这样，民族问题包括城市民族问题将长期存在，并具有若干特点，是十分自然的。就城市民族问题而言，起码表现出如下的特殊情况：

首先，少数民族语言仍将长期保持和使用下去。一方面，大中城市中的少数民族人口不很多，大都居住分散，他们在同汉族居民的长期相处以及一起工作、劳动的过程中，实际上大都使用了汉族的语言（特别是文字语言），但另一方面，构成某一少数民族居民间信息交流工具的民族语言具有持久的稳定性，而且城市中的少数

民族与聚居的省、区的本民族保持来往联系，更使民族语言沿用不变。同时，这也是受法律保护的一种权利。因此，社会主义初级阶段的城市少数民族语言特点不会轻易消失。当同一少数民族的人们聚在一起时，他们十分自然而亲切地使用本民族语言作为信息交流工具，他们仍按其民族语言结构思考问题、翻译理解和接受其他语言与事物。这就要求占城市居民绝大多数的汉族长期尊重少数民族群众自由使用其语言的权利，否则将会影响民族间的团结。

其次，少数民族的风俗习惯特别是共同的心理素质，不仅将长期存在，甚至还会有相应的发展。每一个民族都有其共同的心理素质，这包括民族感情、民族意识、民族性格和民族的传统观念，即一个民族在文化艺术、生活方式、风俗习惯等方面共同的心理状态。少数民族当然也不例外地具有别于其他民族的心理素质，其中有的在穿着、饮食、用具、文化体育以及待人接物的准则等方面表现出来。这些都是在长期的共同的社会环境、经济生活、历史境遇之中形成的，它不会随着城市各民族散杂居住而消失和淡薄。维系着共同民族的思想、民族自我意识，对一个民族共同来源和共性的认同，以及城市少数民族同各省、区聚居的本民族的文化思想意识的联系等等，都决定了它不可能在社会主义初期阶段出现民族间的融合。相反，在民族平等的条件下，在民族经济文化发展中日益增强的民族自尊心、自卑心和自豪感，将长期存在。而且，它有时由于民族关系中某些敏感问题的刺激而强化，更造成着民族心理素质、民族自我意识的长期存在。如果不注意解决这些问题，也将影响民族关系。例如，前不久武汉市某些报刊因不慎而登载的某些文章中，说猪是回族崇拜的图腾，说猪八戒为了上西天取经而由信伊斯兰教改拜佛门等等，伤害了回族群众的感情，引起了强烈的不满，就是明证。

再次，在文化教育和科学知识的广度与层次上，城市少数民族居民也具有其共同的长期存在的特点。据统计，世居城市的如回族、蒙古族等少数民族居民，其所受中高级教育程度和所拥有的各类中高级人才，以及初中升高中、高中升大专院校的人口比例都低于同一城市汉族的水平；非世居的主要是新中国成立后迁居定居城市的少数民族，除个别民族的上述比例略高于汉族之外，大多也低于汉族的比例。如武汉市，除朝鲜族、壮族等外，其他民族相应的比例都比汉族低。这与历史上民族歧视、民族压迫和民族经济状况的低下有关，它在今后较长时期里都不可能完全改变。而就比例较高的部分少数民族来说，其中高级人才的业务水平、能力和贡献与汉族相比并不逊色，有突出贡献者也不鲜见，但由于历史和语言差异等诸多因素的影响，往往在文化素养和工作适应程度上有一定的差异与不足，特别是其第二、三代，因家庭教育或学前教育条件稍差而在升学率、就业行业和层次上表现出不如汉族居民的情况。文教科学知识方面的这些差别以及对它的认识和解决，构成了城市民族问题与民族工作的又一重要内容。

另外，少数民族经济收入的不平衡和偏低以及不稳定情况将长期存在。城市中的回族、蒙古族或藏族等，虽有其独特的产业与工艺，如民族服装业、清真副食与饮食业和特种手工艺品生产，有国营、集体、个体和私营等成分，但数量并不多，技术设备不先进，效益不高，产值不大，不可能形成完整的少数民族经济体系。少数民族大多数劳动者主要在全市党政军机关和企事业单位中就业，以工资收入为生活的主要来源。中央最近指出，全国散杂居少数民族经济收入及生活水平与汉族相当的占40％，低于汉族的占40％，处于贫困线以下、温饱问题尚未很好解决的占20％。大中城市少数民族的经济状况与同市汉族相比较，恐怕也大致如此或只稍好一些。总之，提高他们的经济收入和改善生活条件，仍然是解决城市民族问题的一项迫切任务。

还有，城市中少数民族的代表人物和各种专业人才比较集中，也是一个突出的特点。这些人是各民族各方面的代表，他们处于何种地位、受何种待遇，一般会被视为对少数民族是否关心、重视的标志；同时，由于他们政治上、文化上的层次较高，一方面不甘低人一等，努力在各项工作中发挥更大的作用和作出更大的贡献，另一方面，希望人们关心其特殊利益与要求，对其民族的人员在政治上的安排、专业技术职称的评聘、工资提升和收入的增减等问题都十分关心，有着强烈的反应。对这些特点与要求的正确认识与处理，也是城市民族工作的重要内容。

总之，上述特点说明，不同的内容和形式构成了社会主义初级阶段乃至将来很长时期里的城市民族问题。其存在与发展的原因是多方面的，有历史的、现实的，有经济、政治和文化方面的，不仅具有长期性特点，而且显示出极大的复杂性。这一客观事实要求人们从现实的、长远的角度来认识和正确解决这个系统的社会工作。但是，由于城市少数民族人数少，居住分散，而且长期与汉族群众共同劳动和工作，致使民族问题往往被"无差别"的帷幕所蒙盖而为人们所忽视，往往出现不尊重少数民族的特殊性，不关心他们的利益，政策上容易出现"一刀切"的现象，甚至出现了伤害民族感情，影响了民族团结和政治上安定团结的不良后果。这是搞好城市民族工作所必须认真解决的潜在难题。

三、新时期城市民族工作的正确取向

社会主义建设新时期全国民族工作的中心任务是什么呢？当前党和国家民族工作的基本方针和基本政策，就是维护祖国统一，坚持民族平等、民族团结和各民族共同繁荣。这一方针政策对于散杂居大中城市的少数民族工作，无疑也是完全适用的。

笔者以为，从实际出发，当前城市民族工作要注意如下几个方面的问题：

第一，大力扶持相对聚居的城市少数民族发展民族经济，关心城市少数民族的就业和经济收入的稳定与逐步提高。经济工作是民族工作的基础，经济的不断发展与提高是实现各民族共同繁荣，解决事实上不平等问题的物质条件。世居而且比较集中居住的如回、蒙古、满等民族的特殊产业和工艺品生产，是社会生活的需要，甚至是国家出口换取外汇的重要产业，因此，不论是国营、集体、个体或私营经济成分的都应扶持其发展，帮助他们在改革中不断改善经营管理，合理调配产供销关系和布局经营供销网点，提高经济效益。这对于丰富社会产品，搞活市场，扩大就业，增加少数民族群众经济收入都有好处。对于居住较为分散的少数民族居民所从事的街道企业及个体工商和私营工商业者，也应在法律范围内予以引导和支持其经营和发展，使他们各得其所。对于没有特殊产业，主要在党政军机关和企事业单位中从事体力或脑力劳动，以工资收入为生活主要来源的少数民族干部、职工，更应关心他们经济收入的增长和生活条件、工作条件的改善，对他们晋升提薪等涉及经济生活的问题，在与其他民族职工同等条件下应略加优先照顾和予以保证。对少数民族职工待业子女的就业，应协助组织职业培训，并在同等条件下适当照顾录用，这些都应在调查研究的基础上立法，形成政策措施予以执行，并大力宣传使城市各族人民明确这样做的意义，自觉地关心和支持这些政策措施的贯彻执行。

第二，大力帮助城市少数民族提高文化教育科学知识的水平，培养更多更高层次的各类人才。如前所述，城市少数民族中除了个别民族所受文化教育水平较高，拥有较多的中高级人才外，较多的少数民族所受文化教育不甚普遍，人才层次不高，数量也不多。这种状况容易造成如下恶性后果：由于文化素质较低，在就业结构上出现畸形，即只能从事低层次的一般性服务工作而无法涉足文化科技等较高层次的部门；影响其对子女的智力投资，不能形成良好的家庭教育与学前教育环境，致使后代的文化科学素质日趋下降，中高考落选率高，受到高等教育与深造的机会更少；一部分原来知识层次较高的少数民族知识分子，因子女升学就业问题的困难而分散精力，难以全力以赴搞好本职工作。如此循环往复下去，不仅原来较落后的少数民族更加落后，且原本先进的、知识层次较高而留在城市工作的这部分少数民族干部，也将走下坡路和后退，以致出现后继乏人的危机。这种情况与社会主义初级阶段要求各民族共同进步、共同繁荣的方向简直是南辕北辙、背道而驰。因此，从某种意义上说，大力帮助城市少数民族提高文化教育水平，既是新时期民族共同繁荣事业的需要，也是广大少数民族干部职工的强烈愿望，是新时期城市民族工作中最突出最经常的任务之一。

怎样抓好这一工作呢？根据新中国成立以来的经验和现状，宜采取多种办法与形式。对于居住相对集中的少数民族，可以协助教育部门举办民族中小学、成人文化补习班或职业技术培训班，充实教学设备，配备较强的师资力量，不断提高其教学质量；民族院校的招生除了重点面向边远的、聚居的少数民族外，也要适当招收城市少数民族，为他们培养人才，对城市少数民族中参加中、高考的应给予适当降分录取的照顾。在这过程中，也要教育少数民族群众提高办文化教育事业的积极性，适当开展集资办学活动，使政府的帮助与照顾措施收到更大的实效，更快更多地培养出高层次的人才。

第三，尊重少数民族的特殊性，理解其心理状态，维护民族平等团结和安定的政治局面，是新时期城市民族工作的又一任务。经过新中国成立以来的民主改革、社会主义改造和贯彻各项民族政策，城市少数民族在旧社会所受的歧视和民族压迫已不复存在，民族间已是平等团结和互助的新型关系，少数民族在政治上无论参加共产党或共青团，担任党或人大代表、政协委员，或在党政军机关及群众团体中供职，都取得了平等的权利，发挥了主人翁的作用，在各项建设事业和发展爱国统一战线工作中作出了贡献。但如前所述，往往因此产生的"与汉族已无区别"的片面观念，掩盖了民族差别。少数民族固有的风俗习惯和特点依然存在，尚需要在各方面予以尊重，需要在各族人民中进行民族问题与民族政策的宣传教育，使人们自觉地维护民族间的团结友爱。在少数民族聚居的街道或民族院校，应视实际需要增设民族用品供应网点和食堂，供应民族特用的或风味的物品，协助举办有关民族的节庆日活动以及民族体育活动，满足少数民族群众特殊的物质及精神生活的需求。在这些活动中，要依靠少数民族干部，发扬少数民族艰苦奋斗的优良传统，在自愿原则下改革某些不利于社会主义事业或民族团结繁荣的旧习惯，激发他们热爱本民族与热爱祖国相统一的奋发精神，为振兴中华、建设繁荣富强的民族大家庭而奋斗。这样就把尊重少数民族的特殊性与增进民族团结和建设社会主义的总目标结合起来了。

第四，发挥城市少数民族的优势，使其在发展统一战线、加速社会主义现代化建设中作出更大的贡献。城市少数民族与边远地区聚居的少数民族不同的一个情况，就在于他们集中了较多的文化知识层次较高的人才，有各方面的代表人物。他们不仅在政治、经济、文化等战线上承担重要的岗位工作，是重要的智力因素；同时，他们具有沟通国内聚居区少数民族，联系侨居海外的少数民族以及与二十余个跨国界而居的外国同一民族建立往来的特殊作用，可以在促进祖国统一、引进外资设备和人才方面起牵线搭桥的作用，是一种宝贵的社会资源。因此，城市民族工作要切实团结各方面代表人物，确定各种联系的对象，甚至可以考虑分地区、按专业（或行业）建立相应的联系形式或机构，让其定期相聚，交流工作经验沟通信息，对有关工作提建议作批评，这也可成为一种民主协商与监督的形式，这样，城市民族工作将多层次多内容与多形式地开展，更加生动活泼，这比每年春节一次象征性的少数民族代表茶话会更具吸引力和更有成效。

总之，新时期的大中城市依然存在民族问题。解决这些问题的城市民族工作不仅十分重要而且要长期坚持下去。城市民族工作内容丰富，形式多样，要求更高，是促进各民族共同繁荣，逐步解决事实上不平等问题的需要。在这个问题上，任何忽视和轻视的态度都是错误的。我们应为城市民族工作向更深、更细致和更具实效的方向发展而努力。

（原载《中南民族大学学报》1989 年第 3 期）

二、城市少数民族
流动人口研究

散杂居民族问题研究

少数民族人口流动与城市民族关系研究

郑信哲　周竞红

改革开放以来，我国少数民族地区发生了巨大变化，其经济和社会发展步伐加快，少数民族与外界的联系增多，少数民族地区不仅吸引了众多的外来人口到此"淘金"，同时也有大量长期生活于边远闭塞地区的少数民族人口向东部地区和大中城市流迁，由此形成少数民族人口流动的全新特点，从而对城市民族关系的构成和发展产生着重要的影响。

一、少数民族人口流动

人口的流动有其特定的原因。人口迁移的推拉理论形象而充分地说明了人口流动是原居住地和迁入地的推力和拉力共同作用的结果。虽然具体的推力和拉力有所不同，但是人口流动一般说均以追求比原来更好的生活环境和生存质量为目的。

中国少数民族主要居于边远山寨或内陆僻地，在计划经济体制下，高度集中的行政管理、严格的户籍管理以及少数民族社会自身的传统生产、生活方式限制了他们与外界的联系，少数民族人口流动量微乎其微。改革开放以来，随着我国农村人口的大量流动，少数民族人口流动也日益增多。特别是20世纪90年代后逐渐形成相当的规模。少数民族人口走出偏僻的民族村寨纷纷涌入城市，从事经商务工等活动，形成一支少数民族人口流动大军。

（一）少数民族流动人口流向分类

1. 少数民族流动人口向少数民族地区各类城市流动

人口流动过程中流入地与流出地距离越远，流动成本就越高，流动风险就越大，对于长期生活于闭塞地区的少数民族流动人口而言更是如此。因此，他们开始只在本地区城镇流动，其中本地区政治、经济、文化、交通等中心的自治县州首府及地区行署所在地、省城最为集中。据统计，20 世纪 90 年代末期，昆明市少数民族流动人口近 30 万[1]；乌鲁木齐市外来人口264850人，其中少数民族人口 45979 人，占外来人口的 17.36%[2]。另据 1996—1998 年间 3698 份问卷统计，拉萨市流动人口中以外地区汉族为主，他们占流入人口的 74.7%，其次藏族占 14.8%，藏族主要来自区内各地区。[3]

2. 少数民族流动人口向北京、上海、广州等大城市和东南沿海地区流动

20 世纪 80 年代末和 90 年代初，一些少数民族流动人口开始把眼光投向外部更大的世界，流动范围逐渐扩大到更开放的东南沿海地区和北京、上海、广州、武汉、深圳等经济文化更发达的大城市。据北京市民委估算，90 年代初北京每天的 100 多万流动人口中至少 1/10 是少数民族流动人口[4]；另据统计，到 1990 年底边疆民族地区到东南沿海等发达地区经商务工的少数民族成员已有几十万人[5]。此外，民族地区少数民族妇女婚嫁到东南沿海地区的现象也日益明显。据 1999 年 3 月底上海民委系统统计，上海外来打工、经商、求学和婚嫁的少数民族流动人口近 10 万。[6]

3. 少数民族流动人口跨境流动

我国少数民族大多居住于边疆，西南、西北和东北的许多民族属于跨界民族，不少家庭在国外都有亲戚，故跨境流动比例要远远大于内地的少数民族。少数民族跨境流动开始主要是走亲戚，进入 20 世纪 80 年代后，伴随着对外开放，边疆少数民族以各种形式向

境外流动的现象越来越突出。1994 年前后，云南省马关县有 61 户 191 人迁往越南，西盟佤族自治县 30 余名民办教师去缅甸；1994— 1995 年间，新疆迁往哈萨克斯坦定居的有 79 户 259 人，要求去的 还有 627 户 3323 人。[7]

（二）少数民族人口流动的特点

少数民族人口流动总体上也遵循一般人口流动规律。然而，少 数民族人口流动有其自身的特点，不同少数民族之间也有很大 不同。

1. 少数民族人口流动量总体落后于汉族

我国少数民族大多居住在边远地区，一般独立地形成狭小范围 的生活圈，过着相对封闭的生活。那里地理环境相对恶劣，交通闭 塞，经济落后，加上民族传统习惯、语言等的影响，与汉族相比， 较少流动和迁移。而一些地少人多的汉族早习惯于外出挣钱糊口， 当外部政策环境为人口流动创造一定的宽松条件时，其人口流动迅 速增多，远远走在少数民族之前，其流动人口遍布少数民族地区各 城镇，客观上推动了边疆少数民族的人口流动。

2. 少数民族流动人口的从业范围具有鲜明特点

少数民族流动人口所从事的职业大多具有浓厚的民族文化特 色，许多人的经营活动首先开始于民族特色食品和其所熟悉的农牧 业产品，如皮张、织品等。正是由于少数民族人口的流动，一些具 有民族风味的食品才在许多城市得到广泛传播，为人们所喜爱。以 少数民族传统食品为主的餐饮业在许多城市已经形成相当规模，人 们随处可见打着新疆维吾尔族风味、东北朝鲜族风味、西南傣族和 苗族风味等旗号的餐饮业场所。

游街经营民族特色产品也是少数民族流动人口的一种从业特 点。随着民族地区少数民族人口不断流动，出现了随身携带民族地 区土特产品沿街买卖的少数民族成员。在北京，在东南沿海及其他 地区的城市，都可以看到经营烤羊肉串的维吾尔族，穿着藏袍，卖藏刀、藏药的藏民，以及穿民族服装，卖镀银首饰和茶叶的西南苗族妇女等。

3. 一些城市已形成颇具特色的少数民族流动人口聚落

在我国的一些城市，已经存在世居少数民族和因民族工作机关、民族教育机构的设立而形成的少数民族相对集中居住的聚落。随着少数民族流动人口大量进入大中城市，在一些城市也出现了少数民族相对聚居的地方。其类型主要为以下两种：

一是自组织类单一少数民族聚落。自发流动的少数民族人口在外出经商过程中，为了适应新环境，充分利用了民族感情和同乡感情，相互帮助，就近居住，从而逐步形成了一些小型的单一少数民族聚落。如，一些大中城市形成的以经营民族特色食品为主干的单一民族相对集中的聚落，像北京魏公村维吾尔族聚居的"新疆村"等就属此类。

二是他组织类多个少数民族共居的聚落。改革开放以来，随着国家旅游事业的迅速发展，少数民族丰富的人文景观也逐渐得到开发，而许多大城市在城区建设的"民族园"、"民族村"和"民俗村"便是其中一景。这些景点不仅把具有特色的少数民族民居、风俗、传统文化按原样搬进城市，而且还招收大批少数民族人员进行民族歌舞和民俗等表演。他们尽管隔一段时间就进行轮换，但仍然保持一定数量的少数民族成员长期居住于此，因而形成了人口至少几百人的多个少数民族集中居住的场所。

4. 西部地区少数民族妇女婚嫁而迁至东部地区的现象增多

20世纪80年代以后，随着汉族和少数民族人口的"双向流动"，出现了西部民族地区的许多少数民族妇女嫁给沿海地区汉族的事例。特别是汉族流动人口到民族地区经商做工中广泛接触少数民族，一些人娶少数民族妇女为妻，并把她们带回流出地。之后，又经先嫁之女的介绍，陆续招来少数民族妇女。如，自改革开放以来，上海共有615名少数民族妇女婚嫁而进，他们来自28个省、市、自治区，包括26个民族成分[8]；浙江省绍兴县福全镇1998年纳西族有 113 名，其中 108 名是 80 年代以后因婚嫁而迁入的妇女[9]。

5. 少数民族流动人口面临更多挑战

少数民族流动人口除了一般流动人口的各种困难与烦恼外，还存在特殊困难和心理适应问题。一方面，大中城市居民绝大部分是汉族，汉文化占据着绝对的优势，对少数民族来说许多城市不具备他们必需的生活设施和条件。如，信仰伊斯兰教的民族饮食方面需要清真食品，信仰方面需要清真寺，丧葬方面还需专门的土葬墓地等。另一方面，对一些少数民族流动人口而言，语言的障碍同样存在，大大影响了民族间的交往。

二、城市民族关系现状

（一）城市——民族关系问题的主要引发区

从人口分布地区类型上划分，我国民族问题可分为两大类，即少数民族聚居地区的民族问题和少数民族杂散居地区的民族问题。少数民族聚居区的民族工作和民族关系调节在改革开放前是政府的主要关注点，随着改革开放的深入和少数民族流动人口的大量出现，民族之间的交往和接触日益频繁，杂散居地区的民族问题日渐明显和重要，城市则常常成为这类问题的交汇区。

第一，城市居民的多民族化现象明显，不同民族文化之间的碰撞、摩擦的机会增多。在我国城市化进程加快的过程中，城市居民的多民族化不可避免。城市居民中随着民族成分的增多，民族之间接触和交往的机会也日益增多，一方面加速了民族间的相互了解和互相学习的过程。同时，由于各个民族都具有不同的文化和价值观等，在接触中出现一些矛盾和问题也是难免的。

第二，与少数民族人口集中分布的乡村比较而言，城市少数民族人口具有知识分子比重大，各民族的代表人物和知名人士相对集中，少数民族成员分布的行业多而社会关系广，与本民族地区有着密切联系等特点。所以，民族工作中出现的新问题、新情况往往最先反映于城市。

第三，城市少数民族的特点往往被忽视。从我国城市的实际情况看，城市人口的绝大多数是汉族。20 世纪 90 年代以来，城市少数民族人口绝对数虽然有所增加，但它在城市人口中仍占极少数，如果再具体到每个少数民族，那就更微乎其微。在汉族人口占绝大多数的城市中，少数民族的文化、民族特性很容易被忽视，伤害民族感情的事件时有发生。

第四，城市具有的信息传播快、辐射性强的特点，为民族关系问题推波助澜。城市作为现代文明发展的主要体现者，具备交通便利、通讯快捷等功能。因此，在城市民族关系问题日益明显的今天，当某一城市发生民族问题时，会很快传播到其他城市和地区，使问题变得更加敏感和复杂。

总之，城市民族关系所反映的不仅仅限于当地民族之间关系，它还会直接而迅速地反映到有关民族地区，甚至造成国际影响。如1989 年上海某出版社出版严重损害信仰伊斯兰教群众的民族宗教感情的《性风俗》一书后，立刻引起各地信仰伊斯兰教群众的强烈不满，游行抗议风波在短时间内迅速波及半个中国，在国内外造成了很不好的影响。城市民族关系问题具有非常强的敏感性和波及性，这决定了城市民族关系问题的重要性和研究的必要性。

（二）当前城市民族关系的基本评价

纵观城市民族关系，其主流与我国业已建立的平等、团结、互助的社会主义民族关系相一致，各民族之间互相学习、互相帮助，共同建设所居城市已成共识。

第一，在民族平等原则下，少数民族的政治权利得到保障。政府机构中设有专门的民族事务机构，配备了相关的民族干部，少数民族和汉族一样平等地参与国家事务的管理，并有权自己管理自己的事务。各少数民族参政议政的能力有了很大提高，其参与国家事务和城市社会活动的广度和深度不断提高。城市少数民族干部队伍的成长、城市少数民族专业技术队伍的壮大、少数民族在各群众团体和组织中的地位和影响力提高等，都证明了这一点。

第二，迁入城市的少数民族大多接受了现代学校教育，文化素质相对较高，已成为城市建设的重要人才。如：乌鲁木齐市1998年底有少数民族干部11958人，占干部总数的24.61%；少数民族专业技术人员6731人，占全市专业技术人员的23.14%。为了扩大少数民族干部队伍和提高干部质量，一方面应认真做好大中专学校少数民族毕业生的分配工作，使大中专学生成为少数民族干部队伍的重要来源；另一方面，在招收干部中，少数民族比例不低于25%，少数民族文化程度放宽到高中毕业；此外，在军转干部安置工作中，优先做好少数民族军转干部的安置工作。至1999年，全市党政机关事业单位担任副科级以上职务的少数民族干部为1124人，占全市各级干部的比例分别为：厅局级20.4%，县处级19.39%，乡科级20.43%。[10]

第三，民族文化在适应现代化与城市化的同时，成为城市新文化的重要组成部分，在丰富城市文化的同时丰富着自己。城市民族村、少数民族服饰、少数民族传统音乐、少数民族风味饮食等等，构成了城市文化一道道亮丽的风景，也是现代城市文化的重要组成部分。民族文化将在走向城市过程中逐步走向重构和现代化。

第四，城市少数民族的风俗习惯、宗教信仰以及语言文字使用得到普遍的尊重和保障。为此，各级政府出台了各种政策措施，并有相应的法律保障。如20世纪90年代以来，乌鲁木齐市颁布了《乌鲁木齐市宗教活动场所注册登记暂行办法》、《乌鲁木齐市清真食品管理办法》、《乌鲁木齐对外开放宗教活动场所外事管理暂行规定》、《乌鲁木齐市社会用字管理办法》、《乌鲁木齐市宗教活动场所十不准规定》、《宗教活动场所建设项目审批管理暂行规定》、《穆斯林朝觐事务管理暂行规定》、《宗教事务管理条例》等地方性法规和行政规定，全面保障少数民族风俗习惯和宗教信仰及语言文字的使用。各大城市对清真食品工作也十分重视，如河南省到1997年已建设了各种类型、多种经济成分的清真食品厂、清真肉食生产厂（冷库）分别达481和716家，清真食品销售店达4261家，饮食餐馆达11596家，政府还颁布了《河南省清真食品管理办法》，标志着全省的清真食品管理工作走上了法制化轨道。[11]郑州、深圳等地从尊重不同民族风俗习惯的角度出发，积极想办法，酝酿解决回族流动人口的殡葬用地问题。各城市尊重少数民族的传统节日，为少数民族群众欢度传统节日提供方便。

第五，城市少数民族教育得到极大的发展。城市少数民族由于在资金、教师、设备等方面的优越性，使得少数民族人口受教育条件有了极大的改善，加之相关优惠政策的支持，很多少数民族人口受到了良好的教育。尤其在民族地区城市，民族教育体系逐渐健全，民族教育机构多，各级学校少数民族在校生多，学龄儿童入学率大多较高。而且，城市相关的民族中小学大多是少数民族学生与汉族学生合校，不同民族的中小学生从小共同学习，并在他们中间开展民族团结教育，促进了不同民族间的相互了解。

当然，不同民族的不同文化、不同传统在相互碰撞中，不可避免地会产生一些矛盾和隔阂，有可能造成民族间关系的不和谐以致紧张。城市多民族化趋势和少数民族流迁人口的增多，使城市民族关系在我国整个民族关系中具有越来越突出的位置。

（三）影响城市民族关系的不稳定因素

影响城市民族关系的主要因素，一是城市汉族人口与少数民族人口在数量上的悬殊对比和少数民族人口居住分散，因而少数民族的民族特点容易被忽视所造成的问题；二是城市少数民族流动人口增多，而流动人口作为最活跃的社会群体最具有不稳定性，加上少数民族的固有特点，更容易引起矛盾和问题；三是民族意识日益增强，城市少数民族的民族意识强于民族地区少数民族，一旦出现问题就更容易激化；四是在城市世居的非迁入的少数民族和迁入少数民族之间经济文化发展水平的差距，容易使世居少数民族成员产生不平等感和自卑感；五是城市在贯彻执行党和国家民族政策中的失误所造成的影响等。

一些迹象表明，近年来影响民族团结和民族关系的不稳定因素有所增多，一些过去未曾出现或不显露的民族歧视、民族摩擦事件时有发生，民事纠纷的民族问题化倾向突出，这些又主要显现于城市之中。当前涉及民族关系和社会稳定问题的事件，主要表现如下：

第一，以少数民族为题材的出版物、影视作品及宣传报道不够慎重、把关不严而出现的贬低或歪曲、侮辱少数民族历史或形象的话语和图像的事件。比较突出的有 1987 年《人民文学》事件、1989 年《性风俗》事件和 1993 年《脑筋急转弯》事件等。此类事件屡禁不止，还时有发生，据国家民委汇总各地上报情况的不完全统计，仅 1997、1998 年，上海、天津、重庆、长沙等 13 个地区发生过 15 起。虽然这些事件由于及时处理，未酿成严重后果，但足以让我们深思。

第二，不尊重少数民族饮食习惯而伤害少数民族感情的问题。主要是一些清真食品的生产和销售中出现非清真食品的现象，经销假冒清真食品的现象，清真饭店不清真和非法悬挂清真牌子而经营非清真食品的现象，以及一些汉族群众公然把猪肉拿到回民食堂的现象等，引起信仰伊斯兰教群众的强烈不满。

第三，一些城市里出现的对少数民族的歧视性行为而引起少数民族不满。例如，在一些城市发生的饭店、旅馆拒绝接待少数民族人员的现象和一些城市居民对少数民族成员的歧视性语言，造成了极坏的影响。

第四，对少数民族相关问题处理不公而扩大事态的问题。如 1997 年天津市某县一派出所因处理汉族和回族群众的打架事件不公而引起两百多名回族群众要求上街游行的事件等。

此外，一些少数民族流动人口在流入地经商时，不办执照或路边摆摊，明明是自己违反了市场管理条例，但不听管理人员的劝阻和处理，却以"民族问题"为由聚众闹事的现象比较普遍（详见后面）。还有，把一些民事事件演化为民族问题的倾向日益明显。对此，我们要给予应有的重视。

三、少数民族流动人口与城市民族关系

（一）城市少数民族流动人口的定位

第一，少数民族流动人口大量进入城市，使民族交往和民族关系得到进一步发展。民族间的交往是民族关系发展的一个重要前提。改革开放以来，大量的少数民族流动人口进入城市，也有大量的汉族进入少数民族地区的城市，这是多民族国家经济社会发展进步的必然结果，它不仅促进物流和人流，还不断地打破地区和民族壁垒，使各民族间发生前所未有的直接交往，这是民族关系良性发展的必然要求。在各民族频繁而直接交往的过程中，各民族间交往的深度和广度也得到不断发展，各民族间在相互认识和了解的前提下，构建相互协调的关系。只有这样的关系才是现实而有效的，才是真正的"谁也离不开谁"的关系。

第二，少数民族流动人口进入城市使得民族关系进一步复杂化。中国作为一个发展中国家，其经济社会发展总体水平低，人口多，民族多，各民族间发展极不平衡，民族关系较为复杂。随着市场经济体制的建立，各民族在相互联系和交往过程中，难免出现直接的利益摩擦，加之文化、宗教信仰等方面的差异，使民族关系更加复杂。有些民族关系方面的问题，一开始并不直接表现为民族关系问题，而可能表现为不同民族成员间的一般摩擦，但如果处理不当，也往往成为影响民族关系的不稳定因素。

第三，少数民族流动人口进入城市，使城市文化多样性得到加

强。大量少数民族人口进入城市，将各民族的文化也带入城市，从而促进了城市文化的多样性，加深了各民族文化之间的交流。伴随着改革开放，各民族之间在饮食文化、服饰文化、语言等方面的交流愈益频繁，如北京的风味餐馆，几乎是不同民族饮食的总汇，从南方的傣族、侗族、白族、藏族风味到北方的维吾尔族、朝鲜族、蒙古族风味，从农村风味到牧区风味，应有尽有。从服饰看，如苗族的蜡染以其天然的意趣、大方的图案征服了当代城市女性。而当代城市流行乐中，可以听到粗犷的蒙古族牧歌，可以听到藏族悠远神秘的韵律，也可以听到傣族、苗族、侗族细腻、甜美的乐章。

第四，少数民族文化现代化步伐加快。不断增加的少数民族流迁人口是文化传播的载体，也是文化发展的推动力。他们不仅将各民族传统文化带入城市，也将城市的现代生活和文化传播到封闭的山区和牧场，使不同的文化在交流中相互影响，从而使民族文化从传统走向现代。如纳西古乐不仅走向全国，也震动了世界。这是中国改革开放的结果，也是丽江古城在不断地接纳旅行者过程中使得纳西古文化声名远播的结果。

第五，少数民族流动人口本身特点显著，在本民族中有着较强的影响。如前所述，少数民族迁移人口主要由受教育程度较高的少数民族干部、上层人士、知识分子构成，他们在本民族中有着较高的威望和影响力，具有较强的反映民族意愿的能力。那些流动人口虽然总体上文化水平较低，但同样是一个村落或寨子中观念较新、头脑较灵活者，他们代表着打破传统生活的力量，同样是民族地区现代化不可小视的一个社会群体。

（二）少数民族流动人口与城市民族关系

在城市民族关系问题中，少数民族流动人口问题不仅居于非常敏感的位置，而且问题发生后所波及的影响也是广泛而深刻的。一些迹象表明，近几年由于少数民族流动人口问题影响城市民族关系的事端日益增多。以上海市的情况为例，1995 年少数民族流动人口影响民族关系的事件只有 1 起，1996 年发生 2 起，1997 年增至 5 起。1995—1997 年间，上海市影响民族关系的各类事端中，少数民族流动人口问题位居第二，仅次于清真供应问题。[12]

影响城市民族关系的诸问题中，与少数民族流动人口相关的问题例举如下：

第一，少数民族流动人口流露出的陋习问题。本来少数民族原有的生活方式和行为准则与城市生活方式存在巨大反差，但一些进入城市的少数民族流动人口中存在不积极适应城市生活方式而固执于传统陋习的倾向，如随地围坐聚谈、酗酒、不讲卫生等，这不仅与现代城市文明相背离，而且引起城市人的反感以至发生摩擦。

第二，一些少数民族的流动经商人员中，不办执照（如 1998 年苏州市流动经商的少数民族人员约有 200 人，其中办理工商注册的只有 8 人[13]）、路边摆摊或贩卖管制刀具，明明是自己违反了市场管理条例和市政管理规定，但不听管理人员的劝阻和处理而聚众闹事的现象比较普遍。

第三，因不尊重少数民族风俗习惯而引发的事端影响民族关系。如 1998 年初，湖北某回族乡的 33 名回族群众到吴兴砖瓦厂打工。一次，当地一汉族人将一盆猪蹄端到该厂回民食堂洗，当时在场的一回民说回民禁忌猪，不能在此洗猪肉。那个汉人不但不听，反而张口骂人，并使洗猪蹄的脏水流进回民锅中，引起回汉双方对打，致使 5 人被打伤，其中 2 人重伤。

第四，经济案件中存在影响民族关系的不稳定因素。如 1998 年 2 月，来自西藏自治区昌都县、四川省阿坝藏族羌族自治州和甘孜藏族自治州的 63 名藏族群众到四川省民委集体上访，反映 1997 年 4—11 月间他们向成都市一中药加工厂出售价值约四千余万元的虫草，双方约定 3 个月后汇清货款，但至今未付，且该厂法人代表、厂长均下落不明。为此，他们多次到四川省、成都市及成华区集体上访。5 月，54 名虫草商再次聚集成华区政府门口冒雨静坐，上访已经形成有组织、有计划的集体行动。

上述发生的事件中把一般事件演化为民族问题的倾向比较明显。这些问题虽然经过有关部门及时采取对应措施得到比较妥善的解决，但从中我们也可以看出，有些少数民族流动人口法制观念淡薄，一些城市管理人员及有关部门不熟悉民族政策或了解甚少，个别管理人员、行政执法人员素质低、处理问题方法简单粗暴等问题。我们应该知道，随着少数民族人口的频繁流动，上述类似问题还将不断出现，如果认识不清、解决不当就有可能引发影响民族关系的重大事端。

此外，一些少数民族流动人口盲目进城后，找不到活干，没有正当的生活来源，从事一些违法犯罪活动，如盗窃、吸毒贩毒（江苏省某市1997—1999年发生的少数民族流动人口贩毒案件就有15起[14]）、扰乱社会秩序等，甚至在一些地方出现了少数民族盲流人口成群结派进行犯罪活动的现象。这些不仅影响了城市居民的正常生活秩序，而且损害了少数民族的形象，并给城市民族关系带来了不好的影响。

四、城市人口管理与少数民族人口流动

（一）当代中国城市流动人口管理特点

近年来，中国城市化步伐大大加快，城市流动人口数量迅速增长，并构成中国流动人口的主流，其在城市生活中的影响日益扩大，占据了越来越重要的地位。一方面他们为城市的发展和建设作出了无可替代的贡献，另一方面也为城市人口管理提出了更多的新问题。

改革开放前，中国城市流动人口数量有限。据估算，1950—1980年的30年间，全国人口迁移平均每年只有210万人。当时的流动人口基本上不是自主的流动人口而属于政府调控下的迁移人口，且在计划经济的严格控制下，受到相当多的政策管制，当时城

市流动人口几乎对城市生活产生不了什么影响，因此对城市流迁人口的管理也无从谈起。

改革开放后，随着中国城市经济的发展，城市中的流动人口大量增加。特别是 90 年代后，不仅迁移人口规模扩大，流动人口规模也在扩大。据估计，流动人口整体规模达到 6000 万 ~ 8000 万人，其中跨区域的流动人口为 2000 万 ~ 3000 万人。城市对迁移人口的管理在原有的制度安排下，仍然以户籍管理为主，这是由于迁移人口大多分布于体制内的单位，组织程度较高，管理制度健全。而流动人口除了由于其流动性大、构成复杂外，流动人口的组织程度相当低，管理起来相当难，是各地区城市特别是大城市或特大城市政府需要在不断探索中加以解决的一个全新问题。

城市流动人口的管理主要涉及公安、工商、税务、劳动、规划、计划生育、妇联等职能部门，一些城市设立了外来人口管理办公室，此外还有综合治理办公室、综合整治办公室等与流动人口的管理密切相关。大多数城市颁布了相关的条例和法规，以规范流动人口的管理工作。如北京市，自 1995 年先后颁发了对外来人口进行日常管理的《北京市外地来京务工经商人员管理条例》及涉及户籍、房屋租赁、务工、经商、计划生育等方面的 10 项配套专门法规。依据市政府颁发的有关条例、法规，对符合条件的各地外来人口，办理有关证照，将滞留本市的流动人口纳入各级政府部门的管理范围，从而规范和调控外来人口，特别是务工经商人员的社会经济行为，并对之开展有针对性的服务和保护。流动人口在北京居住需要办理暂住证、就业证，育龄妇女需要办理婚育证，"三证"齐全为合法居住者，相关的权益也受到保护。

目前，城市对流动人口的管理最明显的特点主要是政府行为，管理方式以行政性管理为主，法律法规不健全，尚难真正达到依法行政；管理措施更多的是从城市角度出发，侧重于防范性，而非服务性；管理部门分散，多头管理，部门之间存在利益摩擦；流动人口与城市人口之间在社会保障、生活水平、社会地位和相关的权益等方面存在着较大差别，形成潜在的利益摩擦源。而且，从管理思路上来说，基本沿袭了计划经济体制下的行政管理思路，采取"谁主管，谁负责；谁聘用，谁负责；谁容留，谁负责"的防范性管理，主要侧重治安管理和整治打击，以及过分依赖收费来代替管理，缺少服务及对流动人口需求的了解和沟通。造成目前城市流动人口管理中诸种问题的主要原因有：

1. 历史原因

过去，我国城市与乡村之间的二元结构长期对立，城乡差别长期存在。城乡二元结构表现在居民差别待遇上，城市居民享受价格极低的基本住房、低价供应的粮油副食、国家包下的中小学教育及职工享受公费医疗、退休保障等，而农村居民却没有这些优惠；表现在人口方面则是城乡之间人口文化素质的差别、社会保障方面的差异；表现在社会管理方面则是城市较高的组织程度和乡村较低的组织程度等。长期的计划经济强化了这种对立，也造成了城乡经济和社会发展严重不平衡。城乡差别的存在是乡村人口流入城市并处于不利地位的深刻背景，它影响到当今城市流动人口的现实生存心理，流动人口所处的竞争弱势使其社会地位得不到提高，存有受歧视心理。

2. 平等的公民权观念薄弱

城市的流动人口主要来自农村，他们由于历史原因在生活方式、文化素质、相关的制度观念等方面确实存在着落后的一面，为城市有序化管理带来负面影响。但是，城市并非是城市人的城市，而是全体公民的城市，所以无论从政府还是从城市居民来说，都应有一个开放和公正的态度，应该平等地对待流入城市的乡村人口。可是，实际情况却是城市管理者出于对管理效率和管理工作方便的要求，往往更侧重于保障城市的正常秩序，忽视对流动人口应有权利的保障，相关的法规也不能实际保障城乡不同人口间的平等权利。

3. 管理体制和法制还不健全

管理体制不健全主要表现在各地区间管理的分散性，以及同一城市相关部门之间不能真正协调有效地管理流动人口。地区之间管理的分散性是说由于缺少统一而有效的领导和规范，各地区、不同城市之间对流动人口的管理表现为不统一以及本位主义，这很不利于全国统一劳动力市场的最终形成。具体到某一个城市，流动人口管理部门涉及公安、工商、税务、劳动、规划、计划生育、妇联和外来人口管理办公室等，各部门均分管一部分与流动人口相关的工作，从理论上来说其工作流程是合理而有效的，但实际操作中工作多有交叉，容易出现"盲区"。如由于收费的存在，使得一些部门间有费可收争着管，无费可收则无人管，造成一部分流动人口得不到有效管理，从而大大降低了工作效果。法制不健全，一方面表现为相关法规不完善，配套性差，另一方面也表现为现有的法规得不到真正有效地执行。有研究表明，我国尚未给予流动人口应有的法律地位，或者说尚未对人的迁移和流动这一基本权利给予法律的肯定，从而在深层次上影响着行之有效的人口流迁政策和法规的制定和执行。大多数城市只从保护市民的利益和有利于城市治安等单一角度出发，制定带有明显歧视倾向的政策，如对"外来人口"实施总量控制，限制外地人员的就业行业等，有违公民就业平等的原则。这不利于社会主义市场经济的建立和发展，最终影响全社会的整体利益。[15]

4. 流动人口管理相关资源支持力度小

一些城市由于缺乏对流动人口管理的重要性、长期性的认识，在流动人口管理方面投入较少。就现有管理机构本身来说，普遍存在着人员配备较少、手段落后、资金不足等问题。如乌鲁木齐市外来流动人口的三级管理机构均非政府正式职能部门，工作人员流动性大，专业化水平低，只形成了"松散型"的管理方式，难以适应外来流动人口不断增加的新情况；流动人口多为劳动力型人口，大多以务工和求生计为主要目的，但是现有的城市劳务管理中缺少相关的、全面的信息服务，流动人口大多带有盲目性，从而增加了管理的难度；由于人口流出地和流入地之间的政府在管理上没有衔接的功能，流出地对外流人口基本不存在管理，往往只是坐享其利，不能发挥其应有的政府管理职能，未能在流动人口的上游区进行相关的技能培训等，无形中增加了流入地管理上的难度。

（二）城市民族工作面临的课题

少数民族流迁人口进入城市，加速了城市居民的多民族化，城市成为越来越多少数民族的新居地。据不完全统计，目前，5 个民族自治区已建立 19 个地级市、30 个县级市，5 个自治区之外的民族地区有 25 个县级市，20 世纪 90 年代以来有 4 个自治县撤县建市。少数民族城市人口显著增加，据国家民委不完全估测，1997年，建制市少数民族人口比例约占全国少数民族人口的 20%。随着少数民族流迁人口的增加，城市民族成分增多，每个城市都有几个以至几十个民族成分，而且各城市民族成分和少数民族人口仍在不断变化，有增加趋势。第四次全国人口普查时，北京有 55 个少数民族，天津、上海、武汉、郑州等大城市少数民族成分均在 40 个以上。城市多民族化趋势的形成和民族地区城市化发展步伐的加快，以及城市在政治、经济、文化和社会生活中所具有的重要地位和作用，使城市民族工作成为民族工作中极为重要的组成部分。

1. 城市民族工作范围扩大

改革开放前，城市民族工作主要是针对传统居住少数民族人口和迁移少数民族人口的工作。由于人口流迁受到严格的限制，这部分人口十分有限，而且多数为体制内人口，主要分散于其所在单位，所以工作量十分有限。民族地区的城市，民族工作主要集中在具有城市户口的少数民族人口，工作的主要内容是根据当时的政策，在工作、生活、学习等方面给予少数民族一定的照顾，城市民族工作任务并不艰巨。但是改革开放后，少数民族流迁人口的增加，大大推进了城市多民族化的进程。城市民族工作涉及的地理范围有了很大扩展，从过去重点做民族地区城市民族工作，扩展到在所有省、市、自治区的相关城市开展民族工作。此外，一个城市的民族工作不仅限于本城市，还与少数民族流动人口流出地紧密相连。城市民族工作已经成为各级城市人民政府的一项重要的职责，需要加强领导，统筹安排。

2. 城市民族工作内容全面扩展

过去，城市民族工作的内容主要是针对城市内传统居住和迁入的少数民族人口，实际上许多政策并不惠及少数民族流动人口。随着少数民族流动人口的大量增加，也要求城市民族工作部门将少数民族流动人口的权益保障和民族政策的落实纳入其工作范畴，并在相关机构不健全的条件下，依据现有的法律法规和民族政策，切实做好少数民族流动人口的工作。城市人民政府将适应当地少数民族需要的经济、文化事业列入其国民经济和社会发展计划，并对所需资金，根据财力给予适当照顾。城市人民政府还要大力发展各民族经济文化，从培养和使用少数民族干部、专业技术人员、职工和发展少数民族教育入手，在招生、师资培养、教学设备、经费等方面给予照顾。对少数民族经济生活影响较大的一些生产领域，则有相关的财政、金融、税收等优惠政策。

3. 城市民族工作面临方式的转变

改革开放之前，城市民族工作以行政命令为主要方式，相关的民族政策大多围绕当时的计划经济体制而制定，如城市的供应制、商业体制、工业体制等等。随着改革开放和社会主义市场经济体制的建立，少数民族流迁人口和汉族人口的双向流动显著，各民族间的交往和接触有了显著的增加。但是，族际交往的增加必然会带来相应的一系列问题，如民族经济的不发达，使民族地区群众经济生活仍处在落后状态，少数民族与经济较发达的民族交往中，会有强烈的不平等感，从而使民族关系具有更为复杂的特性。

比如，由于市场经济的发展，许多汉族的能工巧匠到少数民族地区谋生，并在为当地少数民族提供服务的过程中增加了个人财富。可是，在接受了他们的服务后，一些少数民族成员又有一种被"剥夺"感，他们认为这些人发的是他们的"财"。又如，竞争是市场经济发展不可缺少的机制，是市场经济的灵魂。在建立社会主义市场经济过程中，民族间经济交往中也不可能没有竞争。而少数民族大都缺少竞争意识，他们在传统经济观念下自我满足，这常常使得少数民族处在不利的竞争地位。在竞争不利的情况下，会有不同的反应，有的退缩，有的进取，有的则可能采取较为激烈的不利于社会稳定的其他方式，给局部的民族关系带来一些不好的影响。在落后的经济条件下，人们观念的落后使之不能正确认识在竞争中失去的利益，特别是不能从自身的检讨出发认识问题，而是将其归咎于其他民族，从而深深地影响到民族间正常交往的发展，限制了民族交往的深度和广度。此外，由于各民族间文化背景的差异，在风俗习惯、行为方式等方面同样会产生摩擦和矛盾。所以，面对更为复杂的城市民族工作状况，民族工作以单一的行政手段已经难以取得预期效果。只有通过一系列相应的改革，使得政治、经济、思想教育、法制、文化等手段相互协调，才能有效地处理城市民族关系问题，促进城市民族关系健康发展。

五、建立健全协调城市民族关系的新机制

（一）消除城市民族关系中的不利因素

改革开放二十多年来，城市民族关系得到了进一步的发展。城市民族关系发展的基本原则就是各民族平等、团结、共同繁荣。构成城市民族关系的主体仍是各民族之间的相助相谐的关系。从政府的层面而言，其政策和法律都有保护和保障少数民族合法权益的目标，并有相关机构管理这方面的工作，民族关系发展具有良好的政策空间和社会总体氛围。

然而，民族关系并非一个全面稳定的系统，而是处于不断运动状态下，其运动方向则受相关的社会环境、社会各界所持民族观、民族政策运行状况等的影响。因此，现有民族关系发展成就

的取得，并不代表着民族关系的发展就没有问题。随着社会主义市场经济体制的不断发展，少数民族流迁人口不断涌向全国各地，民族文化差异所带来的冲击以及各民族间经济利益的摩擦，都会带来一些影响民族关系的问题。影响城市民族关系发展的不利因素主要有：

1. 城市流动人口管理机制尚未健全

如上所述，一些城市在流动人口管理机构、制度、相关的法规等方面存在着很大的缺陷，流动人口管理整体机制不完善。在此条件下，一些少数民族流动人口得不到有效的管理，相关的权益得不到保障。另一方面，少数民族流动人口由于组织程度低、文化素质低、法制观念淡薄、流动性大，加上民族固有特点，往往成为引发矛盾和问题的主要当事人。但由于还没有形成良好的法制和制度机制，解决问题无章可循。

2. 少数民族流迁人口进入城市后的文化适应、文化心理问题未受到重视

一些少数民族进入城市后，由于文化上的不适应，与当地社区和居民的交往并不密切，几乎独立于社区生活之外，加之语言的障碍等，使之与城市社会生活很难相融。特别是巨大的经济生活水平差异带来的心理失衡，使一小部分流动人口心生杂念，甚至行为失控，进行违法活动，以获得补偿。

3. 正确的民族观教育尚未深入到各民族群众之中

我国的马克思主义民族观与民族政策教育已经开展了多年，但是大多主要在民族地区和少数民族分布较多的省区进行。实际上，各民族中持有错误民族观的人为数不少，尤其是一些干部也有类似情况，这对建立健康的民族关系十分有害，因而在全国范围内加强马克思主义民族观教育和党的民族政策教育是十分必要的。

4. 国际反动势力影响的渗透

一些少数民族人口较多的城市，还会受到国际反动势力的影响，如成都有美国领事馆密切关注四川藏区的经济、政治、文化、

社会等方面的动态，乌鲁木齐频繁发生在国外反动势力支持下的民族分裂分子的破坏活动。

可见，我们在判断当前城市少数民族关系状况时，不仅要着眼当前良好的民族关系状况，还应从运动和发展的角度出发，分析有利于民族关系健康发展的因素，消除不利因素，注重相关问题的研究和解决。

（二）建立健全调整城市民族关系的新机制

目前，首要问题是如何建立和健全适应市场经济体制特点的城市民族关系调整机制。

第一，强化思想教育和宣传工作，这对确立正确的民族观具有重要作用。应在全国经常性地进行统一多民族国家国情教育，认真宣传、落实党和国家的民族政策，强化民族平等意识，增强各民族群众的包容度。与此同时，大力宣传是各民族共同缔造了中国这个统一的多民族国家，各民族都作出了应有的贡献。

第二，继续倡导不同民族的成员相互帮助、和睦相处、真诚合作的社会风尚。平等、团结、互助是我国民族关系发展的总原则。实践证明，没有各民族间真正的和睦相处，很难达到真正的平等，也不可能达到团结的目的，共同繁荣也就没有保障。党和国家已经确保了各民族政治上的平等地位，只是由于各民族不同的发展进程，表现在经济文化上民族间存在很大差距。这种差距不是今天才有的，也不是短期内能够消除的，只有在大力发展社会主义生产力的基础上，加快各民族经济社会的发展进程，才能逐步缩小以至消除这些差距，如果没有各民族间的相互帮助、和睦相处及真诚合作是不能达到目的的。当前，民族间的帮助和合作要么是纯个体的行为，要么是纯政府的行为，在城市的社区和城市经济、文化生活领域还缺少将个人和政府行为结合起来的桥梁。纯个体的行为虽然对民族关系顺利发展作出了贡献，但产生的影响范围小，收不到应有的示范效果；纯政府性的相互帮助和合作主要是地方政府间的帮助和合作，群众较少参与，其示范效果和影响力虽然很大，但是仍然不是群众性的活动。因此，倡导社区内的群众组织间、不同民族成员间的相互帮助、和睦相处和真诚合作是将个体行为与政府行为结合起来的重要桥梁，组织和协调好这个层面不同民族间的关系，有利于构建和谐的城市民族关系，也有利于培育各民族相互帮助、和睦相处、真诚合作的理念和觉悟。

第三，健全民族法制，依法调节民族关系。中国的民族法制建设已经形成了以《民族区域自治法》为核心的民族法制体系，民族工作已初步纳入法制轨道，各民族群众的民族法制观念得到培育。特别是1993年《城市民族工作条例》颁布以来，各地城市民族工作取得了很大成就。但是，由于中国正处在社会转型期，法制建设整体上还不完善，民族法制建设更是如此。在民族立法中，由于其多属原则性规定，配套性差，可操作性差，有些条款不适应市场经济体制的变化，从而不能有效地调节民族关系，在实际生活中未起到应有的作用。处理民族关系问题的实际情况表明，城市民族工作部门处理民族关系事件的能力是脆弱的，它没有强有力的法律支持，也没有相关的法律依据，行政协调仍是唯一可以倚重的手段。

第四，实施流动人口的社区化管理及加强少数民族流动人口与城市社区的联系。社区化管理思想的核心就是将旧有的防范性管理模式转变为服务、参与型管理模式，以适应市场经济体制建设的要求，适应当前政府事务面临重组、社会组织逐步分化的形势。通过流动人口居住社区为流动人口提供迫切需要的服务和保障，以及促使流动人口参与居住社区的服务和管理，增加其社区意识，培养其认同感和归属感，促进其心理适应和与社区的协调。社区管理的主要内容除了现有的日常管理外，通过对房屋出租、治安维护、市容市貌、卫生防疫、计划生育等的专项管理，控制和规范流动人口的行为；通过对流动人口的教育、培训、保障等项目的服务，增强其法律意识，并利用社区的各项资源，保障流动人口的合法权益，如子女受教育权等。[16] 为此，必须加强社区管理能力建设，加强资金投入和专业人员的培养和使用。当然，在完善社区化管理的同时，还应尝试进行全国大城市流动人口信息网的建立，在这个网内不仅有相关的就业需求信息，还应有相关劳动力状况的信息，从而使得流动人口的流动减少盲目性，增强对流动人口管理的力度。

流动人口管理这一模式的转变，有利于少数民族流动人口与城市社区联系的加强，也有利于不同民族成员的相互交往和民族关系的协调。据在北京的一项调查显示，大多数少数民族流迁人口愿意与其他民族交往，其中91%的少数民族流迁人口愿意与其他民族交往，而汉族流迁人口只有70%左右的人愿意与其他民族交往。[17]因此，大多数少数民族并非是封闭的，他们有适应城市经济、文化的良好愿望，在这一条件下，服务便成为一个重要的媒介。而且，少数民族流动人口除了分布在城乡结合部和城建工地外，还有一部分分布在社区，因此民族工作也应开展到社区，从而使民族工作做得更为具体、更有针对性、更富效果。通过社区的引导和组织，提高流动人口的组织程度，特别是对一些自组织程度较高的民族，要培训其领导人物，加强对他们的政策和法规宣传教育，帮助其适应城市生活。在社区化管理过程中，组织少数民族流动人口参与社区服务和管理，树立其社区意识，增强社区的亲和力，将会在很大程度上促进流动人口在心理上与社区生活的和谐，从一个重要侧面促进少数民族流动人口文化与心理的调适。当然，在少数民族流动人口社区化管理过程中，一方面要保障遵纪守法者的合法权益，另一方面同样要依据现有的法律法规控制和打击一些少数民族流动人口的违法活动。

参考文献：

[1] 马泽. 云南城市民族工作情况. 1999

[2] [10] 刘长江、齐文礼. 乌鲁木齐市流动人口与民族关系的调研报告. 2000

[3] 陈华. 拉萨市流动人口调查报告. 西藏大学学报，1999（2—3）

[4] 沙之沅. 在中国都市人类学会成立大会上的讲话. 中国都市人类学会通讯，1992（1）

［5］杨荆楚. 论改革开放中汉族和少数民族的关系问题. 云南社会科学, 1991（1）

［6］上海市少数民族联合会. 加强民族团结, 共同振兴中华——建国 50 年以来的上海民族工作

［7］国家民委政策研究室. 民族政策研究成果选编. 1997

［8］彭高成. 改革开放以来的上海市民族工作. 民族工作研究, 1999（3）: 13

［9］王树理. 少数民族东渐现象之分析. 民族工作研究, 2000（3）: 37

［11］河南省民委. 全国城市民族工作座谈会河南省民委报告. 1999

［12］上海市民族事务委员会课题组. 关于影响民族关系的问题的调查. 民族工作研究, 1999（2）: 22

［13］沈党生、张全录. 徐州、无锡、苏州、南通四市外来少数民族流动人口经商情况的调查. 民族工作研究, 1998（4）: 39

［14］江苏省民族事务委员会. 加强法制建设是管理外来经商少数民族的必由之路. 民族工作研究, 2000（3）: 44

［15］段成荣. 关于当前人口流迁和人口流迁研究的几个问题. 人口研究, 1999（2）

［16］黄晨熹. 大城市外来流动人口特征与社区化管理. 中国软科学, 1999（7）

［17］GuoFei. *Migration of Ethnic Minorityto Beijing*: *an Assimilated Pattern*. 1999. 6

城市少数民族流动人口的社会支持

——以武汉市的调研为例

李伟梁　陈　云

一、研究问题及基本情况

在当前社会快速转型期内，随着工业化、城市化的进程日益加快以及市场对劳动力资源的需求不断增加，人口流动日趋频繁，边疆少数民族人员进入内地城市从事经商、旅游等活动的数量逐渐增多。由于民族心理和风俗习惯不同，地域、历史和文化存在差异，城市少数民族流动人口的增多及活动范围的扩大，增加了城市民族关系的复杂性，加大了城市民族工作的难度。因此，我们对少数民族流动人口既不能只讲管理不讲服务，也不能空谈权益保护，而应该针对少数民族流动人口的社会支持问题加强研究，以促进少数民族流动人口与城市社会的融合。

基于上述考虑，笔者于2005年7—8月在武汉市进行了一次关于少数民族流动人口的城市适应与社会支持的调查。本次调查地点分布在武汉市硚口区、江汉区、江岸区、汉阳区、青山区、武昌区、洪山区等7个中心城区，共发放调查问卷56份，实际回收有效问卷51份，有效率为91%。另外，在调查中重点选取14位外来少数民族人员进行深入的半结构式访谈。在调查样本中，男性占70.6%，女性占29.4%，主要来自青海、新疆、甘肃、云南、贵州、广西、河南和湖北等省和自治区，农村户口占88.2%，城镇户口占11.8%，以回族、维吾尔族、撒拉族、苗族、壮族、白族、布依族、土家族等少数民族为主，年龄分布主要集中在 18～35 岁（76.5%），文化程度以小学（45.1%）和初中（31.4%）为主，在婚姻状况上，未婚者占 50.9%，已婚者占 49.1%。

二、少数民族流动人口的社会支持现状

社会支持作为一个重要的专业概念和热门的研究领域，自 20 世纪 70 年代以来得到了医学、心理学、社会学和社会工作等多个学科的重视和研究。但到目前为止，社会支持似乎并没有一个统一的定义。按照我们的普通理解，社会支持其实指的就是来自于他人和社会的扶持和帮助。在本次调查中，我们主要从社会交往、生活服务、就业与创业及民族工作等四个方面对少数民族流动人口的社会支持现状及问题进行了解。

1. 社会交往

社会交往既是少数民族流动人员的城市适应的重要表现，同时也是其获得社会支持的重要内容。总体而言，少数民族流动人员与武汉本地人的交往是有限的，当然其获得的社会支持也就非常有限，他们主要依靠朋友和老乡等强关系获得相应的社会支持。调查显示，当急需用钱时，少数民族流动人员求助的主要对象依次是老乡（49%）、朋友（43.1%）和亲戚（29.4%）；当心里有烦恼时，少数民族流动人员说心里话的主要对象依次是朋友（43.1%）、老乡（33.3%）和家人（21.6%）。

在与政府职能部门之间的交往上，少数民族流动人员觉得与自己关系密切的部门依次有城管部门（31.4%）、区民宗办和民族事务联系点（27.5%）、税务部门（25.5%）、工商部门（21.6%）、街道办事处（19.6%）等。城市少数民族流动人口以务工经商为主，与此相适应，以上这些政府部门可以说是与少数民族流动人员

经常打交道的窗口部门，其管理水平和服务意识直接影响了少数民族流动人口从城市中所获得社会支持力度的大小。一部分少数民族流动人员中的精英人物与政府有关职能部门建立了良好的合作关系，他们在积极支持和配合有关政府部门工作的同时，也从有关部门获得了相应的支持，帮助自己或其他来汉少数民族人员解决了许多实际困难和问题，从而拥有较高的社会地位和社会声望。

另外，在以上职能部门中，城管部门与外来少数民族人员之间的矛盾最为集中，分析其原因，可以发现，少数民族流动人员主要以务工经商为主，无论是固定门面经营还是流动摊贩经营，都可能因为乱摆乱放、违章占道等问题受到城管部门的处理。部分城管队员在执法过程中语言粗暴，态度蛮横，暴力执法，严重伤害了外来少数民族人员的情感，从而引发许多个人纠纷甚至群体性冲突事件。

2. 生活服务

以回民为主体的少数民族流动人员生活服务需求主要集中在宗教活动场所、清真饮食供应、子女上学、民族文化娱乐活动等方面。

其一，宗教活动场所。以回民为主体的少数民族流动人口绝大多数信仰伊斯兰教，对他们而言，日常活动的重要内容之一就是到清真寺去做礼拜。武汉市目前共有4座清真寺，其中二七街清真寺去年拆除重建，到现在仍未建成；关山村清真寺已经建成，但尚未投入使用；起义门清真寺和民权街清真寺的建成时间较长，各方面条件有待改善。

其二，清真饮食供应。在少数民族流动人员中，回族、维吾尔族、撒拉族等具有清真饮食习惯的少数民族占相当比例，其清真饮食供应的需求如何满足，的确是城市政府的一大难题。武汉市政府为此作出大量的努力，在全市范围内建立了大量清真三食供应网点，基本上满足少数民族群众的需求。

其三，子女上学。武汉市现有市民族中学、武昌回民小学、汉口回民小学、黄陂蔡店乡土家族小学、江岸民族幼儿园等民族学校5 所，加上大量的公办及私立幼儿园、小学和中学，基本上解决了少数民族流动人员子女上学难的问题。武汉市为减轻进城务工人员的经济负担，推进教育公平，对招收进城务工人员子女的公办学校，免收借读费，实行"一费制"的政策。这一政策对少数民族流动人员的子女自然也不例外，其子女既可以就近选择公办学校入学，也可以选择相应的民族学校，在平等地享受政策的同时，或多或少地还能受到学校、老师和同学的特殊关照。

其四，民族文化娱乐活动。少数民族往往有着自己独特的风俗习惯和节日庆典，民族文化娱乐活动丰富多彩。对于城市少数民族流动人员来说，开展民族文化娱乐活动的需求是比较迫切的，调查显示，有 58.9% 的人认为城市中民族文化娱乐活动有必要经常性地开展，只有 23.5% 的人认为不太必要或不必要，17.6% 的人认为无所谓。所以积极地为少数民族流动人员创造条件，使其踊跃参与各类民族文化娱乐活动是丰富少数民族日常生活、提高其生活质量的重要手段。

3. 就业与创业

调查发现，在职业获得的途径上，他们主要通过熟人找到现在的工作，调查结果显示，68.6% 的人是通过老乡、朋友和亲属找到第一份工作的。这种强关系既是他们城市生存适应的一种策略，也构成了其就业和创业的社会支持网络。在找工作遇到的最大障碍中，普通话（29.4%）、学历文凭（27.5%）和劳动技能（17.6%）是最主要的三个障碍，相比较而言，民族成分、社会关系、年龄、本市户口等并不是他们找工作的主要障碍。调查显示，少数民族流动人员在城市就业和创业时希望得到来自各方面的广泛支持，其中期望值最高的是来自于本民族的同胞（37.3%）和当地政府（33.3%）的支持。此外，他们也希望得到全面的帮助和支持，其中最主要的有法律保护（45.1%）、优惠政策（37.3%）和资金借贷（35.3%）等三个方面。

4. 民族工作

武汉市民委针对武汉市外来少数民族逐年增加、民族格局日趋复杂的具体形势，探索出了城市民族工作"473"工程的新思路。坚持以人为本，突出服务职能，平等对待各民族成员，帮助少数民族流动人口逐步实现由低层次谋生向开创事业、安居乐业转变；由与本地群众和执法部门不协调向和睦共处、协调发展转变。

在民族法规政策方面，武汉市针对少数民族流动人口制定的民族政策法规主要有：《武汉市少数民族权益保障条例》、《武汉市城市民族工作办法》、《武汉市人民政府关于加强对进入本市经商的边疆少数民族人员管理工作的通知》、《武汉市公安局关于加强来汉经商少数民族人员治安管理工作的通知》、《武汉市少数民族流动人员管理服务工作制度》等。许多法规政策都是一些总体性和原则性规定，一些制度（如来汉少数民族人员联系制度和法律援助制度）虽然比较具体，但限于宣传力度不够、信息不对称等原因，覆盖面小，反应不及时，支持力度小，很难发挥真正的作用。

从社会支持的角度看，城市民族工作是少数民族流动人口获得强力社会支持最重要的途径，城市民族工作最主要的不是怎样加强对少数民族流动人口的管理，而是如何为少数民族流动人口提供更好的服务。调查发现，少数民族流动人员迫切希望政府部门在开展外来人口登记办证管理时，能够提供以下服务：民族政策和法规的宣传（29.4%），告知来汉少数民族人员联系点及填写联系卡（27.4%），讲解务工经商的优惠政策（23.5%），提供就业信息（21.6%），提供职业培训的相关信息（17.6%）等。

三、对策及建议

少数民族流动人口的社会支持系统的建立，有助于他们更好地适应城市社会，加强民族团结，保持城市社会稳定，实现各族人民共同发展和进步。为此，我们应当重点抓好以下五个方面的工作。

1. 大力发展城市民族经济

为少数民族流动人员提供更多的就业岗位和更高的经济收入，提高少数民族流动人员的生活服务水平，提高少数民族流动人员的城市生活质量。

少数民族人员流动的经济目的性很强，其进城的最主要目的就是为了改善自身的经济状况。绝大多数少数民族流动人员进城后，其经济生活水平有了一定程度的提高，但大多数人的就业并不理想，职业类型较为单一，经济收入偏低。这和城市民族经济的不景气是直接相关的。作为流入地的城市，其城市民族经济发展水平的高低直接影响了少数民族流动人员的就业和收入。因此，首先，应该大力发展城市民族经济，为少数民族流动人员提供更多的就业岗位和更高的经济收入，提高城市少数民族流动人员的生活服务水平，提高少数民族流动人员的城市生活质量。必须对民族经济的发展给予一定的优惠政策和特殊保护，采用灵活多样的市场化手段搞活民族企业，扩大其产品销路，在提高其经济效益的同时，产生巨大的社会效益，为广大少数民族居民特别是流动人员创造更多的就业机会，切实提高其经济收入。其次，要大力发展城市民族经济，不断提高少数民族流动人员的生活服务水平，提高其城市生活质量。在武汉市，少数民族流动人员以信仰伊斯兰教的回民为主体，其生活必需品主要是清真食品。目前，由于各方面的原因，清真食品的生产和供应相对不足，不利于城市少数民族居民和流动人员的生活质量稳步提高。因此，必须大力提高清真食品的生产和供应，满足少数民族流动人口的生活服务需求，解决其后顾之忧，提高其生活质量。

2. 大力发展城市民族文化

加强清真寺等宗教活动场所的保护和建设，加强民族文化娱乐活动的宣传和组织，丰富少数民族流动人员的精神文化生活。

就武汉市来说，以回族为主体的少数民族流动人口绝大多数信仰伊斯兰教，其日常宗教活动的主要内容之一就是到清真寺去做礼拜。但是武汉市清真寺的建设和保护相对滞后，难以满足日益增多的少数民族流动人员宗教活动的需要，因此城市政府必须加大对清真寺的保护和建设力度。另外，开斋节和古尔邦节是回族的两大主要节日，城市政府应该积极地为他们参与节日活动创造条件，提供相应的服务并进行适当的宣传。

少数民族往往有着自己独特的风俗习惯和节日庆典，民族文化娱乐活动丰富多彩。对于城市少数民族流动人员来说，开展民族文化娱乐活动的愿望非常迫切，但民族文化娱乐活动的开展往往受诸多因素的限制而难以开展。调查显示，大部分少数民族流动人员认为城市中民族文化娱乐活动有必要经常性地开展，但实际上，他们的闲暇生活贫乏而单调，以自我娱乐为主，大部分人空闲时间在家看电视或睡觉。因此，城市政府应该充分运用少数民族传统节日，积极开展丰富多彩的民族节庆活动，进一步增强民族团结，弘扬中华民族文化的优秀传统。同时，要充分发挥新闻媒体对宣传民族传统节日的导向作用，切实加强对民族传统节日的舆论宣传，积极营造尊重民族传统节日、热爱民族传统节日、参与民族传统节日的浓厚氛围。

3. 培育和发展外来少数民族的族群关系网络

以少数民族精英人物为核心，以清真寺、联系点为基地，以少数民族社区为依托，促进和增强外来少数民族与本地少数民族之间的交流与整合。

调查显示，少数民族流动人员在职业获得、社会交往、情感支持和经济支持等方面利用的是一种强关系网络，这种强关系网络主要建立在亲属、朋友、老乡和本民族的人等基础上。具体来说，我们要培育和发展外来少数民族的族群关系网络，促进和增强外来少数民族与本地少数民族之间的交流与整合，必须从以下三个方面做起。

其一，以民族精英人物为核心。在城市少数民族流动人口中，有少数精英人物经过多年的打拼，在城市安家立业，建立了比较强大的社会关系网络。这些民族精英人物素质高，联系面广，影响力大。城市民族工作必须积极发挥精英人物在城市外来少数民族人员中的威信和影响力，进行政策法规宣传，促进外来少数民族内部的团结和整合，同时促进外来少数民族和本地群众之间的交流与融合。

其二，以清真寺、联系点为基地。在武汉市众多的外来少数民族中，回族是最大的外来少数民族。回族、维吾尔族和撒拉族等信仰伊斯兰教的穆斯林，以宗教信仰为纽带，以清真寺为依托，建立起穆斯林内部的强大族群关系网络。这种强大的关系网络，既有利于其民族特色餐饮业的发展，也有利于保护民族文化免受城市大众文化的强烈冲击。另外，外来少数民族人员通过设置在各个城区的联系点，可以获得情感、信息甚至经济上的大力支持，加速其城市适应的速度。因此，必须以清真寺、来汉少数民族人员联系点为基地，加强来汉少数民族人员之间的联系，加强外来少数民族与本地少数民族之间的联系，以促进少数民族内部和各民族之间的交流与整合。

其三，以民族社区为依托。作为少数民族在以汉族为主的城市中的一个个小"飞地"，少数民族社区往往是少数民族流动人员投亲靠友、租房定居的主要地区。少数民族社区能够为少数民族流动人员提供便捷的日常生活服务、强大的情感支持和独特的文化保护。因此，必须以少数民族社区为依托，利用本地少数民族和外来少数民族的血缘、地缘及族缘关系，培育和发展强大的族群关系网络，使少数民族社区成为"民族关系平衡器"，化解少数民族流动人口与城市居民之间的矛盾，促进少数民族族群内部和族群之间的交流与整合，最终促进少数民族流动人员城市生存和适应能力的加强。

4. 建立新型城市民族关系

加强民族平等和民族团结的宣传和教育，在外来少数民族和城市管理者、普通市民之间建立互相尊重、理解、合作与支持的新型城市民族关系，减少民族矛盾和冲突。

从调查访谈的资料来看，目前外来少数民族与城市的冲突主要集中在与城市管理者、窗口服务行业之间的矛盾，城市普通民众与外来少数民族之间的纠纷主要集中在生活习惯方面。对此，我们应该从以下几个方面做起。

其一，针对外来少数民族和城管等部门及普通市民之间的矛盾纠纷，应该大力加强城市民族平等和民族团结的宣传和教育，促进各民族之间的交流和融合。要充分利用媒体的舆论引导功能，对重点单位、重点人群进行宣传教育，要制作、印发关于民族知识、民族政策法规、民族服务机构的宣传册，通过各个城市服务管理一线单位发送到散居在城市中的少数民族流动人员手中，把政策宣传工作真正落实到群众中去。

其二，要加强城市管理人员的素质教育、市民教育，帮助他们正确认识当前的民族关系形势，认识到妥善处理城市少数民族流动人员违规违法问题的重要性。少数民族流动人员的生产经营有相当一部分没有三证，卫生状况堪忧，违章占道经营。面对这些情况，管理者必须树立正确的工作态度，讲究工作方法，粗暴执法、野蛮执法不仅难以解决问题，还会引起民族对立情绪，甚至恶化为民族纠纷。

其三，对以汉族为主体的广大城市居民进行相关教育也是十分必要的。要在汉族居民中形成尊重少数民族风俗习惯的良好风气，尊重外来少数民族人员的心理感受，以一种主人翁的态度欢迎外来少数民族人员，加强互动，增进了解，和谐相处，共同发展，增强其城市归属感。

其四，要加强城市少数民族流动人口的法制教育，坚决制止违法犯罪情况的发生，树立外来少数民族的良好形象。对于严重的违法犯罪现象给予坚决的打击，维护城市发展的稳定性，维护少数民族的良好形象。

5. 理顺城市民族工作体系，转变城市民族工作理念

制定和健全民族政策法规，落实和完善各种帮扶、救助措施，

将少数民族流动人员的管理和服务有机结合起来。通过本次调查，我们发现城市民族工作体系没有完全理顺，政府各职能部门之间的协调渠道不够通畅，民委系统之外的其他政府相关部门在工作过程中普遍缺少民族关系意识，缺乏对民族问题的警觉意识。在处理各民族群众之间的摩擦纠纷以及少数民族外来人口与城市管理者之间的矛盾时，非民委系统的单位和窗口部门对于此类事件的严重性质和重大影响认识不够。对此，建议加强与相关城市管理一线部门和窗口部门的横向沟通和联系，增设"民族事务办公室"，充当与民委系统联系的纽带，承担专门民族事务特别是外来少数民族有关事务的处理工作。

少数民族流动人口的城市管理水平和服务水平的高低直接影响到城市社会的和谐与稳定，影响城市民族关系的发展。因此，必须在加强对少数民族流动人员管理的同时，不断提高服务意识和服务水平，为他们更好地在城市生存和适应提供强有力的社会支持。首先，要转变民族工作理念，将管理和服务相结合。城管、税务和工商等政府职能部门可以说是与少数民族流动人员经常打交道的窗口部门，如何加强以上窗口部门的管理水平和服务意识是一个值得重视和注意的问题。其次，要不断制定和健全城市民族政策法规，不断落实和完善各种帮扶、救助措施。调查发现，武汉市虽然制定了来汉少数民族人员联系制度和法律援助制度，但是多数被调查者表示不是很了解这些政策法规，也不知道联系点在哪里。因此必须加强宣传，引导舆论，把政策宣传工作真正落实到群众中去。同时，还要大力推进少数民族联系点的信息申报和信息上网制度，组成来汉少数民族人员联谊会、商会、行业协会或工会。

四、结语和讨论

根据社会学的"增促社会进步，减缩社会代价"的深层理念，少数民族流动人口对城市社会的进步、民族交流和团结作出了巨大的贡献，我们必须为其提供强大的社会支持，以缩小和减少他们在城市化进程中付出的代价。调查显示，一些自身素质较高的少数民族流动人员往往经济收入高，拥有较高的社会声望，社会关系广泛，其城市适应从最初的物质经济层面向文化心理层面转变，在城市社会中获得了强有力的社会支持，成为外来少数民族中的精英人物。由此可见，较高的自身素质既是少数民族流动人员城市生存和适应的重要条件，也是他们获得广泛社会支持的必要因素。

在某种意义上，我们可以把少数民族流动人员看做是从落后民族地区到发达城市的"留学生"，其进城最重要的目的与其说是为了自身经济状况的改善，不如说是为了自身素质的提高。如果将少数民族流动人员在城市打工获得的收入视做发达城市对民族地区的"资金支持"，那么我们应该更加注重发达城市对民族地区的"智力支持"——对少数民族流动人员进行教育和培训，不断提高其自身素质。因为，对于大批少数民族"留学生"来说，最终留在城市定居的毕竟是少数，绝大多数人还是要回到本民族地区生活、就业和创业，利用在城市中学到的文化知识、劳动技能为本民族地区的经济建设和社会发展作贡献。

参考文献：

[1] 武汉市民族宗教事务委员会. 2000 年民族宗教工作调研成果集. 武汉，2000
[2] 张继焦. 城市的适应——迁移者的就业与创业. 北京：商务印书馆，2004
[3] 武汉市民族事务委员会专题调研小组. 关于武汉市构建城市和谐民族关系调控机制的调研报告. 民族研究，2001（6）
[4] 杨健吾. 城市少数民族流动人口问题研究——以成都市为例. 西南民族学院学报，2002（7）
[5] 张友琴. 社会支持与社会支持网. 厦门大学学报，2002（3）
[6] 施建锋. 社会支持研究有关问题探讨. 人类工效学，2003（1）
[7] 方向新. 进镇农民的社会支持网探析. 长沙民政职业技术学院学报，2003（1）
[8] 王毅杰. 社会经济地位、社会支持与流动农民身份意识. 市场与人口分析，2004（2）

（原载《中南民族大学学报》2006 年第 3 期）

少数民族流动人口城市融入中的
排斥与内卷

陈 云

近年来，随着改革开放的不断深入，西部大开发进程的加快，我国进入了一个民族互动频繁、融合加快的特殊时期，中部和东部发达地区大城市的多民族化现象日渐突出，民族成分和少数民族人口数量逐年增多。少数民族流动人口向城市的迁移为城市注入了新鲜血液，促进了城市民族文化的丰富多彩，同时也给城市管理和城市民族工作带来了极大的挑战。由于经济生产水平、宗教信仰、生活方式的差异，城市少数民族流动人口大部分仍徘徊在城市社会边缘，难以融入现代都市生活。他们逐渐加入城市贫困群体的行列，遭受到显性和隐性的社会排斥，并逐渐转向内部化发展。这其中有着极为深刻的体制因素和文化因素。

一、排斥与边缘化

我国社会经济的深刻变化引起了日益严重的城市贫困和社会排斥现象。目前城市贫困的主要特征之一是人们生存和发展资源的被"剥夺"，即强调贫困的社会体制因素。少数民族流动人口在现代都市中也是一群特殊的弱势群体。在从西部向中东部、从农村向城市、从少数民族聚居区向汉族聚居区流动和迁移的过程中，他们付出了沉重的代价。远离家乡和亲人，语言不通，文化程度和能力较低，生存方式单一等问题使得他们被排斥在主流社会之外。所谓社会排斥，是指因经济、社会或某些政治因素而使得部分社会成员因为缺少收入、财富、素质或能力而被排斥在基本需求、劳动力市场、民权或政治权利之外。少数民族流动人口在城市中所遭受的显性排斥主要来自于不合理的社会制度。户籍制度及与之相关的教育、卫生、社会福利和社会保障体制，将少数民族流动人口排斥在城市体系之外。涌入城市的少数民族的合法权益往往被忽视，有些甚至受到了不公正的对待。由于少数民族流动人口不拥有城市户籍，不享受选举权和被选举权，无权担任大多数的社会公职，享受不到市民享受的各种福利和社会保障，其本人及子女的文化教育权利也受到种种限制，几乎被排斥于城市经济、社会和政治体系之外，劳动就业权、技能培训权、休息权等权利更无从谈起，而他们在户籍所在地的诸多权利又不便或根本无法亲自行使。

流动人口融入城市社会的主观愿望与城市体系对这一群体客观的排斥实际上形成了一道鸿沟。在当前以人为本、构建和谐社会的背景下，城市少数民族流动人口的社会融入应当成为政府和社会高度重视并尽快着手解决的问题。因为无论是从不断破解我国长期存在的城乡二元结构，实现我国健康的人口城市化的角度出发，还是就其对解决东西部发展差异，带动少数民族地区发展，促进民族融合的意义而言，城市都应该让愿意在城市居住和发展的少数民族外来人口定居下来，并使其能最终融入城市社会。

相比之下，隐性社会排斥似乎更加难以解决。我国中部和东部地区的大中城市，目前都处于由工业社会向信息社会的过渡时期，知识、技能及获取和运用信息的能力在很大程度上决定着个体的生活质量和发展前景。但是，流入城市中的少数民族群众大多数文化教育水平较低。根据兰州市西园街道和西湖街道暂住人口资料，西园街道少数民族流动人口中，初中以下（含初中）文化程度者共672人，占少数民族流动人口总数的95.05%，其中文盲半文盲占少数民族流动人口总数的52.05%。高中以上（含高中）26人，仅占少数民族流动人口总数的3.68%。西湖街道少数民族流动人口中，初中以下（含初中）共 428 人，占少数民族流动人口总数的97.05%，其中文盲半文盲占少数民族流动人口总数的53.97%。高中以上（含高中）7 人，仅占少数民族流动人口总数的 1.59%。[1]另据 2000 年杭州市萧山地区的调查，当地少数民族流动人口中，具有大中专学历的有 56 人，占总数的2.4%。初中以下学历的占总人数的97.6%。[2]

由此可见，少数民族流动人口的文化水平较低，而且大多低于流入地平均文化教育水平。当然，这一状况与民族地区经济及教育发展水平和教育条件等与发达地区的巨大差异密切相关。但是作为一个社会过程的结果，较低的文化素质与沟通障碍的确是少数民族流动人口处于劣势地位的原因之一。教育作为一种重要的人力资本，它不仅有助于个人社会经济地位的提高，而且可以作为一种阶层之间的准入壁垒来消减下层对上层既得利益和各种生活机会优势的侵占、威胁和挑战。[3]

此外，少数民族外来人口多是自愿经济型流动，他们在城市中从事着具有民族特色的低水平的单一经济，"务工经商"是对其经济生产方式的最佳概括。少数民族流动人口在流入地从业的最鲜明的特点就是从事具有民族和地方特色的餐饮业或出售土特产品的零售业，如新疆维吾尔族出售葡萄干和烤羊肉串，藏族出售藏饰品等，在北京、上海、广州这样的大城市乃至中东部地区的小县城里也会看到西北风味、朝鲜风味、蒙古风味、苗族风味等餐馆。农业部调查显示，西部外出劳动力主要集中在建筑业、工业和餐饮服务业三个行业，其中建筑行业比重最多，其次是工业，只是那些自由售卖人和经营特色餐饮服务业的人最引人注目。[4]这是一种典型的次属劳动力市场，其特点是技术要求不高，收入低，缺乏福利保障，缺少有晋升机会的工作岗位。分层理论认为，经济因素作为划分阶层的首要标准，体现了人们在经济状态和变化方面的相同或相似性，以及他们在商品市场或劳务市场上拥有的相同机会。对少数民族外来人口而言，低水平的劳务工作、单一的经济生产方式、相对封闭的族群经济以及语言沟通方面的障碍都使他们难以与现代都市生产方式和生活方式进行对话。其结果是，他们脱离了来源地的文化和生活圈，却又被现代都市的生产、生活方式排斥在外，而逐渐边缘化。在这种情况下，为了在城市生存和发展下去，他们需要通过社会时空和社会记忆来重构其社会归属。

关于少数民族外来人口被排斥的问题，必须明确的一点是，在我国现行法律和各地方规章以及社会生活法则的实际运作中，并没有关于少数民族的禁止性规定和歧视性做法，就此可以参照黑人、西裔人和亚裔人在美国所遭受的种种不公正对待的现实。很显然，在我们国家，少数民族所受到的社会排斥不是出于"非我族类"这样的民族归属因素。他们在城市中的劣势地位很大程度上是其自身素质与社会发展要求之间的差距以及城乡二元分化的体制性因素造成的。这一点也同样适用于城市中的汉族外来人口。

二、内卷与空间聚集

社会排斥的直接后果是少数民族外来人口与城市社会格格不入，出于自我保护而逐渐内卷在一定的空间聚落、心理状态之内。内卷化最早是由美国人类学家戈登威泽提出来的。尽管不同学者对内卷化有不尽相同的解读，但基本上都保留着这个概念的核心含义，即在外部扩张及变化被锁定和约束的情况下转向内部的精细化发展过程。[5]该过程主要表现为少数民族流动人口群体认同的内卷化和城市生活的隔离化，他们只生活在自己的圈子中和有限的空间里，在生活和社会交往上与城市居民和城市社会没有联系，更不能分享日趋丰富的城市公共生活。

1. 内群体认同

少数民族流动人口在城市化过程中遭遇的重重障碍迫使他们不得不在心理层面上寻求一个族群归属。群体认同的对象不仅仅指他们的家人、同乡，还包括跟他们有着同样经历的所有少数民族流动人口。他们的交往圈基本上是根据亲人（血缘和姻缘）—朋友（情缘）—同乡（地缘和业缘，包括村、镇、县、地区、省等）—少数民族流动人口（身份和业缘）的逻辑展开。左右他们交往的原则是血缘、地缘、业缘和社会身份，这为他们构建了在城市生存的社会支撑体系，如北京的新疆村、兰州的小西湖柏树巷社区等。汤夺先考察了兰州市西园街和西湖街的回族与东乡族流动人口，得出的结论也是少数民族流动人口在民族成分上与城市常住少数民族完全一致，所占比例也大致吻合，这与街道是少数民族相对聚居区，对少数民族流动人口有较大的吸引力有关。外来穆斯林来到兰州后做的第一件事就是寻找清真寺或者穆斯林聚居区，显然这是一种广泛的族群认同，已经突破了单纯民族认同的界限，是一种基于伊斯兰教信仰的穆斯林族群认同。[6] 内群体认同有助于他们克服"进不来，但也回不去"的身份混乱，能提供情感上的安慰与交流。

2. 空间聚集与身份归属

法国社会学家雄巴尔德洛韦指出："所有的社会团体都有占有居住地和城市的独特的方式。例如在工人阶层中间，关系网在地理分布上就远不像中上层那么分散。一般而言，后者对城市空间的使用更加多样和广泛。除了居住环境的不同，社会归属以强有力的方式规定了家庭空间的布置、人际关系、日常出行和都市生活。"[7] 城市少数民族流动人口群体认同的内卷化必然伴随其对居住空间和活动领域的特殊占有形式——民族聚落的出现和变迁。进入城市的少数民族流动人口作为城市中的一个特殊群体，其居住方式或其占有城市空间的方式，不仅涉及城市房屋租赁和买卖市场房源的分布格局以及少数民族流动人口在城市的就业方向等外在条件，而且还涉及这一群体的社会归属等内在机制。[8]

由于历史的原因和经济、生活、文化、心理等方面的需要，我国城市少数民族的分布特征大体是"大分散，小聚居"。在我国很多城市中都有由少数民族常住人口形成的民族聚居区。改革开放以后，进入城市的少数民族流动人口也通过自发聚居的方式形成了城市少数民族流动人口聚落。沈林将城市里的少数民族聚落划分为世居少数民族聚落、因民族工作机关的设立而形成的少数民族聚落、因民族教育的发展而形成的少数民族学生聚落、因民族地区各级政府在东部城市设立办事机构而形成的少数民族聚落、因特色旅游景点而形成的少数民族聚落和因进城经商而形成的少数民族聚落。[9]前四种类型为后两种类型的出现提供了强大的空间、信仰和心理支持。

改革开放以后，少数民族流动人口大量涌入城市，却由于制度的、文化的、生活习惯的因素被城市社会排除在外，而他们又不可能回到原来的地方，因此迫切需要通过社会时空来重构其归属。城市原有的民族聚落由于满足以下几个条件而成为他们寻找身份归属的首要依托。其一，历史上形成的民族聚落一直与城市主流社会存在一定程度的隔离，保留着少数民族的核心信仰、价值观和生活习惯，并且通常建有宗教活动场所，能够满足外来人口对本民族文化和宗教信仰的需要。例如武汉市的二七街和武泰闸这两个回民聚居区的清真寺，每周五都会举行较大规模的宗教活动，参加礼拜的回民绝大多数都是外来穆斯林（主要包括回族、东乡族等）。其二，经商是少数民族流动人口在都市中的主要经济生产方式之一，需要一定规模和稳定的市场，都市中原有的民族聚落能够提供较为理想的消费群体。其三，城市中原有的民族聚落由于种种原因，发展较为缓慢，通常也具有老城区的另一重身份，经济落后、缺乏规划、需要改造。但也正因为如此，它们能够为少数民族外来人口提供成片集中的房源供应，生活成本相对低廉。其四，随着经济和社会地位的提高，原有民族聚落中的常驻民逐渐迁出，聚落的人口结构发生变化，外来人口比例上升。少数民族流动人口在城市中找到了现成的空间形式接纳其生产和生活方式，进而形成一个个边缘化的小社会。

长期以来，中国是一个多民族的传统农业社会，人们在与土地打交道的过程中形成了牢固的"乡土观念",并由此派生出了对亲缘、地缘和族缘的重视,形成了一个个以亲缘关系为纽带的扩大的家庭社会,以地缘关系为纽带的同一地区的邻里社会和以族缘关系为纽带的聚族而居的族群社会,也正因为对亲缘、地缘和族缘的重视和延续,形成了世代相袭的组织机制、观念习俗和社会网络,进而深刻影响和制约着人们的思想观念和社会行为,即使在现代社会也深刻影响着人们生活的方方面面。因此,亲缘、地缘和族缘作为一种社会资本的积淀和延续自然为其构建社会归属提供了重要的价值和意义。[10]进入城市的少数民族流动人口,要克服由于城乡差别、地区差距和民族差异带来的障碍,当然会首先选择以族缘关系为纽带的自发的少数民族流动人口聚落这样一个边缘化的小社会,作为他们在城市生存和发展的依托。

城市少数民族聚落是少数民族城市化和城市多民族化的结果,是少数民族在城市中"生根"、"开花"、"结果"的社会土壤。但是,这种以狭隘的亲缘、地缘和族缘关系为纽带的亚社会在很大程度上支持和强化了少数民族流动人口内群体化的心理过程。面对外部障碍,他们不是积极地转变生活和生产方式去适应现代社会,而是依托民族聚落转向内部的精细化发展。在这一亚社会中,人们形成了共同的价值观、行为标准以及监督机制,从而使聚落本身成为一个自我调适系统,与城市主流社会存在空间隔离和心理隔离,促进了少数民族流动人口的内部整合。但这却在一定程度上与城市社会的整体整合产生了矛盾,对城市社会的管理和控制造成了一些消极影响,并产生了社会整合的暂时失衡。[11]从这个层面来看,内群体认同以及城市少数民族流动人口聚落成为阻碍其城市融入的内在障碍。

三、结语

在这种内外交织的双重机制作用下,少数民族流动人口的城市融入进程缓慢，中东部地区的大中城市中开始出现大小规模不等的少数民族流动人口聚居区，给城市管理和少数民族群众的城市融入造成了障碍。基于上述分析，促进少数民族流动人口的城市融入，消除民族隔阂，协调民族关系的工作必须遵循两个原则。

其一，消除制度障碍，建立顺畅的城市融入机制，普及国民待遇，让少数民族流动人口也享受城市居民的各项福利。在城市进入环节需要解决的主要问题包括：推进户籍制度的渐进式改革，尽快实现户籍与福利的彻底脱钩，弱化少数民族人口迁徙的"寻租"动机，促进城乡一体化发展；提高公共信息服务水平，建立覆盖低收入群体的公共服务网络；降低低收入群体城市生活的成本，降低城市定居性迁移的门槛，提供降低城市进入和择业风险的手段，增强城市对农村劳动力的拉力。在城市融入环节，需要解决的核心问题是流动人口生存保障的社会化和生存环境的市民化，加速城乡一体化就业制度的变革。与此同时，要建立富有实效的职业培训机制，消除人力资本短缺对少数民族流动人口从事现代化生产的影响，鼓励他们积极参与到更高技术和能力含量的劳动力市场中。职业培训不仅可以获得新的人力资本，而且可以为流动者原有的人力资本提供一种有效的补充和转化方式。[12]

其二，着手对少数民族聚落形成与维持的内部机制进行改造。亲缘、地缘和族缘关系的狭隘性从长远来看并不能促进少数民族流动人口的城市融入，因此，必须打破以亲缘、地缘和族缘关系为基础的社会网络结构。建立以业缘关系、邻里关系为基础的社会网络是外来人口实现空间再分布的重要前提。政府要建立有效的调节机制，弱化传统关系网络的负面影响，通过对少数民族聚集区的城市改造为民族聚落注入新的关系元素，积极开展各种文化娱乐活动，加强各民族之间的合作、交流与相互了解，淡化少数民族流动人口对原有网络体系的依附作用，帮助他们获得更广阔的社会资源。

参考文献：

[1] [6] 汤夺先. 西北大城市少数民族流动人口若干特点论析——以甘肃省兰州市为例. 民族研究, 2006 (1)

[2] 拉毛才让. 试论少数民族流动人口的构成、分布特点及动因. 攀登, 2005 (2)

[3] [4] 刘精明. 现代化背景下中国农民工的职业流动研究. 见：李培林. 农民工——中国进城农民工的经济社会分析. 北京：社会科学文献出版社, 2003. 54~71

[5] 刘世定、邱泽奇. "内卷化"概念辨析. 社会学研究, 2004 (5)

[7] 伊夫·格拉夫梅耶尔. 城市社会学. 天津：天津人民出版社, 2005. 36

[8] 蒋连华. 论城市化进程中我国城市少数民族流动人口聚落的形成. http://www.shszx.gov.cn/node2/node1721/node2005/node2091/node2101/node2102/u1a10367.html

[9] [10] 沈林. 中国城市里的少数民族聚落. 见：都市人类学与边疆城市理论研究. 北京：中国民航出版社, 1996. 309~311

[11] 陈云. 城市少数民族的分化与整合. 中南民族大学学报, 2006 (5)

[12] 赵延东. 城乡流动人口的经济地位获得及决定因素. 中国人口科学, 2002 (4)

（原载《中南民族大学学报》2008 年第 4 期）

试论少数民族流动人口对城市民族
关系的影响

凌 锐

改革开放以来，我国社会主义现代化建设事业发展迅速，城市化进程加快。随之而来的是农村人口大规模地向城市流动和迁移，这其中也包括了为数不多，但却不容忽视的少数民族流动人口。少数民族流动人口进入城市，城市的民族关系面临着新形势和新问题，这种关系不仅影响着与他们有着天然联系的民族地区少数民族与汉族的关系，同时对我国民族政策的实施、社会的长治久安有着至关重要的影响。因此，全面认识少数民族流动人口对城市民族关系的影响，有益于我们做好城市民族工作、协调城市民族关系。

一、少数民族人口流动对城市民族关系的影响

（一）少数民族人口向城市流动加速了城市多民族化和文化多元性趋势

随着我国城市化进程的加快，大量少数民族人口向城市集中，加速了城市多民族化和文化多元性的趋势。多民族性主要包括城市民族成分的增多、少数民族人口的增加、少数民族在城市发展中的地位和作用更加重要。从我国五次人口普查的情况来看，1953年长沙市市区只有12个少数民族成分，合计872人，占市区总人口

数的 0.145%；1964 年为 20 个少数民族成分，合计 2518 人，占市区人口的 0.329%；1982 年为 25 个少数民族成分，合计 6030 人，占市区人口的 0.125%；1990 为 39 个少数民族成分，合计 17724 人，占市区人口的 0.323%。[1]到 2000 年时，达到 46 个少数民族成分，少数民族人口为 4.78 万人，占 0.78%。少数民族流动人口进入城市后，使得城市文化多样性得以加强。各民族之间在饮食文化、服饰文化、语言等方面的交流日益频繁。不同特色的民族文化在城市汇集，丰富了城市文化面貌，促进了文化多样性发展，为城市发展注入了生机和活力。大量少数民族流动人口进入城市，也有大量汉族进入少数民族地区的城市，加速了城市多民族化的发展，这是多民族国家经济社会发展的必然结果，同时流动少数民族人口将各民族的文化也带入了城市，各民族在日益频繁而直接的交往中加深了了解，促进了民族融合，巩固和发展了汉族与少数民族"谁也离不开谁"的良好民族关系，有益于推动我国城市民族关系的良性发展。

（二）少数民族人口流动促进了城市经济发展和民族地区的经济发展与社会进步

从社会学的角度来看，城市化的本质是由传统落后的乡村社会转变为现代先进的城市社会的历史进程，城市化的核心问题是人口的城市化，也就是农村人口的城市化。实现城市化发展的最高阶段是城乡一体化，即在大力发展生产力的过程中，促进农村人口城市化，逐步缩小城乡差别，实现城乡经济、社会环境和谐发展，使城乡共享现代文明。现阶段我国少数民族人口向城市流动，一方面适应了社会发展的要求、市场的需要，满足了城市对普通劳动力的需求，扩大了城市消费市场，促进了城市经济的发展，推动了城市化的进程；另一方面，各民族相互学习、取长补短，促进了民族地区的经济发展和社会进步。通过人口流动，少数民族群众从城市学到了先进的科学技术、生产技能和管理经验，不仅改善了自身的生活，也使他们开阔了眼界，提高了现代意识和法制观念。少数民族流动人口与民族地区有着天然的联系，通过他们的示范效应，能极大地带动和促进民族地区的经济发展和社会进步，提高民族整体素质。要实现"平等、团结、互助"的社会主义新型民族关系，必须实现民族间事实上的平等。只有实现各民族共同繁荣，才能促进城市民族关系的协调发展。

（三）少数民族人口流动使城市民族关系进一步复杂化

目前我国的人口流动还属于无序的盲目流动。城市中包括少数民族在内的流动人口的大量增加，是少数民族走向现代生活的重要标志，对于促进城市发展有积极的意义。同时，有着文化、宗教信仰等方面差异的各民族在更频繁和直接交往的过程中，也就有了更频繁和直接的利益冲突，也给城市发展带来一些社会问题，使城市民族关系进一步复杂化。

1. 汉族与少数民族的关系方面

由于各民族传统文化和风俗习惯的显著差异，少数民族流动人口往往在服饰打扮、语言行为、生活习惯、处世方式等方面，与汉族群众有较大区别，加上传统的大民族主义，一方面，城市的汉族群众对少数民族群众仍抱有偏见，多数人对少数民族流动人口敬而远之，尽可能地不与他们接触、交往，另一方面，一些少数民族流动人口在与汉族群众的交往中也显得格格不入，将自己或自己的群体隔离开来。这些现象不利于少数民族流动人口对城市文化生活的接纳和学习，不利于城市各民族之间的交往和互助，给城市民族关系造成不良影响。

2. 城市管理方面

少数民族流动人口给城市管理带来相当大的难度和压力，不仅体现在给城市交通、公用设施、环境卫生等带来的巨大压力方面，还集中体现在工商管理、计划生育等诸多方面。一些少数民族流动人口进入城市后务工经商，既不办理暂住证，也不办理经商执照。

如 1998 年苏州市流动经商的少数民族人员约 200 人，其中办理工商注册的只有 8 人。[2] 近年来各大中城市陆续出现在路边摆摊贩卖各种民族特色饰品、药膏与饮食的少数民族，他们大多没有办理经商许可证，食品也没有食品合格证，有的甚至贩卖管制刀具。由于文化和习俗上的差异，虽然这明明违反了市场管理条例和市政管理规定，但管理人员与之发生争执以及因处理此类事件而造成聚众闹事的现象屡见不鲜。由于流动性强，加上语言、文化等因素的影响，对少数民族流动人口的计划生育工作很难落实，属于计划生育工作的边缘群体。

3. 社会秩序和社会治安方面

一方面，少数民族流动人口进入城市以后，语言不通，对城市的情况不了解，在生活上往往会遇到许多困难，诸如被骗、被欺负，子女入学难等问题。这些问题处理不好，会直接影响到流动少数民族人口对城市生活的期望值和与其他民族之间的亲疏关系。另一方面，一些少数民族流动人员法制观念淡薄，进入城市后，没有正当的营生技能，于是从事一些违法犯罪活动，如盗窃、吸毒贩毒。江苏省某市 1997—1999 年就发生少数民族流动人口贩毒案件 15 起[3]，扰乱了社会秩序，影响了城市居民的正常生活，而且损害了少数民族的形象，给城市民族关系带来不好的影响。

4. 与少数民族风俗习惯、合法权益相关的方面

因不尊重少数民族习俗、侵害少数民族权益而引起的影响城市民族关系的事件在城市中仍然存在。如信仰伊斯兰教的民族群众在饮食上需要清真食品，流动少数民族在进入以汉族为主的中心城市后，饮食问题成为其在城市中生活的首要困难。一些大城市的饭店、旅馆以"客满"或"另有预订"等为借口，拒绝接待少数民族人员，个别饭店、旅馆甚至明文规定拒绝接待少数民族旅客。这对少数民族而言是不公平的。上述事件虽然只是少数民族在城市生活中发生的一般事件，但由于少数民族通常较敏感，很容易引发严重的民族问题。

二、几点思考

（一）正确看待少数民族人口流动现象

市场经济是以市场作为资源配置基本方式的经济形式。包括劳动力市场在内的完整统一的市场体系和包括劳动力这个重要要素在内的生产要素的自由流动，是市场合理配置资源的前提。在少数民族地区经济发展过程中，只有通过人口的合理流动，才能促进非农业生产的发展，为民族地区经济的发展提供新的资金来源，壮大民族地区经济的实力，加快民族地区工业化和现代化的进程。也只有这样，少数民族的物质文化生活水平才能迅速提高，才能实现各民族的共同繁荣，我国经济才能真正实现现代化。

同时，少数民族人口流动也会造成少数民族地区年轻力壮、文化程度比较高、技术能力比较强等身体素质和文化素质比较好的劳动力的流失，从而影响少数民族地区农业生产的发展；事实表明，盲目过量的少数民族流动人口也对城市经济的健康发展造成不良影响，如社会秩序混乱、城市犯罪率增加以及城市民族关系复杂化等。

权衡利弊，比较得失，我们可以肯定的是少数民族人口流动利大于弊、得大于失。实践表明，少数民族人口在城市中大大增强了各方面的素质，反过来又会带来少数民族劳动力整体素质的提高，而且还出现了优秀人才回流的现象。各种因少数民族人口流动而产生的负面效应与我国各项城市管理制度的不完善、城市民族工作有待加强相关。只有通过制度创新，进行科学的疏导和管理，加强少数民族人口流出地和流入地的联系与协作，既要采取城市管理的一般方法，又要体现党正确的民族政策，避免少数民族人口盲目、无序、无效的流动，使之走向合理化，才能最大限度地实现少数民族人口流动对经济发展、社会稳定的积极作用，促进城市民族关系的发展。

（二） 城市民族工作面临新的挑战

少数民族流动人口一般不会主动与城市各级政府部门联系，但一旦发生问题，他们会主动向其主管少数民族工作的部门如民委部门联系。据长沙市民委的同志介绍，虽然一些少数民族流动人口一旦发生诸如受骗上当、涉及本民族风俗习惯的纠纷等问题会采取内部处理或比较极端的方式解决，但大部分都会来找民委出面解决；城市管理部门或执法部门遇到涉及少数民族的案例也会与民委协商。由此可见城市民族工作面临新的挑战。

首先是工作范围的扩大。随着少数民族人口向城市的流动，使得少数民族与汉族混居程度进一步提高，全国各地城市的民族工作不再仅限于本城市，工作范围扩大到所有相关的省、自治区的城市和乡村，各城市民族工作部门之间以及政府之间、各城市之间的合作深度和广度进一步加强。其次是工作内容的扩展。由于我国现阶段各项制度不健全，相关机构不健全，引导和协助相关部门做好少数民族流动人口在城市内的就业培训、子女教育、权益的保障和民族政策的落实等也成为城市民族工作的内容。再次是工作方式的转变。随着大量少数民族流动人口成为城市民族工作和民族关系调整的重要内容和组成部分，城市民族工作也要求转变过去行政命令为主的单一方式，从政治、经济、文化、思想教育、法制、市场等多方面着手，调整城市民族关系。[4]

面对更为复杂的城市民族工作状况和民族关系，城市民族工作以及城市管理工作只有通过一系列相应的改革和不断的探索才能更有效地落实我国的民族政策，保障少数民族流动人口的权益，全面促进少数民族经济文化的发展。

参考文献:

[1] 长沙市地方志编委会. 长沙志: 15 卷. 长沙: 湖南人民出版社, 2000

[2] 沈堂生、张全录. 徐州、无锡、苏州、南通四市外来少数民族流动人口经商情况的调查. 民族工作研究, 1998 (4)

[3] 江苏省民族事务委员会. 加强法制建设是管理外来经商少数民族的必由之路. 民族工作研究, 2000 (3)

[4] 郑信哲、周竞红. 少数民族人口流动与城市民族关系研究. 中南民族大学学报, 2002 (4)

(原载《中南民族大学学报》2005 年第 1 期)

三、少数民族权益保障研究

散杂居民族问题研究

城市化进程中少数民族文化权利
法律保护工程的若干思考

高永久　秦伟江

由"制度保护"向"过程保护"的转变是推动城市化进程中少数民族文化权利保护走向深入的新思路。[1]城市化进程中少数民族文化权利"过程保护"的基本任务就是要结合中国各民族发展的实际，将少数民族文化权利保护和发展过程中遇到的新问题不断纳入到相关法律体系的视野中并提出有效的解决方案、规制机制和救济途径。制定和实施城市化进程中少数民族文化权利保护工程是实施"过程保护"的有效途径。

一、"平台建设"与"特殊保护"：少数民族文化权利法律保护工程的首要问题

全面认识和正确理解"平台建设"与"特殊保护"的关系是构建和实施城市化进程中少数民族文化权利法律保护工程需要解决的首要问题。"平台建设"是指构建一个文化权利和文化权益的法律保护机制，构建一个城市化进程中各民族文化遗产和文化权利的法律保护体系；"特殊保护"是指针对城市化进程中的少数民族文化权利和文化权益开展特殊保护，是针对少数民族的特色而采取的法律保护措施。中国各民族文化权利的"平台建设"是少数民族文化权利的"特殊保护"构建的基础和展开的保障。

（一）中国各民族文化权利的一般保护与少数民族文化权利的特殊保护的关系

文化是各民族间互相区别的关键标志，是各民族生存和发展的根本保证。传统文化与城市化进程的冲突与调适是各个民族在发展过程中不可避免的历史现象。随着城市化进程的推动，民族交往日益频繁，各民族文化之间的碰撞和交流同样也不可避免。一方面，城市化进程是各民族群众接受共同的价值观和行为模式的过程；另一方面，城市化进程也威胁到各民族的传统文化认同，尤其是对少数民族文化认同和归属感的消解。在这个意义上，保护民族传统文化和文化权利是中国城市化进程中各个民族共同面对的普遍问题，而少数民族传统文化的特殊性，使得政府及社会各界对少数民族文化权利实施法律保护具有了特殊性。

（二）传统文化保护与现代文化发展的关系

全国政协副主席阿不来提·阿不都热西提在出席全国政协民宗委举办的"保护和发展少数民族传统文化研讨会"时强调："高度重视保护和发展少数民族传统文化，是贯彻落实宪法和《民族区域自治法》，做好新时期民族工作的必然要求。要处理好发展民族地区经济与保护民族优秀文化的关系，处理好民族地区现代化与弘扬民族地区传统文化的关系，处理好吸收外来文化与壮大少数民族传统文化的关系，处理好摒弃落后习俗和弘扬优秀文化的关系。"[2] 保护传统文化遗产是城市化进程中少数民族文化权利法律保护的重要组成部分，但并不是全部；少数民族群体和成员接受、发展现代文化的权利也应受到保护。既保护民族传统文化，又积极发展现代文化，这个意义上的少数民族文化权利保护才能更加完整。如何在城市化进程中既保持本民族的特色文化，又逐渐接受和发展现代文化是少数民族文化权利实现的必然要求。当然，用法律手段保障少数民族群众接受和发展现代文化的权利是在保护各民族传统文化的前提下进行的，是一种科学的、可持续的过程。

二、城市化进程中少数民族文化权利法律保护平台建设的思考

进行城市化进程中少数民族文化权利法律保护工程建设，应构建一个由立法体系、行政管理体系、资金保障体系、监督咨询体系和公众参与体系组成的城市化进程中传统文化遗产和文化权利法律保护的平台。

（一）立法建设

立法建设就是在现有基础上，将对各民族文化遗产和文化权益的保护纳入法治轨道，是保护民族文化遗产、保障各民族文化权益的根本手段。文化权利保护的立法建设，具体来说，就是要以宪法为核心，以文化法为主要内容；在纵向上，建设以宪法和民族区域自治法为统帅，文化法律为主干，行政法规、部门规章和地方性法规相配套的、协调统一、和谐一致的多层次文化法律法规体系；在横向上建设涵盖民事法律制度、知识产权法律制度、行政法律制度、刑事法律制度等全方位、多部门的文化法律法规体系。

1. 构建一个文化权利法律保护体系具有现实的可行性

（1）国际法依据：中国已经加入并且已经被全国人大常委会批准，从而开始承担相应义务的国际公约和国际法。截至目前，中国已经加入的涉及文化权利法律保护的国际法和公约主要有：《保护非物质文化遗产公约》、《保护和促进文化表现形式多样性公约》等。最高国家权力机关的批准，标志着中国正式加入上述国际公约并且开始承担公约的相应义务，也为构建中国民族文化权利和文化遗产法律保护体系提供了国际参照。（2）国内法依据：中国各级立法机关和政府通过的涉及文化保护的法律、法规、条例、规章等。目前来看，国家层面的立法主要有《著作权法》、《传统工艺美术

条例》、《文物保护法》及其实施条例等；各级地方人大及政府制定的涉及文化保护的地方性法规、暂行条例，如《云南省民族民间文化保护条例》等。（3）政策依据：从中央到地方各级政府为保障公民文化权利而采取的政策措施。如中央政府为了保护民族传统文化而实施了"中国民间文化保护工程"，由"中国民间文化保护工程"国家中心来具体负责实施并且已经取得了不小的成果。这些政策措施在实践过程中的经验、教训在经过归纳、总结和吸收以后，可以上升到立法的层面，形成文化权利保护的法律文件。

文化权利法律保护体系的构建是一个长期的过程，然而文化权利和文化遗产保护实践的发展已经突破了现有文化法律的框架。时不我待，在各民族文化权利获得系统的法律体系保护之前，借助于现有的法律体系不仅是可能的，而且是可行的。这种保护是要综合现有的各部门法，一方面寻找有关的保护依据，一方面要辨别出已有法律法规条文中的一些不利方面，尽可能地采取渐进的方式来对其进行利用和修正。在现有法律体系基础上建立起来的少数民族文化权利法律保护制度，既不同于现有各部门法，尤其是文化法律法规，但却又是以现有法律为基础的、区别于将来要建立的法制制度的"特殊保护"法律制度。

2. 立法实践中要注意采用不同的法律调整模式

（1）明确保护对象，针对物质文化遗产和非物质文化遗产的具体情况进行分门别类的保护，并适当向非物质文化遗产保护倾斜。（2）在法律保护目标的选择上，历史文化遗产保护与民族传统文化价值的传承并重；传统文化遗产保护与现代文化发展并重。（3）在法律制度建设上，要维护全国性立法和中央的权威，地方性文化法规建设在文化法律保护体系建设中应该发挥重要作用。（4）多部门法并重，在市场经济条件下要注重采用知识产权法律来进行保护。

3. 近期内的立法任务

目前，最重要的立法任务就是，为与《文物保护法》相配套，全国人大及其常委会应抓紧制定《非物质文化遗产保护法》，用于保护无形的非物质文化遗产；国务院负责制定基本文化法律的具体实施规定；地方立法机关就本行政区域内的民族传统文化保护进行专项立法；一部文化权利保护的法律法规汇编具有现实的迫切性。

（二）文化管理体制创新

转变政府职能、建设服务型文化管理体制是构建城市化进程中文化权利法律保护平台的关键要素。

1. 转变政府职能，加强文化管理和服务职能

一是在规范政府的经济调节和市场监管功能的基础上，加强政府的社会管理和公共服务功能。二是更加关注政府的文化管理和服务职责，在社会管理和公共服务领域投入更多的资源，构建一个公共文化服务体系，提供基本的公共文化物品和服务，尤其是要满足低收入群体的基本文化服务需求。三是提升政府能力，发挥政府在保障公民基本文化权益方面的主导作用，增加用于各项文化事业的财政拨款，保障政府公共文化服务的供给能力。四是合理划分中央政府与地方政府在文化权利法律保护中的职责：中央政府侧重于传统文化遗产的抢救和保护，各级地方政府侧重于现代文化的普及和发展。

2. 创新政府文化管理体制

目前，我国已经形成了中央与地方文化管理部门的职责较为明确、相关部门分工负责、属地管理与分级管理相结合的文化管理体制。在完善和创新政府文化管理体制方面：（1）设置新的政府文化机构来执行专门的文化保护职责，如2005年1月，国家文物局设立了政策法规司，为文化遗产保护的法制建设创造了更加有利的条件。（2）与设置新机构并行，赋予现有政府文化机构新的职责或者委托非政府文化机构来执行文化职责。如针对目前的非物质文化遗产保护，建立从中央到地方的各级非物质文化遗产保护制度：在中央政府层面建立非物质文化遗产保护工作部际联席会议制度，统一

协调、解决非物质文化遗产保护工作中的重大问题。部际联席会议由文化部、发展改革委、教育部、国家民委、财政部、建设部、旅游局、宗教局、文物局组成；在省级地方政府的层次上成立民族文化遗产保护工作领导小组，领导本省、自治区、直辖市的民族文化保护工程，对工程实施中的重大事项作出决策。

（三）资金保障体系建设

第一，增加对文化事业的财政拨款。事实上，中央和地方各级政府的财政拨款在文化事业发展中占据着最重要的地位，是文化遗产保护和文化公共服务体系建设资金来源的大头。

第二，用政府投资来带动社会捐赠，鼓励社会团体、慈善机构、企业以及个人赞助文化遗产保护和发展。可以考虑成立专门的赞助委员会，颁布文化赞助法规，制定免税优惠政策，无论团体还是个人，只要赞助文化事业且符合国家要求都可以享受税收优惠。

第三，开展国际合作，吸收一些基金会的资金也是一个选择。对文化遗产进行保护性开发，也是筹集文化保护资金的一条有效途径。

第四，在资金使用上，依据受保护对象的重要程度和涉及范围，通过立法手段来明确中央政府与地方政府的支出责任，并且要对保护对象的资金补助额度作出明确规定。

第五，在政府拨款的具体操作过程中，要根据国家、省、市、县四级文化遗产保护名录体系来分别拨款，要依法保障重点文化遗产的经费投入。

（四）监督咨询体系建设

第一，建立专家咨询制度。按照文化遗产保护名录体系，国家对国家级和世界级的文化遗产保护的重大事项实行专家咨询制度，文化遗产保护专家制度的制定和展开由国家文物局负责。由国家文物局建立专家咨询机制开展相关工作。各级地方政府可以比照中央政府的做法建立本行政区域内的文化遗产保护专家咨询制度，在涉及一些特色民族文化保护的时候，可以吸收少数民族成员参与到咨询制度中来。

第二，各级人民政府负责编制文化遗产保护规划，或者是委托一些研究机构来承担文化遗产保护规划的编制任务，受委托机构要取得中央和地方政府文物局颁发的资格证书。在编制文化遗产保护规划时，要注意与文化遗产保护名录体系保持一致，分层次、分类别地确定保护措施。各级政府的文化遗产保护规划应该由政府文物保护部门统一审批，其中世界级和国家级的文化遗产保护规划应该由国家文物局来审定。

第三，发挥各类咨询机构，包括各类文化单位、科研机构、大专院校和专家学者的智囊作用，虚心听取广大专家、领导、实务工作者以及媒体的意见和建议。将科研机构的技术优势与民族文化遗产保护工作的实践结合起来，做好传统文化遗产保护的教育和培训工作。"中国民族民间文化保护工程"国家中心负责和实施"国家级非物质文化遗产代表作申报工作培训班"，对来自不同地方的实际工作者进行培训，并且组织编写了《中国民族民间文化保护工程普查工作手册》，对实务工作者的保护实践起到了指导和规范作用。2003年，明孝陵被正式列入《世界遗产名录》，之后，中山陵园管理局孝陵博物馆与南京大学文化与自然遗产研究所正式签订了科研合作协议，在国内首次开创了世界遗产与高校合作发展的新模式，合作双方本着资源共享、优势互补、共同发展的原则开展合作，取得了累累硕果。[3]

第四，积极开展民族传统文化教育工作。鉴于大学生群体在社会群体中的特殊地位，尤其要注意开展大学生群体的民族传统文化教育工作。一项调查显示，当代大学生对民族优秀文化遗产的了解程度并不让人满意。[4]

（五）公众参与体系建设

公众参与在文化保护过程中起着不容忽视的作用，有利于调动全社会的力量来传承和发展民族传统文化。政府在公众参与文化保护过程中的角色定位应该是破除体制性政策障碍，为公众的自发保护行为创造条件，而政府负责监督和监管。

第一，适时转变政府职能，协调好政府与文化行业协会和社会团体的关系，发挥文化团体在文化保护中的作用。文化部提供的数字显示：截至 2005 年底，我国共有民族文化事业机构 9771 个，从业人员达 6 万多人，其中艺术表演团体 525 个。[5] 这些民族文化团体在传承文化精髓的过程中发挥着重要作用。

第二，积极鼓励公民个人的保护行为，对在文化遗产保护中作出突出贡献的组织或者个人给予奖励。如《中国少数民族新闻工作者生平检索》一书的出版填补了少数民族新闻工作者史料研究的空白，也是对少数民族文化工作者的一种激励。[6] 各级政府文化主管部门应当尝试建立文化遗产保护志愿者工作制度，开展志愿者的组织、指导和培训工作。

三、项目式保护：少数民族文化权利法律保护工程实施的有效途径

少数民族文化权利的项目式保护是指政府为了有效地促进少数民族和民族地区文化事业的发展，确实保障和实现少数民族文化权利，以专项财政支出的方式对少数民族文化遗产和现代文化成果分类列项进行保护的模式。该模式通过引进项目管理，采取政府项目的方式来组织实施。

（一）少数民族传统文化以及文化权利现状调查

在城市化的巨大推力下，少数民族文化面临着双重冲击和挑

战。一方面，城市文化或者说是现代文化以迅猛的态势冲击着少数民族传统文化，少数民族传统文化如何化解冲突，从而实现传统文化与现代化的适应是一个严峻的问题。另一方面，城市化是少数民族和民族地区实现现代化的必然选择，文化的现代化是少数民族和民族地区现代化的有机组成部分，如何接受和分享现代文明的成果也是少数民族文化权利实现的重要组成部分。城市化进程中少数民族文化与现代化进程的调适必然会是丰富多彩的，开展对少数民族文化现状的调查则是对其进行法律保护的必要准备。

政府可以组织文化、民族工作部门会同专家、学术团体对民族传统文化进行全方位普查、识别、收集、整理和研究。对濒临灭绝的具有重要价值的民族传统文化进行抢救性保护，运用现代科技手段来保存口头文化遗产、保护民族民间艺人等。对少数民族文化现状调查的目的就是要了解城市化进程中少数民族传统文化中的积极因素和消极因素有哪些，怎样加以利用；民族传统文化中的哪些要素在现代社会中具有发展的潜力，怎样才能够适应现代社会发展的需要；民族传统文化中的哪些优秀成分能够继续把民族的象征传承下来；哪些文化因子容易或能够和现代城市文化相结合；哪些文化无法在现实社会情境中生存，保护它也是无益的。[7]

（二）重大文化遗产保护项目

在文化遗产保护上，要启动和实施一批重大文化遗产保护项目，建设一批重要文化遗产保护的示范性工程。如 2005 年，国家为大遗址保护设立了每年 2.5 亿元的专项保护资金，加大了大遗址的保护实施力度，先后实施了高句丽遗址、殷墟遗址和大明宫遗址的保护和环境整治等重大文化遗产保护项目。[8]

重大文化遗产保护项目的实施要与文化遗产保护名录体系保持一致。

第一，世界文化遗产和国家级的文化遗产保护项目的实施应该由中央政府统一组织。国家文物局主管全国世界文化遗产工作，协调、解决世界文化遗产保护和管理中的重大问题，监督、检查世界文化遗产所在地的世界文化遗产工作。县级以上地方人民政府及其文物主管部门依照本办法的规定，制定管理制度，落实工作措施，负责本行政区域内的世界文化遗产工作，并且将文化遗产保护和管理的经费纳入到本级财政预算中。

第二，在省级范围内的文化遗产保护工作，应该由省级政府文物保护部门来组织协调和实施。

第三，县级政府负责本辖区内的未列入省级文化遗产保护工作范围的文化遗产保护。

第四，加强文化遗产保护规划的研究编制工作，使得对文化遗产的各层级保护尽快纳入到整体保护规划的指导下。另外，还要注意积极推动整体保护规划纳入到城市总体规划、城镇体系规划和经济与社会发展规划范围之内，并且制定国家管理层面的实施规划的措施。

（三）公共文化基础设施建设项目

保护公民的文化权利和民族文化遗产是政府的重要职责，公共文化基础设施建设是政府公共文化服务体系的重要内容。在少数民族文化权利的法律保护过程中，建设一批带有民族特色的文化馆、博物馆、图书馆等文化设施尤其是基层文化设施，是少数民族开展文化活动的重要阵地。

实施公共文化项目，要注意统筹城乡发展，在继续改善城市居民文化设施的同时，加大对农村地区的公共文化设施建设，尤其是要兴建一些带有民族特色、便于各族群众接受和使用的文化娱乐设施；注意地域的差距，向文化事业发展比较落后的地区倾斜；注意不同文化群体的需要，对于人口较少民族的文化事业要给予特殊考虑。

（四）制定少数民族文化权利法律保护项目管理制度范本

虽然中国的少数民族传统文化丰富多彩，但是在少数民族文化权利的法律保护过程中，有些方面比较相似或者相同，那么完全可以通过项目范本的形式来推行标准项目管理制度。事实上，少数民族文化权利法律保护项目的实施和管理一般都要经过若干环节：立项申请、评审、批准、实施、验收等。法律保护项目的实施由政府职能部门来负责，既有综合性职能部门，如财政部门、民族工作部门等，也包括专业性部门，如农业、水利、教育、科技、文化等部门。对于已经取得成功的文化遗产保护范本，要做好宣传和推广工作。如历时 21 年的京剧"音配像"工程顺利完成，《中国京剧音配像精粹》的成功问世是一个非物质文化遗产保护的范本，能对不同剧种、不同艺术门类的传承与发展起到示范作用。[9] 在数字化技术日益发展的今天，实现民族传统文化的传承与发挥，需要借助于现代信息技术。"云南少数民族文化遗产数字化应用研究"项目主要是关于文化遗产数字化的解决方案，该项目的验收通过为民族传统文化遗产的数字化挖掘、保护、开发和传承提供了良好示范。[10]

参考文献：

[1] 高永久、秦伟江. 论城市化进程中少数民族文化权利的法律保护研究. 理论月刊，2006（11）

[2] 全国政协民宗委召开"保护和发展少数民族传统文化"研讨会. 人民政协报，2007 年 6 月 29 日

[3] 明孝陵与南京大学携手保护文化遗产. 中国文物报，2007 年 1 月 3 日

[4] 大学生对长调等优秀文化民族文化遗产知多少. 内蒙古日报（汉），2007 年 6 月 9 日

[5] 我国近万个民族文化团体传承民艺精髓. http://news3.xinhuanet.com/politics，2006 年 9 月 4 日

[6] 专家为五百位少数民族新闻人立传. 中国新闻出版报，2007 年 6 月 27 日

[7] 高永久、刘庸. 城市化背景下西北少数民族文化的保护与开发利用. 西北民族大学

学报，2005（6）

[8] 单霁翔. 城市化进程中的文化遗产保护. 求是杂志，2006（14）

[9] 非物质文化遗产保护的一个范本. 中国文化报，2007 年 8 月 4 日

[10] 云南少数民族文化遗产数字化应用研究通过验收. 云南科技报，2007 年 5 月 31 日

（原载《中南民族大学学报》2008 年第 1 期）

对城市民族法制建设的几点思考

徐合平

随着我国社会主义现代化建设事业的高速发展，城市民族关系呈现出一种崭新的面貌。民族成员的各种利益关系随着社会的发展在不断变化，迫切需要一种制度予以保护和调整。因此，贯彻落实党中央依法治国方略，建立健全调整城市民族关系的法律制度，就成为当前城市工作中的一项重要内容。本文拟就非少数民族区域自治地方的城市的民族法制建设，谈几点想法。

一、城市民族关系及民族权利的新发展

历史上，我国城市的民族结构比较单一，城市民族成分不多，人口较少。定居城市的少数民族，常见的仅有回族、满族、蒙古族、高山族等，属于城市中的弱势群体。除了个别统治民族外，他们的生活状况无人关注，更谈不上对其权益的保护。新中国成立后，民族之间的交往有了很大的发展，进入城市工作和学习的少数民族成员不断增多。党和政府十分关心他们的生产和生活，采取了一系列有效措施，保障他们的政治、经济和文化权利，使生活在城市的少数民族成员享受到了社会主义多民族大家庭的温暖。改革开放以来，少数民族进入城市工作、学习、经商、打工以及观光旅游的人数与日俱增。据有关部门统计，我国城市少数民族人口已达1493.7万人。近年来，少数民族到沿海和内地务工经商者已达数百万人。目前，在全国的 663 个城市中都有少数民族人口居住和流

动，大中城市更为突出。[1]且伴随着国家政治、经济和文化的发展，城市民族关系、民族问题的内容也已出现重大转变。

一是城市民族成分和民族人口的增加，使得民族成员在与其他民族发生交往时，其交往对象往往不是一个或两个，而是多个，有的达几十个，构成了一种网状式的交往结构。民族问题早已超越了传统的少数民族与汉族之间关系的范围，少数民族之间的交往、冲突与矛盾，也已成为城市民族问题的一部分。如人口较多民族与人口较少的民族在享受政治权利方面的问题，不同宗教信仰、风俗习惯的民族之间相互尊重的问题等。

二是随着政治地位、生活水平和文化素质的提高，民族自尊心和民族自豪感不断增强，民族意识、民族内聚力得到空前的发展，对权利的内容及权利的实现方式和保障机制有了更高的要求。其主要表现为：（1）由于少数民族零散居住在汉族地区，习俗上的差异很大，生活上存在诸多不便，因而强烈希望维护和保存本民族文化传统，特别是宗教信仰、饮食禁忌、节庆等。近年来，每逢重大节庆和民族传统节日，城市少数民族都会组织一些庆典活动，借以在本民族成员之间互通信息、联络感情。（2）在城市少数民族成员中，知识分子占有相当的比例，他们有较高的社会地位和较大的社会影响力，属于民族精英阶层。除了关心居住在城市的本民族人员的合法权益外，更关心聚居区乃至全国各地的本民族整体利益，并自愿为此奔走呼号。（3）随着交通、通信的现代化，城市少数民族与聚居区之间的联系越来越紧密，无论是情感、习俗上，还是在具体行为上，都已联络成为一个整体。因此，城市民族问题已由过去的封闭性、局部性发展为开放性、整体性。对权利的要求也由重点强调政治地位平等，进入到政治上求平等、经济上求发展、文化上求繁荣且以经济发展为中心的新阶段。

三是在市场经济体制下，城市民族经济及民族成员的经济生活面临严峻挑战。（1）城市少数民族一般都没有自成体系的民族经济，只是在副食品加工、餐饮等第三产业中有一些专供少数民族特殊生活需求的企业。在计划经济条件下，依靠国家的扶持与保护，还能勉强维持。实行市场经济后，失去了许多优惠和保护，其处境艰难，多数被迫停产或破产。虽然个体经济有所发展，但规模小、效益低，明显缺乏市场竞争力。（2）近年来，在企事业单位体制改革的过程中，少数民族职工下岗及再就业问题日益突出，贫困人口有所增长。所以，在新时期，如何保障少数民族人民的生存权利和发展经济的权利，是城市民族工作的重中之重。

四是随着边疆民族地区到城市务工经商者逐年增多，城市外来少数民族流动人口呈不断上升趋势，给城市的社会管理工作提出了新的课题。据调查，北京市外来少数民族日流动量在 10 万人以上，武汉市达 7 万人，一般中等城市也在千人以上。他们对城市经济文化的发展起到了积极的推动作用，同时也给城市治安、交通、计划生育及城市管理增加了新的难题。一方面，由于边疆民族地区与繁华都市之间在文化氛围、生活方式、价值观念等方面存在较大差异，少数民族成员在适应都市生活方面碰到许多困难。如对宗教活动场所的需求、饮食需求、各自喜好的文化生活等都难以如愿以偿。另一方面，部分少数民族成员不按管理部门的规定守法经营，而是在车站码头、人行天桥、道路两旁随意设点叫卖，有的甚至拒绝纳税，并时常与管理部门发生摩擦。如武汉市自 20 世纪 90 年代以来，已发生了数十起因新疆维吾尔族同胞沿街随地摆摊卖葡萄干、藏族同胞沿街叫卖藏刀而与交通城管部门、公安部门发生矛盾的事件。类似的事件在全国其他城市也时有发生。在各城市中，流动的少数民族成员一般多与原籍乡邻好友结伴而行，由 10 人左右组成打工经商团体，具有很强的凝聚力和自我保护意识。遇事容易抱成团，往往使一些小事演变成为大的纠纷。因此，加强流动少数民族人口的管理和权利保障，成为新时期城市民族工作的重要内容。

五是随着政治体制改革的发展，城市少数民族社区的作用日益突出。社区是城市人民群众进行各项活动，享受各种权利的主要区域。受民族心理素质、宗教信仰、风俗习惯的影响，少数民族群众容易产生相互依托感，群体心理非常强烈。许多大中城市都形成了较为完整的少数民族居民区或居民点，如天津市红桥区、武汉市二七街、郑州市管城区、沈阳市西塔区等。在我国六百多个不同级别的城市中，这样的少数民族社区有几百个。近年来，随着进入城市经商务工者逐年增多，许多大城市又形成了一些新的民族社区，如北京市海淀区甘家口的"新疆村"、广州三元里的"新疆街"等。在这些社区内，少数民族人口相对集中，经济、文化及日常生活都显示出浓厚的民族特色，具有较强的自主性、排他性。一些零散进入城市经商、打工的少数民族流动人口也很自然地向民族社区集中，寻求帮助，也寻求一种精神上的寄托。因此，民族社区已成为城市少数民族人民从事政治、经济、文化活动以及进行情感联络的地缘中心。社区建设的发展程度，直接关系到城市少数民族人民实现各种权利的程度。

总之，随着社会的发展和各族人民群众权利意识的提高，城市少数民族人民合法权利的内容也在不断扩展、更新。

二、提高认识、综合治理

加强城市民族法制建设，保障少数民族的合法权利是一项系统工程，需要诸如政策引导、基层政权建设、法律制度、精神文明建设等各种措施并举，实行综合治理，才能达到理想的效果。

1. 坚持党的民族政策，把解决民族问题摆在城市工作的突出位置

政策是行动的向导，深刻领会和把握民族政策的精髓，努力贯彻执行党的民族政策，从思想认识上端正方向，是做好民族工作的先决条件，也是进行城市民族法制建设的基础条件。首先，要明确目标。江泽民同志指出："全党同志必须把加强民族团结、促进各民族共同发展和共同繁荣，作为整个社会主义初级阶段民族工作的

行动纲领。"[2]城市民族法制建设也必须以此为"行动纲领",把维护民族团结、促进各民族共同发展繁荣作为城市民族法的立法原则。其次,突出民族工作的地位,把城市民族法制建设当做城市工作的一件大事。如果不在思想上引起足够的重视,只当一般性问题对待,就可能犯大错误,造成无法挽回的损失。江泽民同志多次强调:民族宗教无小事,民族问题是一个关系到国家安稳和社会发展的重大问题。"凡是民族问题处理得不好的地方,都不同程度地出现了问题或乱子。"[3]因此,各城市党政部门一定要充分认识到做好这项工作的重要性和紧迫性,拿出切实可行的方案,有计划、分步骤地落实党的各项民族政策。

2. 建立健全城市民族法律体系,为少数民族合法权益提供法律上的保障

在建立社会主义法治国家的过程中,应彻底改变从前那种仅仅依靠政策和领导人的关怀解决民族问题的做法,法律化、制度化将成为必然的选择。1992 年,江泽民总书记在全国民族工作会议上指出:"国家和没有自治地方的省市,要制定保障杂居散居少数民族权利的法规。"[4]自 1993 年国务院颁布实施《城市民族工作条例》以后,城市民族法的立法工作有了突破性的进展。到 1998 年底,已有 16 个省市出台了保障散居(包括城市和乡村)少数民族合法权益的地方性法规,如《上海市少数民族权益保障条例》、《湖北省散居少数民族工作条例》等。但在惊喜的同时也有许多遗憾,从现有的地方法规来看,条文少、可操作性低是普遍存在的问题;且各地方法规的内容大同小异,有相互抄袭和盲目攀比的嫌疑,没有体现出地方法规应有的本质特征。因此,加强城市民族法的立法工作,在全国范围内建立起一套完整的城市民族法律体系,已成为全体城市工作者必须努力完成的一项重要任务。首先,要制定一部基本法——《散居少数民族权益保障法》。民族聚居区的各项工作已经有了基本法《民族区域自治法》进行专门的调整,而散居少数民族包括城市民族工作在内,多年来只能依靠政策和行政法

规的指导，这是极不正常的现象。全国人大常委会应该责成法律委员会、民族委员会等部门组织专家学者及有关人员对这一问题进行研究和论证，在广泛征求意见的基础上，尽早完成法律草案的起草工作，及时提交全国人民代表大会审议、表决，以填补法律上的空白。其次，制定一部《城市少数民族权益保障法》，专门用以调整城市民族关系。国务院颁布的《城市民族工作条例》只是一部行政法规，法的层次太低，不能体现城市民族工作的重要地位。国务院应尽快组织民族事务委员会等部门，对各地执行该条例的情况以及在解决城市民族问题方面探索出的新途径、新方法进行调查研究和科学论证，以完善该条例的体系和内容。当条件成熟时，"应当及时提请全国人民代表大会及其常务委员会制定法律"。[5]第三，加强制定地方法规的力度。由于国家制定法只能依据一个国家民族关系的共同特点作出一些具有普遍指导意义的原则性规定，不能也不可能对所有各具特点的城市民族关系进行详细规定。这就要求各地方充分发挥主观能动性，以积极认真的态度开展地方城市民族法规的立法工作。从已出台的地方法规的得失来看，充分结合本城市民族关系的实际，使法规具有时代性、针对性和可操作性，是立法过程中必须重点解决的问题。不要为"立法"而立法，要为解决实际问题而立法。第四，加快行政规章的制定步伐。由于城市民族法律法规的制定工作长期滞后，国家民委、教育部等国务院有关部委制定的行政规章一直发挥着积极作用。如 1979 年《国家民委党组关于做好杂居、散居少数民族工作的报告》，对城市少数民族的政治权利、经济发展、文化教育、饮食生活、医疗卫生等作了系统规定[6]，规范和引导了改革开放以后的城市民族工作。自 1986 年，特别是 1993 年以后，为贯彻落实国务院《城市民族工作条例》，城市民族规章的制定进入了一个蓬勃发展的时期，一批专门规范城市民族工作的规章相继出现。如《四川省〈城市民族工作条例〉实施办法》、《广西壮族自治区城市民族工作纪要》、《武汉市城市民族工作办法》、《天津市生产经营清真食品管理办法》等。这类规

章大都能够依据本地城市民族关系的特点，充分反映新时期城市少
数民族的权利要求，具有现实性、时代性的特点。在城市民族法律
法规尚不健全的情况下，将发挥重要作用。

3. 积极推进城市少数民族社区建设，改革城市基层民主政权
组织，为少数民族的合法权利提供组织上的保障

党的十五大从依法治国的高度提出了扩大基层民主，保证人民
群众直接行使民主权利的要求。在城市，少数民族人民群众主要是
通过居民委员会直接参与经济文化事务和社会事务管理的。随着政
治体制改革和城市现代化的发展，居民的政治要求和参与热情不断
增高，原来居民委员会的行政化管理模式已无法适应民主政治的要
求。因此，大力推行城市社区建设，改革城市基层管理体制势在必
行。要以江泽民同志"三个代表"的思想为指导，按照便于服务管
理、便于开发社区资源、便于社区居民自治的原则，并考虑地域
性、认同感等社区构成主要要素，对原有街道办事处、居民委员会
所辖区域作适当调整，以调整后的居民委员会辖区作为社区地域，
并冠名社区。在此基础上，建立社区居民自治组织。[7] 如社区试点
城市沈阳市在组建新社区时，将原来朝鲜族和回族聚居区的二十几
个居委会合并为 6 个社区，扩大了聚居地域，使人口相对集中，为
城市聚居少数民族实行基层自治创造了条件。社区内实行民主选
举、民主决策、民主管理、民主监督，真正成为了城市聚居少数民
族自我管理、自我服务的社会生活共同体。[8] 这一成功的经验值得
各城市借鉴。

4. 建立完善的法律援助制度，为少数民族当事人提供高效优
质的法律服务

在非民族聚居区的城市中，少数民族属于特殊群体。其特殊性
主要表现在语言文字、宗教信仰、生活习俗等方面与汉族明显不
同，特别是那些从边疆民族聚居区到内地城市经商打工的少数民族
成员，这方面就更为突出。当他们出现纠纷或进行诉讼时，习俗上
的差异、言语不通、经济困难等因素都将阻碍其诉讼手段的正常运

用，需要国家和社会给予一定的帮助。而我国现有的法律援助制度并未将少数民族当做一个特殊群体纳入帮助对象的范围之内，这对保护城市少数民族人民的合法权利是非常不利的。因此，有必要在各级法律援助中心之下，由民委部门和司法行政部门联合设计一个专门援助少数民族当事人的机构，聘请熟悉国家民族政策和法律的律师、基层法律工作者为援助人，热情为少数民族群众提供法律服务，以确保其合法权益不受侵害。如武汉市在 2000 年底成立了武汉市法律帮助中心民委办事处，行政和法律手段相结合，保障本地和外地在汉少数民族人员的合法权益，这就是一种非常有益的尝试。

5. 积极开展宣传教育，加强社会主义精神文明建设

邓小平同志早就指出："加强法制重要的是要进行教育，根本问题是教育人。"[9]江泽民总书记又进一步阐明："搞好法制教育，增强全体公民的法律意识和法制观念是社会主义法制建设的基础工程，也是加强社会主义精神文明建设的重要内容。"[10]第一，向全社会宣传党和国家的民族政策，重点进行民族平等、民族团结、"三个离不开"、尊重民族宗教信仰和风俗习惯等内容的宣讲，进一步发展平等、团结、互助的社会主义民族关系。第二，通过"普法教育"等手段提高广大干部和人民群众的民主意识和法制观念，树立法律的权威性。营造一种干部依法决策、依法行政，公民自觉守法、依法维护国家利益和自身权益的法治环境。第三，弘扬中华民族的传统美德，提倡人与人之间互敬互爱、互帮互助、互谅互让，民族与民族之间相互尊重、紧密团结，共同发展。在依法治国的基础上，辅之以真善美等道德规范，以真情换真心，在各民族之间建立起一种协作友爱、亲密无间的兄弟般的友情。

参考文献：

[1] 杨荆楚. 族际大交流在当今. 民族团结，1995（12）

[2][3] 人民日报，1999 年 9 月 30 日

[4] 中国民族统计年鉴（1949—1994）. 北京：民族出版社，1994

[5] 立法法. 法制日报，2000 年 3 月 19 日

[6] 中华人民共和国民族政策法规选编. 北京：中国民航出版社，1997

[7] 光明日报，2000 年 12 月 13 日

[8] 何晓芳. 做好少数民族聚居社区建设工作，加强民族团结，促进民族进步——少数民族聚居社区建设工作调查. 民族研究（人大复印报刊资料），2000（9）

[9] 邓小平. 邓小平文选：第三卷. 北京：人民出版社，1993. 163

[10] 人民日报，1995 年 1 月 21 日

（原载《中南民族大学学报》2001 年第 5 期）

城市民族法制建设刍议

邓 行

我国城市，除了有人口密度大，聚居的居民具有不同的文化、职业、语言背景，是政治、经济、文化服务的中心，主要以法律、法规为社会契约的基础，人们的活动更趋于专业化，居民的知识水平和技能相对较高，生活方式多样化，时间观念强，生活节奏快，竞争激烈等基本特征外，还有民族成分多，民族习俗差异性大，民族问题多等特征。随着改革开放的深入和经济持续、稳定的增长，我国城市化的进程进一步加快。城市民族问题将是影响城市稳定和发展的一个重要问题，许多研究民族问题的专家和学者都认为，城市民族问题将是 21 世纪的一个热点问题。因此，必须加强对城市民族问题，特别是城市民族法制建设的研究。

一、加强城市民族法制建设的重要性

第一，加强城市民族法制建设是处理城市民族问题、调整城市民族关系的需要。据有关部门统计，我国 97% 以上的城市，包括直辖市，各省会和自治区首府，地、县级市、自治州首府，县城及较大的集镇，都是汉族与一个或若干个少数民族共同居住在一起的。以武汉市为例，它是一个包括汉族在内的 43 个民族和睦而居的内陆中心大城市。据 1990 年普查，武汉市少数民族人口为 37897 人，约占全市总人口的 0.55%，其中回、满、土家、壮、苗等五个少数民族人口较多，他们的人口数加在一起，共占全市少数民族人口总数的 89.26%。[1] 与武汉类似的大城市，如上海有 39 个少数民族成分，天津有 27 个少数民族成分，南京和沈阳两个城市各有 33 个少数民族成分，长春也有 26 个少数民族成分。首都北京则有全国 55 个少数民族的成员。[2] 随着改革开放和经济建设的进一步发展，一些民族地方和乡村的少数民族群众进城打工、经商、学习、旅游、参观的人数与日俱增，使城市少数民族成分和流动人口骤然增多。据有关部门的不完全统计，近年来边疆少数民族经商群众，在京、沪、穗三个大城市的常住人口总数，多时达上万人，少时也有数千人，他们大多是新疆维吾尔族人。[3] 在武汉市，虽然少数民族人口占总人口的比重很小，但 1982—1990 年，少数民族人口以平均每年 6.7% 的速度递增。[4] 城市少数民族人口的增长及民族成分的多样化，一方面促进了各民族之间的交往和相互了解，促进了民族融合，为城市的建设和发展作出了贡献。另一方面，毕竟各民族在文化传统、生活方式、价值观念、风俗习惯、宗教信仰等方面存在着较大的差异，特别是随着我国由计划经济体制向市场经济体制的转轨，随着民族人口流动的增加和经济利益的驱动，民族矛盾和民族问题在我国当前的城市生活中不可避免地存在，并有逐步增强的趋势。如自 20 世纪 90 年代以来，武汉市就发生过多起新疆维吾尔族同胞因卖葡萄干与交通城管部门发生纠纷，藏民沿街叫卖藏刀，违反治安管理条例而与公安部门发生矛盾等。这些城市民族问题和矛盾的存在，有些已不是现有的政策和法律所能调整和解决的了，因此，非常有必要加强城市民族法制建设。

第二，世界范围内的城市民族矛盾提醒我们要加强城市民族问题特别是城市民族法制建设的研究。放眼当今世界，城市民族矛盾引发的骚乱和反抗运动为我们敲响了城市民族问题的警钟。如 1990 年哈萨克斯坦的阿拉木图民族骚乱，1992 年美国洛杉矶的黑人反抗运动等等。许多研究民族关系和民族问题的专家预言，城市少数民族问题将是 21 世纪国家必须密切关注的一个重要问题。法律的一个重要特征就是它的规范性，它规定人们可以为某种行为或不可以为某种行为，通过国家的强制力把社会从一种无序的状态调整到一种有序的状态，以实现社会的公平和效率。

第三，加强城市民族法制建设是当今世界人权保护立法的一种趋势。民族问题是当今世界普遍存在的现象。然而，由于各个国家、各个民族的政治体制、历史传统不同，在对待和处理民族问题方面形成了不同的政策模式：刚刚取消的南非种族隔离制；同化政策；种族和文化熔炉政策；多元文化主义；一体化政策；民族歧视政策；"民族主权国家"或"民族自决权国家政策"。[5]从国外对待和处理民族问题的政策模式可以看出各国政府在对待和处理民族问题上的立场和方法。二战以来，国际社会对少数民族人权保护越来越重视，保护人权成为一面时代的旗帜。二战结束后建立的联合国，在《联合国宪章》第一条第三款申明："联合国宗旨为：促成国际合作……且不分种族、性别、语言或宗教，增进并激励对于全体人类之人权及基本自由之尊重。"以后，又相继制定了近80个重要国际人权文书对少数民族的人权进行保护。随着城市民族问题的不断出现，研究和解决城市民族问题成为各国政府的一个重要课题，并引起了各国政府的高度重视。我们党和国家向来重视民族关系和民族问题，制定了一系列的民族政策和法律、法规，但随着新的城市民族问题的不断出现，加强城市民族法制建设，对现有的法律、法规和条例进行修改和完善，保护城市少数民族权益，是一件刻不容缓的事情。

第四，加强城市民族法制建设，是实现法治国家的必备条件。党的十五大明确提出了依法治国、建设法治社会主义国家的宏伟方略。制定相应的城市民族法规，实现民族政策的法律化，以法律手段解决和调整城市民族问题和民族关系，当是法治社会主义国家的必然选择。

二、我国城市少数民族权益保护的法律框架及其分析

新中国成立以来，党和政府制定了一系列的民族政策和法律、法规，对城市少数民族的权益进行确认和保护，把城市民族关系和城市民族问题纳入法律调整的范围。1952 年 2 月 22 日政务院第 125 次政务会议通过了《政务院关于保障一切散居的少数民族成分享有民族平等权利的决定》，对散居的少数民族的平等权、人身权、人格权和言论、出版、集会、结社、游行示威、宗教信仰等自由权及选举权和被选举权、劳动就业权、获得帮助权、申诉控告权、使用本民族语言进行诉辩等实体和程序方面的权利进行了确认和保护。1954 年第一部《中华人民共和国宪法》在序言中庄严宣布，"中华人民共和国是全国各族人民共同缔造的统一的多民族国家。平等、团结、互助的社会主义民族关系已经确立，并将继续加强。在维护民族团结的斗争中，要反对大民族主义，主要是大汉族主义，也要反对地方民族主义。国家尽一切努力，促进全国各民族的共同繁荣。"宪法第四条规定："中华人民共和国各民族一律平等。国家保障各少数民族的合法的权利和利益，维护和发展各民族的平等、团结、互助关系。禁止对任何民族的歧视和压迫，禁止破坏民族团结和制造民族分裂的行为……"城市少数民族成员作为一个公民，享有宪法规定的公民的基本权利，作为一个少数民族成员，还享有宪法关于少数民族基于民族成分所享有的自己的文化、信奉和实行自己的宗教、使用自己的语言的权利等。虽然我国宪法几经修改，但对于平等、团结的民族关系和各民族一律平等的基本原则，一直没有作任何改动。宪法作为国家的根本大法，从根本上确认了我国的社会主义新型民族关系和少数民族的基本权利，为进行城市少数民族权益保护的立法提供了法律依据。我国的刑法、刑事诉讼法、民事诉讼法等实体法和程序法都有相关的条文对少数民族权利进行保护。如刑事诉讼法第九条规定："各民族公民都有用本民族

语言文字进行诉讼的权利。人民法院、人民检察院和公安机关对于不通晓当地通用的语言文字的诉讼参与人，应当为他们翻译……"为了加强城市民族工作，保障城市少数民族的合法权益，促进城市少数民族的经济、文化事业的发展，1993 年 8 月 29 日国务院批准由国家民族事务委员会发布的《城市民族工作条例》，对城市民族工作的原则、城市人民政府关于城市民族工作的职责及城市人民政府对于城市少数民族在政治、经济、文化、教育、就业、宗教信仰、风俗习惯等方面的权益的保护进行了明确的规定。通过政府加强对城市少数民族工作的领导和管理，保护城市少数民族的权益。为了配合《城市民族工作条例》的实施，各大城市根据本市民族工作的具体情况，相应地制定了本市的民族工作办法。如上海市结合本市的实际情况，1994 年 12 月 9 日通过了《上海市少数民族权益保障条例》，1994 年 2 月 14 日武汉市人民政府颁布了《武汉市城市民族工作办法》。1996 年 9 月 21 日湖北省第八届人民代表大会常务委员会第二十二次会议通过了《湖北省散居少数民族工作条例》，对散居少数民族的权益进行了确认和保护，其中当然包括城市少数民族。从以上可以看出，我国已基本上形成了城市少数民族权益保护的法律框架。即以宪法为母法，各种部门法和国务院的行政法规为子法，各大城市的城市民族工作办法为子子法的金字塔形的法律框架。城市少数民族权益的法律保护框架的基本形成，为我国解决城市民族问题和调整城市民族关系提供了法律依据和法律保障，强化了政府重视城市民族问题的意识和职责，基本实现了民族政策的法律化。

　　但是，从宪法—部门法—城市民族工作条例—具体各城市民族工作办法—各城市少数民族权益保障条例这个法律框架来看，我们不难发现，城市少数民族权益法律保护框架存在明显的缺陷。第一，除宪法作为根本大法从原则上或根本上规定公民的基本权利和义务外，《城市民族工作条例》和《城市民族工作办法》都是针对政府工作立法，而不是针对城市少数民族这一具体的、现实的个体来立法。第二,这一法律框架关于城市少数民族权益的保护都是从原则上规定,缺乏具体的操作性。如《城市民族工作条例》第八条规定:"城市人民政府应当重视少数民族干部的培养和选拔",从第八条的规定的法律用语看,"应当重视"是一个主观性较强的概念,没有一个客观的标准。且《条例》和《办法》皆系指导政府行政的规范性文件,是国家相关职能部门行为的准则。其中关于城市少数民族权益的内容普通百姓不一定了解。第三,我国的城市民族法制的编纂工作相对滞后,到目前为止,我国还未有一部城市民族法典。在实践中,随着我国由计划经济体制向社会主义市场经济体制的转轨,原先在计划经济体制下对城市少数民族经济发展所给予的一些保护和扶持,将在市场经济条件下有所调整。加之目前国有企业转变经营机制,下岗待业人员多,其中就有些是少数民族成员。特别是随着我国户籍管理制度的改革,新的户籍管理办法业已出台并在一些大城市开始实施。新的户籍管理办法规定,1998年7月22日以后出生的小孩,其户口可以随父或随母;1998年7月22日以前出生的小孩其户口根据办法的有关规定可以办理迁入城市的手续;子女在城市工作,父母年老又无子女在身边照顾的其户口可以随子女。新的户籍管理办法的出台,必将使城市少数民族人口大增,这无疑又会出现新的问题。又如城市少数民族下岗待业职工的技术培训和再就业问题;涌入城市的农牧民子女上学、就业等问题都是亟待解决的问题。因此,在新的形势下,有必要在原有的城市少数民族权益保护的框架范围内,对法律、法规和有关规定关于城市少数民族权益保护的法律条文进行梳理和归类,针对本市城市民族工作的实际情况和问题,围绕着城市少数民族这个特殊群体的权利保护进行专门的立法。

三、城市少数民族权益保护立法应注意的几个问题

第一,城市少数民族权益保障法的法律层次及效力问题。不可

否认，我国的城市民族立法工作取得了一定的成就，但就新形势对城市民族立法工作的要求来说，还有很大的差距。从现有的法律法规来看，城市民族立法的现状可以概括为：少而散，原则性强，难以操作。从国家立法来，虽然 1993 年国务院颁布了《城市民族工作条例》，这是新中国第一部专门为城市民族而制定的行政法规，共 30 条，内容涉及政治、经济、文化等各个方面，但是条例过粗，只对各个问题进行了原则性的规定。从法律的层次来说，《城市民族工作条例》仅是国务院颁布的一个行政法规，法的层次太低。因此，从新时期对城市民族工作的要求和城市少数民族权益的保障而言，全国人大应该尽快将讨论多年的《散居少数民族权益保障法》进行修改和补充，在此基础上，制定《城市少数民族权益保障法》，充分反映和保障城市少数民族的意愿和权利，使其得以颁布实施，即使有点缺陷，也可以边实施边完善。邓小平同志对我国的立法工作就曾经说过："不要等待成套设备"，"有比没有好，快搞比慢搞好".[6]《城市少数民族权益保障法》的地位应该是基本法。同时，考虑到我国地域辽阔，城市的类型差别很大，为了充分反映各个城市少数民族当家做主的意愿和特殊情况，《城市少数民族权益保障法》可以授权省人大或各大城市人大在不和宪法和本法相抵触的前提下，对本法进行适当的修改和补充。

第二，城市少数民族权益保护立法的前瞻性和现实性问题。立法活动作为一项严肃、严谨、周密、科学的活动，必须具有一定的超前性，但更多的是要解决和调整现实的问题和社会关系。"为现实立法"是法学界的名言。城市少数民族权益保护立法既要考虑超前性，又要考虑现实性。我们所说的前瞻性，是指进行立法活动时应该把将来会出现的或可能会出现的事件或问题纳入条例调整的范畴，设立相应的法律条文。具体到制定城市少数民族权益保护条例，我们认为应当考虑到随着城市少数民族人口的增长，特别是涌入城市且长期居住在城市的少数民族农牧民及其子女在就业、住房、公共治安、计划生育、子女上学等方面给城市所带来的压力及他们在城市居住、从事一定的行业所享有的权益。城市少数民族权益保护的立法更多的还是要考虑现实的城市民族工作和民族问题，对城市少数民族问题进行深入调查和研究，找出解决问题的方法和对策，在宪法和其他法律、法规的指导下，把城市少数民族问题纳入法律调整的范畴，实现民族政策的法律化。

第三，城市少数民族的界定及城市少数民族权益保护法的适用范围。进行城市少数民族权益保护的立法，必须要明确的一个问题就是法律的效力范围问题。所谓法律的效力范围，亦称法律的适用范围，即法律在什么时间、什么空间、对什么人具有效力。城市少数民族权益保护法作为调整城市民族关系的行为规范，首先要解决的一个问题就是要对城市少数民族进行界定，以确定法律所保护的主体。但是我国目前关于城市少数民族权益保护的有关法律、法规和条例、办法对城市少数民族均没有下一个明确的定义。我们认为，所谓城市少数民族是指居住在国家按行政建制设立的直辖市、市内，由国家正式认定的汉族以外的各民族。这一概念具有两大特征：一是城市少数民族是"居住"在国家按行政建制设立的直辖市、市的少数民族，二是城市少数民族是"国家正式认定的"除汉族外的各民族。这一概念同时又可以解决我国长期以来以"户口"作为确认城市居民为权利主体的行政僵化模式的弊端，弥补了经济体制转型期流动人口因居所的移动而使权利得不到真正保障的夹缝。我国的户籍制度以居民的住所地确定居民的户籍，户籍又是确认居民具有"城市"还是"农村"身份的唯一凭证，身份在一定程度上又决定权益。我们对城市少数民族所下的定义，对城市少数民族的认定上有所突破，扩大了城市少数民族的范围。我们以公民"居住"在城市这一事实作为认定其为城市少数民族的依据之一。根据我国《民法通则》第十五条之规定："公民以他的户籍所在地的居住地为住所，经常居住地与住所不一致的，经常居住地视为住所。"《最高人民法院关于贯彻执行〈中华人民共和国民法通则〉若干问题的意见》（后称《若干问题的规定》）第九条规定："公民离开住所地最后连续居住一年以上的地方，为经常居住地。但住医院治病的除外。"根据《民法通则》和《若干问题的规定》，只要在国家按行政建制的直辖市、市居住超过一年的少数民族都可视为城市少数民族，享有城市少数民族权益保护条例所赋予的权益。这一问题的界定，也同时解决了条例的属入管辖问题。对于居住在城市的没有本市户口的外来少数民族其居住时间未满一年的，其权益如受到侵犯，可适用《城市民族工作条例》和居住城市的《城市民族工作办法》。

参考文献：

[1] [4] 武汉市志：社会志·民族篇. 武汉：武汉大学出版社，1997

[2] 张崇根. 都市对少数民族发展繁荣的作用. 见：阮西湖. 都市人类学. 北京：华夏出版社，1991

[3] 李建辉. 对边疆少数民族外出经商问题的探索. 见：李德洙. 都市化与民族现代化. 北京：中国物资出版社，1994

[5] 阮西湖. 世界各国解决民族问题的几种模式. 见：杨侯第. 世界民族的法总览. 北京：中国法制出版社，1996

[6] 邓小平. 邓小平文选：第二卷. 北京：人民出版社，1994.147

（原载《中南民族大学学报》2000 年第 3 期）

杂散居地区回族妇女权益保障的社会人类学考察

李安辉

杂散居地区回族妇女是我国的一大弱势群体，是"杂散居"、"少数民族"、"妇女"三重角色的统一体。2005 年暑假，笔者带领中南民族大学回族大学生，在安徽、河南、山东、江苏、海南等地对回族妇女进行了社会人类学调查。在历时一个多月的调查中，我们分组走访了 6 个省 13 个回族村镇，召开了 20 余次座谈会，发放了抽样调查问卷，对典型个案进行了重点访谈。本文是在此次调查的基础上完成的。

一、杂散居地区回族妇女权益保障现状

妇女权益保障主要包括妇女在政治的、经济的、文化的、社会的和家庭生活等方面享有与男子平等的权利。[1]对回族妇女地位的社会人类学考察主要围绕妇女权益保障意识、参与政治生活、经济生活、受教育权利、婚姻家庭地位、社会保障及宗教信仰等七个方面来进行。

（一）妇女权益保障意识

这里所指的妇女权益保障意识主要是指社会公众及机构对妇女权益保护意识的考察和妇女对自身保护意识的认同，主要通过妇女对投票选举的态度和公众及权力机构对《中华人民共和国妇女权益

保护法》（简称"妇女法"）的了解、执行以及妇女的参政意识等方面进行考察。

首先，在各调查地召开座谈会和对各地权力机关的走访过程中，我们了解到受访者和调查地机构普遍具有较强的妇女权益保障意识和性别平等意识，各调查地机构初步建立了保障妇女权益的社会维权工作机制。在妇女维权调查中，家庭暴力是考察的重点问题。通过调查，我们了解到各调查地都制定了预防和制止家庭暴力方面的法律法规。如安徽省于 2004 年 2 月 20 日第十届人民代表大会常务委员会第八次会议通过了《安徽省人民代表大会常务委员会关于预防和制止家庭暴力的决议》，河北省于 2004 年 7 月 22 日在十届人大常委会第十次会议上通过《河北省预防和制止家庭暴力条例》等等。同时，各调查地政府设立了相应的法律援助机构，如成立了报警中心、伤情鉴定中心和妇女救助站等，为受害妇女提供咨询、庇护、医疗及心理帮助等多种服务。

其次，对"妇女法"等相关保护妇女权益法规的落实情况较好。据考察，各调查地权力机关都对妇女法、劳动法、婚姻法、人口与计划生育法和农村土地承包法等与妇女权益密切相关的法律进行了宣传。各机关负责人对相关内容都比较了解。在座谈中，据妇女群众反映，各级机关基本能履行维护妇女合法权益的职责。在公众对"妇女法"的了解程度调查中，问卷反映有 59.9% 听说过妇女法，其中有 6.3% 对其内容相当熟悉。这说明了妇女法颁布实施以来，调查地执法机关对该法进行了宣传，大多数社会公众对妇女法也有一定的认识，从机关到群众初步形成了保障妇女权益的共识。但是，从调查反映的没听说过"妇女法"的 40.1% 的高比例来看，妇女法的宣传力度及贯彻执行情况不容乐观。

（二）妇女参与政治生活

少数民族妇女参加社会劳动、参与国家管理和社会事务是衡量社会进步、民族团结与妇女解放的重要标志。在对公众的座谈与问卷调查中，大多数回族妇女渴望有机会参与社会活动。对于"是否愿意担任干部"，问卷显示有36.1%表示愿意。从调查地来看，江苏省泗阳县有82%的回族年轻女性（16～35岁）都选择愿意担任。对于投票选举，有46%的人"认为一定要亲自参加，不能请人代投"。

在各地的座谈中，我们了解到回族妇女能积极参与社会政治生活。在河北某地，据不完全统计，县委干部中回族女性占8%，乡镇回族女性比例为10%，村委回族女性14%。在安徽省蚌埠市，从正县级至基层村委干部都有回族妇女；在河南商丘市梁园区某乡某村和山东省定陶县某镇某村等调查地，回族妇女担任的职务主要是村计划生育管理员和妇女主任。

（三）妇女经济生活

在经济生活方面，回族妇女在家庭中有一席之地。在问卷调查中，住房、存款等在妇女名下的比例明显低于男性，比例为15%。但是，在入户走访中，了解到虽然按照中国传统习惯，户名等一般为男性，但是家庭的财产保管及日常生活的开支等主要由妇女做主，妇女实际掌握着家庭经济的支配权。

在走访中我们还了解到，农村老年妇女主要以家务为主，农忙时干点农活，兼营种植副业，闲时带子孙。近年来，年轻女性正在改变着母亲一代以务农、忙家务为主的状况，20～35岁的回族妇女就业途径呈多元化趋势，有自己创业者，也有求职应聘者。在外出打工者中，未婚女性占80%。在城镇，回族妇女收入比较稳定，主要以企业或事业单位发放工资和福利为主，个别从事个体经营的，收入也很可观。

在河北某县某地，调查中只有2人完全料理家务，经济依赖性较高。妇女有收入者占90%，农业户者的收入途径比非农业户口丰富，种植副业、个体经营、商业、工资等都可成为其收入来源。在河南商丘市某区某乡某村，近两年外出打工者约占妇女人数的

20%，一般为 17~40 岁的有劳动能力的妇女。在山东省济南市济阳县某镇某村，有 10 名女性在外打工，其中未婚女性有 6 人，已婚女性 4 名。在海南回辉村和回新村，绝大多数回族妇女是家庭经济收入主要创造者，是家庭经济的支柱，在经商方面，她们比男性更具有优势，她们的精明能干使其在家庭和社会中具有较高地位。

此外，调查反映越是经济发达地区，妇女拥有经济上的优势越多，如江苏和海南；经济相对落后的地区，妇女在经济上的地位相对较低。

（四）妇女受教育权利

妇女受教育程度的高低是衡量少数民族地区文化教育发展水平的一个重要参考值。在问卷调查中，妇女高中以上文化程度者约占 30%。

对"是否参加过技术培训"，38.6% 回答参加过，6.3% 弃权，55.1% 没有参加过培训。从调查地来看，河北回族妇女参加各种培训的比例高达 65%，主要以实用技术为主，如种植、饲养，出资单位以村委为主；职业培训一般为单位承担。非农业户口回族妇女参加培训主要以专业培训或进修、职业培训为主，费用由个人或单位或共同支付。在安徽省蚌埠市，当地政府对妇女技术技能培训主要在电脑、美容美发、烹饪插花等方面。

（五）妇女婚姻家庭地位

婚姻家庭权益是妇女法确认和保护的重要内容，民族地区妇女在婚姻家庭中具有一定地位既有利于民族地区的和谐发展，也有益于妇女本身的发展。

在山东省济南市济阳县城关镇某村，据村里的老人介绍，新中国成立前，由于封建思想的影响，妇女在配偶的选择方面完全没有自主权，新中国成立后乃至 70 年代，妇女基本上还是"盲婚瞎嫁"。但在问卷调查中，反映自由恋爱的比例占 33%，自己同意婚嫁对象、对婚姻比较满意和自由恋爱的总和约占95%；且回族妇女对婚姻的满意度比男性高，不满意的只有1.6%。

论及回族妇女的自由恋爱，值得一提的是回汉通婚。据1990年全国人口普查统计，回族在20世纪90年代族际通婚比例为11.29%；回族男性同汉族女性通婚的比例是10.18%，同其他民族女性通婚的只占1.3%。回族女性同汉族男性通婚的比例是8.86%，同其他民族男性通婚的只占0.98%。[2]在海南除了异族通婚，还出现了跨国婚姻。据对三亚凤凰镇40对异族通婚对象的考察，其中有30名汉族（其中男性8名，女性22名），6名黎族（2男4女），1名苗族，3名外国人（法国1名，孟加拉国2名）。缔结跨国婚姻的主要是在广州打工的回族女性，她们多在穆斯林创办的外贸公司工作，与海外伊斯兰国家的商人打交道的机会多，为跨国婚姻提供了条件。

座谈中，调查对象反映回族族内婚的家庭比较和睦，夫妻关系融洽，相对稳定。当夫妻双方发生冲突，都能找到恰当方式处理，口角争斗中不会说污晦的词语，发生家庭暴力的比例也较小。

（六）妇女社会保障

调查问卷反映回族已育妇女有99%经过产前检查，并定期复查。在有社会保障的人员中，95%属于医疗保险，其中农业人口主要为农村合作医疗保险，非农业户口也有参加商业保险的，主要投保项目为重大疾病。在安徽省蚌埠市，当地政府对妇女采取了一些社会保障措施，主要有医疗保险、养老保险、生育保险、失业保险、工伤保险。对妇女有"四期"保护，四期即月经期、孕期、产期和哺育期；对女职工所从事的劳动范围也作了相应的规定。在山东省济南市济阳县城关镇大营村，对年满60岁且只有一个孩子的夫妇每人每月发放50元补助，这不仅对老年人的生活有所帮助，也从另一个方面起到了鼓励计划生育、保护妇女身心健康的作用。

（七） 妇女宗教信仰自由权利

回族是一个信仰伊斯兰教的民族。调查问卷显示：有90.6%的人坚守信仰；有3.9%以前信教，现在不信；完全没有宗教信仰的比例为5.5%。后两项主要为年轻女性。在入户走访中，了解到杂散居地区回族妇女比男性更虔诚、更坚定，她们是这个民族信仰最坚定的群体，在忙碌的同时不忘记礼拜和祷告。

回族妇女的宗教信仰权利基本能得到家庭成员的支持。信仰伊斯兰教的妇女一般在家做礼拜，去清真女寺做礼拜的大多是50岁以上的妇女，年龄越大对宗教的信仰越虔诚。问卷调查显示回族女性在家做礼拜，家人支持的占90%以上；只有3%反映信仰会遭到家人的反对。信仰伊斯兰教是作为一个回族穆斯林的首要条件，宗教信仰具有全民性，以往会因为不信仰而受到歧视，但调查反映，在杂散居地区，信与不信基本上成为个人的私事，在当地虽有私下议论，但没有明显干涉现象发生。对于个别年轻回族女性信仰的逐渐淡薄，社会也不会歧视或干涉，尤其是在杂散区的江苏省泗阳县；在山东省济南市济阳县城关镇大营村等地，回族妇女坚定信仰伊斯兰教，但也不会因为某人不信仰伊斯兰教而歧视或否定她。

二、存在的主要问题

在国家政策保护少数民族权利与回族自身文化的共同作用下，回族妇女权益保障得到了长足的发展，但是，由于受社会经济发展不平衡与传统文化等因素的影响，不利于回族妇女发展的消极因素依然存在。中国妇女存在的问题在回族妇女中普遍存在，甚至有过之而无不及。通过对杂散居地区回族妇女权益保障的社会人类学考察，存在的问题主要表现为六个方面。

（一）妇女参与意识薄弱

担任干部和参加投票选举在某种程度上代表了妇女对政治参与的意识与程度。在问卷调查中，对于是否愿意担任干部，虽有36.1%的人表示愿意，但"不愿意担任干部"的占20.5%，"没有考虑过"的占35.4%，认为"自己没有能力担任"的占8%，后三者之和为63.9%。对于投票选举，35.4%的人认为"选举是为了完成任务，选谁无所谓"，17.3%的人认为"可以请人代投"，这两项之和超过了50%。就各调查地而言，认为投票选举"可以请人代投"的比例最高的是河南某地；认为"一定要亲自参加投票"的比例最低的是山东某地。

在河北某地的座谈中，当提及选举投票的理由时，大多数妇女回答"别人都这样投"，在回答"现在的县委书记是谁"时，正确率仅占35%，甚至有的人对村委会工作也不太关心。

（二）妇女享有的劳动权益和社会保障普遍较低

回族妇女所享受的社会保障、职工福利的程度普遍较低。在对是否有公费医疗或医疗保险、退休金、养老保险、生育保险等的回答中，73.2%回答没有，在回答有以上保障的24.4%中，多数局限于医疗保险一项。

据了解，河南商丘市某区某乡某村只有一名回民女教师有医疗保障，而且大多数妇女对公费医疗、医疗保险、养老保险仅仅是听说而已，而生育保险及特殊保护甚至都没有听说过。在劳动就业方面，虽然社会上不会歧视回族女性，但是由于宗教信仰的因素，事实上，披戴盖头的回族妇女在就业上受到了一定的影响。在农村，外出打工者是少数，大部分青壮年妇女都是农忙时干点农活，其余时间闲居在家。其原因主要有四点：一是由于回族的饮食习惯比较特殊，妇女外出打工在饮食方面不好安排；二是由于文化水平等因素，妇女外出找不到合适的工作；三是多数妇女已经习惯了现有的生活方式；四是男女两性职业结构存在较大差异，女性工作职位和晋升机会处于较为不利的位置。

（三）妇女受教育程度普遍较低

在调查地，回族妇女受教育的程度普遍较低。在河北某镇，回族妇女中小学及以下文化程度的占35%。在河南商丘市某区某乡某村，在校大学生、高中生约占回族女性总人口的2%，初中生约占女性总人口的25%。在山东省定陶县某镇某村，回族妇女文盲、半文盲占回族女性人口的80%，特别是中年以上妇女该比例更高。即使在本次调查中文化水平普遍较高的山东省济宁市中区南郊柳行街，该地区受过高等教育的女性仅占女性人口的6.67%，大部分女性初中毕业后就放弃了受教育的机会。在海南回辉、回新两所小学，女学生读到四五年级时40%~60%都已辍学退学，能上初中的已是少得可怜了。[3]对于继续教育，乡村回族妇女的比例也不容乐观。在调查地，55.1%的人没参加过技术、技能培训。

在调查过程中，对于调查对象是文盲的，我们只能采取一问一答的方式来进行。有个别妇女虽然对我们的问卷比较感兴趣，但由于不识字也不懂什么是妇女法、投票选举等而放弃接受调查。

（四）妇女持有家庭财产权的比例较低

男女双方在住房、存款、土地的署名一定程度上代表了在家庭中的权利与地位。大多数家庭妇女虽有日常开支的支配权，但男性掌握着主要经济权力，家庭的共有财产是以男性为主。住房、存款、土地证书上的署名为丈夫，占56.7%；父亲占22%，即署名为丈夫或父亲的两项之和为78.7%，妻子或母亲只占15%，有6.3%的人没有这些证件。在青海回族杂散居，回族妇女主要经济支出来源于丈夫，只有7%~9%的妇女在经济上能够独立，不受丈夫经济支配，产业多归男性所有，"住房、存款、土地署名"为丈夫或父亲。

财产署名为女性的比例，在不同地区情况各异。据问卷统计：河南某地为5%，河北某地和山东济宁某地占10%，山东定陶和海南回辉、回新占15%，山东济南占20%，安徽黄庄占25%。以上情况说明，由于受中国传统思想的影响，妇女家庭财产权占有比例较低，男性在占有家庭财产方面的传统优势依然存在。

（五）家庭暴力依然存在

家庭暴力是导致家庭不稳定、婚姻解体的重要因素。对于家庭暴力，根据2000年宁夏回族自治区妇联对404户农村回族妇女婚姻纠纷中权益保障的调查显示，农村回族妇女的人身权利遭到家庭暴力侵害的占40%，其中致伤、致残达到14%。2004年宁夏妇联组织共接待群众信访案件4393件，其中婚姻家庭类2914件，占66.7%，这说明在回族聚居区婚姻家庭是应该引起重视的重要一环。在调查中，在受访的95名妇女中，问及"你遭受过家庭暴力吗"，有4人回答"经常"，占4.1%，均发生在山东省；有26人回答"丈夫偶尔有动粗的现象"，占28.4%，集中在河南商丘；有69.1%回答存在着矛盾，但认为夫妻双方的矛盾不能算是暴力。不少回族妇女对家庭暴力的理解比较淡薄，对她们而言，"家庭暴力"是个新鲜词，有的人甚至闻所未闻。她们认为夫妻双方在生活中产生一些矛盾、冲突，甚至发生被殴打的现象都不是暴力，而是一种生活中都要经过的、可以接受的事情。因为她们认为夫妻感情的磨合过程存在矛盾和冲突是必然的，如果它对家庭的稳定没有构成威胁的话，是夫妻双方的事，没必要让外人知道。

（六）影响婚姻的不稳定因素增加

据调查反映，由于受几千年封建传统观念的影响和实行族内通婚的传统，在个别地区，特别是贫困山区，还不同程度地存在着干涉婚姻、包办婚姻、不履行法定结婚手续，"阿訇"念经就成婚等现象。如在山东省定陶县某镇某村，该村女子早婚现象严重，一般都是"父母之命，媒妁之言"；三亚凤凰镇只要是不继续上学的回族妇女早婚现象也较严重。早婚男女经济基础都比较薄弱，工作不稳定，结婚后还会继续依靠原来家庭的扶持。处于青春期的青少年，过早结婚使得他们过早地承担家庭的责任，不利于他们生理和心理的成长，导致了婚姻的不稳定，也将影响后代的健康成长。早婚带来的早育，加快了族群人口增长的速度，降低了族群人口的质量，也给就业带来了很大的压力。

在山东省临邑，近两年来，回族男青年娶外族女子为妻的现象越来越多，族际通婚的离婚率相对族内通婚的离婚率也较高，主要原因在于回汉通婚双方在价值观念及生活习惯上的不同。价值观念及生活习惯上的不同，也是回族反对女性外嫁的重要因素。回族姑娘与他族男青年的自由恋爱一般会遭到家庭和家族的反对，为此而导致婚姻不美满的现象也不在少数。

在经济较为发达的江苏、海南等杂散居地区，西方社会婚姻家庭观念及一些不良现象如婚外情等，某种程度上对家庭的稳定性有一定的冲击。面对丈夫的婚外情，一些妇女往往摆脱不了"家丑不可外扬"的传统观念，同时顾虑到孩子的抚养等原因，总是希望通过亲朋好友或单位领导调解的方式解决问题，维系婚姻，不愿意运用法律武器来保护自己的合法权益。

三、建议

回族妇女权益保护的不利因素严重影响妇女的发展。妇女的发展与弱势群体的保护已引起了社会的普遍关注，回族妇女问题无疑是一个备受关注的课题。针对杂散居地区回族妇女地位存在的问题，拟提五点建议，以期抛砖引玉。

（一）注重对杂散居地区妇女权益保障进行调查研究

我国有 5 个民族自治区、30 个民族自治州、120 个民族自治县，但绝大多数少数民族散居于全国各地。全国近 1 亿少数民族，有 1/4 生活在占全国总面积 36% 的非民族自治地方。许多少数民族并不是只生活在相应的民族自治地方，如回族，宁夏的回族只占全国回族人口的 17.9%，82.1% 的回族分布在全国大多数县市；藏族人口的 46% 集中在西藏，54% 主要分布在青海、甘肃、四川和云南；满族分布在全国许多地区。注重对杂散居地区进行调查研究，对于促进民族地区经济发展与社会的稳定有着重要的积极意义。

在杂散居民族中，少数民族妇女权益保障是社会进步与发展的重要因素。回族妇女是少数民族妇女这一特殊弱势群体之中的重要成员，她既存在普遍性也存在特殊性。其普遍性是因为她是中国妇女中的重要组成部分，中国社会存在的不利于妇女发展的环境，在回族妇女中同样存在，如封建思想的影响等；特殊性主要因为宗教信仰与风俗习惯。注重调查研究，对制定正确的方针政策将起到重要的推动作用。

（二）发展民族地区经济，树立正确的市场价值观念和竞争意识

加快民族地区经济社会的发展，既是各少数民族群众的迫切需要，也是社会主义民族政策的本质要求；既关系到民族团结和边疆稳定，也关系少数民族妇女的发展。通过发展民族地区经济，改变旧的生产习俗、消费习惯与改变经济模式，树立起社会主义市场条件下的价值观念、竞争意识。在发展经济的过程中，注意体现少数民族妇女的价值，提高她们在社会经济中的地位，在开拓新的发展领域时注重突出她们的优势。最大限度地调动起广大妇女的积极性，使女性成为建构和谐社会的重要参与者和受益者，为解决妇女问题、促进妇女发展打下良好基础。

（三）加大宣传力度，消除落后观念，解放思想

杂散居地区回族妇女地位不理想与回族女性的传统思想有关。

与物质和制度的改变相比，习俗和观念更难改变。在少数民族文化中，沿袭了千百年的习俗和观念的作用既是强大的，又是潜移默化的。尤需指出的是，既沿袭民族文化的消极因素，又掺杂中国传统文化中的糟粕文化，两者糅合为一种无声的力量，要求妇女遵从，制约着妇女的发展。值得关注的是，长期以来有些回族妇女在封建礼教与宗教文化的影响下，将这一观念内化。这种可悲的个人心理与社会心理塑造的妇女可悲形象将会进一步影响到妇女地位的提高。[4]因而，最为重要的是解放思想，消除落后观念，提高妇女的知识文化水平。其次，有关权力机关要加大宣传力度，由于回族的民族性及宗教特点，在宣传中应运用伊斯兰教文化体系中的媒介宣传来实现。如通过清真寺、中阿男（女）校、伊斯兰刊物等媒体宣传先进思想理念，宣传妇女发展对和谐社会发展的重要性，使这种宣传和主流文化宣传互相补充。再次，加大对妇女法及其相关法律法规的宣传，让广大群众学法、懂法，自觉遵守运用法律，并主动宣传法律法规。最后，社会要为妇女创造平等获得技能和受教育的机会，并通过丰富多彩的妇女活动对妇女的思想观念、自我意识产生影响，促使妇女尽早、尽快建立对人生成就的全方位追求。[5]

（四）抓重点，解决妇女发展中的难点问题

首先，对于贫困落后的民族地区来说，妇女教育滞后制约着经济、社会的发展。妇女受教育程度的高低是衡量少数民族地区文化教育发展水平的一个重要参考值。此次调查中，回族妇女的教育是解决妇女发展的首要难题。针对回族妇女的特性，构建回族妇女素质教育体系十分必要。一方面各级政府应针对教育对象的特性，采用不同的教育方式，如结合私立中阿女校和公立教育，提高妇女的文化知识。另一方面，提供更多的继续教育和培训的机会，提高素质水平与业务能力，以适应迅速发展的经济社会。

其次，提高妇女参与国家和社会事务管理的意识和能力是又一难点。解决这一难点的最根本的基础性工作是要加强基础教育，普

遍提高妇女的受教育水平，奠定她们参与国家和社会事务管理的文化基础。同时，要大力培养散杂区基层妇女的参政意识，鼓励她们从关心乡村、社区、单位的公共事务开始，提高其参与国家和社会事务的积极性、主动性。

再次，回族妇女应该及时调整自己的角色，不断充实和完善自己。如近20年来，海南等经济发达的杂散居地区回族同胞的生活发生了很大的变化，生活水平不断提高，同时也面临着很多传统与现代的矛盾和冲突，在融入现代社会的过程中，宗教信仰不断分化，贫富差距也出现扩大的趋势、传统的婚俗制度受到严重的挑战；非农业经济结构面临社会转型所带来的就业、失业问题日益严重；文化教育落后和现代社会激烈变化导致青少年犯罪、吸毒等诸多社会问题的出现，影响和制约着回族未来的发展。因此，面对挑战，回族妇女应该积极行动起来，不断学习，与时俱进，提高自身的素质，随时代的步伐而前进。

（五）完善立法，加强法律监督，优化妇女权益保护的社会环境与法制环境

建立健全保障少数民族妇女权益的规范体系和配套制度。完善立法，加强法律监督，优化妇女权益保护的法制环境。据此，建议在《妇女权益保障法》的基础上，针对我国少数民族妇女的特点，出台《少数民族妇女权益保障法》或《少数民族妇女发展纲要》。此次调查中，87.4%的人认为有必要出台《回族妇女权益保护法》，以弥补"妇女法"的不足，加强"妇女法"的操作性与实用性。

同时，应强调妇联组织的地位，强化妇联组织的职能和作用。此次调查中，有47.2%的人认为妇女法执法的主体应该是妇联。此外，在《少数民族妇女权益保障法》中还应当突出当前和今后一个时期妇女发展和妇女权益保护的重点领域，弥补现行法律中妇女发展和权益保护的空白，提高妇女法的可操作性，强化法律责任和法

律监督。在妇联、各司法部门的共同努力下，建立健全妇女维权的长效机制，形成和谐社会的维权格局。

妇女权益保障要靠男女双方来共同实现。回族妇女作为一个弱势群体，其权益保障不只是单靠一个法律条文或某个措施就能实现的，更多的是要靠经济文化的发展、社会文明的进步和回族整体发展。回族妇女权益保障的完全实现还需要一个较长期的过程，但我们相信，只要回族妇女和全社会的共同努力，这个目标一定能够实现。

参考文献：

[1] 刘霓. 西方女性学. 北京：社会科学文献出版社，2001.1

[2] 闫国芳. 城市回汉通婚问题的点滴思考. 开拓，2000（4）

[3] 吴淑联. 海南羊栏回族教育情况调查. 见：中国回族教育史论集. 济南：山东大学出版社，1991.305

[4] 李安辉. 试析民国时期回族女权的发展特点及原因. 黑龙江民族丛刊，2003（3）：57

[5] 李小江. 平等与发展. 北京：生活·读书·新知三联书店，1997.160

（原载《中南民族大学学报》2006 年第 4 期）

民族融合背景下的村民自治调查

——以民族杂居的云南芒乐村为样本

朱 秦 钱素华

在民族杂居地区，各民族的传统习俗、文化心理不同，在分享森林、山地、河流、矿产等公共资源时，往往较之非民族地区容易发生摩擦和冲突。那么作为村庄分配公共利益的重要机构——村民委员会的干部选任是否必然成为各民族关注的焦点，不同的民族心理文化对村民自治的影响怎样？人们参与选举和村庄治理的动力究竟来自何处？村委会作为一种新的制度安排，与其他管理主体的权力格局和关系协调怎样？带着这些疑问，我们围绕村庄治理中的选择机制、动力机制和运行机制，于 2003 年 8 月对云南省 S 县芒乐村进行了实地调查。通过大量座谈、走访和资料查阅，对研究的问题有了新的认识。

一、村情概况

芒乐村是一个典型的民族杂居村，与该县大部分村落一样属贫困村，经济发展水平低。地处 M 镇南部 8 公里处，属于半山半坝区，村民居住分散，有 7 个自然村 9 个村民小组，476 户共 2083人，居住着拉祜族、佤族、布朗族、傣族、彝族、白族、汉族等 7个民族，其中汉族 757 人，占总人口的 36.3%，少数民族 1326 人，占 63.7%。人口较多的少数民族有 3 个：拉祜族 733 人，占总人口的 35.2%；佤族 379 人，占 18.2%；布朗族 200 人，占 9.6%。耕地 5196 亩，2002 年人均口粮 372 公斤，农产品以甘蔗为主，另有林果、茶叶、大牲畜等，人均年收入 860 元，经济条件较差。

二、选举的取向分析

村民委员会的选举是村民自治的首要工作和关键环节，体现了农村民主和法治的进程。芒乐村依照法定程序，在办事处辖区范围内选举成立村民委员会，在合作社设立村民小组，将村级行政管理体制改革为村民自治体制，村干部退出镇干部编制序列，由选聘制改为选举制。通过村民提名、公开报名、公开答辩、公开选举、公开竞争，公推直选村干部。整个选举过程中未发现买卖选票、贿赂选举、私自代填选票、拉帮结派破坏选举等失范行为。当选的村主任董光贵 45 岁，汉族，非党员，小学文凭，群众为什么选他做村主任？他当选的优势在哪里？本文试做分析。

（一）民族取向的分析

村里的民族种类多，民族间关系融洽，未发生过激烈的打斗现象。他们对"打歌"（当地的民族歌舞活动）等民族习俗活动很重视，每逢节假日就聚在一起共同欢庆。尽管如此，不同民族在普选中还是难免有自己的想法，一佤族女性村民对现任村干部就抱怨"他们是汉族，对少数民族的活动不是很支持"。问及"为什么不选本民族的人做村干部"，她说："虽然想选佤族的，但不合适，做事不如现在的干部。下一次选举，还是想选一个佤族的，能更理解本民族，为本民族说话。"可见，村民对选举的看法、投票心理和倾向是具有矛盾性的：从感情上希望选本民族的人当村干部，从理智上又觉得要选有能力的。这种矛盾心理表明，在经济欠发达的民族杂居村落，村委会的选举受民族因素的影响是客观存在的。但是，民族取向与能力取向相权重，能力取向已远高过于民族宗族取向，因为有能力的干部能给村民带来更多实惠。佤族农民石文光表达了村民们的这种普遍看法："我们的心情，只要你做的事正道，我们都依他，不管他是什么民族。"

（二）能力取向的分析

村民对现任村主任的总体评价是一致的：有较强的事业心、责任心和奉献精神，能够为群众办实事，尊重群众意愿，有较高威信，受到群众的信赖和支持，熟悉农村工作，思路清晰，有魄力，敢想敢干，敢于承担风险。一句话，村主任既是一个能带领大家致富的能人，也是一个人品和人缘好、办事公道的好人。

[访谈材料1]：8社一佤族农户

以前政策不开放，干部不团结，工作比现在差得多。现任领导最大的政绩是解决了村民的吃水问题，修了路，建了"打歌"娱乐场所。村主任在村里的威信高，希望下届继续做。谁能为群众做好事谁就行。选时主要选"家庭先进点，做事正直、科学，能带头的人"。村主任经常和大家商量村子里的事务。村民之间发生矛盾，无论是组长还是主任来调解，村民一般还是满意的。

[访谈材料2]：随机走访的一布朗族村民

虽然村主任文化程度不高，但是哪家的大小事他都去，原来的领导只是遇到事情解决一下，做事没有现在的村干部多，现在的干部能力更强，做事会找年纪大一些的人商量。村主任品德好，乐于帮助困难户，大家相信他，可以继续当，这对群众更有利。与以前相比，现在选上去的干部更好，更能为大家办事。对他们的希望就是带领群众把生活水平提高。

根据访谈，可以得出两个重要结论：

第一，在选举中起决定作用的并非民族、地缘、学历甚至政治因素（党员），而是能力和品格因素，其背后蕴涵的是村民对自身利益的比较和衡量。在农村，由于同一民族内"共同体意识"缺乏，村民之间"过分原子化"，社会关联程度低下，除节假日的"打歌"等娱乐活动外，民族和宗族因素并不具备动员村民一致行动的能力，也不能集中更多的资源和分配更多的利益以吸引村民。在民族因素与能力因素带来的利益权衡面前，人们还是选择了能够给自己带来更多好处的"村庄能人"，选择了实现自身利益的重要途径——村民自治，狭隘的民族意识在这里表现得并不明显。因此，在民族杂居地区，民族宗族因素对村民自治的影响是很有限的。由于投票意向清晰，村民的选举不再是盲目举手通过，选举行为正趋于理性化，民主有了一定基础，民主意识和参与的深度频次都在不断增强、增多，这有利于农村现代民主政治的发展。

第二，在村庄能人的带领下，村党支部和村委会的政治效能得到了提高。村委会除了乡上派下来的计划生育和催粮派款等工作，还能够积极组织农民发展生产。如针对农村高利贷严重，农民缺乏生产资金的现状，由村"两委"班子作担保，在 2002、2003 年分别帮村民争取到贷款 26.94 万元和 70 多万元，种甘蔗 130 亩。目前，村委会已在村里修了路，兴建了学校、娱乐场所等公共设施，村民们都能喝上卫生饮用水。由于基层政权组织的主动运作和服务功能的充分发挥，其政治效能较之从前有了较大起色，群众都很支持和信任，并希望这种运作能够持续下去。

三、村务参与的动力及其影响因素分析

村民参与村务管理的动力比村改前有所增强，但由于参与的内外部动力机制不完善，干部群众的积极性受到了很大限制。

(一) 村民的参与动力

在村庄治理中，村民与村委会构成了两极互动格局。那么，村委会靠什么吸引村民参与自治，又是什么削弱了村民的积极性呢？

1. 村集体经济状况

芒乐村的经济收入主要来源于农业，没有村办企业，现有集体积累 1.7 万元。有劳动力 963 人，主要种植芒果、茶叶、甘蔗等。年人均收入仅 860 元，低于全镇 1050 元的水平。其中 900～1000 元的 781 人，800～900 元的 696 人，700～800 元的 340 人，600～700 元的 266 人。村委会的固定资产除办公用的房子，另有 3 亩地，年收入 600 多元。2002 年村集体所得的 48015 元，完全靠村提留统筹。由于集体经济薄弱，村级组织的运作效率客观上受到了影响，在调整产业结构、发展农村经济、增加农民收入、促进社会事业发展上的局限性十分明显。一言概之，村委会由于掌握的资源少，很难通过分配资源吸引村民参与村务，这是影响村民积极性的重要原因。这样村委会必然处于两难境地，一方面无钱办事，村民很少有机会参与决策，偶尔有点钱也作村干部的误工补贴，另一方面又必须有所作为。这无疑对村干部个人的能力和品格提出了严峻的考验。如果村干部有能力解决这个难题，为村民增加福利或至少减轻不合理税费，将增强村民参与村务的积极性，否则将造成村民对村务的漠不关心。

2. 村委会的管理

由于村委会治理是由国家权力依照宪法和法律强制性导入的，因此村民对待"村治"的态度也具有由被动向主动过渡的特点。选举前，芒乐村的一部分村民认为"选举是上边定好人选，选不选一个样"；有的群众考虑到"村改委"后，村干部的工资要由群众负担，对这项工作并不是很支持，所以在很大程度上是被动的"要我选"，是为了完成上级的政治任务。村委会选举产生后，其管理状况又进一步决定了村民的参与积极性。村民不仅要"听其言"，更要"观其行"。村委会的"行"基本是按照《芒乐村自治章程》来执行的，许多村民都清楚村委会的工作计划以及村里财务使用情况。正是在公开中，村民的积极性逐渐显现出来，不仅很关心村里的钱是怎么用的，而且村里的各种公益事业，如果未通知到，村民都会有意见。可见，如果村委会的"行"是真诚向村民开放并接受监督的，那么村民自然能够在决策、管理、监督的参与中学会参与，熟悉参与的方式，懂得参与的途径，从而增强参与的能力和积极性。

3. 村民家庭经济地位

家庭经济地位高低不同的农户是否存在村务参与积极性上的差异？这是研究村民参与积极性不可或缺的变量之一。我们选取了富裕、较富裕、中下水平三个层次作为个案进行研究，初步看到了这种关联性。

[个案1]：该佤族农户家有 7 口人，种甘蔗一年纯收入 4000 元，养猪 2000 元，丈夫在外帮人盖房，一年不少于 7000 元，全部收入加起来超过万元。一年缴纳三提五统 300 多元。大儿子在昆明学医，女儿在景洪打工，二儿子在家。家庭年人均收入 1800 元，在村子里属于富裕的农户。当问"为什么不参与竞选"时，主人说："都已经 45 岁了，要是再年轻些，也想试一试。"

[个案2]：农户石文光家有 5 口人，老大在杭州艺术团工作，月工资 1000 多元，5 年中往家里带了 3000 元；老二在桂林艺术团，月工资 600 多元；老三在家，种植甘蔗纯收入 3000 元，养猪收入 3000 元。家庭年人均收入 1200 元，有录音机、电视机，在村里属于经济状况较好的。当问"为什么不去竞选村主任"时，他说："主要是觉得自己不富，害羞。"

[个案3]：该农户家有 8 口人，5 亩地，种谷子纯收入 2000 元；甘蔗纯收入 2500 元；养猪 2000 元，外出打工 1 人，2002 年带回 400 元。儿子正读技校，学习汽车修理。家庭年人均收入 820 元，在村里属于中下水平的。男主人说："选举中代票较为普遍，我家是叫小孩（18 岁以上）去填选票，我告诉他填谁他就填谁。大家参加集体活动的热情很高，如打歌、篮球赛等。老百姓只要粮食够吃，也不大关心政治了。"

在群众心目中，富裕的人才能够带领群众致富，自身的经济状况及自我评价影响了群众参与竞选的积极性。从以上案例可以看出，经济状况越好，参与的积极性就越高，政治责任感相应较强，经常亲自参加村里的事务；经济状况差的，在参与中就显得被动一些，并且更多地停留于集体娱乐活动上。可见，"人的经济地位（SES，socioeconomic status）和政治参与之间存在着相当明确的关联。就是说，一个人在社会分层等级中折合为 SES 的地位越高，他的政治参与比率也就越高。"[1]

4. 性别对村民自治的影响

在民族地区的农村，由于男性文化程度相对女性较高，加之"男主外，女主内"、"男人是天，女人是火塘"等传统意识的影响，选举时妇女大多留在家中料理家务，类似村民石文光"代替儿子、妻子投票"，也就在情理之中了。当时选举有 330 人委托投票，超过具有选举资格的 1/4，其中大部分是妇女和外出打工者。由于被动的社会参与意识，在正式候选人和本届村委会成员中没有妇女。

5. 文化素质

在经济发展落后的地区，村民的参与活动主要以利益获取为标杆，加上文化层次（主要是初中、小学学历）差别不大，其参与的动力大小与受教育程度高低的关联性在芒乐村表现得并不明显。因此，在文化素质层面上基本可以将村民作为同质的人群进行研究，从而忽略它对参与动力的变量作用。

以上分析可见，村民的参与积极性既与自身经济状况、性别等相关，又与村集体经济状况和村委会的工作影响力相关，在两极互动中，村委会显然较之村民处于主动地位。农户的经济地位影响了参与的积极性，但如果村委会的影响力越能刺激农户的经济利益，村民的参与积极性就越强，村委会的运作与农户的利益相关性越低，则村民的参与积极性就越低。可以说，后者才是吸引村民变被动为主动，由分配型参与向信念型参与转化，最终推进农村基层民主跨上更高层次的最根本的动力机制。

(二) 村干部的参与动力

村干部是以农民身份从事干部工作的管理者，农民有的，他们也有；干部有的，他们却没有。这种法定身份决定了其工作的心态：一方面是积极的心态，来源于村民对干部的信任和干部自身的荣誉感。如村主任董光贵有三兄弟，很团结，至今未分家，这在农村是很少见的。在干还是不干的问题上，兄弟都支持他干，"主要是觉得老百姓看得起"。另一方面是相对消极的心态，主要是报酬问题。村改委后，村干部工资由原来镇政府给付转为村提留中获取，待遇相应降低，补贴报酬因此成为村干部最关心的问题。该村现行的村干部岗位补贴每月 300 元左右，其他干部待遇更低。责任心强的干部，为了干好本职工作，基本不能回家承担责任田的生产管理，其报酬既不够请工帮自己做活，也难以保证家庭基本生活费用和孩子的教育费。干还是不干，一直是村干部心头的"结"。正如村民说的："当干部不容易，搞不好还要请上面的人到自己家吃饭。如果不当村主任，董光贵可以找更多的钱。"因待遇问题引起的家庭矛盾，已成为村干部面临的头等难题，它使村干部无法安心工作，在很大程度上影响了边疆贫困地区农村各项工作的正常开展。

[个案]：村主任董光贵在改革开放初期就开始做卖大米、卖肉等生意，并承揽了盖房工程，年收入上万元，属村里最先富起来的人。村里最好的房子就是他家的，有两层楼，外面为全瓷砖装饰，在村里很显眼，还开有豆腐磨房和肉店。竞选中他得 600 多票，高出第二位 100 多票，他开始不想担任，顾忌大，原因是有三个孩子在读书，正是家里用钱的时候。后来是"上面"做了工作才干村主任的。

四、村民自治中的权力运作格局

村委会作为农村基层管理体制改革中全新的政治设计，打破了原来"乡政村治"的权力格局，它与其他管理主体关系的协调程度决定着自身的运行效率，是村民自治得以健康发展的重要因素。

（一）村委会与镇政府的关系

镇政府"由原来'三级所有'体制时期农村行政结构中的最上级，变为政府权力延伸到乡村社会的最后一段"[2]，其权力在很大程度上下放到"村"，村级管理体制也由原来的镇"领导"和指派干部转变为指导和选举了。镇政府权力的缩减必然要求自身行为方式相应改变。由于制度运行中的"路径依赖"，镇政府原有的权力并未完全退出村务管理，而是与新的村委会权力相互交织和渗透，致使在全国不少地方两者关系难以协调：一是有的村干部认为自己是村民选出的"村官"，对乡镇的要求重视不够；二是受家族等因素影响选上来的一些村干部，年龄偏大、文化偏低，能力较弱，向下开展工作难，向上汇报情况也难；三是有的乡镇干部习惯行政命令式的工作，方法简单粗暴，与村委会的自治要求和村民的自治意愿发生摩擦，阻隔了上下的协调沟通。

芒乐村虽然未出现这种难以协调、上下脱节的局面，但这并不是基于《村民委员会组织法》关于"镇人民政府对村民委员会的工作给予指导、支持和帮助，但是不得干预依法属于村民自治范围内的事项"的规定。事实上两者关系的协调，主要是由于村集体经济薄弱造成的。因为镇政府无论从资金还是管理上，都在通过帮助村里的工作使镇政权介入村务运作中，镇政府的"指导"其实含有更大的"领导"成分，相应的村委会就有了"下属"的意味，从获得资助上说，这也是村委会期盼的。村委会由此也失去了与镇政府进行权力博弈的能力。当我们有意问："如果村主任自行其是，不听镇政府的怎么办?"镇上的一位领导说:"他敢不听?"因此,该村虽然在形式上建立了村民委员会这一群众性自治组织,但基本上仍沿袭着传统的行政管理模式。

(二) 村委会与村党支部的关系

不少学者经过调查发现,全国许多地方村党支部与村委会两者多表现为配合不够好,原因是村支书认为党支部是领导核心,村上的一切事情应由党支部决定,而村委会则认为自己是由村民选举产生,代表村民意愿的,村里的事情应该由自己安排,为此支书、主任争权比大,各行其是,工作难以打开局面。在调查中发现,芒乐村并未出现"两委"关系僵持的状况,相反两委班子分工不分家,经常沟通协调,有事一起商量,谁不在家,另一个就担起工作,几乎未出现权力争夺现象,"只是村主任有本事些,更能当家。"后来,我们从村民那里得知,村支书是村主任的姐夫,这样的姻亲关系使他俩从来都是有事好商量。同时,我们也发现,芒乐村"两委"之间也有"亲戚"关系,即成员交叉任职。

这种个人之间、组织之间的"亲戚"关系,对协调"两委"的工作确实是有利的。但值得注意的是,"两委"关系的融洽,一方面得益于制度性的安排,即村支书是党员会议选举产生的,村主任是村民选举产生的,二者都体现了民意,都必须对下负责。当然这对"两委"关系并不具有强约束力,即它并不必然促成两者关系协调。另一方面更得益于两人的私交甚好,有亲戚关系,且个性互补。但这具有一定偶然性。我们认为处理好"两委"的关系不能建立在这种偶然性上,而应建立在两者职责的明晰以及制度化合作机制上。否则书记和主任"分工不分家"最终将演变为"既不分工也不分家",对村里的事务,要么谁能力强谁说了算,所有事务由一个人统揽,要么碍于人情面子一团和气,无原则调和。应该清楚的是,二者权力的合法性来源不同、性质和职责不同、工作重点与工作方式不同、制约机制不同,当两者彼此不分时,最终既影响村民自治权的实现和基层民主政治建设的发展，又影响党在农村的领导及权威的巩固。

（三）村委会与村民会议的关系

在农村基层政权建设中，是谁在"自治"，是村民还是村委会？村民会议和村委会两者的关系怎样？如果不清楚这点，必然使"自治权"异化，导致村民"民主选举、民主决策、民主管理、民主监督"权利的丧失和被剥夺，反而成为管理和监督的对象。其实，村民会议和村委会的关系是容易明确的，它们的权力都来源于村民，村民会议是村民自治的最高决策机构，村民委员会是村民行使自治权的群众性组织，是村民意志的执行机构，村委会向村民会议负责并报告工作。因此，村民自治是"村民"的自治，而不是"村委会"的自治。我们在芒乐村的调查中未发现两者关系不协调的信息，村委会的干部在行使权力过程中，尊重村民意愿，倾听村民呼声，这是在村民自治中应始终坚持的权力格局和关系。

通过村级体制改革，村级组织体系和各项民主管理制度逐渐健全和落实；干群关系得到明显改善，不少涉及公共利益的项目也得到解决；村级基层组织的服务功能不断增强。但是存在的问题也不容忽视，如民族杂居地区相当数量的村民对选什么样的人持无所谓的态度，认为选举出来的和过去上级任命的没什么区别；有人提出通过实行村支书和村主任"一肩挑"，把两人的工资给一人来化解"两委"矛盾和提高待遇，而忽视了"一肩挑"的弊病；经济条件好、能力强的人不愿意干村主任，村里缺乏脱贫致富带头人；村干部任期时间有限，许多计划了的工作无法实施等等。对此，仍需在多方面继续完善，以推进村民自治良性发展。

村民自治是由国家启动和主导的制度变迁，它改变了中国农村社会治理的方式。芒乐村村民自治中呈现出的特点和规律，在民族杂居地区具有代表性，对它们的不断完善仍是我们推进农村治理模式变迁的重要课题，也是我国基层政权建设中的艰巨任务。

参考文献：

[1] 奥勒姆著，董云虎、李云龙译．政治社会学导论——对政治实体的社会剖析．杭州：浙江人民出版社，1989.331

[2] 邱泽奇．乡镇政府的经济活动分析．二十一世纪（香港），1998（4）

（原载《中南民族大学学报》2006 年第 1 期）

完善城市民族立法的思考

徐合平

随着改革开放和市场经济的不断深入，我国的城市化（也称城镇化）水平迅速提高，城镇人口从 1978 年的 1.7 亿增加到 2004 年的 5.4 亿，大量农村人口流向城市。[1] 城市多民族杂居、多元文化并存的状况进一步加剧，从而导致城市民族关系更加复杂化，民族工作在城市工作中的地位更加突出。因此，完善城市民族法律法规，以科学而规范的手段调整城市民族关系中出现的各种矛盾和问题，对构建和谐城市民族关系，推进我国城镇化健康有序的发展具有重要意义。

一、探索与尝试：我国城市民族立法的现状分析

20 世纪 90 年代以前，在计划经济和农业型社会环境下，城市少数民族问题并不是特别突出，国家民族工作的重心在少数民族聚居区，因而民族立法主要集中在民族区域自治制度的实施方面，对散居于城市的少数民族的专项立法不多。地方立法更是凤毛麟角，仅有 1989 年《黑龙江省城市民族工作条例》和 1990 年《山东省民族工作条例》。随着市场经济进一步发展，城市化进程逐步加快，城市民族关系开始走向多元化和复杂化。在这一历史背景下，城市民族法制建设日益突出，成为新时期推动城市社会发展的重要手段，相应地，城市民族立法工作也得以快速发展。

（一）城市民族法制建设的主要成就

1992 年，江泽民总书记在中央民族工作会议上指出："国家和没有自治地方的省市，要制定保障杂散居少数民族权利的法规。"[2] 根据这一精神，1993 年，经国务院批准，国家民委颁布实施了《城市民族工作条例》，该《条例》虽然只是一部行政法规，法的层级效力即权威性还不算太高，但毕竟是新中国第一部专门调整城市民族关系的法律，具有开创性意义。自此以后，城市民族立法工作进入到了一个快速发展的时期。各省、市、自治区及享有立法权的城市相继制定了一系列地方性城市民族工作法规，全面推动了城市民族工作的开展，从多个方面保障了城市少数民族的权利。这些地方性城市民族法规大致可分为四种类型：第一种为贯彻国务院《城市民族工作条例》的实施办法。是各地方结合本地区的实际情况而由地方人民政府制定的规范性文件，具有相对具体化和可操作性的特点，属于地方政府规章的层次。如《四川省〈城市民族工作条例〉实施办法》、《吉林省实施〈城市民族工作条例〉办法》等。第二种为地方城市民族工作条例。由地方人民代表大会常务委员会制定的专门调整本地城市民族关系的规范性文件，属于地方性法规的层次。如《黑龙江省城市民族工作条例》、《云南省城市民族工作条例》、《上海市少数民族权益保障条例》、《北京市少数民族权益保障条例》等。值得一提的是，在享有地方立法权的省会城市及国务院批准的较大的城市之中，也有部分城市充分发挥积极性和主动性，及时制定了民族工作条例，如湖北省武汉市先后于 1996 年和 1999 年制定了《武汉市城市民族工作办法》和《武汉市少数民族权益保障条例》，在城市民族法制建设方面成绩斐然。第三种是散居少数民族工作条例。即将城市民族工作和民族乡的民族工作综合在一起而制定的规范性文件，也属于地方性法规的层次，只是法规调整事项的范围比第二种要广泛，包含了民族乡的相关事务。从立法实践来看，比较多的地方采取了这一立法形式。如重庆市、湖南省、湖北省、广东省、江西省、吉林省及长春市、哈尔滨市等。第四种是单项民族法规。主要集中在清真食品管理方面，如《上海市清真食品管理条例》、《吉林省清真食品生产经营管理办法》、《广州市清真食品管理办法》、《成都市清真食品管理规定》等。也有少量涉及其他方面的法规，如《南京市回族等少数民族殡葬管理条例》、《重庆市少数民族发展资金管理办法（暂行）》、《四川省散杂居少数民族发展资金管理办法》等。

随着中央和各地方一系列法律、法规的颁布实施，城市民族立法建设已经初具规模，有了一个大致的框架体系。这个体系主要包括：

第一，《宪法》中有关散居少数民族问题的规定。

第二，全国人民代表大会及其常务委员会通过的基本法律和一般法律中有关城市少数民族问题的条款。如《全国人民代表大会和地方各级人民代表大会选举法》、《教育法》、《劳动法》、《城市居民委员会组织法》等。

第三，国务院制定的关于城市少数民族问题的专门行政法规，如《城市民族工作条例》；专门民族行政法规中有关城市少数民族的规定，如《培养少数民族干部试行方案》等；其他行政法规中有关城市少数民族问题的专门条款，如《殡葬管理条例》等。

第四，国务院各部委制定的关于城市少数民族问题的部门规章，如国家教委《关于加强民族散杂居地区少数民族教育工作的意见》，国家民委、公安部、国家旅游局等联合发布的《关于纠正极少数宾馆饭店旅店拒绝少数民族人员入住行为的通知》等；其他部门规章中有关城市少数民族问题的条款，如民政部制定的《婚姻登记管理条例》等。

第五，省、自治区、直辖市人民代表大会及其常务委员会制定的关于城市少数民族问题的地方性法规及其他地方性法规中有关城市少数民族问题的条款。如前所述的散居少数民族权益保障条例、城市民族工作条例等。

第六，省、自治区、直辖市人民政府制定的关于城市少数民族问题的专门规章和其他规章中有关城市少数民族问题的条款。如前所述的清真食品管理办法等。

第七，享有立法权的较大的市人民代表大会及其常务委员会制定的关于城市少数民族问题的地方性法规以及其他地方性法规中有关城市少数民族的规定。如《武汉市城市民族工作办法》、《南京市回族等少数民族殡葬管理条例》等。

第八，享有立法权的较大的市人民政府制定的关于城市少数民族问题的地方政府规章以及其他地方政府规章中有关城市少数民族的规定。如《成都市清真食品管理规定》、《广州市清真食品管理办法》等。

城市民族法律法规体系的形成，为城市民族法制建设、民族工作的规范化及少数民族权利的保障奠定了坚实的基础。

（二）城市民族立法存在的主要问题

受社会政治、经济因素的制约，城市民族法制建设直到20世纪90年代才开始步入较为快速的发展轨道。起步相对较晚，实践经验和理论研究也很薄弱，与其他领域的法律法规相比，城市民族法律法规体系还显得非常薄弱，存在许多缺陷和不足。主要体现在以下几个方面。

1. 从法律体系的层次结构来看，缺少法律部门中的核心要件

一个独立的法律部门必然有一个结构完整的法律体系，且这一体系的核心必然是全国人民代表大会及其常务委员会针对某一方面的社会问题而制定的法律。如民事法律部门的《民法通则》、民族区域自治法律部门的《民族区域自治法》等等。而目前城市民族法律部门的最高层级法律仅仅是一部行政法规，即国务院制定的《城市民族工作条例》，显然达不到法律部门中核心法律的要求。1984年《民族区域自治法》颁布实施后，民族自治地方的民族关系和少数民族权利有了国家基本法律的保障。至于非民族自治地方的少数

民族，人们一直呼吁对应制定一部《散居少数民族权益保障法》，以保障那些不受《民族区域自治法》保护的散居少数民族的权利。全国人大民族委员会从 1986 年起就开始起草《散居少数民族权益保障法》，10 易其稿，但至今尚不能出台。缺少一部由全国人大及其常委会制定的层级较高、权威性较强的法律支撑，已成为城市民族法制建设中最大的缺憾。

2. 从立法的技术来看尚待完善

1993 年国务院《城市民族工作条例》颁布之后，各地积极响应，兴起了一股城市民族立法热。但是，由于地方立法者素质上的欠缺以及地方间相互攀比的心理作祟，立法过程显得过于仓促，在立法技术的运作上较为粗糙，存在许多亟待解决的问题。一是在立法体例上追求"大而全"。从序言、目的、原则、正文、附则到章、节、条、款、项，一应俱全，应有尽有。导致重点不突出，任务不明确，与地方立法的主要目的不符。二是立法用语不规范，实际操作性不强。在已颁布实施的各类地方法规中，存在许多不明确、不肯定、含糊不清、伸缩性很大的法律语言。如"配备适当数量"的少数民族干部，"安排一定数额的经费"，"予以适当照顾"等等，"适当数量"、"一定数量"之类的模糊语言往往使法律规定流于形式。三是逻辑结构不完整。法的规范由行为模式和相应的法律后果两个要素构成。城市民族法规的许多规范都只有行为模式而缺少相应的法律后果，直接影响到法规的具体实施。四是法的名称混乱，缺乏规范性。如在清真食品管理方面，有的名称为"条例"（如上海），有的名称为"办法"（如广州），有的名称为"规定"（如成都）等，容易使人产生疑惑。

3. 从立法的内容来看，反映地方特色的内容少，针对性不强

一是照抄上位法或相互抄袭的现象较为严重。二是原则性规定较多，可操作性不强。如在保障少数民族权利的途径方面，有许多诸如"可提请当地人民政府予以帮助解决"、"可以向有关机关提出申诉和控告，有关机关必须及时处理"等规定，但是，在提请及

申诉和控告的方式、有关机关的保证措施（如接待人员等）、解决问题的期限、推诿怠延者的责任等方面却没有规定，结果使这些看似"美丽"的条款毫无意义。三是行政管理色彩过于浓厚。如许多地方法规的名称中都直接标有"管理"二字，不少法规在规范公民、法人及其他组织的权利义务时，偏重于设定义务而忽视权利；在规范国家机关的权力与责任时，偏重于设定权力而忽视义务，不能做到权利（权力）与义务的平衡统一，与市场经济和法治社会的基本精神相悖。四是对某些急需保障的少数民族权利缺少相应规定，如城市少数民族职工的下岗再就业问题、子女受教育问题、流动少数民族的生存环境问题等。这些直接关系到少数民族最基本人权——生存权和发展权，这些问题不解决，就会阻碍和谐城市民族关系的形成。

二、建议与对策：完善城市民族立法的基本构想

党的十六大对我国的立法工作提出了新的原则要求，即："适应社会主义市场经济发展、社会全面进步和加入世贸组织的新形势，加强立法工作，提高立法质量，到 2010 年形成有中国特色社会主义法律体系。"[3] 城市民族立法也应当在这一原则精神的指导下，不断向前发展。

（一）加快立法步伐，完善城市民族法律部门的立法体系

立法体系主要是指法的不同的外部形式的组合，一般而言："一个法律部门是以一项基本法律为主体，加上同一层次、次一层次和再次一层次的各项法律构成的。"[4] 城市民族法律部门也应当是由基本法律、一般法律、行政法规、地方性法规、地方政府规章等不同层次的法律法规共同组成的协调统一的整体，缺少其中的任何一环，都不可能形成一个完整的立法体系。因此，加快立法步伐，填补立法空白，完善立法体系，是今后城市民族立法工作的重心之一。

其一，需要由全国人民代表大会制定一部基本法——《散居少

数民族权益保障法》。民族聚居区的各项工作已经有了一部基本法——《民族区域自治法》，而散居区的少数民族包括城市民族工作在内，多年来只能依靠政策和行政法规的指导，这显然不是一种正常的现象。全国人大常委会应该责成法律委员会、民族委员会等部门组织专家、学者及相关部门的代表，对法律草案中存在争议的问题作进一步的研究和论证，并向全社会广泛征求意见，在达成共识的基础上完善法律草案，避免十易其稿、无果而终的尴尬，及早提交全国人民代表大会审议、表决，以填补立法上的空白。其二，由全国人大常委会制定一部《城市少数民族权益保障法》，专门调整城市民族关系。从目前的情形来看，人们探讨的重点集中在"散居少数民族权益保障法"体系的构建方面，即把聚居区和散居区作为两个不同的部分分别构建法律保障体系。这固然可以解决聚居区的少数民族有民族区域自治法保障其权利，而散居区少数民族的权利缺乏相应的法律保障的问题。然而，散居区的少数民族明显存在两个不同的群体，即民族乡的少数民族和城市少数民族。且这两个不同的群体在权利形态及实现方式上存在明显的差异，这大概也是国务院分别制定《民族乡工作条例》和《城市民族工作条例》的真正原因所在。因此，指望以一部统一的《散居少数民族权益保障法》解决所有问题显然是不现实的。鉴于《城市民族工作条例》只是一部行政法规，法的层次太低，不能体现城市民族工作的重要地位。国务院应组织民族事务委员会等部门，对各地执行该条例的情况进行调查研究和科学论证，以完善该条例的体系和内容。当条件成熟时，"应当及时提请全国人民代表大会及其常务委员会制定法律"（《立法法》第五十六条）。其三，国务院及各部委应就某些专门性问题制定行政法规和规章，如对清真食品管理、流动少数民族人员的管理和服务等热点问题进行立法。其四，省、自治区、直辖市和较大的城市（有立法权的市）的人民代表大会及其常委会应以《条例》的形式进一步完善地方性法规的制定。从目前的情况来看，地方城市民族立法主要集中在贯彻执行法律、行政法规方面，专门针对地方民族关系和民族问题制定的法规很少。所以，地方立法机关应当改变被动立法的局面，发挥主观能动性和积极性，及时制定地方急需的民族法规。如城市少数民族丧葬管理问题。其五，省、自治区、直辖市和较大的城市（有立法权的市）的人民政府应该针对具有较强地方性特色的具体行政管理事项，以《办法》的形式制定地方政府规章。如对城市少数民族优质产业的扶持等，由此便可形成一个从基本法、法律、行政法规到地方性法规、政府规章的较为完整的城市民族法律体系。

（二）用科学发展观统领立法工作，提高立法质量

1. 坚持"以人为本"，以城市少数民族人民的根本利益作为立法的出发点和落脚点

在立法活动中坚持以人为本，意味着在立法观念上要作出重大转变，即要从社会本位立法向公民本位立法转变、义务本位立法向权利本位立法转变；意味着立法的目的和内容要体现人性、考虑人情、尊重人权。这种转变对城市民族立法尤为重要，因为少数民族在城市中的人口比例普遍较小，属于特殊的弱势群体，他们的权益很容易被忽视；特别是过去一段时期，有些地方过分看重经济发展指标，在服务于城市经济发展大局的口号下，强制命令、一刀切等现象时有发生，少数民族的经济文化权利没有得到应有的尊重。如许多城市的回族群众有"围寺而居"的习惯，形成了相对集中的生活区，但在城市拆迁改建过程中，他们被分散到远离清真寺的各个社区，经济生活、文化生活、宗教生活、子女上学都变得更加困难；还有在产业结构的优化组合中，少数民族职工下岗、特需生活用品紧缺等问题也越来越突出等等。坚持立法以人为本，就是要对这些与少数民族人民群众日常生活密切相关的问题给予特殊的关注和保护，把人的生存和发展放在第一位，放在经济发展之上。

2. 地方立法要突出特色，解决城市民族关系中的实际问题

地方立法主要有两项任务，一是为中央立法"拾遗补缺"，将

法律和行政法规中的原则性规定具体化，便于地方执行；二是就某些具有地方个性特征、中央不便立法的事项制定法规。其核心就是要立足于地方，满足本地方民族关系发展对法制的需求。因此，地方城市民族立法应该认真贯彻"不抵触、有特色、可操作"的地方立法三项原则，切实改变过去那种小法抄大法、下位法抄上位法以及相互抄袭的不良工作方式，在突出地方特色上下足工夫，使法律条文具有较强的针对性、实用性和操作性，真正成为补充中央立法之不足、反映地方发展之实际、满足地方执法之需要的"良法"。

3. 深化理论研究，改进立法技术

加强对新形势下城市民族关系发展趋势的调查研究和理论分析，进一步认识和把握民族问题的特点和规律，总结民族工作的经验和教训，把理论研究成果与城市民族立法的立、改、废等各项工作有机结合，才能保证立法的时效性、科学性和创造性，适应改革发展的需要。此外，立法技术的改进对立法质量的提高也有着非常重要的作用。只有掌握科学的立法方法和技巧，才能在立法过程中合理设计法的框架体系，准确营造法的规范结构，恰当运用法的规范语言，使所立之法成为"技术先进的、科学的、完善的法"[5]。

参考文献：

[1] 中国城镇化水平达 41.8%，城镇总数 661 个 . http：//www. China. org. cn/Chinese/renkou/1026421. htm, 2005 年 11 月 10 日

[2] 国家民族事务委员会经济司、国家统计局国民经济综合统计司 . 中国民族统计年鉴（1949—1994）. 北京：民族出版社，1994

[3] 江泽民 . 全面建设小康社会，开创中国特色社会主义事业新局面——在中国共产党第十六次全国代表大会上的报告 . 人民日报，2002 年 11 月 10 日

[4]〔5〕周旺生 . 立法学 . 北京：北京大学出版社，1988

（原载《中南民族大学学报》2006 年第 3 期）

四、民族工作研究

散杂居民族问题研究

中国城市民族区运行现状的调研报告

金炳镐 张 勇

我国现有 5 个城市民族区，即呼和浩特市回民区、齐齐哈尔市梅里斯达斡尔族区、郑州市管城回族区、开封市顺河回族区和洛阳市河回族区。5 个城市民族区的前身——城市民族自治区曾是我国民族区域自治的一部分，后被国家更改为一般市辖区——城市民族区。长期以来，对城市民族区的研究几乎空白。

2006 年 7—11 月，我们对 5 个城市民族区进行了实地调研，主要调查城市民族区运行现状和少数民族权益保障现状。

一、我国城市民族区概况与历史沿革

（一）基本情况

呼和浩特市回民区位于城区西北部，全区总面积 175 平方公里，总人口 30 万人，辖 7 个街道办事处、55 个社区居委会和 19 个行政村。该区有汉、回、蒙古、满等 23 个民族成分，少数民族人口 45159 人，占全区总人口的 20.28%。其中，回族 19800 人，占全区总人口的 6.7%，蒙古族 20567 人，满族 4117 人。

梅里斯达斡尔族区是典型的城市民族农业区。该区位于齐齐哈尔市西部，与城区隔嫩江相望，全区总面积 2078 平方公里，总人口 17.1 万人，辖 4 个镇 2 个乡（达斡尔族乡、镇各 1 个），1 个街道办事处，48 个行政村（16 个民族村，其中达斡尔族村 12 个，满族村 2 个，朝鲜族村、回族村各 1 个)。该区有汉、达斡尔、满、朝鲜等 19 个民族成分，少数民族人口 2.1 万人，占全区总人口的 12.2%。其中，达斡尔族人口 1.2 万人，占全区总人口的 7.0%（占全国达斡尔族总人口的 10%），满族 5172 人，朝鲜族 1779 人。

管城回族区位于郑州市城区东南部，紧靠京广、陇海铁路交叉点的东侧，全区总面积 198 平方公里，总人口 36 万人，辖 9 个街道办事处、52 个社区居委会和 3 个乡（镇）、57 个行政村。该区有汉、回、满等 32 个民族成分，少数民族总人口 3 万人。其中，回族人口 2.9 万，占全区总人口的 8.1%。

顺河回族区位于开封市城区东北部，总面积 30.2 平方公里，总人口 24 万人，辖 6 个街道办事处、42 个社区居委会和 2 个乡、35 个行政村（均为 2005 年划入）。该区有汉、回等 20 个民族成分，少数民族人口 2.4 万人。其中，回族 2.2 万人，占全区总人口的 9.2%。

河回族区位于洛阳市主城区，有洛阳东大门之称，总面积 34 平方公里，总人口 17 万，辖 7 个街道办事处、29 个社区居委会和 1 个回族乡、11 个行政村（6 个回族聚居村）。有汉、回、满、蒙古等 21 个民族成分，少数民族人口 3 万人。其中，回族 2.6 万人，占全区总人口的 15.3%。

（二）我国城市民族区的历史沿革

第一，城市民族区是回族、达斡尔族等民族长期或传统聚居地。梅里斯达斡尔族区是达斡尔族重要聚居区之一，清朝初年就开始在此居住，繁衍生息。其他 4 个回族区所在城市呼和浩特、郑州、开封和洛阳，最早出现回族可以上溯到元朝，后逐渐成为回族在当地的聚居地。据 4 个回族区的区志记载，1949 年呼和浩特市回民自治区总人口 42058 人，回族人口 8671 人，占全区总人口的 20.6%；1953 年，郑州市回族自治区总人口 13190 人，回族人口 6829 人，占全区总人口的 51.8%；开封市回族自治区成立时，全区总人口 21757 人，回族为 9668 人，占全区总人口的 44.4%；1957 年河回族区成立时，全区总人口 49930 人，回族 9986 人，占全区总人口的 20.0%。

第二，城市民族自治区曾是新中国民族区域自治的组成部分。新中国成立后，党和国家在全国推行民族区域自治制度，相继建立了不同类型的民族自治区，其中包括相当于区、乡级的民族自治区，实现少数民族当家做主与自主管理的权利。截至 1955 年底，全国建立了相当于区的自治区 106 个，相当于乡的自治区 1200 多个，5 个城市民族区都是新中国建立初期成立的。

呼和浩特市回民区的前身归绥市回民自治区于 1950 年 12 月 19 日成立，这是全国市辖区成立的第一个城市少数民族自治区，1951 年初更名为呼和浩特市回民自治区。齐齐哈尔市梅里斯达斡尔族区的前身龙江县卧牛吐达斡尔族自治区（1954 年 9 月划归齐齐哈尔市）于 1952 年 8 月 18 日成立。管城回族区前身郑州市回族自治区于 1953 年 1 月 24 日成立，顺河回族区的前身开封市回族自治区于 1953 年 5 月 18 日成立，河回族区的前身洛阳市东回族自治区于 1953 年 10 月成立。5 个城市民族自治区属于新中国建立民族自治区的一部分。

第三，20 世纪 50 年代中期，城市民族自治区更改为一般城市区——民族区，随后民族区的建制、区划又发生多次变更。根据有关文件精神，经国务院批准，5 个城市民族自治区于 1956—1957 年先后更改为城市民族区。呼和浩特市回民自治区更名为回民区；齐齐哈尔市卧牛吐达斡尔族自治区与其他 3 个市郊区合并为一个郊区，成立梅里斯达斡尔族区；郑州市回族自治区更名为金水回族区，下设 3 个街道办事处；开封市回族自治区更名为顺河回族区，下设 3 个街道办事处；洛阳市东回族自治区与一个民族乡、2 个街道办事处合并成立了河回族区。这样，我国出现了民族区这种城市少数民族聚居区的政权组织形式。

后来，随着我国政治环境的变化，民族区的行政区划和建制多次发生变更。"文化大革命"结束后，国家恢复了城市民族区建制。呼和浩特市回民区 1966 年曾更名为红旗区，1978 年重新恢复民族区建制。齐齐哈尔市梅里斯达斡尔族区曾更名为华丰人民公社（1958 年）、郊区工委办事处（1961 年）、郊区革命委员会（1967 年）、梅里斯区（1980 年），1988 年恢复梅里斯达斡尔族区建制。郑州市金水回族区曾更名为郑州市管城区（1958 年）、红旗人民公社（1960 年）、管城区（1961 年）、向阳区（1966 年），1981 年恢复民族区建制，称向阳回族区，1983 年更名为管城回族区。开封市顺河回族区曾更名为顺河人民公社（1959 年）、顺河回族区（1961 年）、顺河红卫区（1966 年）、顺河区（1972 年），1980 年恢复顺河回族区建制。洛阳市河回族区在 1958 年 12 月改为河人民公社，1959 年 9 月恢复民族区建制，此后民族区建制一直没有变动。

城市民族区的历史沿革，反映了我国民族区域自治的实施和规范的过程，同时也反映了这一过程中，国家在政策、法律上对传统居住在城市的少数民族权益保障的不明确。

二、城市民族区保障以建区民族为主的少数民族权益现状

（一）较好地实现了建区民族的参政议政权利，比较重视少数民族干部的培养与任用

1. 呼和浩特市回民区

每届区党政主要领导中有一位是回族成员（现任区长为回族领导干部）；区党委统战部长和区政协主席一直由回族干部担任；区人大副主任、副区长、区政协副主席中各有一名回族领导干部。目前，全区 39 名县区级领导干部中少数民族有 21 名，占全区县区级领导干部总数的 54%；326 名科级公务员中少数民族有 121 名，占总数的 37%；本届人大少数民族代表和本届政协少数民族委员的人

数比例均高于少数民族人口比例。

2. 梅里斯达斡尔族区

1998 年黑龙江省人大批准的《齐齐哈尔市梅里斯达斡尔族区条例》为少数民族参政议政提供了法律保证。《条例》规定，区人大常务委员会组成人员中，达斡尔族公民应占 20% 以上，应有达斡尔族公民担任主任或副主任；区人大代表中达斡尔族代表应占 20% 以上；达斡尔族区区长由达斡尔族公民担任，区政府组成人员应配备一定比例的达斡尔族和其他少数民族干部；区法院和检察院应当有达斡尔族公民担任院长或副院长、检察长或副检察长，工作人员中应配备一定比例的达斡尔族公民。

该区现有 291 名科级以上干部中，少数民族干部 73 人，其中达斡尔族干部 52 人，占科级以上干部总数的 17.9%。10 名副县级后备干部中，少数民族干部 4 名，其中达斡尔族干部 3 名，占副县级后备干部总数的 30%；73 名正科级后备干部中，少数民族干部 23 人，其中达斡尔族干部 18 名，占正科级后备干部总人数的 24.7%；110 名副科级后备干部中，少数民族干部 28 人，其中达斡尔族干部 24 名，占副科级后备干部总人数的 21.8%。

3. 管城回族区、顺河回族区、瀍河回族区

这 3 个城市民族区是郑州、开封、洛阳的市辖区。在实际工作中，3 个民族区形成了这样的惯例：若区委书记为回族，区长一般为其他民族干部；若区委书记为其他民族干部，区长则为回族干部。例如，顺河回族区、瀍河回族区现任区委书记为回族干部，区长为汉族干部。这 3 个回族区少数民族干部比例一般高于少数民族人口比例。如目前顺河回族区少数民族科级干部 93 人，占全区科级干部总数的 14.3%；县处级干部 32 人，少数民族 7 人，占县处级干部总数的 21.9%。瀍河回族区现职县级党政干部中少数民族 4 人，占县处级干部总数的 14.3%；副县级后备干部中少数民族 5 人，占副县级后备干部总数的 38%；科级干部中少数民族 47 人，占科级干部总数的 25%。3 个回族区少数民族人大代表、政协委员所占比

例一般高于本民族人口的比例。如河回族区本届少数民族区人大代表27人，占区人大代表总数的17.5%；本届少数民族区政协委员32人，占区政协委员总数的19%。

（二）少数民族经济随着城市民族区的整体发展而发展

1. 呼和浩特市回民区

呼和浩特市回民区"十五"期间，各项经济快速增长，综合实力显著增强。2005年，区国内生产总值115亿元，"十五"期间年均递增37.5%，比"九五"末翻了两番；财政收入61237万元，年均递增17%，比"九五"末翻了一番；城镇居民人均可支配收入11410元，年均递增18%，比"九五"末翻了一番；农民人均收入达到6500元，年均递增10.3%，比"九五"末增长了67.9%。2003年回民区三产结构比例调整为0.83∶38.53∶60.64。

回民区把促进农村少数民族的扶贫开发和经济生活水平的提高作为民族团结进步工作的首要任务。对少数民族聚居村，在编制年度经济发展计划中予以重点倾斜，为少数民族聚居村引进项目，争取资金改善村基础设施条件。

2. 梅里斯达斡尔族区

该区种植业、畜牧业历史悠久，水资源、以砂石为重点的矿产资源、草场和森林资源丰富。经过近几年的发展，该区正在形成齐齐哈尔市三个"第一区"：黑龙江省绿色食品加工、生产和集散第一区，嫩江畜牧养殖第一区，嫩江民族文化、生态文化第一区。2005年，该区粮食总产量30.6万吨，畜产品产值占农业总产值的比重达到35.7%；工业增加值2.21亿元，为2000年的2.1倍，年均递增14.9%；产业结构调整取得进展，一、二、三产业增加值比由2000年的38∶22∶40调整为2005年的35∶24∶41。"十五"期间，城镇居民人均可支配收入7600元，年增25%；农民人均纯收入3469元，年增7.6%，"十五"期间累计转移劳动力37157人。

3. 管城回族区、顺河回族区、河回族区

目前，河南省3个城市民族区在中原崛起的大背景下，依托各自城市优势，经济快速发展。3个民族区的回族发挥善于经商的传统，活跃于清真食品加工、清真餐饮等行业，经济收入提升较快。但以回族为主的少数民族多在第三产业就业，收入水平受市场等因素影响大，少数民族企业大多规模小，整体水平低，抗风险能力差。

（三）民族教育、民族文化等社会事业得到较快发展

1. 呼和浩特市回民区

该区依据《呼和浩特市民族教育条例》，制定了发展民族教育的政策：民族小学的教师编制比同类普通学校多20%，民族小学的教师每年发民族教育奖金；还在全市率先落实民族学校、幼儿园任教满20年教龄的教师工资浮动一级的政策。在民族文化建设方面，回民区将回族聚居的通道南街打造成富有伊斯兰建筑特色的景观街，既改善了回族聚居区的文化、生活环境，又展示了自治区首府多民族文化和谐共存的特色。另外，加强少数民族文化古籍的挖掘、整理工作，几年来投入20多万元，编辑出版了6集《呼和浩特市回族史料》。

2. 梅里斯达斡尔族区

该区民族教育、民族文化发展已具有一定基础。现有民族中小学21所，教育基础设施不断改善，1997年通过国家"两基"验收后，2002年又通过了国家复检验收。民族文化方面，现建有达斡尔族文化展览馆、达斡尔族传统民居、哈拉新村、朝鲜族民俗园，还定期举办敖包大会，这些都为弘扬少数民族传统文化提供了载体。

3. 管城回族区、顺河回族区、河回族区

这3个民族区文化、教育、卫生、体育等社会事业基础设施较为完善，形成了较为完善的民族教育体系，为提高少数民族素质和

生活质量提供了较好条件。管城回族区有回族小学 3 所，回族幼儿园 1 所，郑州市回民中学设在该区。顺河回族区有回族小学 1 所，民族幼儿园 2 所，开封市回民中学设在该区。顺河回族区重视少数民族传统体育文化工作，成立了少数民族体育协会，组建了 4 个武术馆，2004 年成立了开封市穆斯林活动中心；区石锁代表队多次在全国、省少数民族传统体育运动会上取得好成绩，区政府 3 次被国家民委、国家体育总局授予"全国民族运动先进单位"。河回族区有回族小学 6 所，洛阳市回民中学设在该区；有少数民族文化活动中心 1 个，回族医院 2 个。

（四）较好地尊重少数民族风俗习惯和宗教信仰

1. 呼和浩特市回民区

2002 年，呼和浩特市政府授权回民区成立市清真食品管理执法队，负责管理全市清真食品市场，有效地净化了清真食品市场。回民区现有 7 坊清真寺，宗教活动场所能够满足回族群众宗教生活的需要。

2. 梅里斯达斡尔族区

达斡尔族传统民居、哈拉新村、朝鲜族民俗园的建成，定期举办的敖包大会，以及正在进行的庞葛古城复建的工作，有利于把发展少数民族文化与提高少数民族生活水平有机结合起来。

3. 管城回族区、顺河回族区、河回族区

河南省 3 个民族区依据《河南省清真食品管理办法》，对经营清真食品的企业、个体户统一发放省民委监制的清真牌证，坚持清真食品年检制度和重大节日检查制度，聘请民族宗教界人士为义务监督员等，这些措施尊重了少数民族风俗习惯，较好地维护了回族区少数民族的合法权益。管城回族区建有 6 坊清真寺，顺河回族区、河回族区各建有 13 坊清真寺；少数民族重要节日期间，民族区的领导都到少数民族中间慰问。

三、当前城市民族区面临的主要问题

（一）国家法律法规关于城市民族区性质和地位的规定不明确

目前，我国5个城市民族区都是经国务院批准建立和恢复的城市区级政权组织形式，其前身都曾是我国民族区域自治的一部分。但在民族区域自治制度和民族乡制度的建立、完善过程中，城市民族区建设没有列入其中。

国家设置城市民族区，显然是为了保护聚居在城市的少数民族的权益，这从城市民族区的起源——城市少数民族自治区可以得到证明。但城市民族区这种与其他城市区不同的特殊性，其性质和地位并没有明确。

目前，国家事实上承认城市民族区的存在，但没有相关的法律确认它的性质、地位，这会引发一些问题。比如，5个城市民族区的稳定问题（下文详述）；民族区所在的省、自治区和市对其制定优惠政策的依据和标准问题。例如，黑龙江、河南、内蒙古对所辖城市民族区的优惠政策相差很大，内蒙古自治区和呼和浩特市在相关少数民族的重要文件、法规等中，并没有考虑到回民区的特殊性问题。

（二）少数民族普遍存在比较心理，由此产生对民族区"有名无实"现状的不满情绪

调查得出，5个城市民族区的建区少数民族普遍存在下列比较心理：

1. 与享有自治权的20世纪50年代相比较

5个城市民族区都建立过区级自治政权（不是今天的区县级），虽然后来不再享有自治权，但其行政区在原来的自治区基础上不断

扩大，并成为区县级政权组织形式。这种历史延续性使城市民族区干部群众对今天的民族区"有名无实"的现状不满。

2. 与民族自治县（旗）相比较

一是与本民族的自治县（旗）相比较。5 个城市民族区的建区少数民族回族和达斡尔族在外省、自治区建有本民族的自治县（旗），本民族自治县（旗）享受的优惠政策和发展优势对城市民族区影响较大。二是与相邻的自治县比。梅里斯达斡尔族区与杜尔伯特蒙古族自治县同属黑龙江省农业县区，同为区县级的少数民族聚居地区，但杜尔伯特蒙古族自治县在享受国家政策、资金、项目支持上比前者优惠很多。这种发展落差对梅里斯达斡尔族区影响很大。

3. 与辖区的民族乡相比较

5 个城市民族区中，河回族区、梅里斯达斡尔族区各有一个民族乡，根据《民族乡工作条例》，国家、省、市每年都下拨专项资金和扶持项目给民族乡，而两个民族区向上争取资金项目也常以民族乡的名义申请。两个民族区有关人士说，民族乡争取项目资金有理有据，民族区争取资金、项目要靠上级"恩惠"。

4. 城市区之间的比较

河南省 3 个民族区政府反映，《齐齐哈尔市梅里斯达斡尔族区条例》明确和保障达斡尔族区少数民族权利，呼和浩特市回民区被划入西部大开发范围，唯独河南的民族区没有明确的政策性照顾。

（三）城市民族区当地政府和少数民族的呼声

1. 当地党政领导的看法

（1）希望国家明确城市民族区的法律地位。呼和浩特市回民区政协主席牛俊认为，国家应明确民族区的法律地位，规定民族区的权利，这也是依法治国的一部分。2005 年 7 月，梅里斯达斡尔族区政府向全国人大视察组汇报时，建议国家将城市民族区纳入法制轨道，对民族区的法律地位予以确认。

（2）比照自治县待遇，希望国家明确城市民族区作为民族区域自治制度的补充形式。梅里斯达斡尔族区政府向全国人大视察组汇报时还建议，将城市民族区比照民族自治地方进行管理，赋予类似自治县的一些待遇。河回族区委书记王志高认为，城市民族区法律地位至今没有明确，国家能不能允许民族区参照自治县的政策，是解决问题的一种思路。

2. 当地各族群众对城市民族区问题的看法

我们在4个城市民族区（除管城回族区）针对以少数民族为主的各阶层问卷调查有这样一道题：您最希望国家对城市民族区：A、给予更多的重视，出台更多的优惠政策；B、享受自治县的待遇；C、完善民族区域自治法，确认城市民族区的法律地位，把城市民族区作为民族区域自治补充形式之一；D维持现状。4个城市民族区回收有效问卷253份，其中，选择A的120人，选择B的29人，选择C的61人，选择BC两项的30人，选择D的仅为13人，选择B、C、BC的总人数为120人。

据我们分析，选择A项的各阶层群众至少已经认识到城市民族区不同于其他市辖区，国家应该更多地关注城市民族区；选择B、C、BC的群众不仅认识到城市民族区不同于其他市辖区，还对国家应该给城市民族区界定其性质、地位有较明确的要求。

（四）城市民族区少数民族权益保障存在的主要问题

第一，除梅里斯达斡尔族区外，其他4个民族区形成的一些惯例没有法律、法规规定，因而没有法律依据。呼和浩特市回民区政协主席牛俊、回民区党委统战部陈部长都认为，回民区少数民族参政议政形成的一些惯例没有法律保障，易因人、因事而易。

第二，梅里斯达斡尔族区少数民族发展受多种因素制约。近似农业县的区情，却是市辖区的体制，对该区经济社会发展影响很大。同时，工业化、城市化水平低，只有一个街道办事处。"三农问题"突出，农业生态环境恶化。区级财政收入低，2005年本级财政收入仅为 920 万元，无力为农村民族学校添置电脑、多媒体等教学设备，对发展民族文化、改善区医疗卫生条件，缺少必要的资金投入。

第三，《河南省少数民族权益保障条例》关于 3 个民族区的条款没有很好的贯彻。《条例》第 22 条规定："民族区、乡（镇）的上一级人民政府在编制财政预算时，应当给民族区、乡（镇）安排一定的机动财力，在核定民族区、乡（镇）财政收支基数时适当给予照顾。民族区、乡（镇）财政收入的超收部分和财政支出的节余部分，应当全部留给民族区、乡（镇）周转使用。"河回族区反映，洛阳市现行的财政管理体制是"划分税种、属地征收、市区分管、下放小税、主税分成"的财力分配办法，市对所辖区统一分享税种、统一分成比例、统一属地征管、统一基年核算，民族区在收入的划分和财力分配方面没有享受到民族区的优待政策。

四、对城市民族区工作的建议

（一）国家应明确城市民族区的性质、法律的地位，将民族区管理纳入法制化轨道

1. 国家现在只有对民族区性质、地位的间接界定

1956 年 10 月 6 日，国务院在《关于更改相当于区和相当于乡的民族自治区的补充指示》中指出："关于民族区和民族镇的名称，其人民代表大会和人民委员会的组成以及在工作中注意民族特点等方面，应根据《国务院关于建立民族乡若干问题的指示》中第二条、第三条、第四条、第五条的规定办理。"《国务院关于建立民族乡若干问题的指示》第二条、第三条、第四条、第五条对民族乡的名称、人民代表大会的各民族代表组成、国家机关行使职权时注意当地民族特点等方面作了明确规定。这两个文件至少在当时明确了这样的含义：国家关于民族乡的有关规定适

用于城市民族区。"文化大革命"结束后，国家恢复城市民族区建制。1982 年的《宪法》第 30 条规定、1983 年国务院《关于建立民族乡问题的通知》、1993 年的《民族乡行政工作条例》，明确了民族乡的性质和法律地位、权限等，但没提及、没涉及城市民族区。只是民政部在《关于黑龙江省恢复齐齐哈尔市梅里斯达斡尔族区名称的批复》中明确规定："经国务院批准，同意将齐齐哈尔市梅里区恢复为梅里斯达斡尔族区，但不属于民族自治地方，仍为齐齐哈尔市的市辖区。原辖区下的民族乡应予以保持和继续享受民族乡待遇。"即城市民族区不属于民族自治地方，是所在市的区级政权组织形式———一般的市辖区。这种定位明显与城市民族区的历史和现状不相适应。

2. 城市民族区不同于一般的市辖区

尽管国家没有明确城市民族区的性质、法律地位，但民族区的历史与现实决定了民族区对于所在的自治区、省的特殊性，促使它所在的自治区、省制定相关的不同于其他城市区的政策。

（1）享受一般市辖区没有的一些优惠政策或惯例。城市民族区所在的自治区、省以及市通过各种途径赋予民族区的特殊性政策，保障城市民族区少数民族合法权益，尤其是黑龙江、河南两省在有关法规、文件中针对城市民族区的特殊性制定了一些优惠政策。

呼和浩特市对培养、使用回民区回族等少数民族干部形成了一些惯例（见前文）。《齐齐哈尔市梅里斯达斡尔族区条例》以专门地方性法规形式明确了达斡尔族等少数民族的政治、经济、文化等权利，梅里斯达斡尔族区国家机关的民族化建设以及上级人民政府的责任，以法规形式明确该区有别于其他市辖区。同时，黑龙江省《关于贯彻落实〈中共中央、国务院关于进一步加强民族工作加快少数民族和民族地区经济社会发展的决定〉的通知》（黑发〔2005〕21 号）对梅里斯达斡尔族区赋予专项优惠政策："省对齐齐哈尔市本级下达梅里斯达斡尔族区财政转移支付资金和各种专项资金时，比照建制县的标准安排”，并在经济社会事业发展上对民族区、自治县、民族乡（镇）统筹安排。河南省对辖区的 3 个民族区也制定了优惠政策。

5 个城市民族区每十年都要举行区庆，这已成为民族区的一种惯例，一般市辖区没有这种待遇。

（2）民族工作是城市民族区政府的一项重要工作。一是高度重视民族工作，将其列入重要的议事日程，成为城市民族区党委、政府工作的重要特色。呼和浩特市回民区认为，民族工作在全区具有十分特殊重要的地位，党政主要领导定期听取民族工作汇报，重大问题亲赴一线。洛阳市河回族区将民族工作纳入年度目标考核，区与乡（办事处）、乡（办事处）与村（社区）层层签订目标责任书，实行一票否决制，对于工作不力、不能按时完成目标任务或造成严重后果的，取消单位评先进资格，并追究责任人责任。

二是建立健全民族工作领导机制。河南省 3 个民族区都成立了区、乡（办事处）、村（社区）民族宗教工作领导小组，形成三级管理网络，还在少数民族群众聚居的乡（办事处）、村（社区）成立民族团结进步促进会，吸纳民族宗教界知名人士和热心民族事业的群众代表参加。

三是加强了民族工作部门的建设。河南省 3 个民族区和内蒙古自治区的回民区在机构改革中，把民族宗教局作为政府一级机构设置，在编制、经费办公条件等方面给予重点照顾。但黑龙江的梅里斯达斡尔族区民族工作部门现仅有在岗人员 1 人。

（3）明确城市民族区的性质和法律地位，是依法治国的要求。《城市民族工作条例》没有城市民族区的相关规定，因而解决不了城市民族区面临的问题。随着国家西部大开发赋予民族地区更多的优惠政策，随着《十一五少数民族经济社会发展规划》、《中共中央关于构建社会主义和谐社会若干重大问题的决定》赋予民族地区的政策性安排的实施，城市民族区要求国家尽快解决上述问题的呼声会更强烈。

国家应明确认定城市民族区是我国民族区域自治的补充形式，明确赋予城市民族区拥有哪些不同于一般市辖区的政策，以建区民族为主的少数民族应该享受哪些权利等。《齐齐哈尔市梅里斯达斡尔族区条例》模式可作为国家解决城市民族区主要问题的一种思路。

（二）建议国家民委组织城市民族区调研，召开全国城市民族区工作研讨会，研究解决城市民族区所面临的问题

我们建议，由国家民委组织相关人员对城市民族区的历史发展和现状进行全面调查研究，掌握全面情况和存在的问题，为研究相关问题、制定相关政策掌握可靠的第一手材料。然后，在适当时候由国家民委组织召开城市民族区工作研讨会。这项工作具有现实意义，而且只有这样做才有可行性。

我党在建立民族区域自治制度和民族乡制度的同时，为聚居在城市的少数民族设立与之相适应的城市民族区"制度"，这应该是我党结合中国民族问题实际，创造性地发展了马克思主义民族理论，丰富了我国少数民族实现当家做主、自主管理的形式。这不仅是我党解决中国民族问题、真实地保障少数民族权益实践的伟大创举，也是我党对马克思主义民族理论的伟大创新。当时看起来似乎是为了保障已"城市化"的少数民族权益的"临时性"的制度安排，随着时代的发展，它的重要性和战略意义日益明显，它的启示和导向意义日渐鲜明。

当前，我们需要总结城市民族区几十年的实践对于我国民族工作至少是城市民族工作的经验和启示。当地各级政府在国家没有明确城市民族区的性质和法律地位的情况下如何结合实际保障少数民族权益，城市民族区这种制度性安排在保障城市聚居少数民族权益方面有哪些经验和问题，以及城市民族区这种政权组织形式存在哪些问题，它未来的趋势是什么，还是像目前这样存在下去。诸如此类的问题，都需要国家及相关部门和民族理论界加以重视、研究和总结。

（三）城市民族区的经验，可为建立民族自治市提供借鉴思路

我国的城市民族区是新中国建立初期国家为保障聚居在城市的少数民族权益而作出的一种"制度性"安排。最初是以城市民族自治区形式，成为我国民族区域自治的一种形式。《中华人民共和国宪法》颁布后，乡、区级民族自治区和城市民族自治区改建为民族乡（镇）和城市民族区，不再作为一级民族自治地方，是作为民族区域自治的一种补充形式。50多年城市民族区的经验证明，这是保障城市少数民族权利的有效形式之一。

新中国建立50多年来，我国的民族自治地方有了很大的发展，尤其是一些自治县（旗）的发展达到了县级市的标准，一些自治州特别是自治州的首府市镇周围地区的发展达到了地级市的标准。城市化已成为当今中国特色社会主义建设时期的一种趋势，民族自治地方也不例外。少数民族人口流动增多、加速，流入民族自治地方城市的少数民族人口在不断增加，这也是一种趋势。在这种形势和情形下，我们应像新中国建立初期那样，保障城市少数民族权利，包括自治权利。因此，应考虑在一些民族自治地方改变原有民族自治形式——自治县（旗）和自治州，创新民族自治形式——民族自治市，来满足和保障城市化了的民族自治地方少数民族的平等权利。这不仅是民族自治形式的创新，也将是民族区域自治制度发展和完善中的创新，符合少数民族人民的心愿，符合时代发展的趋势。民族自治市将是保障民族自治地方城市化的少数民族的合法权益在制度层面的一种思路。

全面建设民族地区小康社会，努力构建民族地区和谐社会的过程中，加强城市民族区建设理所当然，适当的时机制定和出台《城

市民族区工作条例》，或修订《城市民族工作条例》，增加有关城市民族区条款，加紧民族自治市设置的可行性研究、立法研究势在必行。

（原载《中南民族大学学报》2007 年第 4 期）

当前我国城市民族工作刍议

孙秋云

城市，也称为都市、都会，指的是有大量异质性居民聚居、以非农业职业为主、具有综合功能的社会共同体。一个地区的社会经济关系、人口、生活方式等由农村型向城市型转化的过程，就称之为城市化或都市化过程。城市的出现是社会劳动分工的产物。城市化不仅会带动整个国家和地区经济的进步，带来人与人相互关系和社会交往的变化，促进生活方式的变迁，改变家庭的结构和职能，使其更适合于社会发展的要求，而且对于文化、教育、语言、宗教、伦理和社会心理等，也具有重大的影响。因此，它是社会发展的必然趋势。我国都市人类学会会长李德洙先生就此断言："城市化是民族现代化的必由之路。"[1]

我国是一个有 56 个民族共同生活的多民族国家，都市中除了有相当的人口密度，聚居的居民具有不同的文化、职业、语言背景，是政治、经济、文化、服务的中心，主要以法律、法规为社会契约的基础，人们的活动更趋于专业化，居民的知识水平和技能相对高一些，生活方式多样，时间观念强，生活节奏快，竞争激烈等，除了这些都市基本特征外，还有民族成分呈多元化趋势、民族问题多等特征。这样，一个城市的民族工作做得如何，对于该城市的社会建设具有重要的意义。

据有关部门统计，我国 97% 以上的城市，包括中央的直辖市、各省会和自治区首府、地级县级市、自治州首府、县城及较大的集镇，都是汉族与一个或若干个少数民族共同居住在一起的。以武汉市为例，它是一个包括汉族在内有 43 个民族和睦而居的内陆特大中心城市。1990 年，武汉市少数民族人口为 37897 人，约占全市总人口的 0.55%，其中回、土家、满、壮、苗等五个少数民族人口较多，他们的人口数加在一起，共占全市少数民族人口总数的 89%。[2]与武汉市相类似的大城市，如上海市有 39 个少数民族成分，天津市有 27 个少数民族成分，南京和沈阳两个城市各有 33 个少数民族成分，长春市也有 26 个少数民族成分，而首都北京则有全国 56 个民族的成员。[3]各大城市虽然民族成分较多，但有一个较普遍的现象，就是回族人口在城市少数民族人口中占的比例较大。如 1990 年武汉市回族人口约占全市少数民族人口总数的 52.3%，而上海、天津、济南、郑州、南京、洛阳、开封等城市的回族人口，都占该城市少数民族总人口的 90% 以上[4]，远高于武汉市的比例。因此，城市民族工作的一个重要内容就是如何处理好民族关系，尤其是回族与其他民族之间的关系。

自 1949 年 10 月新中国成立以来，中国共产党和中央人民政府制定了一整套科学的、符合我国实际情况的民族政策，其中有关民族平等、民族团结、民族区域自治、帮助各少数民族发展经济文化、实行社会改革、尊重和发展少数民族语言文字、尊重少数民族风俗习惯与宗教信仰自由、团结少数民族上层人士等重大原则和重要方针已经载诸国家的宪法和法律。对于居住在都市的少数民族，除了全面贯彻党和国家的民族政策外，还根据各都市的少数民族的具体情况和特点，实行一些特殊的政策。一般而言，都市中少数民族人口占总人口的比例都较小，为使少数民族成员能参与各城市事务的管理，在各城市选举各级人民代表时，少数民族代表的人数一般都大于少数民族人口所占的比例。例如，1979 年武汉市各少数民族中出席全国、省、市、区各级人民代表大会和政协会议的代表、委员人数，占当时全市少数民族总人口的 0.7%，而 1982 年人口普查时，武汉市少数民族人数只占当年全市总人口数的 0.41%；1990 年武汉市共有少数民族各类干部、专业技术人员 5484 人，其中国家机关、党群组织、企事业单位负责人 233 人，少数民族高级干部 50 余人，全市少数民族干部、专业技术人员人数占全市少数民族人口总数的 14.47%，大大高于少数民族人口数只占全市总人口数 0.55% 的比例。[5] 又如，对于信仰伊斯兰教的回、维吾尔等禁食猪肉的少数民族，武汉市每年都拿出一定数额的款项补贴本市国营牛羊肉加工厂，以生产和加工符合要求的清真牛羊肉，满足全市市民和过往穆斯林群众的生活需要。1989 年，武汉市人民政府又拨出专款在武昌县大桥乡何家湖村筹建武汉市回民公墓和回民殡仪馆，并于 1992 年 4 月正式开放启用，从根本上解决了武汉市回、维吾尔等少数民族亡人埋葬问题，受到了全市回、维吾尔等信仰伊斯兰教群众乃至海外穆斯林群众的一致赞誉。我国之所以有现在这样一个各民族团结一致、同心同德建设社会主义现代化事业的政治局面，与包括各城市在内的各地各级人民政府全力贯彻执行党和国家正确的民族政策有很大关系。

然而，随着改革开放的进一步深入和经济建设的进一步发展，一些民族自治地方和乡村的少数民族群众进入都市经商、旅游、参观、学习的人数与日俱增，使城市少数民族成分和流动人口骤然增多。据有关部门的不完全统计，近年来边疆少数民族经商群众，在京、沪、穗三大城市常住人口总数，多时达上万人，少时也有几千人，他们大多数是新疆维吾尔族人。[6] 北京市甘家口的"新疆村"和广州市的"新疆街"，就是近年来形成的维吾尔族经商群众的聚居地。在武汉市，头戴小花帽卖羊肉串、葡萄干的维吾尔族同胞，身穿长袖圆领、右开补襟束带式氆氇长袍从事药材生意的藏族同胞，盘头戴饰、穿着瑶家服装穿梭于车站、码头从事商业活动的瑶家姑娘等等，都随处可见。这种从边远地区、山区和牧区到城市的流动，对于增进各民族间的交往和了解，加强本民族成员间的城乡联系，活跃城市经济活动，繁荣市民生活，增强少数民族群众的商品经济意识，发展少数民族地区的经济和文化，都产生了积极的影响。但是，边远乡村与繁华都市、乡村农牧民与都市居民、都市汉族与少数民族之间，毕竟在生活方式、价值观念、风俗习惯、宗教信仰等方面存在着较大的差异，容易产生一些矛盾和冲突，给城市民族工作和社会管理带来一些新的困难。这主要表现在以下六个方面：

1. 无照经营

许多流入城市的少数民族经商群众没有本地政府开具的申请领取经商执照的有效证件，加上他们作为"外来者"，对深居于高楼大厦中的城市政府机构存有先天的戒备心理，生怕遭受歧视、限制和约束，不愿主动到有关部门办理手续；同时他们从事的也大多是一些没有长期目标的小本生意，认为没有必要去办理工商执照，因此，无照经营和偷、漏税状况较为普遍。甚至有一些小商贩还从事从汕头、峡山经海丰、惠东等地贩运非法走私物品的活动，在社会上造成了不好的影响。

2. 违反公共治安的现象时有发生

由于来内地和沿海地区城市经商的少数民族群众大多是城镇待业青年和农牧民，文化素质较低，没有受过法制、法规方面的正规教育，对城市工商、环保、公安和有关社会秩序方面的规定不知如何适从，还是按自己的原有习惯行事，因而违反城市治安条例的事时有发生，如在公共场合带短刀，结伴斗殴等。还有极少数不良分子被都市犯罪团伙拉拢，从事盗窃、贩毒、走私等犯罪活动。

3. 超计划生育

长期滞留在城市的少数民族农牧民，绝大多数没有申报所在城市的临时户口，其生活往往也处于流动、散漫的无序状态。有些已婚者不仅没计划生育，还严重超计划生育，给城市人口管理造成很大压力。

4. 子女上学困难

滞留在城市的少数民族农牧民由于没有户口，加上语言不通、风俗习惯不同、经济条件承受不起等原因，小孩上学成为问题。[7]不少学龄少年儿童散落街头或成为父母经商的小帮手。这个问题若不重视，将会引起严重后果。

5. 民族纠纷增多

内地和沿海城布的少数民族人口原本不多，在改革开放前实行封闭式管理条件下，人口流动更少，因此，在舆论和传媒中，对少数民族和我国民族政策的介绍和宣传重视不够。改革开放后，有的政府部门和广大市民在理解党和政府的民族政策、尊重少数民族风俗习惯方面的思想准备不足，面对骤然增多的少数民族流动经商人口和由此引发的一些问题，存有一定的反感和抵触情绪。而进入都市的少数民族群众，为了在城市这个陌生的环境中生存下去，住往以民族认同和宗教信仰相近为纽带，抱成一团，不管事情大小和是否在理，都声援、支持。因此，有时即使是很小、很单纯的经济纠纷和邻里口角，也会演化成民族关系问题，甚至导致出现政治问题。

6. 管理机构本身的问题

少数民族群众，尤其是西北、西南边疆地区少数民族群众涌入内地和沿海城市经商是改革开放以后才出现的新情况，各主管部门尚未来得及配备既懂他们的语言文字，又懂民族政策和城市管理法规的专职干部。因此，一旦遇到与这些民族有关的问题，有关主管部门不是视为畏途，就是就事论事，简单处理，缺乏与有关机构、社团的协调和配合，造成了一些消极影响。

研究城市民族工作，尤其是城市民族关系意义十分重大。从世界范围来看，许多国家民族关系紧张多是从城市开始的，如1990年哈萨克斯坦的阿拉木图民族骚乱，1992年美国洛杉矶的黑人反抗运动等等。可见，城市民族关系如何，关系到国家和整个社会的稳定与安宁。要做好我国当前城市民族工作，笔者以为除了进一步领会、贯彻党和国家的民族政策以外，必须利用都市人类学的观点和方法来研究新时期的城市民族关系和民族问题。

都市人类学是一门以承认都市社区中居民社会文化的异质性为前提，从社会文化的角度出发，帮助都市政府正确认识和处理都市社区中人与自然、人与社会及人与人之间诸种关系存在的矛盾、冲突或失调现象的新兴学科。它的观点和方法主要体现在三个方面：

1. 整体观

整体观也称全貌观或整体性探讨法，是传统的社会—文化人类学的研究特色之一。都市人类学的整体性探讨法表现在内容的广度和时间的深度两个方面。就内容而言，以研究都市的整体现象为主，即使是只强调研究某项问题时，也与都市背景、各方面的影响以及整个都市或都市以外观念等联系起来考察。就时间而言，既重视现状，也重视历史。因此，在研究当代城市民族关系时，既要观照新时期社会主义市场经济条件下各民族间的政治、经济、文化联系，也要顾及本城市内各民族的政治文化传统和历史渊源，还要兼顾城市内外相关民族的相互影响及相互作用。尤其是处理容易引发民族问题或政治问题的不同民族之间的纠纷和宗教信仰等问题时，更应如此。

2. 参与观察

参与观察是传统社会—文化人类学研究部落社会和乡村社会时最有特色的原则之一。当然，都市社会不同于部落社会和乡村社会，它是一个分工很细、人口异质性很强的复杂社会，都市人类学一般只选取有代表性或理论性的样本进行参与观察。在研究当前我国城市民族关系和民族问题时，为了获取第一手资料，笔者以为可通过三个具体方法来实现参与观察。其一，情景分析，这是以某种社会交往的场合为起点，分析各民族的人们在这一场合中的社会角色，并进一步探讨这些人在这一场合之外的能使他们走到一起来的更广泛的社会关系。情景分析最简洁、最有效的切入点是城市中的民族节庆、民族礼仪活动及其他社交活动。其二，社区分析，这是国外都市人类学最早采用的一种具体研究方法。社区是城市中的基本单位，规模小，社会关系较具体，易于把握。社区分析也符合我国城市中少数民族人口的分布规律。一般而言，我国城市中少数民族的分布状态与全国少数民族分布呈"大分散、小聚居"的特点相似，在每个城市中，一般都有自己相对集中的居住区域。如北京市的牛街、天津市的红桥区、郑州市的管城区、沈阳市的西关等都是回族聚居区。武汉市的回族主要聚居在江岸区、江汉区、武昌区和洪山区的有关街道上。武汉市现对外开放的民权路清真寺、二七街清真寺和起义门清真寺就分别坐落于汉口、武昌两地的回族聚居区内。通过社区分析,可以把复杂的城市社会化整为零,进行具体、细致的观察和研究。其三,网络分析,也称为社会网络分析,指的是都市中某一社会群体内人与人之间的互动关系。研究城市民族问题时,要在参与观察的基础上,具体研究各民族之间和一个民族内部的社会网络,尤其应注重少数民族社区中各民族、社团、党派、宗教、亲族等社会群体中人与人之间的各种社会关系及他们的内部联系。

3. 跨文化比较

跨文化比较也称为泛文化比较,也是传统社会—文化人类学最具特色的研究方法之一。人类学理论认为每个人类群体由于文化背景不同,对都市文化和都市生活的适应程度和速度也不相同。都市人类学的跨文化比较,就是想为每个进入都市的人类群体在既保留自身原有重要文化特质,又能快速有效地溶于都市社会方面找出一条途径。不过,目前都市人类学家在都市社会中进行跨文化比较时,还没有建立一个学术界统一的比较标准。因此,我们在研究一个城市的民族文化时,应根据该城市内各主要民族的具体情况,先建立可作比较的形式、基础和论点后,再做有效的比较。这样才能较为准确地反映一个城市内的各民族社会文化状况和各民族在都市化适应过程中所面临的不同问题。

都市人类学的观点和方法,是我们在新时期城市民族工作动态管理研究中所必须应用的最基本的方法。此外,在研究当前我国城市民族关系、民族文化和民族问题时,还可能会遇到传统社会—文化人类学和都市人类学不曾遇到的问题和现象。因此,在具体研究过程中,还应该采借其他学科的一些研究方法,如统计学方法和20世纪80年代才兴起的都市学方法等等,这样才能把新时期城市民族工作做得更好。

　　总之，都市人类学的介入必将为我国城市民族工作和社会管理提供更为科学的决策依据，而我国新时期城市民族工作研究的深入开展，也必将促进我国社会学、都市人类学和民族学等学科的发展和繁荣。

参考文献：

[1] 李德洙. 中国都市人类学是一门理论与应用并重的学科. 见：李德洙. 走向世界的中国都市人类学. 北京：中国物资出版社，1994

[2] [5] 王光萍、晏友桂. 武汉少数民族概述. 武汉文史资料，1995（1）

[3] 张崇根. 都市对少数民族发展繁荣的作用. 见：阮西湖. 都市人类学. 北京：华夏出版社，1991

[4] 黄凤祥. 城市对少数民族经济文化发展的折射作用. 见：李德洙. 走向世界的中国都市人类学. 北京：中国物资出版社，1994

[6] 李建辉. 对边疆少数民族外出经济问题的探讨. 见：李德洙. 都市化与民族现代化. 北京：中国物资出版社，1994. 342

[7] 阿西木. 在京维吾尔个体户子女的入学问题. 中国都市人类学会通讯，1994（5）

（原载《中南民族大学学报》1996 年第 1 期）

街道与城市民族工作

王耀军

城市民族工作是整个民族工作的重要组成部分。街道办事处是城区政府的派出机关，是城市政府工作的基础，也是城市民族工作的基础，与全市宏观性的民族宗教工作相辅相成。充分认识街道办事处在城市民族工作中的地位和作用，充分发挥它的优势，对于全面贯彻执行党和国家的民族工作方针、政策，增强民族团结，调动各族人民积极性，促进四化建设具有重要的意义。

一、城市街道民族分布的构成

我国是一个统一的国家，由于几千年来历史上不断出现的朝代更替，阶级压迫、民族压迫和自然灾害的影响以及各民族在长期的历史发展中因生产、生活的需要，造成民族迁徙人口流动，逐渐形成大部分地区以汉族为主，各族大杂居、小聚居、交错居住的局面。全国55个少数民族，人口6700万，除大部分聚居在141个民族自治地方以外，还有1800多万人口杂、散居住在全国城乡。武汉市有33个少数民族，2.6万人口，其中回族占72%以上，他们散居在全市78条街办事处辖区里，以二七街、统一街、紫阳街、起义街为主要聚居地。如二七街少数民族1329人，占全街总人口的2.34%，而头道、四道、下正三个居委会辖区的少数民族人数占全户数的1/4左右。全市少数民族人口分布呈现出既分散、又有相对聚居点的态势。这种态势使街道民族工作出现了两种情况：一种是少数民族人口少、居住分散、没有相对聚居点的街道，街道民族工作表现为分散的、个性的特点，具体工作任务主要是执行民族政策、法规并进行一些个案处理；另一种是少数民族人口多又有聚居的街道，民族工作表现为经常性的、集中性的、综合性的特点，任务比较繁重。研究聚居点少数民族的特点，对于进一步做好街道民族工作是十分重要的。

第一，群体心理。城市中少数民族聚居点是在 20 世纪初至新中国成立前这一历史时期逐渐形成的。他们的居住环境是户挨户、门对门，开放交流度极高，串门串户，相互建立了联系网，一家有事，四邻皆知，一家有难，四邻相助，特别是在汉民占绝大多数的城区里，少数民族居民彼此产生依托感，随着时间的推移，各少数民族以血统、地缘、文化传统、风俗习惯、感情信仰、共同利益为基础，形成一个个自然群体。在汉族环境中，这个群体的内聚力增强，有较强的自卫性和排他性，逐渐形成群体心理，注重维护群体利益，甚至会因一偶然事件出现群体行为。由于种种历史原因，少数民族居民曾经经受民族压迫、民族歧视的磨难，新中国成立后，党和国家奉行民族平等、民族团结的政策，阶级烙印已消失，民族歧视观念也没有市场，但曾受过创伤的心灵还有隐痛，极少数人还带有民族隔阂、相互不信任的情感，这种情感有时会影响群体心理。在汉族和少数民族聚居区，居民因邻里之间的一点日常小事闹矛盾，本来不足为怪，汉族居民之间也有这类矛盾，但不同民族间的矛盾往往容易罩上民族歧视的色彩，一个少数民族居民受了伤害，仿佛是整个群体受到伤害，于是会有人助战，矛盾处理不及时或方法不得当，往往会使事态复杂化，严重时还会出现群体行为。少数民族聚居点产生群体心理是一种客观现象，要求我们正确理解它，并要注意引导和发挥它的积极作用，防止和克服其消极作用。

第二，抗衡心理。少数民族居民在城市人口中属于少数，城市的经济文化教育乃至社会管理机构都以汉族特点占绝对优势。这是特定社会历史条件决定的，少数民族居民容易产生孤独感、失落感，尽管党和政府执行民族政策，照顾民族特点，办了一些实事，但他们的这种情感是很难彻底消除的。散居的少数民族居民，脱离了本民族环境，虽也感到不适应，但时间长了，易于产生从众心理，而少数民族聚居点还是一块小土壤，民族文化传统、感情信仰得以保留、繁衍，他们相对全局来说是绝对弱势，但在本区域内，弱势程度减小，孤独感、失落感也弱化，他们有群体心理作依托，那种长期受压抑的情感也逐渐转变成抗衡心理。他们要求得到理解尊重，获得平等权利，如果在某一件事情上，触犯了他们的共同利益和个人利益，这种抗衡心理就直接表现为一种感情的过激冲动。对这种心理要加以引导，要努力形成各民族间互敬互尊的人际关系，消除不团结、不和谐、不平衡的心理气氛，这也是街道做好民族工作要注意的重要因素。

第三，期望心理。城市中少数民族人数不多，分布又广，他们的特殊需要往往难以实现。一个企业、一个学校只可能执行民族工作总政策，按规定给予生活津贴或者民族假日，再从其他方面去解决少数民族因风俗习惯不同所产生的特殊需要就爱莫能助了。散居的少数民族居民能谅解这种情况，发挥个人作用加以克服。聚居点少数民族居民因相互联系频繁，民族文化、习俗等特征相沿承袭，特别是国家现代化建设日益向前发展，他们在物质文明和精神文明方面的共同需求愈显得迫切，对社会的期望心理增大。如回民的幼儿教育问题，回民饮食需要，各民族对各自喜爱的文化活动的追求等等，都希望社会、政府为他们创造有利条件，认为这是民族平等的体现。聚居点少数民族的这些心理特点产生于客观环境，按照辩证唯物论"存在决定意识"的观点，城市民族工作要着重建造一个民族平等、互助、团结的有利环境，在这方面，街道办事处是能够发挥很大作用的。

二、街道办事处开展民族工作的主要优势

城区的街道工作是城区工作的一个重要方面，街道办事处是区人民政府的派出机关，担负着基层政权的任务。当前，正在深化城市体制改革，街道在发挥城区服务的功能方面领域更宽广，担负了城市管理、经济建设、文化、教育、法制建设、环境建设等方面的任务，是地方政府重要的工作基础，街道办的这种社会性、综合性、服务性特点是开展民族工作的前提条件。另外，街道办还具有本身的一些优势。

1. 与居民群众密切联系的优势

街道办事处不仅置身于居民群众中，而且通过居委会这个群众自治组织形成群众工作网络，与居民保持广泛、密切的联系。居民群众不论何种职业，何处就业，在职的还是非在职的都离不开街道这个生活基地。街道办充分发挥这个优势，首先可以使党的民族政策的宣传教育直接渗透到广大居民之中，覆盖面大，并能直接听到各族居民的愿望和建议，以改进工作。过去民族政策的宣传教育易于停留在上层和有关部门，广大居民并不真正懂得民族政策，也不了解少数民族的特殊风俗，对处理民族间邻里关系并不重视，基于这种情况，街道办可以通过多种渠道来加强宣传，沟通感情，创造一个相互理解、相互尊重的人际环境。第二，可以得到及时的信息反馈，抓住工作时机。街道办、居委会广泛接触居民，信息来源快，有利于及时开展工作，特别是居民中产生摩擦矛盾，事情虽小，影响不小，如果耽误了工作时机，往往会使矛盾事态扩大，而抓住工作时机，在事态处于萌芽状态时就加以处理，可以维护安定团结。如某某街回汉两户居民因生活小事闹翻以后，各自心存疑虑，有一次又为了吐一口痰的缘故产生误解，于是双方动怒，回族居民认为汉族居民依仗人多势众故意欺侮他，于是很快组织一批人摩拳擦掌，准备争个高低。有的回族居民知道情况后马上向街道办

汇报，街道办有关同志立即上门了解情况，劝解双方，晓以事理，终于制止了事态的发展。第三，可以培养一支群众性的民族工作骨干。街道办和居委会干部在思想上对民族工作的重要性要充分认识，增强民族政策观念，在开展各种群众性工作中才能注意处理民族关系，创造利于团结的心理气氛，消除种种不利于团结的因素，这是做好街道民族工作的基础。

2. 发挥群体引导的优势

在少数民族聚居点中，由于各民族不同程度地存在着一些显性或隐性的群体心理，在某一群体中还客观地涌现出一些威望高的代表人物，他们对于本群体有一种不同于政治权力的自然力量。街道办党政领导要重视与他们交朋友，建立相互信任、真诚合作的情感，通过代表人物发挥引导群体的作用。在实践工作中这一优势表现为一种很有吸引力的工作形式，有些街道建立了"民族联谊小组"，开展了各民族"共建文明一条街"的活动，用共同理想、国家和政府的法规、正确的道德风尚作为共同的行动准则，通过一些活动增进各族居民间的联系，消除隔阂成见，建立互敬互尊、互帮互助的人际关系。街道办事处将涉及居民的任务如治理街道卫生环境、移风易俗、计划生育等工作，通过这些小组去发动宣传，能取得最佳效果。如果不同民族居民间产生了冲突，共建小组的民族代表就去做各自对象的工作，进行调解，效果也比较好。过去当汉族干部去做工作时，对方往往产生逆反心理，认为你是来压我的，我偏不照你的办，事情容易弄僵，而民族干部去做工作，同样是以理服人，但他总有"一家人"的感觉，感受不同，反应不同，调解的预期值容易达到。如某某街回族居民因父亲住院治疗时病情恶化，便怀疑是医疗事故，医院反复说明，他执意不听，迟迟不办理丧事。有人反映到街道办后，有关同志多次上门做工作，效果不理想，这位同志就与本街在回族居民中威信很高的马二姑取得联系，马二姑上门做工作后，终于使此居民放弃原来的打算，按照街道与医院达成的协议处理了后事，此居民事后还专门到街道去道歉。

3. 有实现期望心理的优势

聚居点少数民族因风俗习惯不同，产生了一些特殊的共同需要。由于城市地域宽阔，集中解决这些问题还有种种客观条件的限制，那么少数民族的这种合理的共同需要是否要被忽视呢？如何实现期望与现实的转化呢？在这方面，街道办事处可以发挥极大的优势。街道办事处负有服务社区、服务居民的职责，有发展集体经济的物质基础和其他有利条件，可以尽可能地解决居民的特殊困难。例如，兴办生活服务业、集体文化事业，改善某些落后的公用设施，既能满足少数民族居民特殊的共同需要，改善他们物质文化生活，又发展了街道经济，还扩大了社会就业，一举数得。如江岸区二七街回族居民较多，街道办事处把民族工作摆上议事日程，采取分步走的办法，在几年里逐步解决了自来水管共用的问题，办起了回民幼儿园、清真食品厂（店）、回民图书室等等，这些事业在初办期还需巩固发展，但到了一定程度，便可以由封闭型转向开放型、辐射型，发展为本街的区域性民族工作中心。如果一个城市有一个或数个这样的中心，少数民族居民的物质文化生活就能得到很大改善。发展少数民族经济文化事业，提高他们的物质文化生活，这是加强民族团结的坚实基础和根本途径，也是街道民族工作的重要内容。

三、加强街道民族工作

城市民族工作主要是全局性的、政策性的指导，执行国家政策，制定地方法规。街道则担负日常的、具体的、群众性的民族工作，是城市民族工作的重要基础和补充。这些工作与街道办事处的其他任务既有相融合的一面，又有特殊的一面，所以加强街道民族工作是十分重要的。从武汉市的情况来看，民族工作基础较好，有些街道的自觉性、主动性较高，工作搞得很有特色，为了进一步推动街道民族工作，还需要做到以下几点：

第一，进行党的民族政策教育，重点是提高主要街道党政领导干部和各种社会组织对民族问题的认识。当前街道办事处担负着政治、经济、文化、治安等社会职能，任务十分繁重。通过卓有成效的宣传教育，使他们充分认识维护祖国统一和民族团结是我国各族人民的神圣职责，也是中华得以振兴、现代化得以实现的根本保证，认识杂散区民族工作的地位和作用，结合整个工作来统筹安排，站在全局的高度，充分发挥街道的各种优势，努力做好民族工作。

第二，对重点街道给予必要的指导和帮助。着重是政策指导，并在工作知识、工作方法等方面给予帮助。街道办事处学习机会少，学习资料少，借鉴经验少，全靠社会责任感和勇于开拓的精神是不够的，城市民族工作主管部门要与重点街道经常联系，了解情况并给予指导，共同探索、研究城市民族工作的特点和规律。

第三，重点街道开展民族工作要有干部配备，至少要有一名兼职干部，并进行必要的岗位培训，使其具备一定的民族工作知识和工作能力。

第四，重点街道要重视发展少数民族经济工作。根据本街道的条件，创办集体经济事业，重视解决少数民族居民在物质文化教育事业方面共同的及特殊的需求，进一步实现民族团结民族平等，使各民族共同繁荣。

（原载《中南民族大学学报》1989 年第 3 期）

武汉民族工作发展初探

晏友桂

　　杂散居民族工作是整个民族工作的一个重要组成部分，已形成一种共识。多年来，城市民族工作在落实党的各项民族政策，巩固社会主义的新型民族关系，推进民族团结进步事业发展所作出的努力，亦越来越引起各级领导、各个部门的重视和关注。但随着改革开放和社会主义商品经济的发展，城市尤其是特大中心城市民族工作所具有的地位、作用应怎样显示出来，在服从和服务于党和国家的总任务和总目标中有新的作为，对广大民族理论和实际工作者来讲，既是新的使命，也是新的课题。本文试图以此为基点，结合武汉的实际，对民族工作的发展作一些探讨，偏颇之处，恳望各位专家学者指点。

一、现状与趋势

　　新中国成立以来的民族工作，无论民族自治地区还是杂居散居地区，尽管随着党和政府在不同时期、不同阶段确定的总任务、总目标不同，民族工作任务和重点有所不同，但其基本工作方法、任务和目标主要是：必须坚持四项基本原则和改革、开放的国策，坚持实事求是，一切从实际出发，坚持按民族特点和地区特点办事；必须坚定地贯彻党的民族区域自治和各项具体政策，切实尊重少数民族的自治权利、平等权利，正确对待和处理国家与自治地方、民族与民族、发达地区与落后地区之间的关系；必须以经济建设为中心，大力促进少数民族政治、经挤、文化的全面发展，实现共同繁荣；必须坚持不懈地对各族干部和群众进行马克思主义民族观、党的民族政策和民族团结教育，巩固和发展社会主义的新型民族关系。

武汉的民族工作，与全国大中城市一样，始终是按以上所述"四个必须"去推进的。党的十一届三中全会以来的十年间，民族工作在尽快恢复、积极展开中，就现阶段而言，全市民族工作已经和开始实现以下四个转变。

民族工作的指导思想已从单纯处理民族事务转到以经济建设为中心上来，重视和帮助少数民族发展政治、经济和文化。随着党和国家的工作重点的转移，战略目标的确定，全市民族工作部门已确立了以经济建设为中心的观念，坚持全面落实党的民族政策，维护少数民族的合法权益，提高少数民族的参政议政地位，保障其政治生活、文化教育、风俗习惯等各方面的平等权利，实事求是地处理和解决各类民族问题。近几年来，集合各方面的力量，多次对全市少数民族的经济、文化发展状况进行了调查分析，并会同市、区、县有关职能部门，就城区清真饮食业的巩固、郊县少数民族的脱贫和少数民族子女的就业等制定了有关扶持、照顾政策。对本市与少数民族地区对口支援的发展前景及存在的问题，进行了研究和磋商。1966 年全市清真业特别是清真饮食业，在市场放开、价格调整、货源资金短缺等极为困难的境况下，不仅亏损户减少，且饮食点有了扩大。自 1986 年开始，市、县、乡将少数民族村组列入扶贫对象，共拨款 13 万多元，鼓励当地自然资源的开发。目前，黄陂县大富安土家族村已实现水、电、路"三通"；田家湾土家族村的部分开发项目已开始受益；汉阳县龙湖回民聚居村的鱼池改造工程，做到一期工程 200 亩鱼池当年建成投苗，三个村的特别贫困户逐年减少，人均收入达到当地汉族村组中档水平。对口支援工作在市经协委等有关部门的组织下，从 1985 年开始与青海西宁市、本省鄂西州开展对口支援，逐步扩大到与内蒙古、云南德宏州、海南等民族地区进行多方面协作交流。促进和鼓励当地少数民族为建设祖国、实现四化多做贡献。1983 年以来，全市召开了三次民族团结进步表彰大会，对在各条战线中作出一定成绩和贡献的 292 名少数民族劳模、先进人物给予表彰。

民族工作范围已由偏重于市属单位转到面向武汉全地区。长期以来，由于体制及隶属关系的约束，市、区、县民族工作范围往往局限于市属单位。为适应新时期民族工作的要求和武汉实行计划单列后的开放格局，市民族部门努力按"学习、交流、依靠、联合"的思路去逐步扩展，即从加强与在汉的中央、省管大单位、大企业和大专院校、科研单位的联系入手，在虚心学习他们多年来积累的民族工作经验的同时，相互交流民族工作的进展及信息，共同协商处理其单位少数民族反映的各类问题，并依靠他们的力量及在武汉的影响，联合组织少数民族经济、文化发展的调查，开展民族理论政策的研究，物色和培养各类少数民族人才。近几年来部分大单位、企业和院校在加强和活跃民族工作中，总结出许多好方法、好经验，对武汉地区民族工作的全面展开起到了积极促进和带头的作用。

民族工作服务对象已由偏重于上层人士和几个民族转到面向各民族，"多层次"服务的观念开始确定。这主要表现在推动民族工作展开的实际步骤中，既注重发挥有影响、有成果、有贡献的少数民族代表人士的作用，也注重检查督促各单位认真落实各项民族政策，充分调动工作在各行各业的少数民族群众献身四化的积极性；在研究和处理民族问题时，既重视解决民族特点或风俗习惯较为明显的少数民族呼声较高的问题，也特别强调稳妥解决各少数民族在工作和生活中的实际困难；在日常事务中，既认真对待本市少数民族反映出的各种意见和要求，也尽力协同有关部门，对民族地区来武汉临时工作和从事正常经商的少数民族同胞，给予妥善的安排。

民族工作的活动方式已由单一的节日欢聚座谈转到依靠少数民族自身开展广泛的联络、联谊。目前，一个由 15 个民族代表组成的武汉民族联络委员会经过近两年的筹备，已正式成立并开展工作，城区的硚口、江岸、汉阳、武昌、青山和部分企事业单位也相继成立民族联络委员会（组）。从市、区、单位民联会（组）边筹备边开展活动的情况看，不仅扩大了联谊面，使较多的少数民族有了相聚交流的机会，而且在宣传贯彻党的民族政策，开展社会调查，促进少数民族经济和文化发展，沟通政府与少数民族协商对话的渠道等方面，显示了民族工作部门难以代替的作用。

武汉民族工作在努力实现以上转变中，虽然许多方面还有待于加强和完善，某些方面也可能只是刚破题或在破题之中，但毕竟有了一个好的思路和基础。有了这种最基本的认识和估价，才能够使我们冷静地分析形势，统一思想，建立信心。在当今改革、开放、繁荣的"大气候"中，城市民族工作当有何作为？笔者认为，"大气候"已清晰地展现出民族工作的一种大趋势——改革、开放的大潮把民族工作推到新的台阶，民族工作的内容和范围从来没有像现在这样深刻和广泛。所谓新台阶，即随着沿海发展战略的提出和实施，以及国家今后将制定的中西部与沿海地区互补互济、各展所长的发展战略措施，必将促进内地中心城市和少数民族地区的经济发展，中心城市的吸引、集聚、转换、扩散的功能也将充分显示出来。处于中心城市尤其是计划单列城市的武汉民族工作，无疑应在加快发展少数民族的政治经济文化方面，起到我国民族工作的"窗口"作用；在与国内外开展经济、技术交往和商品物资交流中，起到聚集少数民族各类人才献计出力的"辐射"作用；在与不发达的民族地区的对口支援中，起到牵线搭桥、拾遗补缺的"桥梁"作用；在加强同海外和港澳各族同胞的广泛交往中，起到促进"一国两制"方针实施，实现祖国统一的"联谊"作用；在推动民族团结进步事业蓬勃展开和实现各民族共同繁荣中，起到走在前的"示范"作用。

所谓内容深刻，即如经济、政治体制改革一样，民族工作的发展也出现了由浅层次进入深层而引发的问题。所有的民族理论和实际工作者都必须在思维方式、工作方式和具体步骤中捕捉每一个创新点和突破点。

所谓内容广泛，即商品经济的不断发展，民族地区的综合开发，将打破民族地域的界限，揭开民族间的自然屏障，各民族人口在一定程度上的流动，各民族间的交往、互学、互助将是一种趋势。作为政治、经济和文化的中心城市，一方面，反映在民族关系、经济利益、文化传统、风俗习惯和宗教信仰等方面的矛盾、摩擦不仅不可避免，且涉及的范围必然是大而广的；另一方面，在努力发挥城市民族工作"五个作用"中，也会遇到大量的过去囿于民族天地，而从未接触到的新知识、新课题和新事物，丰富的内容、广阔的领域使问题更广泛、更复杂。

二、总体发展的构思

对武汉民族现状和城市民族工作发展有了一个基本的认识后，就需要我们从总体及其发展总趋势来思考工作路子，笔者在进行总体构思中，再次反思武汉民族工作的过程，固然有不少制约或影响全市民族工作展开的客观因素，但就我们自身工作来讲，确实存在一些自我困惑点。一是政策研究的滞后性。近几年来，根据改革开放新形势下的新情况，杂散居地区的云南、贵州、上海、北京、哈尔滨等省市的民族工作部门，按照中央制定的民族工作总政策和一系列指示精神，结合各自实际，在对各类民族问题组织力量进行理论研究和探讨的基础上，制定出了不少适合本省市情况的具体政策和工作条例，使民族工作十分活跃。武汉市在党的十一届三中全会以来，虽然经过多方面努力，对少数民族子女就业、清真行业的发展、少数民族村组脱贫等方面采取相应措施，给予了一定的优惠照顾政策，特别是借传达贯彻中央十三号文件的东风，市民族宗教局争取了市政府转发《关于进一步加强民族工作的请示》（1981 武办198 号文），1988 年又在省、市有关部门和政协委员会的多方争取中，对少数民族子女报大专开了一个很小的照顾口子。但从武汉市现有的总体和具体政策看，都仅仅是指导性、参照性或未成文的临时措施，还没有下工夫从民族理论、政策上深究，真正领会和吃透中央的关于民族工作的总政策，进而明确制定必须落实的具体民族工作条例和单项政策规定。因而在不少的部门和领导制定和执行政策时，往往出现"一刀切"，即原有的一些优惠照顾政策随着改革的深化亦难以落实，而又缺乏新的对策和措施。理论是政策的基础，政策体现理论。理论政策研究的滞后性，已经使我们的工作陷入被动。二是思维方式的封闭性。反映在部分民族工作部门和为数不少的部门、单位领导层中，考虑和研究民族工作时，想到的只是少数民族人口占本市、本地区、本单位的千分之几、百分之几的比例，看不到城市少数民族与民族地区、省内外、国内外有着不可分割的千丝万缕的联系。工作思路放不开，处理和解决民族问题时，想到的只是城市少数民族居住杂而散，与单位汉族同胞工作一样，穿戴一样，福利待遇一样，看不到各民族所具有的不同民族特点、感情，忽视马虎时常有。带来的结果是，对涉及尊重少数民族风习且政策合理、呼声较高的问题，一拖数年难以落实；由于长期自觉或不自觉陷于"小天地"，人为束缚，创新甚难。三是人才能量的散发性。武汉少数民族中的较有影响的代表人物和各类专业技术人才相对讲是多的，但长期以来他们的能量都处于单向自我抽出，他们的智能、技能释放如何？怎样将他们的能量汇集起来，为民族团结进步事业增辉？民族工作部门的脑子动得不多，办法点子不多，少数民族本身也感到有一种释放最大能量的困扰。四是工作职能的局限制，"方方面面都该管，件件事事无权办"，这是民族工作者经常谈及的。各级民族工作部门是政府分管民族工作的综合管理部门，不是专业职能部门，这种合理而又不可能改变的局限，往往也使民族工作部门欲迈步而很难迈开。怎样"冲破"这种局限，也是民族工作部门不可回避且必须解开的难点。

综上所述，武汉民族工作在已经有了一个好的思路和基础之上，必须尽快从困惑中走出来，在城市民族工作发展的大趋势中，面对现实，纵观全局，认真寻找自己的优势和差距，抓住新的契机，理顺、调整和确立发展思路。具体讲，应本着放开干、上台阶、爬楼梯的思路去设想。笔者初步考虑，在一定时期内，武汉民族工作总体发展的构思是：以开放促开发；以内联促外联，立足本市，服务三万；四线推进，拓开三方；在探索中求发展，在发展中求突破。这个构思的粗略框架分述如下：

以开放促开发，是总体构思中的核心。即要以开阔的视野、开放的姿态，进一步解放思想，更新观念，凭借武汉"承东联西、南北交流"的地位优势和不断发展的开放格局，一方面不断深化已从事的民族工作内容，另一方面不断开拓民族工作的新领域。上上下下都在"开发"二字上多做文章，包括经济、文化、人才、智力等多方面的综合开发，开发应从小到大、循序渐进，才能有事半功倍的效应。

以内联促外联，是保证开发得以实现的基础，可以采取灵活多样的联络联谊方式，分层次、区域、行业、专业将全市少数民族各类人才组织起来，逐步形成民族工作的"智囊"，和综合开发的实力集团，并通过他们与各少数民族地区、海外各民族同胞的乡情旧谊，以及与各行各业的广泛交往，借用和吸引各种能量和资源，带动开发，促进开发。

立足本市，服务三万，是武汉民族工作的基本立足点。立足本市并不等于限于本市，这里强调的是以扎扎实实的工作、全心全意的服务去赢得武汉34个民族近三万人的信任和支持。服务也应该从现在的单项服务向系统服务的方向去考虑。继续认真落实现阶段已明确的各项政策，下决心尽快解决少数民族反映强烈而多年未解决的难题（如建立回民亡人殡仪馆），结合区、县、街道和各单位的实际，因地制宜创造条件。像江岸区二七街为满足少数民族生活需要，提供幼儿入园、饮副食供应、婚姻介绍和文化娱乐等方面综合服务。利用武汉地区现有条件和基础，开办少数民族子女从学前班、小学、中学、职业中学到大学的"一条龙"教育，以及促进各民族发展繁荣的各类咨询服务。

四线推进，拓开三方，是集合民族工作力量、开辟新领域的重要途径。四线推进，即指目前已经形成和将会不断扩大的民族工作的四支主干——市、区、县及各单位民族工作部门，市伊斯兰教协会，市、区、县及单位民族联络委员会，市政协民族宗教委员会等各级民族工作部门应侧重于政策研究，全面指导和总体协调；市政协民族宗教委员会主要应在加强市级以上各职能部门的纵向沟通，在咨询展务上多使劲，市伊斯兰教协会和各级民联应在联络联谊，综合开发、推动群众性的创造民族团结进步事业活动广泛展开中唱主角。宗教具有群众性、长期性和复杂性的特征，具有一定的民族凝聚力。武汉回族占少数民族的70%，伊斯兰教对回、维吾尔等民族影响极深，长期以来，笔者以为，伊斯兰教协会的作用并未充分发挥出来，其潜力和能量是很可观的。市民族联络委员会的活动范围更广阔，关键在于动员和组织好。拓开三方，指的是通过"四条线"的共同努力，要使武汉民族工作在逐步与少数民族地区、各大城市及计划单列城市、海外各国的交往中，真正搞出一点名堂来。

在探索中求发展，在发展中求突破，是总体构思中的基本取向和目标。限于多方面的因素，笔者目前难以提出较为成熟的具体目标。但总的考虑是，武汉民族工作从现在起就必须有一种放开手脚探索的姿态，在边探索、边实践中确定和完善实施方案。目标是全面发展，在全面发展中力求分阶段实现单项的突破和创新。

三、现阶段的着力点

如果说以上构思符合武汉民族工作实际的话，那么把握住总体发展中每个阶段的着力点就尤为重要。现阶段民族工作的着力点应放在哪里呢？

第一，要着力研究在"大政策"中怎样创造"小气候"。从根本上讲，就是党和国家根据国情，在调整、安排民族间关系，解决各民族的各类差别、矛盾乃至冲突时所规定的行动准则，是管总的，是指导和监督全国各地民族工作的总方针和总政策，或称之为"大政策"。同时，各地应结合省情、市情，制定符合"大政策"的具体政策，为民族工作顺利展开创造"小气候"。因此，对这个我们在实践中感到十分迫切而并非容易解决的难题，仍须以迎难而上的精神去争取突破。一是集中时间，对现行的政策进行系统的归类研究，详尽分析是否对已执行的政策用活、用足、用尽。二是集中力量，对武汉地区民族工作存在的薄弱点，对各项民族政策落实中存在的空白点，进行调查研究，找出影响全市及基层民族工作进展的症结，确定现阶段着重要研究解决的政策问题。三是集中精力，制定相应法规和工作条例。近两年，国家民委重视并着手研究制定杂散居地区特别是城市民族工作的有关法规，有关省市也已经拟定或开始拟定民族工作条例，我们要抓住时机，及早行动，借鉴外省市经验，与市政府等部门通力合作，制定出武汉民族工作实施条例和有关单项政策规定。

第二，要着力推进区、县工作放开，活跃"三大"（大单位、大型企业、大专院校）。随着武汉各行各业综合配套改革的深化，以及目前已开始的党的关系属地管理，城区和郊县的管理权限和职能将逐步扩大和强化。区、县民族工作部门应很快地适应这种转变，积极扩大工作领域。当然，其间涉及很多带共性的问题，如机构编制、经费来源等需要统筹研究，在市与区县职责范围和具体事务处理上，也有一个如何进一步明确的问题，但整个形势是明朗的，区县民族工作须想方设法横向拉开，在综合服务和综合开发两个方面上新台阶。同时，进一步密切所在区域的"三大"单位的联系，配合其单位民族工作部门，针对各自的条件和少数民族的特点，再多积累一些活跃武汉民族工作的新鲜经验。

第三，要着力于"激励、启动"，并始终将这四个字贯穿于民族工作的全过程。一定程度上讲，四个字功夫下得越深，武汉民族工作的发展就会越快。一是让少数民族的民族意识自由舒畅地表现出来。改革、开放带来的各民族在政治、经济、文化以及感情方面的交流与交往，是历史上任何时代不可比拟的。尤其在城市，各民族学习、吸收、取长补短，共同性愈来愈多，差别性愈来愈少，也是当今时代的特点。应该看到社会主义时期对各民族来说，都是一个充分发展繁荣的时期，每个民族在历史上形成的鲜明的民族特点、民族感情，必定会通过每个民族的成员以观念意识、生活习惯和个人习惯方式等多种形式表现出来。因此，在日常民族工作中，要以满腔的热情，注意消除部分少数民族实际上存在的来自较落后民族地区的自卑感，居住城市而感生活不适的孤独感，以及改变习俗、娱乐爱好的压抑感。一方面加强民族政策的宣传、教育和解释，使少数民族真正了解、理解政策。另一方面多提供娱乐场地和联谊机会，让更多的少数民族相聚交流。交流联谊尽可能选择在各民族具有特色的传统节日进行，并主要在区、街道和单位中举行，以体现出广泛性和不同风格，如回、维吾尔等民族每年的"开斋节"、"圣纪节"、"古尔邦节"，也可以探索怎样将节日活动内容搞得更加丰富，使其形成回、维吾尔等民族进行经济、文化交流的喜庆日，让少数民族的民族自我意识毫无顾忌地表达出来。

二是让少数民族的聪明才智自觉自愿地显露出来。改革在现阶段来讲，就是调动一切积极因素，充分发挥人们的聪明才智，最大限度地解放生产力，实现四个现代化的社会主义宏伟大业。我们从事民族工作，毫无疑问应当引导少数民族为党的总目标的实现发出自己的光和热。据笔者接触和了解，部分企事业单位和大专院校中的少数民族知识分子，有的为自己的革新发明得不到应有的重视而苦恼；有的为多年潜心研究的成果难以发表和推广而发愁；有的表示出欲为民族团结进步事业献一技之长却得不到回音而消沉。这种状况不能不说是民族工作的薄弱点。各级民族工作部门在实际工作中，应克服"两个一般"，体现"两个优先"，做到"三个结合"。即克服对少数民族思想状况一般了解，对他们已显示出的才能一般看待，在同等条件或一定的政策前提下，对少数民族中的人才应给予优先聘用、优先培养，注意把热情帮助解决实际生活困难与积极疏通渠道提供显才能的机会结合起来，全面促使成才，并与重点培养、激励创新结合起来，积极引导多做贡献与大力宣传、表彰先进结合起来，激发少数民族在不同的岗位上贡献出自己的聪明才智。

三是让少数民族人才的群体优势充分发挥出来。从人才的使用看，既要注重特殊人物的能量释放，又要把更多的注意力放在探讨释放最大多数人的潜能上。而人才总是以某种结构集聚的，形成能级组织形态，以特定的协调方式发挥着个体优势并显示出人才群体的优势。因此，对少数民族人才的开发，也必须双向互促，把他们自我期待的成才目标实现与发挥他们的人才群体优势结合起来，逐步形成武汉地区少数民族经济、文化、教育等方面综合开发的整体优势。分析全市少数民族人才的状况，大体可分三个层次。第一层次是在国内、省内和本行业系统中有一定影响、一定科研成果和一定领导经验的专家学者和领导干部。据对武汉地区 168 个单位的摸底调查，少数民族中处级以上领导干部有 122 人；有高、中级职称的 330 人，其中多数同志曾获得国家、省、部、市的科研成果奖。第二层是有一批能够独立处理解决问题，具有一定科研潜力的骨干力量。这一批主要指初步统计的全市少数民族具有大专及以上学历的近 1500 人。第三层是可以培养深造，有一定理论基础和实践经验的后备力量，主要指全市少数民族中具有中专、高中和职业中学学历的近 9000 人。我们应该按这三个层次的不同特点，根据全市民族工作发展的情况，以及所确定的开发课题，挑选和聘请在行业、学科中有影响或造诣较深的带头人，进行优化组合，形成一层带二层、二层促三层的人才链，不断增加群体的活力，使武汉少数民族各类人才的能量得到最大的发挥。

总之，只要我们创造一种让少数民族感到平等和谐，富有激情的生活、工作环境，以宽松的政策和诚心诚恳的服务，把少数民族各类人才的活力挖掘出来，武汉的民族工作就有可能搞出一个生动活泼的局面来。

（原载《中南民族大学学报》1989 年第 3 期）

武汉市民族工作特点及其地位浅探

马奇明　王光萍

　　我国是一个统一的多民族国家。目前，在我国近 1 亿少数民族人口中，杂居、散居在全国各地的就有 2000 多万人。其中，分布在县级以上城市的 700 多万人。随着现代商品经济的发展和改革开放的深入及民族交往的日益频繁，城市民族问题逐渐复杂，任务更加艰巨，城市民族工作的地位和作用也就越发显著，如何做好城市民族工作也就变得愈来愈迫切。本文从武汉市少数民族和民族问题的特点入手，浅析新时期城市民族工作的地位和作用，并就当前城市民族工作中出现的新情况和新问题及如何做好城市民族工作谈点粗浅的认识。

一、武汉市少数民族及民族问题的特点

　　由于历史形成等原因，武汉市少数民族在人口、分布、经济、文化、习俗等方面，都具有鲜明的特征。

　　1. 人数少，成分多，居住分散

　　武汉市有 700 多万人口，少数民族人口不足 4 万人，仅占 0.55%，但少数民族成分却有 42 个，且分布在全市 13 个区、县、各大单位及大专院校，可见其分布之广，覆盖面之大。虽有二七街、马家庄、民族街、紫阳街、龙湖村等回族聚居地和田家湾、大富庵土家族聚居村，但也仅属居委会、自然村（组），尚不够形成行政区划的条件。

2. 世居少，迁居多，经济文化发展水平不平衡

新中国成立前定居武汉的少数民族（即世居民族）约4000人，考虑其自然增长因素，目前数量仅占全市少数民族的20%；而新中国成立后迁入武汉的少数民族（迁居民族），包括其自然增长因素，至今已占全市少数民族总数的70%。前者一般多因战乱、逃荒等原因迁入城市，这部分人文化素质普遍较低，他们大多开垦于荒野或城郊；后者大多为支援城市建设、部队转业和高校毕业留城人员，他们分散于城市的各条战线，文化素质都较高。这是城市少数民族经济文化发展水平不平衡的主要根源。

3. 民族性与包容性并存

武汉市43个民族是混杂居住的，在地理空间上是交叉和相互包容的。在民族文化方面，总是向周围汉族及其他少数民族学习、借鉴、兼收并蓄，有着十分显著的互溶性和互补性。在民族心理方面，他们对周围民族文化的容忍、谦让、尊重的心理能力，出于谋生的需要也正在逐渐增强。在通婚形式方面，不同民族通婚，组成不同民族复合家庭的社会现象已成为城市少数民族婚姻家庭的一个普遍形式。

4. "三支队伍"亦已形成

城市的政治、经济、文化的发展同样也为城市少数民族产业工人、干部、知识分子"三支队伍"的形成和发展提供了条件。据1990年普查，武汉市共有少数民族各类干部、专业技术人员5484人，其中在国家机关、党群组织、企事业单位中担任一定领导职务的1233人，少数民族高级干部50余人。同时，"城市少数民族代表人物和各种专业人才比较集中"[1]。仅1991年7月中南民族学院1284名教职工中就有19个民族近220名少数民族教职工，他们中有教授、副教授、讲师等。

5. 参政意识增强

随着党的民族政策的落实和选举法的颁布实施及其进一步完善，城市少数民族参政议政能力也大大增强。武汉市六届、八届、

九届人大代表，六届、七届、八届政协委员中，少数民族代表、委员所占比例均高于其人口在全市总人口中所占的比例。他们就武汉市的改革开放和经济建设提出了许多有建设性的意见和建议，为加强全市民族平等、团结和促进各民族共同繁荣作出了自己的努力。

6. **联系密切**

"城市少数民族同边疆民族地区的少数民族有着十分密切的联系。"[2]城市中的少数民族不管是世居的，还是后来迁入的，他们的原籍大都不在城市。据 1982 年统计，武汉市 12936 名回族中，就有 4070 名回族是从河南迁入的，占总数的 31.5%。这些少数民族与本民族的世居地一是有着"根"上的血缘关系，二是有着民族感情上的天然联系，且这种关系和联系具有强烈的韧性，使得发生在本民族聚居区中的重大事情很快传入城市；而发生在城市中的事情也迅速传入民族地区。同时，城市中的少数民族，有的与港、澳、台以及国外的亲友有来往，其影响容易波及海外。

因上述城市少数民族特点的综合作用，使得城市民族问题呈现出下列特性。

1. **全方位性**

"民族问题既包括民族自身的发展，又包括民族之间，民族与阶级、国家之间等方面的关系"[3]，现阶段，我国的民族问题更多地表现在少数民族和民族地区迫切要求加快发展经济文化的问题上。而城市，尤其是大城市，新时期民族问题主要表现形式是关心少数民族在政治上的完全平等地位与待遇；关心少数民族的发展；关心少数民族文化传统的继承发扬，包括要求尊重各民族的风俗习惯、宗教信仰和对子女进行本民族语言文字教育等方面。武汉市的民族问题既涉及城区之间的问题，又涉及城区与郊区、郊县，以及与边疆民族地区不同地域之间的民族问题；既涉及政治上的平等权利问题，又涉及经济文化发展权利问题，以及语言文字、风俗习惯、宗教信仰等方面的自由权利问题。可以说，城市民族问题涉及全国各地和社会生活的方方面面。

2. 政治上平等权的突出性

在中国历史上，城市少数民族和其他散杂居少数民族一样，所受的民族压迫、剥削、歧视之苦，一般地说比聚居区更甚。新中国成立后，城市少数民族的权利也容易被忽视。因此，对城市少数民族来讲，充分享有和行使自己应有的民族平等权利，是自己民族全面发展的前提条件和基础，也是自己民族在经济和文化方面与其他民族一样取得平等发展机遇和结果的基本条件。

3. 民族意识强

社会主义时期是民族发展繁荣的时期，也是民族意识觉醒时期。这就决定了社会主义时期城市民族问题主要不以本地民族关系问题为主，而是以整个民族的问题为主。武汉市世居的四千多名回族中，祖籍分别为南京、河南、陕西等地。他们都与异地的本民族有着千丝万缕的联系。他们不仅关心本地少数民族与汉族的关系，同时还关心本民族的整体发展问题。如西藏自治区 30 周年庆典时，生活在武汉三镇的藏族同胞欢聚一堂，载歌载舞，以抒发对自己民族兴旺发达的喜悦情怀。

4. 敏感性强

由于城市少数民族的特点，他们大都惧怕被"汉化"和"同化"，极力维护和保存本民族的传统文化，并使之代代相传。另一方面，城市少数民族在风俗习惯、宗教信仰、语言文字方面所表现的民族性，往往使城市中少数民族的风俗习惯、宗教信仰、语言文字问题成为城市民族问题最为敏感的因素。武汉市的少数民族主要是回、维吾尔等民族，占全市少数民族总人口的50%以上，他们的饮食、丧葬习俗的尊重问题，历来就是全市民族工作的重点。

5. 反应快，连锁性强，成为反映我国民族关系的"晴雨表"

城市在现代社会生活中具有很强的辐射功能，在民族问题方面也不例外，特别是当前信息和传播媒介日益现代化的情况下更是如此。1993 年在四川发生的一本画册事件，顷刻间传遍全国各地，造成重大损失和很坏影响。城市是某一地区政治、经济、文化的中心，也是社会活动的中心。城市中的少数民族干部和知识分子又都时刻关心着本民族、本民族地区的发展，民族地区发生的重大事情都会立刻反映到城市中来。因此，城市民族问题状况是我国民族聚居地区乃至全国民族问题状况的晴雨表。

6. 城市少数民族代表人物和知识分子的影响大

据1990年统计，武汉市少数民族中本科以上学历的人员比例较高，中、高级知识分子相对也多些，他们在城市民族问题的出现和解决方面都有重要影响。正因为他们的社会影响力，在解决民族矛盾和纠纷方面起到了别人所无法替代的作用。如前几年《武汉晚报》刊登《猪八戒》一文所引发的纠纷，市有关部门就是通过做好已故民权路清真寺马超仁阿訇的思想工作才得以平息的。再如武汉回民公墓和殡仪馆的立项、兴建，也是由回、维吾尔等民族的代表人士向全国、省、市政协提交提案而得以解决的。

7. 民族融合因素自然增长

民族融合是指各个民族在长期的历史发展中，互相交往，互相学习，取长补短，共同的东西日益增多，原有的特征越来越少，直到完全消失的结果。城市少数民族居住的散而杂的特点，使得少数民族与汉族交往日益频繁；民族之间的相互包容和新的文化内涵的产生，本身就是一种民族融合因素的表现。武汉回族由过去严格族内婚到今日婚姻的自由选择，就是最好的明证。此外，在语言、文化、服饰、习俗等方面，也有着"入乡随俗"的自然甄别过程。

上述城市少数民族和民族问题的特点，决定了城市民族工作容易被人们所忽视；在具体执行政策上不可一刀切，具有较大的灵活性和多层次性；工作的好坏造成的影响比较广泛；工作起来需要政府各职能部门密切配合和通力合作，不可唱独角戏等特征。

二、武汉市民族工作的地位及其存在的主要问题

武汉市少数民族、民族问题及民族工作的特点，使得武汉市的

民族工作具有十分重要的窗口、辐射、桥梁、联谊和示范作用。

第一,窗口作用,就是对内、对外宣传我国民族政策和展示我国少数民族的风貌。

武汉市政府于 1990 年在财政十分困难的情况下,拿出 65 万元新辟了严格按回、维吾尔等民族丧葬习俗实行一条龙服务的回民公墓和殡仪馆,深受广大回、维吾尔等民族群众的称赞。1993 年,台湾和香港两位穆斯林商人返汉省亲上坟后,都说:没想到大陆还为回、维吾尔等民族同胞专辟了这么大片墓地,归真后一定要安葬在武汉回民公墓,以示叶落归根。可见,该公墓和殡仪馆的修建,对宣传党的民族政策,展示武汉市少数民族风貌起到了十分重要的窗口作用。

第二,辐射作用,就是发展同城市郊县少数民族以至边疆民族地区的经济技术协作和商品、物资交流,促进城市同边疆民族地区的互补互济。

武汉锣厂、武汉金银制品厂、武汉民族服装厂、民族乐器厂作为国家民委和轻工部联合命名的民族用品定点生产企业,其生产的金银首饰、铜锣、民族乐器、民族服饰、少数民族学生教学用具,在西北和西南少数民族地区深受欢迎,既满足了广大少数民族群众的生活需要,也使这些企业开拓了市场,打开了销路。

第三,桥梁作用,就是利用城市少数民族同边疆少数民族的天然联系,牵线搭桥,发展城市与边疆民族地区的经济、技术对口支援。

武汉市从 1985 年迄今,利用回、维吾尔、土家、蒙古、藏、壮、黎、傣等民族与本民族世居地的天然联系,先后与青海省西宁市、湖北省恩施州、内蒙古赤峰市、云南德宏州、西藏山南地区及广西、新疆、海南等少数民族地区开展了经济、技术、文化、教育、卫生等方面的协作,特别是对西藏乃东县投入了大量的人力和资金,将对乃东县希望学校和科技推广中心的建设,农业水利设施、蔬菜基地的建立与开发,乡镇企业的起步及发展等,起巨大的推动作用。

第四，联谊作用，就是利用城市少数民族同海外的亲朋关系，为促进祖国统一，引进资金、技术，发展少数民族经济文化事业服务；就是利用城市少数民族的民族情感，激发他们的热情和积极性，为城市的改革开放和现代化建设服务。

自1988年成立有15个民族61名委员组成的武汉市民族联络委员会以来，武汉市已成功地举办了多次各种类型的民族联欢活动，通过这些活动融通了情感，加深了友谊，激发了大家积极投身于武汉市改革开放和现代化建设事业的热情和积极性。

第五，示范作用，就是城市在落实党的各项民族政策，保障少数民族平等权利，加强民族团结方面，可以为边疆少数民族起示范作用。

随着改革开放和现代化建设的进一步深入，我国城市化进程在不断加快，民族地区也不例外，特别是随着边境贸易的高速发展，边境城市也随之迅速崛起。沿海和内地城市对少数民族所采取的各项优惠政策，在保障城市中少数民族的平等权利，加强民族团结，维护社会稳定等方面，都为边疆民族地区解决现在和未来城市中的民族问题提供了模式，起着示范作用。

正如江泽民同志所说："民族问题是关系我们国家统一、社会稳定、边防巩固、建设成败的大问题。"[4]武汉市市委、市政府多年来十分重视民族工作，采取了各种有力措施，使全市少数民族经济、文化等各项事业有了较大的发展，平等、团结、互助、合作的社会主义新型民族关系得以巩固和加强，各民族共同繁荣的景象亦已形成。1996年3月，市政府颁布实施的《武汉市民族工作办法》又为进一步保障全市少数民族的各项平等权利，推动全市民族工作的新局面提供了法律保证。

城市民族工作和整个民族工作一样受这个时代本身特有的内涵影响，且在新的历史时期又被赋予了新的内容，呈现出新的情况和问题。当前城市民族工作面临的主要问题是：

第一，国际敌对势力想方设法在我国制造混乱，扰乱我国社会秩序，搞乱我国经挤。国外敌对势力一贯把民族问题和宗教问题作为对我国实行"西化"和"分化"的突破口，利用我们工作中存在的问题，挑拨民族关系，煽动民族情绪，进行政治渗透和分裂活动。他们的活动首先和主要的地点就是城市，特别是大城市，武汉也不例外。

第二，国内极少数敌对分子与境外势力遥相呼应，疯狂进行民族分裂活动，严重影响我国边疆地区的民族关系和民族团结。近几年，在我国周边国家和地区兴起的泛突厥主义、泛伊斯兰主义等民族主义思潮，不仅对我国民族地区有着直接而广泛的影响，而且对我国城市中的民族关系也产生了影响，威胁着我国的安定和经济建设。

第三，少数人利用民族之间发生的矛盾和纠纷煽动闹事，制造事端，扩大事态，以达到个人的某种目的。

第四，个别作者和出版单位的领导、编辑缺乏对国家和社会的责任心，缺乏职业道德。他们只顾赚钱，迎合一些读者的猎奇心理，不负责任地写作、出版和发表歪曲民族问题的书籍和文章，造成恶劣影响。近年来，发生在《武汉晚报》上的几起刺伤全市广大穆斯林同胞感情的事件就是这一原因所致。

第五，有些地区和部门，由于民族、宗教政策宣传不力，领导干部认识不够，官僚主义严重，对事态麻木不仁，对事件的煽动、挑拨者和有关责任者处理不严、不及时，从而导致事态扩大，越演越烈。《襄樊晚报》一事发生后，虽引起了各方面的重视，但由于某些领导干部对肇事者采取包庇的态度，使得事态平息一段时间后又膨胀起来，在全国造成了很坏的影响。

第六，随着改革开放和现代商品经济的进一步深入，人口迁徙和流动的加剧，民族地区和边疆地区少数民族进入内地经商、旅游、学习、参观的增多，这些少数民族与城市中的其他民族及执法部门之间的矛盾、纠纷和摩擦乃至冲突时有发生，处理不慎就会危及城市的民族团结和社会稳定，并很快反映到民族地区和边疆地区。1995 年，武汉市就发生了数十起新疆维吾尔族经商同胞与交通城管部门、藏族卖刀具同胞与公安执法部门之间的冲突，给武汉市的城市管理和社会治安带来很多问题。对此，武汉市委、市政府高度重视，认真研究，反复磋商，制定了加强对边疆地区来汉经商少数民族进行管理的办法。既保护了边疆少数民族在武汉经商的合法经营权利，为其提供各种方便和服务，同时又对他们在汉的非法活动依法加强管理。既活跃了城市市场，又维护了城市的安定。

此外，随着计划经济体制向市场经济体制的转轨，被组合下来的少数民族职工的再就业问题，民族企业的亏损、转向等问题，旧城改造过程中少数民族风俗习惯的落实问题，以及少数民族群众的各种利益问题纷纷出现。城市尤其像武汉这种特大中心城市又是上述问题发生的高频区，而且随着改革开放的进一步深入，这种频率将呈日益增高的趋势。

三、武汉市民族工作的构想

要使城市民族工作的窗口、辐射、桥梁、联谊和示范作用得以充分的发挥，以推动整个民族事业和改革开放、现代化建设事业的蓬勃发展，保证整个国家"九五"计划和 2010 年远景目标的顺利实现，当前武汉市的民族工作应将本市少数民族问题的特点和时代发展、武汉市建设国际性现代化大都市的社会环境有机地结合起来，努力抓好以下几个方面的工作：

一是以宣传、贯彻、落实党的各项民族政策为基础，把维护社会稳定，加强民族团结，促进改革开放作为工作的前提；二是要以经济建设为中心，把发展民族经济作为新时期城市民族工作的重点，以发展保稳定，以稳定促发展，二者相辅相成，不可偏废；三是要把大力培养少数民族干部和各种专业技术人才作为城市民族工作的重心，把提高城市少数民族素质作为做好城市民族工作的关键；四是要以贯彻、落实《城市民族工作条例》、《武汉市民族工作办法》为主，以加强城市民族法制建设为突破口，把保障城市少数民族的合法权益作为城市民族工作的准绳；五是要以切实加强党和政府对城市民族工作的领导为契机，把党和政府对民族工作的领导作为做好城市民族工作的保证；六是以加强经济、技术、文化、卫生等多形式、多渠道的横向经济联合为途径，把带动民族地区的发展作为城市民族工作的一项重要任务。只有认真抓好这六个方面的工作，才能使城市民族工作以更快的速度向前推进。

参考文献：

[1] 新时期民族工作文献选编．北京：中央文献出版社，1990. 318
[2] 杨侯弟．新时期民族工作概览．北京：华文出版社，1993. 233
[3] 1992 年江泽民同志在中央民族工作会议上的讲话
[4] 江泽民总书记于 1993 年 11 月 7 日在全国统战工作会议上的讲话

（原载《中南民族大学学报》1996 年第 3 期）

新时期城市民族工作的几点思考

邢淑芳

城市民族工作历来是我国民族工作和城市工作的重要组成部分，特别是社会主义建设新时期，城市民族工作对全国民族工作的影响和作用愈益显著。因此，正确地认识和分析现阶段城市民族工作的地位、作用和特点，掌握其发展的规律，是积极推动城市少数民族的社会发展，成功地解决我国民族问题的一个基本前提。

一、城市民族工作的地位

城市民族工作作为全国民族工作和城市工作的重要组成部分，它具有地位特殊，作用突出，影响深远的特点。

1. 地位特殊

城市民族工作是党和国家整个民族工作的重要组成部分，而且因为城市在政治、经济、文化、教育、科技以及社会活动等方面所处的中心、枢纽、辐射地位，使得城市民族工作具有很多特殊性。城市民族工作的内容因城市少数民族来源广，居住分散、混杂，民族成分多而显得十分复杂；城市少数民族中有影响力的人士、杰出人物、知识分子、产业工人以及企事业单位的干部较其他地方多，这些人社会联系广，有浓厚的民族知识和强烈的民主精神，对党的民族政策认识理解程度高，对民族宗教方面出现的问题十分敏感，对本民族、本民族地区的发展和重大事情十分关心，这就使城市与民族地区之间存在无形而密切的联系，呈连锁互动之势。所以，城市民族关系是我国民族关系的晴雨计、测量表。

2. 作用突出

城市作为一个地区的政治、经济和文化中心，在社会各项事业中都有突出的作用。在民族工作方面，以其城市特有的优势，积极开拓民族工作的新思路，发挥着越来越突出的作用。这主要表现在以下几个方面。一是"窗口"作用。城市作为我国对外开放的窗口，自然也是对外宣传我国民族政策和展示我国少数民族风貌的窗口。二是"辐射"作用。城市的人才、技术、资金、信息、交通优势，有利于发展同民族地区的经济技术协作和商品、物资交换，发挥同少数民族地区经济的互惠互利，为城市和民族地区经济注入活力。三是"桥梁"作用。利用城市少数民族同周边或民族地区的天然联系，加强城市在经济和科学技术方面同民族地区的对口支援，发展民族地区的经济文化事业。四是"示范"作用。在落实党的各项民族政策，发展民族经济、文化事业，保持少数民族平等权利，加强民族团结，促进各民族共同发展繁荣方面，城市民族工作力争做得更好，并在实践中探索出一系列行之有效的措施、经验，与城市各项工作一道去开创城市民族工作的新局面。

二、新时期城市民族工作的特点

在新的历史时期，城市民族工作呈现出许多新的特点。

第一，随着我国社会主义市场经济体制的建立和商品流通的发展，少数民族农牧民受益于城市化步伐的加快，使城市中少数民族流动人口呈现日益增长的趋势。众所周知，由于城市新兴产业的兴起和相对优越的生存条件，正在对少数民族农牧民产生越来越大的吸引力。同时，随着商品意识和市场意识在人们头脑中的增长，一些少数民族群众发挥擅长经营的传统，迅速加入到城市商品流通、餐饮服务等行业如藏族的药材，回族的拉面，维吾尔族的烤羊肉串、葡萄干，苗族、侗族的银饰等，并显露出越来越强的竞争力。

据统计，北京市外来少数民族流动人口在 10 万人以上，武汉市达 7 万人，中等城市宜昌市也在千人以上。他们在城市中经商、打工，对城市经济发展起到了积极促进作用，为城市提供了充足的劳动力，而且他们擅长的经商、贩运和民族风味餐饮，又丰富了城市居民的生活，已成为城市生活中不可缺少的重要组成部分。但是，涌入城市的少数民族农牧民需要食、住、行以及宗教活动的配套服务。因此，一方面这部分少数民族群众需要城市人民政府为他们在就业、劳保、法律咨询、子女入学、宗教活动等方面提供方便；另一方面，城市人民政府应该对这部分少数民族进行计划生育、奉公守法、社会治安、社会公德、环保意识等方面的教育和有效管理。但是，由于这一部分人流动性大、居住分散、无组织性和构成复杂而使管理存在很大困难，管理的力度要加大，而且方法、手段也是一个难题。还有，这些少数民族农牧民虽然已成为非农业人口，但他们在文化传统、生活方式、传统观念、风俗习惯、宗教信仰等许多方面都与城市居民存在较大差异，这些都需要城市民族工作部门认真研究，慎重对待。

第二，在企事业体制改革过程中，城市少数民族职工的下岗、再就业问题，是当前城市民族工作不容回避的问题。近几年，伴随着改革的不断深化而出现的职工下岗及部分城市居民生活水平下降的问题，在少数民族居民中同样出现，而且出现的概率要高于汉族。从山东、上海几个城市的调查情况来看，城市少数民族的失业率要高出汉族 3～5 个百分点。透视下岗或失业职工这个群体，不难看出少数民族职工因文化和行业特点的限制，下岗率高，再就业率低。有的职工家庭人均月生活费不到 100 元，重新成为城市的贫困阶层。虽然有些少数民族下岗职工也发挥了祖辈经商、摆摊、跑买卖的特长，但是这些行业同样遇到了市场制约、资金短缺、竞争激烈、买卖难做等困难，举步维艰，需要付出超常的努力才能维持经营。至于那些全家几代人都在一个企业，又无其他谋生手段的职工则更加困难，的确应该成为各职能部门和政府给予关心照顾的重点。

第三，城市民族工作具有处理问题快速、有效的特点。首先，城市在现代社会中具有很大的辐射功能，在民族问题方面也不例外，特别是在当前信息和传播媒体现代化、网络化的情况下，使得城市民族问题具有反应快、连锁性强的特点。比如，1989 年 3 月《性风俗》一书出版后，很快上海市千余名穆斯林上街游行，北京等省市也有信仰伊斯兰教的少数民族上街游行，很短的时间里，迅速波及全国各地。其次，在大城市里，少数民族无论是世居的，还是后来迁入的，他们都与聚居区的本民族有着千丝万缕的联系，加之城市少数民族多是该民族中知识层次较高者，因而城市中的少数民族关心更多的是聚居区乃至全国范围的本民族发生的问题，并为之奔走呼号。比如，几年前北京市维吾尔、哈萨克、藏等民族的大学生请愿游行等，并不是因为北京市的维汉关系、藏汉关系有问题，而是由于有关新疆问题和有关文学作品歧视少数民族的问题。这就使城市民族问题带有连锁性特点。再次，我国两千多万杂散居少数民族人口，有 1/3 居住在上百个大中城市中，而且民族成分复杂。首都北京市就是一个有 56 个民族的大家庭，其他像上海、广州、西安、沈阳等大城市都有三四十个少数民族成分，武汉市现在有 46 个少数民族成分，中等规模的开放城市青岛市也有 38 个少数民族成分。城市少数民族由于以上民族构成和分布特点等种种原因，决定了城市民族问题具有"全方位"的特点。由此而产生的民族问题既涉及汉族和少数民族的关系，又涉及少数民族和少数民族的关系问题；既涉及聚居区的又涉及散杂居的民族问题；既涉及政治上的平等权利问题，又涉及经济文化发展权利问题以及语言文字、风俗习惯、宗教信仰方面的自由权利问题。也就是说，无论从民族关系，民族问题发生的民族范围、地区范围来讲，还是从民族关系、民族问题的内容范围来讲，都涉及我国全部少数民族、全国各地区和社会生活的各个领域。城市民族关系中的这些问题一旦发生，其影响力、波及面都是很大的。

　　第四，城市民族工作，当前主要涉及的是少数民族风俗习惯、宗教信仰问题。民族风俗习惯问题、语言文字问题、宗教信仰问题，历来是民族问题敏感的三个因素。城市少数民族虽然在地域上与聚居区的本民族分离，但在风俗习惯、宗教信仰、心理素质等方面，还保持着本民族的固有特性。城市少数民族，特别是回族等信仰伊斯兰教民族的风俗习惯、宗教信仰比较明显，在一些有清真寺的街区，民族纠纷、矛盾大量发生在这些问题上。从安徽、河南、山西等省和上海、沈阳、哈尔滨、武汉等大城市曾经发生的民族矛盾、民族纠纷情况来看，由于不尊重少数民族风俗习惯、宗教信仰和违反民族政策导致的民族纠纷占相当大的比例。近几年，由于一些新闻报道和文艺作品引起的城市民族纠纷、民族矛盾等，基本上都是涉及少数民族风俗习惯和宗教信仰方面的问题。

　　第五，民族问题归根结底还是经济问题。城市民族工作离不开经济工作，这是一个永恒的主题。以经济建设为中心是国家富强、人民富裕的必由之路，也是从根本上解决民族问题的必由之路。所以，当前城市民族工作放在第一位的仍然是经济文化建设，这是搞好城市民族工作的基础。近年来，城市少数民族个体经济虽然发展较快，但从整体上来看，还属于小打小闹，规模小、效益低，面对市场经济和城市经济发展的要求，民族经济虽有自身的优势，但还是很单薄脆弱。各级政府和部门都要树立为民族经济服务的思想，诚心诚意帮助少数民族加快经济文化的发展。要多方努力，筹措资金，逐步建立城市少数民族发展基金，重点用于城市少数民族生活基础设施建设、教育、医疗、培训、再就业等方面，使少数民族群众的工作、生活与城市建设同步发展；要努力发展城市民族经济，突出民族特色，帮助少数民族提高经营水平和管理水平，为其经营发展提供信息、牵线搭桥，并从政策上给予帮助和照顾，引导城市民族经济上规模、上档次，使城市民族经济沿着健康、协调的道路发展。

三、几点建议

第一，要加大马克思主义民族论政策的宣传教育力度。一是要对各级领导干部加强马克思主义民族观和党的民族政策的教育，切实提高各级领导干部执行民族政策的水平和处理民族问题的能力。要从"讲政治"的高度来看待这一问题。二是要使民族理论政策的宣传做到有的放矢。当前，特别要对那些与民族问题密切相关的部门，如公安、工商、新闻出版以及清真饮食行业的主管部门加强宣传教育，各级民族工作部门应主动与这些部门沟通。

第二，各级党委和政府有关部门，对当前城市少数民族职工下岗问题，对城市少数民族贫困户的脱贫致富问题要进行专题调查。在调查基础上制定出切实可行的具体解决方法，并从财政上设立专款，专款专用，帮助城市少数民族下岗职工尽快再就业。帮助少数民族贫困户发展经济、脱贫致富应该是城市民族工作的重点，这个工作很大程度上要依靠政府各级领导的关心和支持，要真心实意地帮助少数民族贫困户出主意想办法，在政策上实行优惠，在财力上予以帮助。

第三，要建立快速、有效的处理突发事件的决策协调机制。针对城市民族问题反应快、连锁性大、影响面广的特点，各级民族工作部门和有关部门要加强城市民族工作队伍建设，健全民族工作网络；建立完整的信息报送制度；要充分发挥民族、宗教界代表人士的作用；要有一个有效的决策协调机制。在各级党政部门的领导下，对城市民族问题的突发事件迅速采取有力措施，控制事态发展，把问题解决在萌芽状态，解决在基层，保障民族的团结和城市各项社会主义建设事业的稳步发展。

第四，要加强与少数民族聚居区民族工作部门的联系和合作。城市民族工作是一项综合性工作，牵涉面广（涉及政治、经济、文化、教育等诸多领域），管理难度大，加之近年来城市少数民族流动人口不断增加，成分复杂，无序性强，要做好这项工作，仅靠城市民族工作部门一家的力量显然是不够的，必须依靠政府和各相关部门的大力支持和密切配合。同时，还必须取得少数民族人口流出地的各民族聚居区民族工作部门的支持和配合，互相沟通，互相配合，形成合力，城市民族工作才能顺利进行。

（原载《中南民族大学学报》2000 年第 3 期）

西部大开发与中东部城市民族工作

邢淑芳

实施西部大开发战略是以江泽民同志为核心的党的第三代领导集体把握历史，总揽全局，面向新世纪作出的重大战略决策，从根本上讲是我国社会生产力发展的必然要求，是实现共同富裕的社会主义的本质要求。这一重大举措，既给西部少数民族地区和边疆地区带来了前所未有的生机和活力，也给全国民族工作的重要组成部分的中、东部城市民族工作赋予了新的内涵，拓宽了新的领域，展现了新的机遇，提出了新的要求和任务。

一、更新观念，树立中、东部城市民族工作为西部大开发战略服务的大局意识

中、东部城市（特别是沿海城市）得天时地利之优，得改革开放之先，经济发展迅速，加之交通发达，技术和管理水平较高，资金相对充裕，综合实力均在全国前列。中、东部发达地区一方面要"致富思源，富而思进"，帮助和带动西部民族地区发展经济，这是义不容辞的责任；一方面要在积极参与西部大开发中增强城市自身发展的优势，做到优势互补、资源共享、协调发展、共同富裕目标的最终实现。

西部大开发所讲的西部地区包括：广西、内蒙古、四川、贵州、云南、西藏、陕西、甘肃、青海、重庆、宁夏和新疆12个省、市、自治区，共计人口为 3.65 亿，占全国总人口的 29%，面积

685 万平方公里，占国土面积的 71%。西部地区多为山区、草原和沙漠，自然条件相对较差；西部地区的工业化率比全国低 5~6 个百分点，工业总产值占全国的 10% 左右；西部地区的生态系统十分脆弱，西南水土流失，山洪和泥石流频发，西北缺水和沙漠化日益严重，水土流失面积 288 万平方公里，占全国的 80%。由于历史原因，西部又是我国少数民族聚居区，西部 12 个省、市、自治区中，8 个是少数民族省区，4 个是多民族、多宗教省区，世居民族 38 个。我国的 55 个少数民族中，人口的 83.5% 分布在西部地区。朱镕基总理在全国第二次中央民族工作会议上指出："我国少数民族地区主要集中在西部地区，西部大开发战略，也就是要加快少数民族和民族地区的发展。"所以，从某种意义上讲，西部大开发就是对民族地区的大开发。西部地区与 14 个国家接壤，陆地边境线长达 1.8 万多公里，占全国陆地边境线的 91%。国内外敌对势力一直在利用我国西部地区的民族和宗教问题，对我国搞渗透和分裂活动。因此，维护和保持西部民族地区的稳定，最根本的就是要切实加快西部民族地区的经济发展，缩小西部地区和东部地区经济发展水平的差距。城市民族工作必须树立这个全局观念，服从并积极参与到西部大开发中来，以"富民、兴边、强国、睦邻" 8 个字为指导思想，把支持西部大开发作为跨世纪城市民族工作责无旁贷的历史责任。

二、把握中、东部城市民族工作的新特点、新变化，突出工作重点，扩充工作领域，为实现西部大开发的战略服务

1999 年 12 月在武汉召开的全国城市民族工作座谈会，明确了新时期城市民族工作的三大任务：一是做好城市少数民族事务的管理工作，保障他们的合法权益，帮助他们发展经济、文化教育事业；二是做好城市少数民族流动人口的管理工作，充分保障他们的

各项平等权益，帮助他们增强城市适应能力，更快更好地投身于城市的建设和发展中来；三是做好与城市功能相应的面向全国少数民族地区的工作。以上三个方面的工作是一个有机的统一体，是由城市民族工作的性质、特点决定的，这三个方面的工作都与西部大开发战略密不可分。第一项是基础和前提，后两项则是服务和参与西部大开发的具体实践。城市是国家和地区政治、经济、科技、教育、文化的中心，也是联系各地的交通枢纽，荟萃了大量的各类人才；城市是我国改革开放的前沿阵地，是学习新观念、新知识、新技术，进行理论创新、科技创新的基地，是带动民族地区经济文化发展的火车头。城市的地位和作用、功能和特点，决定了它是西部大开发的强大经济支撑、人才支撑、技术支撑，在西部大开发中扮演着十分重要的角色。城市民族工作要进一步发挥城市的功能与特点，将这些功能与特点务实而有效地融进西部大开发的各项工作中去。在这方面，城市民族工作应该做好以下几方面的工作。(1) 牵线搭桥，使城市的对口支援工作更加适用，社会效益和经济效益更好。(2) 提供有关的政策咨询。民族工作部门对少数民族情况比较了解，提出的意见可以使对口支援工作更符合当地的实际情况。(3) 表彰先进。民族工作部门可以通过民族团结进步表彰活动，对在对口支援工作中作出突出贡献的单位和个人进行表彰与奖励，使城市对口支援工作获得更为广阔的支持。

三、积极协调，排忧解难，努力做好中、东部城市少数民族流动人口的管理工作，为促进西部民族地区经济发展而努力

随着城市辐射功能的加强和市场经济大潮的影响，一些西部少数民族同胞不断走向中、东部地区，加入城市的精神文明和物质文明建设，他们的经济和文化活动活跃了市场，丰富了城市的经济和文化生活，促进了各民族的交流，加强了中、东、西部的联络。但

是，由于不同民族间，特别是来自边远乡村的少数民族农牧民与都市居民之间，在文化传统、生活方式、价值观念、风俗习惯、宗教信仰等方面存在着较大的差异，因此，随着城市少数民族人口的增加和经济利益的驱动，不同民族之间不可避免地会产生一些摩擦和纠纷，也给城市带来了诸如占道经营、兜售管制刀具及违禁药材（如虎骨等）和其他不文明经商等治安管理新问题。加之这一部分少数民族同胞流动量大、流速快、居住分散、成分复杂、组织性不强等，给城市管理工作带来了一定的难度，在管理方法和管理手段上对城市民族工作部门和管理部门提出了更新更高的要求。对此，城市民族工作部门一定要积极争取各级领导和有关部门对做好外来少数民族工作的重视和支持。一方面要不断改进工作方法和作风，切实保障他们的合法权益，为他们排忧解难，真诚搞好服务，为他们的经营和生活提供良好的环境。在这方面，近年来许多中、东部城市的民族工作部门都有不少新的经验和做法。例如武汉市民委从1996年开始在武汉三镇（汉口、武昌、汉阳）设立了21个外来少数民族的联络点，制发了上千张印有民委电话的联系卡。建立了外来少数民族的联系制度。据不完全统计，21个联络点共为外来少数民族解决子女入托入学、办理暂住证明、法律咨询、联系经营门面等困难和问题三千多件次。1997年，一对新疆维吾尔族夫妇来汉不久，2岁的儿子在旅馆被人拐卖，他们悲愤之下，坦言要杀死旅馆老板后再自杀，市民委通过联系点得到信息后，积极配合公安部门迅速行动，将孩子从福建解救回来，并筹款送他们回新疆，从而迅速有效地制止了悲剧的发生，使外来少数民族深受感动，许多外地来汉少数民族都把武汉当做他们的第二故乡。1998年，武汉市发生特大洪水，外地来汉经商少数民族积极捐款捐物，参加抗洪救灾。另一方面，城市民族工作部门还要积极协助公安、工商等部门做好外来少数民族流动人口的教育、管理工作。组织他们学习城市管理的各项规定，教育他们遵纪守法，正当经营，提高他们适应城市生活的能力，减少不应当发生的纠纷。过去国内多宗"散杂区冒烟、聚居区起火"的教训说明，努力做好城市少数民族流动人口的管理工作，这既维护了城市社会的稳定发展和民族团结，又保证了西部地区的社会稳定和经济发展。

四、发挥中、东部城市的经济、人才优势，由民族工作部门牵线搭桥，努力做好对口支援民族地区的工作

1992 年，邓小平同志在南巡讲话中指出：走社会主义道路，就是要逐步实现共同富裕。共同富裕的构想是这样提出的：一部分地区有条件先发展起来，一部分地区发展的慢一点，先发展起来的地区带动后发展起来的地区，最终达到共同富裕。从 1979 年起，各地根据党中央、国务院及各省、市委布置，在有关职能部门密切配合下，开展了多种形式的对口扶持工作。多年来，对口支援工作已经形成组织领导健全、措施有力的工作体系和多层次、多领城的帮扶格局，有力地促进了受援少数民族地区经济和社会事业的发展。近年来，随着社会经济形势的发展，对口扶持工作又出现了许多新变化、新形势，已经从传统意义上的支援逐步向支持和参与西部大开发的方向发展；从救助式扶持转向开发式扶持；把单方面援助变为优势互补、互惠互利基础上的横向经济联合与合作。(1) 对口支援工作以有利于西部地区经济发展为目标的指导思想越来越明确。以往，对口支援以调派干部、援建形象工程为主，现在是以帮助改善经济条件为主。在项目选择上，一是基础设施项目，二是当地人民群众生活最急需的公益性项目，三是增强"造血功能"，帮助少数民族群众脱贫致富的项目。(2) 在对口支援项目中，市场经济的因素越来越明显。以往对口支援大多是"财政项目"，现在除了基础设施、公益项目是由市里统一筹措资金安排外，经济项目大多采取"政府搭台，企业唱戏"，实行互惠互利，优势互补。以南京市为例，由南京市政府和市民委牵线，南京市金陵石化公司烷基苯厂与新疆盐湖化工厂联合投资 480 万元，在新疆建成了 5000 吨

的合成洗涤剂分厂，当年就生产洗衣粉 2560 吨，洗涤剂 80 吨，实现销售收入 350 万元。南京无线电厂与南宁市无线电三厂合作生产"熊猫"彩电项目，不仅新增产值 2 亿多元，而且使面临困境的南宁无线电三厂一举成为南宁市的电子骨干企业。（3）参与对口支援工作的部门越来越多。单位主动承担任务，许多企业既积极出资援建公益项目，又千方百计寻找商机。近几年来，武汉市就对西藏自治区乃东县实施援建合作项目 10 个，资金 2000 万元；深圳与贵州两地企业共签署合作项目 30 个，协议总投资 27 亿元。其中，深圳方投资 22 亿元，目前已启动 21 个项目。在援建中，中、东部企业带去了改革开放的新思想、新观念，为当地经济发展和现代化建设作出了力所能及的贡献，而且企业自身也获得了新的发展动力。（4）利用中、东部城市民族工作的优势，帮助民族地区引进资金、人才。西部最丰富的是自然资源，最缺乏的是人才资源，缺乏高级技术人才、高级管理人才、高级策划人才、高级金融人才和高级技术工人。另外，西部大开发的资本从哪里来？一是国家的投入。事实上，国家已经在这方面向西部倾斜，增大了对西部地区的投入，这是毫无疑问的。由于国家投资只能来源于财政，顶多加上贷款等等，因而国家投入终究是有限的，国家投资也只能用于基础设施建设。大量的、能够直接带动人民生活水平提高的资金，只能来源于民间。民间资本来源有三：一是吸引海外华人、华侨和港、澳、台同胞来西部办"三资"企业；二是我国中、东部地区的投资者、民营企业家到西部地区下海经商；三是本地区有积蓄的群众、个体、私营经济的当事人参与投资等等。在这三部分民间资本的来源中，很有可能是以中、东部民营企业家居多。中、东部城市民族工作部门要充分利用多年来工作的基础、工作的对象和良好的社会关系，多渠道、多方面牵线搭桥，帮助西部开发引进人才和资金。这也是贯彻邓小平同志"两个大局"思想和坚持民族关系"三个离不开"原则的体现。

五、做好中、东部城市少数民族事务的管理工作，充分发挥城市民族工作的窗口、辐射和带动作用，为西部开发提供良好的服务，创造良好的环境

第一，抓住历史机遇，加快促进中、东部城市少数民族社会经济文化事业的全面发展。城市民族工作必须以经济建设为中心，是确保城市民族团结、社会稳定的前提条件，是中、东部城市民族工作的重中之重。一是要抓住国家改革开放的大好机遇，充分用足适合民族经济发展的优惠政策，壮大民族企业，扶持个体和多种经济形式的少数民族经济，创名优产品，从而增强民族企业在市场经济中的竞争力。二是制定并实施好《城市民族工作条例》、《城市少数民族权益保障条例》等，计划和安排好城市少数民族的经济生活，按政策给予适当照顾和扶持，对少数民族下岗职工面临的问题，要热情地为他们做好协调工作，以解决其基本的生活保障，同时设法为他们再就业开辟门路；在城市规划建设中，注意改善少数民族群众的居住条件，使城市少数民族群众的工作、生活与城市的发展保持一致。三是充分发挥城市少数民族知识分子、科技人才的作用，把他们的聪明才智用于发展城市民族经济。由于他们与民族地区有广泛联系和密切的关系，可通过他们使城市民族工作与民族地区工作进一步沟通，把先进的技术成果、管理知识、管理经验介绍到民族地区，把民族地区的发展项目和资源情况介绍给城市的经济部门，做到资源共享、优势互补，共同发展繁荣。

第二，协调关系，化解矛盾，保护少数民族的合法权益，维护安定团结的政治局面。高度重视、及时处理涉及少数民族的纠纷事件是城市民族工作的重要日常内容。随着城市的开放力度加大以及东、西部地区交往日见频繁，除世居城市的少数民族，外来进入城市务工、经商、学习或从事其他方面工作的少数民族会愈来愈多，随着国家改革的继续深入，或多或少会触及人民群众利益，其中当然也包括少数民族群众的利益，产生摩擦和矛盾是不可避免的，有

时甚至比较激烈。城市民族工作要注意城市民族问题容易产生矛盾的三个方面，即风俗习惯、经济利益、民族感情。民族工作部门在实际工作中主要把握好两个原则。一是强调在事实面前人人平等，各民族平等，用政策和法律来约束、教育当事者，从维护民族团结的角度出发，提倡互谅互让，各自批评，实事求是，合情合理。依照有关法律规定，是什么问题就按什么问题处理，不能把所有问题都上纲到民族问题。二是在处理涉及民族关系方面的矛盾时，强调及时性、有效性。做到"宜早不宜迟"、"宜粗不宜细"、"宜宽不宜严"、"宜冷不宜热"、"宜解不宜结"的策略，处理问题坚持原则性与灵活性的统一。按照江泽民同志"民族、宗教无小事"的指示精神，做好耐心细致的思想工作，积极而慎重地处理民族方面出现的问题。

第三，深入持久地开展马克思主义民族观、党的民族政策和民族平等、团结、进步的宣传教育，认真贯彻落实党和国家的各项民族政策。从全局的、战略的高度来看，进行马克思主义民族观和党的民族政策的宣传教育，是我们做好民族工作的前提和基础，它起着"先行官"的作用，意义十分重大。特别是中、东部城市少数民族相对于西部民族地区而言整体素质较高，经济文化发展水平与汉族差距相对较小，他们更为关注的是民族政策的贯彻落实，各项平等权利的落实，如参政议政权利、干部人才的培养选拔等。所以，中、东部城市民族工作必须站得高、看得远，要从国家利益、整体利益的高度来看待这个问题。坚持民族政治平等原则。只有坚持平等原则，民族团结、民族的共同繁荣才能实现。在确定人大代表、政协委员名额时，要对少数民族给予适当照顾，同时要十分重视培养、选拔、使用少数民族干部。据有关资料显示，广州、武汉等城市推荐和安排少数民族代表人物担任行政领导、人大代表、政协委员的比例都超过了本市少数民族人口所占城市总人口的比例，这充分体现了少数民族不仅在民族聚居区，而且在杂散居的城市也同汉族一样有当家做主、参政议政的权利。

在新世纪到来之际，在西部大开发战鼓已经敲响之时，中、东部城市民族工作又面临新的机遇和挑战，前进道路上一定会遇到新的情况新的问题，我们要进一步探索新时期城市民族工作的新方法和新思路，在西部大开发中找准自己的位置，牢牢把握大团结、大联合的主题，把新时期中、东部城市民族工作提高到一个新的水平。

参考文献：

[1] 陈耀邦. 中国中西部地区开发年鉴：1997. 北京：改革出版社，1997

[2] 邢淑芳. 新时期城市民族工作的几点思考. 中南民族学院学报（社会科学版），2000（3）

[3] 邓小平. 邓小平文选：第三卷. 北京：人民出版社，1994. 373

（原载《中南民族大学学报》2001 年第 5 期）

党的民族政策及其在鄂豫皖杂散居地区的实践

王奎正

鄂豫皖三省是我国重要的少数民族杂散居地区。据 1990 年第四次全国人口普查，三省共有少数民族人口 3474444 人，分别占三省总人口的 3.97%、1.18% 和 0.58%。三省共有回族 1250313 人，占少数民族总人口的 36%。[1] 随着我国社会主义现代化建设事业的不断深入，杂散居少数民族的成分和人口必然会越来越多。因此，做好杂散居地区民族工作，调节好民族关系意义重大。本文结合党的民族政策及其在鄂豫皖杂散居地区的实践，初步探讨其对该地区民族关系的影响，并为新时期党在杂散居地区的民族工作提供一些有益的借鉴。

一

鄂豫皖三省自古以来就是多民族地区。秦汉以前，很多古代民族就繁衍生息在这一地区。秦汉以降，经过长期的社会动荡、民族大迁徙和大融合，鄂豫皖境内原有的古代民族，除在鄂西地区逐渐形成了土家、苗等少数民族聚居区外，其余已基本与汉族融为一体。今日鄂豫皖三省的杂散居少数民族，主要有回族、蒙古族、满族、维吾尔族等。他们进入鄂豫皖三省及今日分布格局的形成，主要是在元朝以后。

历史上，鄂豫皖地区的回族遭遇到比当地汉族和聚居区回族更深重的政治压迫、经济剥削和文化歧视。历代反动统治阶级均奉行民族压迫和民族歧视政策，元明清三代和国民党政府概莫例外。

元朝时，国人被分为四等：蒙古人、色目人、汉人、南人。"回回"属色目人，政治地位相对较高，但是并非所有回回人都享有政治特权和经济利益。例如，元代回回人的生活习惯就受到统治阶级的歧视和限制。元时曾指令各地驿站对过往的回回人，不必照顾其饮食习惯。元世祖忽必烈"重申成吉思汗法令（破腹杀牲），禁止用断喉之法杀羊，违者死，籍其家以赏首告之人。于是告密者纷至，多破伊斯兰家致富。"[2]

明朝统治者对少数民族采取的是怀柔与控制并用的政策。朱元璋曾于1368年下令"禁止胡衣、胡语、胡姓"。1372年又令"蒙古、色目人士，既居中国，许与中国人家结婚姻，不许于本类自相嫁娶。违者，男女两家抄没入官，为奴婢"[3]，强迫进行汉化。同时为了笼络回族上层，缓和民族矛盾，曾任命一些回族上层人物担任官职，甚至还由政府出资修建一些清真寺。河南省现有的清真寺中，明朝所修者占一定比例。开封东大寺《重修清真寺碑记》载："大梁清真寺，在城之东南隅，乃教人礼拜祝国之所也。起于唐贞观二年，其众时入中国，时代修葺，明永乐五年（1407年）敕赐增修。"[4]

明朝中后期，政治腐败，阶级矛盾和民族矛盾不断激化，明初时的一些怀柔做法也荡然无存，代之以赤裸裸的民族压迫。明嘉靖四年（1525年），在安徽和县，州守易鸾问左右诸生："教之兴则若何？"对曰："浮图、淫祠是溺回回甚焉。"于是易鸾下令毁清真寺，以"遏绝回回之教，失之秉彝，收养蒙土，以开维新之化。"[5]崇祯年间，河南舞阳县令胡育莫下令不许回族参加科举考试，不许回族居住县城，甚至还扬言"舞不留回"[6]。

清朝期间，回族所受的政治压迫与经济剥削比前代有过之而无不及。清朝法律规定，回族人犯法比汉族人加等判罪。清朝官府文书均把"回"字加以"犭"旁，以示回族"不侔于人类"。雍正三年（1725 年）署理安徽按察使鲁国华上奏："请令回民遵奉正朔、服制，一应礼拜寺等，尽行禁革。"涡阳县穆寨村千余人原为回族，因惧怕清廷迫害，遂改为汉族。光绪六年（1880 年），西北回民起义失败后的马化龙义军，一部分流入安徽一带，李鸿章下令不准留居回民，六安县县令将县城回民全部驱逐出境，命拆毁清真寺改建关帝庙，并立下"永不留回"石碑。[7]

清朝时期，回族在经济上亦遭受了极大摧残。除少数回族官僚、地主、军户靠职田、屯田、赐田、兼并土地等手段获得一定数量的土地外，广大回族农民就只能向当地地主租佃土地耕种，或到统治力量较为薄弱或其统治缝隙的滨临河湖地带、边缘山区去开垦零星荒地，以获得土地。据有关记载，早在明初，湖北沔阳回族就和当地汉族贫民一道，开发了沔城附近的七里垸、金马垸、江北、官路等地，并开挖了大小莲花池。大约在明朝中期以后，以魏姓、王姓回回为主开发了魏王垸，以李姓等回回为主开发了百石垸。清乾隆年间，沔阳回族农民又开发了羊子四垸湖边缘地带。但到清朝后期，清朝统治阶级对回族的统治政策由笼络利用为主转变为以残暴镇压为主，地处交通要道沔阳的部分回族，被迫放弃家园，到杂草丛生、尚未开发的毛范垸、小文垸等湖区边沿低洼地带生活，直到新中国成立前夕。[8]

以蒋介石为首的国民党政府，承袭了历代统治阶级所奉行的民族压迫政策，根本不承认回族是一个民族。到新中国成立前夕，鄂豫皖地区回族多半居于农村，他们绝大多数无地、少地。河南南阳地区共有回族 3579 户，占有土地 6500 亩，其中 57 户地主占有 50% 以上的土地，1981 户回族群众没有土地，占总户数的 55%。[9]湖北郧西县少地和无地的回民占 90% 以上，襄樊市白家庄、襄阳县鹿头镇松耙村回民则全部为无地、少地的农民。[10]城镇的回族多无固定职业。安徽寿县城关镇回族小摊贩 1462 人，无职业者 660 人，共占当地回族总人口的 90% 以上。[11]回族的文化教育事业长期得不到发展，到 1949 年，河南省仅有 2 所少数民族私立学校，在校生共 77 人。[12] 统治阶级利用风俗习惯和宗教信仰对回族进行歧视、侮辱甚至屠杀的事件屡屡发生，在鄂豫皖三省境内的杂散居地区，民族关系（主要是回汉民族关系）长期处于紧张状态。

二

新中国成立后，在党的民族政策指引下，鄂豫皖杂散居地区少数民族的面貌开始发生根本性变化。四十多年来，党和政府在鄂豫皖杂散居地区的民族工作实践可以分为四个时期：

1. 新中国成立到 1958 年

这个时期，民族工作的主要任务是保障少数民族的平等权利，实现少数民族政治上的解放。根据 1952 年《中央人民政府政务院关于地方民族民主联合政府实施办法的决定》和《中华人民共和国民族区域自治实施纲要》的规定，到 1953 年底，豫皖两省已建立民族自治区及民族民主联合政府 19 个。1955 年后，鄂豫皖地区开始筹建民族乡（区、镇）。到 1957 年底，三省共建回族乡（区、镇）48 个、苗族乡 1 个。少数民族参政议政的权利也得到了保障。河南省第一届人大共有代表 662 名，其中少数民族代表 22 人，占 3.32%[13]，第一届政协中，少数民族委员占 5.8%[14]，均远远高于少数民族人口在全省人口中的比例。少数民族干部队伍迅速成长起来。1952 年武汉市少数民族干部仅 99 人，1958 年已达 730 人，为 1952 年的 7.4 倍。[15] 随着少数民族政治平等的实现，旧中国紧张的民族关系得以迅速缓和。

发展少数民族的经济文化事业，改变极端贫穷落后的面貌，并引导少数民族经济逐步由个体经济向集体经济过渡，也是这个时期民族工作的重要任务之一。新中国成立初，鄂豫皖三省通过发放社会救济金、生产补助金、教育补助费等形式，帮助少数民族发展经济文化事业，使少数民族极端贫困落后的面貌得到初步改善。文教事业也有所发展，湖北省的民族小学已由新中国成立前的 4 所发展到 1955 年的 17 所。[16]土地制度改革后，农村回族基本上分到了土地，回族农业经济有所发展。

这个时期也存在一些不利于民族团结的因素。回族富有经商的传统，且就业门路大多集中在与牛羊屠宰和饮食业有关的行业。但在社会主义改造运动中，没有充分照顾这一民族特点，回族经营的传统项目几乎全属改造之列。国家实行粮食、油料、皮革统购统销及严禁宰杀耕牛的政策，使回族经营的主要行业，如饮食业、牛羊屠宰、皮革等行业都受到很大限制，造成大批人员失业。据河南省1954 年 8 月所进行的一次调查，12 个城市和 1 个矿区的回民商贩10336 户，处于失业半失业状态的占 32%。[17]鄂皖两省也有类似问题。鄂豫皖三省都采取多种措施，及时组织城镇失业人员就业、转业和开展生产自救。到 1957 年前后，城镇回族劳动力基本有了固定的职业和收入，生活较有保障。鄂豫皖三省的农村回族绝大部分都加入了高级农业生产合作社，农业生产技术有了提高，农业经济有了发展，但经营形式单一，副业生产被迫停止，回族经济中较有特色的多种经营传统受到压抑，使部分回族农民的收入有所减少，影响了民族经济的发展。个别地方没有认真执行有关风俗习惯和宗教信仰自由政策，把回族群众的宗教信仰当做会道门。安徽五和县头卜乡乡长甚至故意号召回民发展养猪生产。[18]据河南省民委对1951—1953 年间全省数十起民族纠纷事件的统计结果看，85% 以上的事件是由于不尊重少数民族的风俗习惯和宗教信仰引起的。[19]此类现象严重伤害了民族感情，影响了民族关系。

从全局看，这个时期党的民族政策在鄂豫皖杂散居地区得到了贯彻和实施。少数民族的平等权利得到保障，经济文化事业有所发展，风俗习惯和宗教信仰受到尊重，平等、团结、互助、友爱的民族关系已初步建立起来。

2. 1958 年之后到"文化大革命"前

1958 年以后，极"左"思潮逐步抬头，民族特点开始受到忽视。这一时期，鄂豫皖三省的民族乡绝大部分被人民公社取代。虽然河南省在 1963 年恢复了 22 个民族乡（区、镇），但在"文化大革命"中只有 3 个得以保留。[20]1958 年开始的宗教改革，废除了伊斯兰教的摊派剥削和宗教封建特权，实现了回族群众更高程度的解放。但在改革中也存在过"左"的倾向，如对清真寺的取消、合并过多等。河南省宗教改革前共有清真寺 864 坊，在宗教改革中被取消和合并的有 761 坊，占 88%。[21]宗教改革后，安徽部分地区还出现了向回族群众派购生猪的现象。在经济方面，过多强调集体经济，回族多种经营的传统受到限制，群众生活水平长期得不到提高。

从鄂豫皖杂散居地区的总体情况看，1958 年后"左"倾错误已对民族工作造成比较严重的冲击，在执行政策的过程中，忽视民族特点，"一刀切"的做法比较突出，造成民族关系一定程度上的紧张。

3. "文化大革命"时期

"文化大革命"期间，党的民族政策遭到全面破坏。鄂豫皖杂散居地区民族工作的实践被迫中断，民族工作已取得的成绩也几乎丧失殆尽。

4. 党的十一届三中全会以来

粉碎"四人帮"后，特别是党的十一届三中全会以来，党的民族政策得到全面恢复和发展。根据 1982 年《宪法》和 1983 年国务院《关于建立民族乡问题的通知》的规定和要求，到 1988 年底，湖北、河南已恢复和建立民族乡（区、镇）35 个，少数民族参政议政的权利得到了保障。民族教育事业也得到迅速发展。河南省民族中小学数和在校学生数已由 1965 年的 75 所 84520 人发展到 1988 年的 442 所 12 万多人。[22]禁猪民族职工的生活补贴等也得到了落实。河南省还在郑州、开封、洛阳、南阳等回族较集中的地区建立清真冷库，保证了少数民族的副食供应。党的宗教信仰自由政策在鄂豫皖地区得到贯彻执行，恢复和新建了一批清真寺，保证了回族群众正常宗教生活的开展。

特别值得一提的是，党的十一届三中全会以来，鄂豫皖杂散居地区民族工作的重心已转移到经济建设上来。现行经济政策充分调动了回族群众的生产积极性，回族善于多种经营的传统得到了发挥，回族经济获得了巨大发展。例如，湖北襄阳县双北村是一个回、汉杂居村，1977 年全村总收入 108168 元，人均 90.14 元。总收入中，粮食作物收入占 97.4%。1993 年，该村总收入已达674.04 万元，人均 4613 元，为 1977 年的 51 倍。1993 年的总收入中，二、三产业收入已占总收入的 88.8%，农业收入只占11.2%。在农业收入中，粮食作物收入仅占农业总收入的 17%，林牧副渔业收入已占农业总收入的 83%。1993 年双北村总产值突破亿元，已跻身于湖北省"百强村"之列。[23]像双北村这样的典型，在鄂豫皖杂散居地区虽然还是少数，但它却是本地区少数民族在党的领导下，沿着共同富裕道路前进的一个缩影。

三

通过对新中国诞生前后鄂豫皖杂散居地区少数民族政治地位、经济生活的种种考察，以及对四十多年来党的民族政策在杂散居地区的实践，我们可以得出以下几点认识。

第一，历史上统治阶级的民族压迫和民族歧视政策，是造成鄂豫皖杂散居地区少数民族贫穷落后的根本原因。

第二，民族是一个稳定的人们共同体，不经过社会主义社会的高度发展，民族差别不可能消失，民族融合不可能实现。在我们这个多民族国家里，任何时候都不能忘记这一点。任何企图抹杀民族特点，忽视民族差异和民族问题重要性的做法，在理论上都是错误的，在实践上也必然是有害的。

第三，风俗习惯问题是影响鄂豫晥杂散居地区民族关系的一个敏感因素。风俗习惯是民族文化的一部分，它从一个侧面反映着一个民族的共同心理素质。因此，稍有不慎即会伤害民族感情，进而影响民族关系。目前，杂散居地区所发生的一些民族纠纷事件，大多是由于不尊重少数民族的风俗习惯引起的，有关部门应当高度重视。

第四，在杂散居地区的民族工作中，特别要注意防止和反对大汉族主义。由于杂散居地区少数民族人口少，且居住分散，所以更容易忽视少数民族的民族特点和正当权益。因此，在执行政策时往往"一刀切"。实际上，这正是大汉族主义在民族工作中的突出表现之一，必须随时警惕。

第五，大力发展杂散居地区少数民族的经济文化事业，缩小与先进民族间的差距，是实现民族平等，消除民族差异和民族矛盾，并最终确立社会主义民族关系的根本途径。改革开放以来，少数民族经济文化建设事业虽然取得了巨大成绩，但总体水平和汉族相比仍有差距。因此，对杂散居地区少数民族在发展经济方面给予一定的优惠和照顾仍是必要的。在建设社会主义市场经济体制的条件下，民族关系中的问题比较集中地表现在经济利益关系上，如何调节民族间的经济利益关系并进而改善和发展社会主义民族关系，这也应引起有关部门和有识之士的高度重视。

参考文献：

[1] 中国人口统计年鉴（1992 年）. 北京：中国统计出版社，1993.74～75

[2] 多桑蒙古史，上册，三卷四章

[3] 明会典卷 20

[4] [6] [9] [12] [13] [14] [17] [19] [20] [21] [22] 马迎洲等. 河南少数民族史稿. 郑州：中州古籍出版社，1990

[5] 胡振华. 中国回族. 银川：宁夏人民出版社，1993.329

[7] [11] [18] 安徽省民委. 安徽民族志（打印稿）. 见：胡振华. 中国回族，银川：宁夏人民出版社，1993.329～330

[8] [10] [15] 答振益. 湖北回族. 北京：中央民族学院出版社，1993.34～35、108、122

[16] 湖北省地方志编纂委员会. 湖北省志·民族志. 武汉：湖北人民出版社，1970.334

[23] 据笔者 1993 年 12 月 23 日—28 日在双北村调查所得资料。

（原载《中南民族大学学报》1994 年第 5 期）

论新时期南方城市民族工作

邓　行

　　城市民族工作是相对乡村民族工作而言的。我国的城市民族工作开展得比较早，在新中国成立伊始，我国一些较大的城市就建立了城市民族工作队。50 多年来，城市民族工作一直是我国民族工作十分重要的组成部分。但作为一种民族工作类型，直到 1987 年的中发 13 号文件《关于民族工作的几个重要问题的报告》，才第一次明确提出。苏联解体、东欧剧变以来，我国加强了对城市民族问题、城市民族工作的研究和重视，许多专家预言，城市少数民族问题将是 21 世纪国家必须密切关注的一个问题。1999 年在武汉召开的第一次全国城市民族工作座谈会，引起了从事民族工作的领导和专家、学者的高度重视，座谈会探讨的议题及达成的一些共识，标志着我国城市民族工作理论框架的基本形成。随着我国经济的高速发展，城市化进程和民族散居化进程的加快，城市民族工作进入了一个新的时期，其工作重心有必要进行调整。

一、城市民族工作的概念、对象、范围和内容

1. 城市民族工作的概念

　　开展城市民族工作，必须对城市民族工作的概念作一个界定，以便更加清楚地了解城市民族工作的范围和内容，从而把握城市民族工作的内涵，开拓性地开展工作。但较为遗憾的是，不管是从事城市民族工作的同志，还是从事城市民族工作研究的学者，很少有

人对城市民族工作的概念作一个界定。虽然从事城市民族工作的同志对其从事的工作范围、职责比较清楚，但从理论的高度把握城市民族工作的概念，还是勉为其难。

从不多的文献来看，关于城市民族工作的概念，主要以下述两种观点为代表。一是李华权同志所言的："城市民族工作，是我党对少数民族聚居地区实行民族区域自治制度的同时，根据少数民族在城市中人口比例相对较少、居住较零散的特点，开展的一项民族工作。"[1]此概念用排除法对城市民族工作进行了描述，但对城市民族工作的主体、内容界定不清，不能清晰、全面地揭示城市民族工作的内涵。二是沈言同志所论的："城市民族工作是指以城市少数民族问题为主要对象的民族工作以及与城市功能相联系的民族工作。"[2]沈言同志的界定明确地指出了城市民族工作的对象，特别是把与城市功能相关的民族工作纳入城市民族工作的范围，丰富了城市民族工作的内容，也拓宽了城市民族工作的内涵，是一种理论上的创新。但是，他没有界定城市民族工作的主体。笔者认为，所谓城市民族工作，是指国家各单位（包括社区）主要是民委，以城市少数民族问题为主要对象的民族工作以及与城市功能相联系的民族工作。城市民族问题是一个极为复杂的系统，具有相当的广泛性，不是哪一个部门能单独处理好的，需要各单位、各部门协力才能处理好。做好城市民族工作是各级民委的职责。

2. 城市民族工作的对象和范围

从上面我们对城市民族工作概念的界定可以看出，城市民族工作包括两个方面。一方面是指以城市少数民族问题为主要对象的工作，即面向城市少数民族的工作。城市少数民族，是指居住在国家按行政建制设立的直辖市、市内，由国家正式认定的汉族以外的各民族。[3]城市少数民族，一般可以按照其来源和居住时间的长短及其生存生活状态，分为城市世居少数民族、城市新进少数民族、城市少数民族流动人口。城市世居少数民族一般是在新中国成立以前历史形成的，在城市有一定人口规模或聚居区域的少数民族；城市新进少数民族一般指新中国成立后，由于社会主义经济建设的需要，以工作、求学、经商、婚姻或其他原因进入城市，并拥有城市户口的少数民族；城市少数民族流动人口是指非城市户籍，但又在城市从事各种经济、文化活动的少数民族。城市少数民族的不同类型，由于其不同的发展经历，不同时期的历史烙印，各自具有不同的生存特点和意志需求。城市民族工作就是要根据城市少数民族的特点和要求来开展。另一方面，城市民族工作包括与城市功能相联系的民族工作，即面向本地区、面向全国的民族工作。城市是一个地区的政治、经济、文化、资金、技术和信息中心，经济文化处于领先地位，具有带动和辐射周围及欠发达地区经济文化发展的职能。充分发挥城市在资金、人才、信息、技术等方面的优势，大力开展与民族地区的对口支援和经济协作，已成为城市民族工作的重要组成部分。

3. 城市民族工作的内容

我国城市民族工作的基本内容主要包括：保障城市少数民族的平等权利；发展城市少数民族经济、文化、教育事业；尊重城市少数民族风俗习惯和宗教信仰；协调民族关系；保障城市少数民族流动人口的合法权益；对口支援民族地区的发展等等。但是城市民族工作在不同的历史时期和不同区域的城市，由于时代和民族的不同，发展状况不同，以及不同的民族工作传统，在民族工作的内容上也有所不同，有所侧重。

二、南方城市民族关系及城市民族工作的现状

为了准确地了解南方城市民族关系及城市民族工作的现状，我们在参考广西壮族自治区区民委城市民族工作调研组撰写的《广西城市民族工作调研报告》[4]、盘小梅同志撰写的《新时期的城市民族工作——广东城市民族工作调研》[5]的基础上，于2003年7月间赴广西百色市，对当地城镇民族问题与民族关系现状进行了调查。

我们选择的调查地点是百色、靖西、德保 3 个城镇，以百色为主要调查点，调查的主要对象是当地少数民族干部和知识分子，主要采取访谈与调查问卷相结合的调查方法。

从我们访谈的结果及问卷调查材料的分析，结合广东、广西的两个调研报告，我们认为：

1. 南方城市各民族之间相处比较融洽

为了了解城市民族关系，我们在问卷中设计了相关的问题，从回收的问卷分析，我们认为南方城市各民族相处比较融洽。如针对"您是少数民族/汉族，您是否觉得当地汉族/少数民族很好相处"的提问，89%选择"好相处"或"很好相处"，4%选择"不好相处"（全部为壮族），6%选择"说不清"（其中汉族 1 人），另有 1 人没有回答该问题。这反映出当地的民族关系总体来说是好的，各民族之间有着较高的相互信任度。

问卷中的另一个问题也反映出当地良好的民族关系。对"您是否愿意与一个不同民族的人通婚"的提问，100%的受访者都选择了"愿意"或"随缘"。是否愿意与他族通婚，一直是学术界用以衡量两族关系好坏的重要指标之一。因此，对这个问题的回答使我们进一步确认了当地良好的民族关系。

针对"您对当地汉族与少数民族的关系是否感到满意"的提问，84%选择了"很满意"或"满意"，4%选择了"不满意"或"很不满意"（全部是壮族），11%选择了"说不清"（其中汉族 2 人），另有 1 人没有回答该问题。这反映出绝大多数人对当地民族关系的现状表示满意。有意思的是，一位受访者尽管对当地民族关系现状表示"很不满意"，却认为当地汉族"好相处"，表明他对民族关系有深层次的认识，并期待民族关系朝更好的方向发展。从对上述问题的回答结果还可以看出，无论是对民族关系的满意度，还是汉壮民族对对方的信任度，汉族都要高于壮族。

由于我们的问卷调查对象主要是公务员、教师和医生，代表性不够，因此，为了更全面地了解百色城市民族关系现状，我们又在城区随机采访了与各色人等交往较多的出租车司机、三轮车夫、小商贩、餐饮业服务员等。我们的问题主要有："如果您是壮族，您是否曾经受到过汉族的歧视或不公平对待"，"如果您是汉族，您愿不愿意学壮话？您听到人家说壮话心烦吗"，"您觉得壮族和汉族有什么不同"，等等。结果没有一个受访者明确承认自己受到过歧视。或者"歧视"一词过于抽象，我们在采访中有些场合问的是"是否有人因为你是少数民族而故意为难你或开一些让你难受的玩笑"，对此，绝大多数的受访者一番思索回忆之后仍回答说没有。关于汉族和壮族的区别，一般都说看不出有什么区别，有人甚至说："别说城里，就是进城的乡下人，要是不听他们的谈话，你也看不出他们是不是壮族人。"关于语言问题，受访者大多表示使用何种语言是别人的自由，绝大多数对学不学壮话的提问不置可否，但他们多数认为这个问题不重要，因为他们（壮族人）好像都会说汉语。这个结果也表明当地两大主要民族——壮族和汉族的关系良好。

2. 南方城市少数民族民族意识并不强烈，民族融合加快

民族意识产生的最原始的基础，是"我群"之于"他群"的区别，但随着城市化进程和民族散居化进程的加快，各民族之间交流的增多，各民族的融合是必然的趋势。从我们的问卷调查里可以发现这一点。如针对"如果您是少数民族，一个陌生人问您是不是少数民族，您会：A. 很自豪地说是；B. 平静地承认是；C. 不情愿地说是；D. 断然说不是"的提问，67 个壮族受访者中，有 32 人（47.8%）选择 A，34 人（50.7%）选择 B，1 人选择 C 人，但没有 1 人选 D。我们的倾向解释是，选择 A 表示民族意识较强，选择 B 表示对本民族有一般的认同意识，选择 C 表示带有一定的民族自卑情绪并且民族意识较弱，选择 D 表示民族意识十分淡薄。结果显示，接近一半的受访者有较强的民族意识，而且他们中年龄在 30 岁以下的竟有 22 人之多；另有超过一半的受访者保持着一般的民族意识。总体来说，不管意识强弱，壮族一般都还保持着自己的民族意识，这与当代壮族整体仍然有别于当地其他民族尤其是汉族的

现实是一致的，至少壮族还保留着本民族的语言。

由于我们问卷调查的对象主要是壮族社会地位较高的人，而一般来说社会地位较高的人的民族意识往往都比较强，因此上述民族意识强弱的调查结果可能并不具有很强的代表性。我们的街头访谈（对象主要是出租车司机、三轮车夫、小商小贩、餐饮业服务员）就反映出不同的结果。当壮族受访者被问及是否是壮族时，相当一部分人首先强调他们是从农村来的，然后才说自己会说壮话。也就是说，对于自己的身份背景，他们第一反应是地域的，接下来才是民族的。由此看来，尽管普通的城镇壮族人也会承认自己是壮族，但是是什么民族对于他们来说并不是最重要的，也不是他们最关心的，他们的民族意识比上层人士要弱得多。

我们又设问："假设您是异族间通婚家庭，您的孩子先填报为少数民族成分，如果您的孩子长大后想将民族成分改为汉族，您的态度是：A. 支持；B. 反对；C. 说不清。"结果有 24 人表示"支持"，20 人选择"说不清"，二者相加占了 65.7%，只有 23 人表示"反对"。我们的倾向解释是，表示"反对"者民族意识较强，表示"支持"者民族意识薄弱。这个问题反映出，壮族上层整体的民族意识并不强烈。让我们感到意外的是，在表示"支持"的人中，竟有 11 人是在上一个问题中选择"很自豪地"承认自己是少数民族者。按照我们的设想，在陌生人前自豪地承认自己是少数民族的人，他应该有较强的民族意识，如果这样的话，他应该对自己后代改变民族成分的愿望表示坚决"反对"。在这两个关联问题上的矛盾答案，使我们陷入沉思之中，但最终我们倾向于认为他们对后一个问题的回答更能反映他们深层的心理倾向——他们的民族意识其实没有自己所宣称的那么强烈。

通过调查我们发现，城市壮族总体来说存在着一种加快与汉族融合的发展趋势，尽管他们（尤其是社会地位较高的人）仍然保持着相当程度的民族意识，但这种脆弱的民族意识似乎无力阻挡这一历史进程的发展。由此，随着城市化发展高潮的到来，壮族很可能也会加快与汉族融合的步伐。

3. 近几年来南方城市民族工作取得了较大的成就

（1）城市少数民族参政议政的政治平等权得到了切实的保障。各城市少数民族人大代表、政协委员的比例与本市少数民族人口的比例大体相适应。如南宁市本届人大代表共有少数民族代表 144 人，占代表数 39.4%；少数民族政协委员 106 名，占委员数 25.4%。[4]（2）城市少数民族的风俗习惯、宗教信仰等权利得到了普遍尊重和保障。（3）各城市加大了对少数民族人才的培养和使用工作，少数民族干部队伍得到迅速发展。（4）城市少数民族社会文化事业获得了巨大的发展。（5）城市民族工作逐步走上法制化轨道，南方许多城市相继制定了《城市少数民族权益保障条例》，使城市民族工作有法可依。（6）对民族地区的对口帮扶工作取得了巨大成绩。如玉林市 1996 与百色地区结对帮扶以后，先后签订经济技术合作项目协议，合同投资 7.3 亿元，还无偿捐赠资金 120 万元。

4. 南方城市民族工作面临着诸多挑战，工作任务更加繁重

随着城市化进程加快，城市数量逐年增多。同时，随着我国社会主义市场经济体制的确立，民族散居化进程的加快，许多民族聚居区的少数民族进城经商、务工，加大了城市民族工作的难度。因此，城市民族工作面临着"三多"。即城市少数民族人口数量和民族成分明显增多，民族之间的通婚现象增多；城市国有企业下岗再就业的职工增多；城市里因非民族矛盾引发的纠纷增多。城市民族工作面临着新的挑战。

第一，对少数民族流动人员的管理难度越来越大，部分城市缺乏有效的管理手段。外来少数民族流动人口计划生育意识淡薄，违反计划生育政策，超胎怀孕和无证生育时有发生；从业人员广泛、居住分散，文化素质低，法制观念淡薄，给城市管理增加难度；流动人口数量大，给户籍管理和治安工作带来困难。

第二，城市少数民族流动人口有时得不到尊重和理解，一些侵害少数民族权益的行为时有发生。外来少数民族流动人员，由于语

言、风俗习惯的不同，加上对城市管理的有关规定不甚了解，常与城市管理部门发生纠纷和误会。少数工商和城管人员工作方法粗暴，对少数民族外来经商人员的打、骂行为也时有发生。

第三，在一些宣传报道和文艺作品中，出现过不尊重少数民族风俗习惯和宗教信仰的内容。

第四，城市建设中轻视少数民族特点，忽视民族特殊需要的问题时有发生。

第五，城市少数民族贫困学生、城市少数民族下岗职工等问题不断增多，正逐步成为城市新的不安定因素。

第六，我国法律赋予权利主体的属地原则，使少数民族流动人口的权益处于一种真空状态。我国民族法制体系是一种"并行"的模式，即我国的民族法制分为民族区域自治法体系和城市民族法制体系，它们自成系统，各有自己的适用范围和对象，即它们适用于本区域内具有本地户口的居民。而对于少数民族流动人口的权益保障，都没有作出明确的规定。流向城市的少数民族人口因为没有城市户口，既不能享受市民所享有的各种权利，在户籍所在地的诸多权利也不便或根本无法行使，同时也不便于城市民族工作的依法行政，加重了城市民族工作的任务。

三、新时期南方城市民族工作的重心

新时期南方城市民族工作应该加强下述方面的工作，以迎接城市化进程和民族散居化进程的加快，维护城市的经济繁荣和安定。

1. 民族团结和安定仍是城市民族工作的主题

民族团结和安定是城市经济发展和各民族共同繁荣的基础，这一点是任何时候都不能动摇的。当今影响民族团结和安定的因素主要是一些宣传报道和文艺作品中出现的不尊重少数民族风俗习惯和宗教信仰的内容；社会生活中不尊重少数民族风俗习惯和宗教信仰的行为。这是新时期引发民族矛盾的触发点。因此，对于上述两种行为一方面要进行严肃查处，另一方面要做好思想宣传工作，维护民族团结和安定。

2. 加强对民族地区的对口支援和扶持

城市是一个地区乃至全国的政治、经济、文化和技术、信息、资金中心，经济文化发展处于领先地位，对民族地区具有带动和辐射功能。"以经济建设为中心"是我国的基本方针，只有经济发展了，民族地区才能实现真正发展。新时期，南方城市民族工作应把工作的重点放在对民族地区的对口支援和扶持上。这包括三个方面的内容：一是对民族地区人才的支援和对民族地区人才的培养、培训；二是在资金、项目上对民族地区的对口支援和扶持；三是在管理体制、制度创新、思想观念方面的对口支援和扶持。

3. 加强对城市少数民族流动人口权益的保护

城市少数民族流动人口将是今后影响城市安定和繁荣的潜在因素，保护城市少数民族流动人口的权利，是城市民族工作的一个新课题。我们认为，加强城市少数民族流动人口权益的保护，要做好这些方面的工作。一是要制定城市少数民族权益保护条例，明确规定城市少数民族的权利和义务，已经制定城市少数民族权益保障条例的，要认真贯彻执行。二是要健全城市民族工作机构。民族工作机构是做好城市民族工作的前提。三是要进行制度创新，建立城市少数民族法律援助制度，加强对城市少数民族流动人口的法律知识和城市管理制度的普及和宣传，把事后救济变为事先预防。四是加强对城市少数民族流动人口的登记和管理。目前，许多城市对于城市少数民族流动人口的数量还不太清楚。五是加强对城市少数民族流动人口的职业培训，使城市少数民族流动人口有一技之长。六是加强和有关单位、部门之间的协商、协调。城市民族工作是一项综合性很强的复杂而敏感的工作。城市民族工作要做的就是在适应社会主义市场经济条件下，促进少数民族的发展，满足少数民族群众的需要和意愿。要做好城市民族工作，就要去了解少数民族流动人口在想什么，他们有什么需求，并针对这些需求与有关部门（公安、工商、税务、城管等）协商、协调，为城市少数民族流动人口解决实际的问题。

4. 加强对民族企业的扶持和城市下岗少数民族职工的再就业培训

对于城市中以少数民族为主要服务对象的企业，由于其经营管理落后，在由计划经济向市场经济转轨的过程中，没有及时进行产业结构的调整，现在面临困境的，国家应对其加强扶持，从技术、资金、税收等方面给予帮助，帮其渡过难关。对于主要由少数民族经营的私营企业和个体经营者，应当继续给予政策上的扶持，多为他们牵线搭桥，创造机会，提供条件。城市少数民族下岗职工的增多，正成为影响城市安定团结的一个潜在因素，因此，城市民族工作要多为城市少数民族下岗职工着想，为政府排忧解难。城市少数民族下岗职工再就业，面临的一个首要问题就是技能培训问题，从事城市民族工作者应创造条件，加强他们的技能培训。同时，对城市少数民族下岗职工面临的其他问题，要热情地为他们做好协调工作，解决其基本的生活保障问题，并设法为他们的再就业寻找门路。

参考文献：

[1] 李华权. 关于城市民族工作的几点理论思考. 广西民族学院学报，2001（S1）

[2] 沈言. 关于城市民族工作中的几个理论和实践问题. 中国民族，2002（2）

[3] 邓行. 法律援助与城市少数民族. 中南民族大学学报，2003（3）

[4] 广西区民委城市民族工作调研组. 广西城市民族工作调研报告. 桂海论丛，2002（1）

[5] 盘小梅. 新时期的城市民族工作——广东城市民族工作调研. 西南民族学院学报，2001（10）

（原载《中南民族大学学报》2004 年第 6 期）

城市化进程中的都市民族工作特点

——成都市社区管理与服务中的少数民族问题调查与思考

马　旭　袁晓文　冯　敏

成都是一个少数民族散杂居城市，自 20 世纪 90 年代以来，随着城市化进程的加快，少数民族人口大量涌入成都市，构成成都市民族格局的新变化、新情况、新特点，城市民族工作全面扩展，难度也越来越大。在这种新形势下，如何处理好城市中的民族关系，加强对少数民族流动人员的管理，为城市的现代化建设提供良好环境，成为都市民族工作迫切需要解决的问题。

一、成都市民族格局新变化

近年来，成都市的民族格局有以下几个新变化：

1. 少数民族数量、成分明显增多，多民族性增强

据 2000 年第五次人口普查统计，成都市汉族人口为 11183734 人，占全市人口的比重为 99.46%；少数民族人口 60538 人，占全市人口总数的 0.54%，与 1990 年第四次人口普查结果相比，少数民族人口翻了一番，增加了 0.17 个百分点。83% 的少数民族生活、居住在城镇，17% 生活、居住在农村，全为散居。成都市现有少数民族成分 53 个，同 1990 年第四次人口普查的结果相比，十年间，增加了 9 个民族成分。其中，人口上千的民族有：回、藏、满、羌、蒙古、土家、彝、苗、壮、朝鲜等十个民族。回族和藏族人口最多，均达万人以上。

2. 少数民族流动人口明显增多，民族工作难度加大

据第五次人口普查统计，全市除了常住少数民族人口外，还有近 3 万的少数民族流动人口，另有近 20 万无户籍的常住少数民族外来人口。少数民族比较集中分布在 5 个区：武侯区、金牛区、青羊区、青白江区和成华区。武侯区每年的流动少数民族人口约 150 万人，金牛区少数民族流动人口在 5 万人次以上。五个区的少数民族流动人口 85% 居住在城区，15% 居住在农村。此外，簇桥乡每年辖区内约 10 万多人次的少数民族流动人口，浆洗街辖区每年约 30 万流动少数民族人口。仅晋阳社区内少数民族流动人口的民族成分就有十多个，分别是藏族、壮族、满族、彝族、羌族、土家族、哈尼族、朝鲜族、回族、毛南族、锡伯族、布依族、苗族。这些流动人口的特点是民族成分覆盖面广，流动性大。

3. 各区少数民族从业多元化，形成了多元文化交融与碰撞

成都市各个区的少数民族从事的职业因辖区的不同而各不相同：如簇桥乡的少数民族主要从事运输、家具制造和餐饮；晋阳街道办事处辖区内少数民族主要从事餐饮、小商品经营、服装等；金花镇少数民族主要从事鞋业生产销售和花卉种植；武侯区少数民族主要从事民族用品、商贸、餐饮、娱乐等行业。在多种职业与多元文化的交融中，各民族增进了相互的联系与合作、彼此的交流与了解，有利于消除不同民族间的隔阂，克服大汉族主义与地方民族主义，增强中华民族的凝聚力。同时，由于不同文化在这里交汇，不可避免地会发生一些摩擦与纠纷，特别是少数民族流动人口中一部分人法制观念淡薄、行为偏激，而当地一些居民又缺乏对少数民族文化与习俗的了解，个别人存在大汉族主义思想，因此，容易因小事发生矛盾，酿成事端，进而影响民族关系。

二、竭诚做好成都市少数民族服务与管理工作

改革开放前，城市民族工作的主要方式是行政管理。随着 1993

年8月国务院颁布的《城市民族工作条例》的实施，成都市的民族工作开始步入服务与管理的轨道，并摸索出一条行之有效的新路子。

1. 营造多彩的文化生活氛围，使成都成为少数民族的精神家园

成都市民族宗教事务管理局（以下简称"成都市民宗局"）以多种形式加强对少数民族文化的宣传，营造多彩的文化生活氛围。例如，少数民族联谊会采取理事聚会、小组联欢会等多种形式，载歌载舞，交流民族文化，沟通民族感情。朝鲜、满、蒙古等民族的联谊小组，常常利用周末和节假日，组织开展具有浓郁民族特色的文娱活动，丰富了少数民族群众的业余生活。每年的春节和藏历年，还要组织老年腰鼓队到民族单位进行慰问演出活动，还深入到每户少数民族代表家中进行慰问，并给困难户送米送油，使每一户少数民族同胞愉快地过好年节。

2. 真诚关怀，让散居少数民族感到"大家庭"的温暖

少数民族在主流社会的都市中是绝对的少数。他们对自己在社会生活各个领域的处境十分关心、十分敏感。基于此，成都市各级民族工作组织从不同少数民族群体的实际需要出发，开展各种真诚服务，时时把涉及少数民族群众安危冷暖的一件件"小事"当做大事来抓，把党和政府的关心送到实处，在社会生活的各个方面体现对少数民族的人本化关怀和服务，使少数民族感到民族大家庭的温暖。例如，金牛区土桥的穆斯林颐年院是回族老人"老有所归"之所，平常有50人左右入住，主要是来自全省各地的穆斯林老人。为了使回族老人晚年生活舒适幸福，今年区政府筹集资助60多万元对颐年院进行了维修加固，改善了居住条件，使回族老人生活舒适，安度晚年。这些措施无不出于真诚关怀，让散居的少数民族感受到大家庭的温暖，增强了各民族群众的凝聚力，为民族认同、民族团结打下基础。

3. 求真务实，做好城市少数民族服务与管理工作

尊重少数民族宗教信仰、风俗习惯是城市民族工作的重要内

容。做好对少数民族的服务与管理工作，注重在服务中加强管理，在管理中体现服务，以维护民族利益作为巩固社会稳定的基础。成都市金牛区土桥地区是常住回族人口相对集中之地。2002 年区委、区政府筹集资助 20 多万元对该区清真寺进行了维修加固。修葺一新的清真寺吸引了大量穆斯林群众前往做礼拜，信众以当地的回民穆斯林为主，也有来自全国各地的穆斯林。维护了回族的宗教信仰自由，也就带来一方的安定。在生活习俗上，回族的清真饮食习惯和土葬习俗具有民族特性，必须认真对待，以体现对少数民族权益的保护。为了方便散居回族群众的生活需求，有关部门在认真完善清真饮食管理制度等方面做了大量工作，为回民的生活提供了保障。在殡葬问题上，对市内 7 座回民公墓进行了规范化管理和规划建设，基本满足了回民土葬习俗的需求，切实做到尊重和保障了少数民族的风俗习惯。

在对少数民族流动人员的管理上，实行双向互动管理模式。一方面，民族工作部门重在做好服务。对流动频繁的少数民族人员，重点进行城市有关管理规定的宣传，成都市民族工作部门集中力量自编了《民族政策、民族知识及少数民族风俗习惯》、《城市管理有关规定及条例》、《城市服务指南》等资料，并翻译成藏、彝文，到外来少数民族流动人员相对集中地进行宣传，对外来少数民族认识成都、了解成都，尽快适应城市新环境起到了积极作用。另一方面，对少数民族流动人员加强"自我管理、自我教育、自我约束"教育和依法管理。成都市民族工作管理部门针对部分少数民族群众存在的"特殊公民"的错误认识进行了遵纪守法、法律面前人人平等的教育，并与少数民族流动人员中有影响的人员建立长期联系和沟通，为少数民族流动人员提供方便和帮助，也通过他们掌握信息和动态，切实做好民族关系的协调工作。

4. 利用地区优势，大力推进城市民族经济的长足发展

成都市在全国首创了两个民族用品生产基地：邛崃民族用品生产基地、青白江回族食品用品生产基地（简称"两基地"），得到

了国家民委、四川省民委和有关领导的充分肯定，首创的"基地"模式被国家民委称为新形势下发展民族用品生产的"成都模式"。两基地以龙头企业为骨干，其他企业或农户为基础，通过"基地"形式，组建成松散型的民族用品生产企业联合体，以生产氆氇、哈达、民族服装及清真牛羊肉的宰杀等为主，产品主要销往印度、尼泊尔、锡金等国家和西藏、甘孜、阿坝、内蒙古、广西等民族地区，"两基地"2004年共实现销售收入2.72亿元，既创造了可观的经济效益，带动了当地群众的增收，又推进了民族用品的生产，满足了少数民族群众的生活需求。

随着市场经济的发展，城市人员交流的频繁，来蓉经商的少数民族人员日渐增多，逐步自发形成了以经营藏族用品为主的武侯区浆洗街民族用品一条街和以三州牦牛等牲畜交易为主的郫县安德镇西部民族贸易市场（简称"一街一市"），为民族地区来蓉少数民族提供了创业发展的条件。为推动"一街一市"向规模化、规范化方向发展，成都市民族工作部门会同有关部门搞调查、拟方案，对两地市场进行了规范整修和挂牌宣传，对入场经营的少数民族，有关部门简化办证程序，提供纳税方便，促进了"一街一市"长足、有序的发展。

"一街一市两基地"的建设不仅对成都市民族经济的发展起到了带动和促进作用，而且成为周边少数民族到成都发展的窗口和交流平台，成为成都市利用城市优势，为民族地区改革发展服务，为实施西部大开发战略服务的有力支持。民族文化商品市场繁荣，对西部少数民族地区经济进行辐射，带来联动效益，促进西部的经济发展。"一街一市两基地"不仅对推动全省、全市民族经济的发展、提高少数民族人民生活水平有着深远的意义，而且对形成多元文化城市的贡献也具有重要的现实意义。

5. 以法为准，以人为本，正确处理民族之间的矛盾纠纷

在各民族交往与互动日益密切的新形势下，保持地方社会的有序运行，民族之间的有序互动，社会规范发挥着不可替代的作用，

尤其是法律调控愈来愈成为一种重要手段。成都市民宗局制定了《处理涉及少数民族突发事件的有关规定》，强调依法处理和严格区分两类不同性质的矛盾，坚持"三不"原则：实事求是，是什么问题就按什么问题处理的原则，绝不把经济、治安问题上升为民族问题；法律面前人人平等的原则，在切实维护少数民族合法权益的同时，绝不允许有特殊公民存在；在处理涉及少数民族的矛盾纠纷时要做到及时、稳妥，力求把矛盾化解在萌芽状态、解决在当地和基层，绝不将矛盾上交。按照这个原则，近几年来，成都市民族工作管理部门在具体处理民族关系的纠纷中，既注重把握原则，又充分考虑民族因素的特殊性，以人为本，对少数民族当事方倾注了真诚关怀和周到服务，妥善处理了涉及少数民族人员因经济、治安等问题引起的矛盾纠纷 31 件，有效地促进了民族团结，维护了社会稳定。

三、探索创新，创建发展协调民族关系网络

成都市民委最早建立的民族关系的规范化调控机制，是源起于全国之先的民族团结协调小组，以后逐渐发展为层级网络式的三大组织形式。

1. 加强协调民族关系的网络建设

成都市已经形成了分工各异、互为补充的三大协调民族关系网络：民族团结协调小组、民族地区驻蓉办事处联席制度和成都市少数民族联谊会，这三大网络在协调民族关系、处理民族矛盾中发挥了极其重要的作用，是协调民族关系、解决棘手问题的有效途径。

（1）民族团结协调小组。这是成都市 1988 年率先在全国首创的协调民族关系的一种组织形式，是成都市最基层的民族工作组织。民族团结协调小组以宣传党的政策、加强信息反馈、协调处理矛盾纠纷为工作重点。

如何使少数民族的服务和管理工作纵向延伸、横向拓展，成都

市民族工作管理部门进行了新的探索和创新。这就是把服务于少数民族的网点纵到基层，横到全市城乡，在全市所属社区发展、完善服务体系，编织服务网络。自 1998 年以来，成都市相继建立民族团结协调小组 29 个、民族工作网点 131 个，落实联络员 605 人。2003 年，又将民族团结协调小组向社区延伸，建立区政府民族工作领导小组—街、乡、镇民族团结协调小组—社区、村委会民族团结协调小组模式的"三级民族团结协调工作网络体系"。依托这一体系，落实了社区民族工作机构，并开展了一系列服务活动。如建立走访制度，加强与少数民族单位与少数民族家庭的联系，定期进行走访、慰问，听取他们对民族工作及少数民族流动人口管理的意见和建议，共同做好区内民族团结进步工作，收到了实效。

（2）民族地区驻蓉办事处联席制度。2002 年，由民族地区的驻蓉办事处与市民族宗教局联合组成的一种组织形式，其目的在于沟通情况、协调关系、加强协作、共谋发展，其功能是配合有关部门协调处理好涉及外来少数民族的矛盾纠纷。办事处在必要时召开联席会议，互通情况，分析问题，研究对策。几年来，解决了 20 多起涉及面广、关系复杂的纠纷事件，化解了民族矛盾，维护了社会稳定。

（3）成都市少数民族联谊会。该联谊会以联络感情、加强交流、促进合作为工作重点，这是做好民族关系协调工作不可忽视的力量。多年来，通过迎春联欢活动、不定期召开茶话会、赠送理事《民族》杂志等方式，向他们宣传党的民族政策，宣传成都市民族工作新思路、新精神，再通过他们传递给全市的少数民族群众。同时，通过他们听取少数民族心声，是上情下达、下情上报的有效渠道。

以上说明，三级民族工作网络的建立使协调民族关系工作级级有人抓、层层有人管，了解信息快，处理问题及时。社区又具有明情况、易沟通的优势，有利于民族工作的开展，有利于将党的民族政策的宣传深入到家庭和个人，有利于增强信息反馈的速度和准确度。信息的及时通报，杜绝了大的民族纠纷和突发事件的产生，为维护社会稳定作出了积极贡献。

2. 建立和完善调控民族关系的工作机制

成都市民族工作管理部门在实践中通过完善协调机制，有效整合了部门资源，形成合力，做到联建、建管、联动，大大增强了协调的整体服务功能。

（1）分级负责，建立责任制。按照"属地管理"、"一把手负总责"的原则，对民族领域中不稳定因素进行定期排查、定期报告和重大问题随时报告的责任制以及责任追究制，加强了防范措施，强化了民族工作部门维护民族团结、保持社会稳定的责任意识。

（2）相互配合，建立协调机制。成都市民族工作管理部门积极与城管、公安、国安、工商等有关部门密切联系，建立了民族关系协调机制，不定期召开会议，通报和分析民族关系方面的不稳定因素，各司其职，相互配合，及时、妥善地处理好影响民族关系的矛盾纠纷。

（3）制定预案，建立防范机制。例如，制定了预防和处理突发事件的预案，对妥善处理影响成都市民族关系的问题起到了防范和规范作用。

（4）加强沟通，建立联系机制。与少数民族代表人士保持密切的联系，采取召开座谈会和联欢活动的形式，听取少数民族代表的意见和要求，不定期地走访和慰问少数民族，宣传他们在各自岗位上作出的业绩，对于发挥少数民族代表人士的作用，做好少数民族群众的工作，及化解矛盾、增进团结、维护稳定都起到了积极的作用。

四、结语

民族问题是一个十分复杂的社会问题，它与政治、经济、文化、宗教、习俗相交织、相渗透，具有复杂性、敏感性、辐射性、连锁反应性等特点，是影响和作用于民族关系的深层因素。随着城市化进程和民族地区改革开放步伐的加快，少数民族人口流迁到都市的越来越多。在各民族的交往过程中，民族之间的相生相融有一个磨合的过程，这个过程也是各民族在各自传统文化背景下的碰撞、冲突与共生、整合的过程。在这一过程中，城市民族关系问题日益凸显，城市民族工作全面扩展。而一个多民族城市是否有序和谐，标志着这座城市的文明程度，表征着这座城市的民族关系好坏。城市民族工作在这种新形势下，如何与时俱进，是摆在每一个民族工作单位面前的艰巨任务。

成都市民族工作近年的工作实践经验说明，在新形势下做好城市民族工作的要旨，就是突出服务与调控管理功能。成都市民族工作管理部门在竭诚为少数民族群众办实事的同时，在市区及所属社区，不断完善服务体系，编织服务网络，在服务中进行管理，在管理中体现服务。尤其是在民族关系的协调机制方面，创建了民族团结协调小组、民族地区驻蓉办事处联席制度和成都市少数民族联谊会三大协调民族关系网络建设的组织形式，在协调民族关系、处理民族矛盾中发挥了极其重要的作用，成都市近年来没有发生过大的民族事端。因此，以服务为前提的网络管理是做好城市民族工作的有效途径。

参考文献:

[1] 郑信哲、周竞红. 少数民族人口流动与城市民族关系研究. 中南民族大学学报（人文社会科学版），2002（4）

[2] 中国都市人类学会秘书处. 城市中的少数民族. 北京：民族出版社，2001. 142~164

[3] 沈林、张继焦等. 中国城市民族工作理论与实践. 北京：民族出版社，2001. 156~157

[4] 曲木车和. 四川省民族工作50年. 成都：四川民族出版社，2004. 86~89

[5] 中央统战部民族宗教工作局. 中国民族工作五十年理论与实践. 北京：中央民族大学出版社，1999. 471~474

（原载《中南民族大学学报》2006年第5期）

试论当前城市民族工作的主线

邓 行

城市民族工作是指以城市少数民族问题为主要对象的民族工作以及与城市功能相联系的民族工作。[1]我国的城市民族工作开展得比较早,在新中国建立伊始,我国一些较大的城市就建立了城市民族工作队。五十多年来,城市民族工作是我国民族工作中重要的组成部分,但作为一种民族工作类型,直到 1987 年的中发 13 号文件《关于民族工作几个重要问题的报告》中才第一次明确提出。1999年,国家民委在武汉召开了第一次全国城市民族工作会议,基本形成了城市民族工作的理论框架,明确了城市民族工作的对象、范围、内容及职能,总结了新中国成立五十多年来城市民族工作的经验,提出了要完善和健全民委委员制等 7 种制度。在此次会议精神指导下,城市民族工作进入了一个新的历史时期。但城市民族工作内容繁多,并且许多内容与城市政府的各个部门都有牵连,因此,在城市民族工作的开展方面遇到了许多问题,我们认为,针对当前城市民族工作,只有抓住其主要矛盾,才能从纷繁的头绪中理出其工作主线并进行深入的研究,才能把城市民族工作推上一个新的台阶。

一、城市少数民族的生存现状

城市少数民族,是指居住在国家按行政建制设立的直辖市、市内,由国家正式认定的汉族以外的各民族。[2]城市少数民族一般可按其来源和居住时间的长短及其生存状态，分为城市世居少数民族、城市新进少数民族、城市少数民族流动人员。据有关部门统计，1995 年我国流动人口约为 8000 万人。[3]据权威部门估计，未来 5 ～ 10 年，流动人口数量将以平均每年 500 万的速度增长，2010 年接近 1.6 亿。[4]在这股流动人口大军中，少数民族流动人口为数不少。以武汉市为例，1982 年有少数民族成分 33 个，至 1990 年增加到 43 个，2000 年有 49 个。2000 年武汉市常住少数民族人口只有 5 万多人，而城市少数民族流动人口高峰时可达 10 万人。[5]随着我国城市化进程和民族散居化进程的加快，将有越来越多的少数民族进入城市，到目前为止，在我国的许多城市，少数民族流动人口已超过了世居和新进少数民族。城市世居和流动人口由于历史和社会的原因，受教育程度低，社会生存状况与汉族相比仍存在不少问题。

1. 少数民族人口在城市的就业主要分布在以体力劳动为主的行业

以武汉市为例，2000 年，武汉市少数民族从业人口总数为 20216 人，分布在农林牧渔、采掘、建筑等 16 个行业，人数分布最集中的行业是科教文卫和体育（21.16%）、批发和零售贸易、餐饮业（18.02%）、农林牧渔业（6.78%）、社会服务业（6.3%）、交通运输、仓储及邮电通讯业（6.10%）、党政机关团体（5.38%）、建筑业（5.13%）。[6]这个数据主要以武汉市世居少数民族和新进少数民族为主，流动人口基本上没有纳入调查的范围。随着我国经济体制的转轨，由于世居少数民族产业结构单一，没有及时进行结构升级和转型，少数民族职工下岗的不少；而少数民族流动人口由于普遍文化素质低，就业技能差，其谋生手段具有明显的本土性。

2. 城市少数民族的收入整体偏低

外来少数民族基本上是非正规就业，职业性质决定了其收入来源十分有限，他们基本上属于城市中的低收入阶层。根据有关资料显示，2001 年北京市有约 70% 的外来少数民族人口的收入水平相对于北京市普通职工的平均工资水平要低，其中 48% 的人月收入在 1000 元以下，22% 的人月收入在 301～500 元，3% 的人月收入低于 300 元。[7] 2005 年对武汉市的调查显示，约有 62.7% 的受访者月收入在 1000 元以下，月收入 2000 元以上的仅占 9.9%。[8]

3. 住房和医疗条件差

由于收入较低，住房和医疗条件差是一种必然。以武汉市为例，70.6% 的少数民族流动人口靠租房解决住宿问题，25.5% 由单位提供住房，3.9% 投靠亲友。有 86.3% 的人认为居住条件比老家差。在医疗方面，62.8% 的人生病选择去私人珍所、去药店买药或不看病，只有 37.2% 的人选择去医院看病。[9]

以上几点是与城市少数民族在城市的生存、生活直接相关的，其他的诸如宗教信仰、文化生活、子女教育等方面的现状就不一一赘述。城市少数民族作为城市市民生活的一个组成部分，其生存、生活的好坏，既是城市现代化、开放性、多元性、整合性和文明度的一个标志，也是城市民族关系和谐度的一个参照。城市少数民族的生存、生活现状是市民社会生活在城市民族关系上的直接表现，为我们评价城市民族关系、开展城市民族工作提供了具体的对象和支点，即具体的人（个体）。

二、解决好城市少数民族的就业问题，切实保障其发展权，是当前城市民族工作的主线

1. 就业权是发展权的主要内容

发展权与生存权一道，构成人权体系中的基本人权。发展权作为一项新型人权，最初是由联合国人权委员会委员、塞内加尔第一任最高法院院长凯巴·穆巴耶（Keba M. Baye）于 1972 年正式提出，并于 20 世纪 70 年代末至 80 年代期间被联大通过的《关于发展权的决议》和《发展权利宣言》这两个国际性文件所正式确认，

至此，发展权从一个朦胧的人权观念和道义人权逐步演化为一个明确的人权概念和法定的人权形式。在法学界和人权实践领域，发展权往往被从国际人权的角度加以看待，"但从本质上看，发展权不仅仅是一项国际人权，而是国际人权与国内人权的统一，并且最终落实到国内，形成全体国民所享有的人权。"[10]《发展权利宣言》指出："发展是经济、社会、文化和政治的全面进程，其目的是全体人民和所有个人在积极、自由和有意义地参与发展及其带来的利益的公平分配的基础上，不断改善全体人民和所有个人的福利。""发展问题是一个涉及各个社会之间所有复杂关系以及各个社会改变自身所进行的一切努力和进程。因此，发展是一项涉及所有人的事业"、"发展——始终以人为核心，把人作为一切发展行动的出发点和归属"。所以《发展权利宣言》规定："所有单独地和集体地都对发展负责任，这种责任本身就可确保人的愿望得到自由和充分实现。"因此，切实保障全体国民的发展权是国际和国内政府的共同义务。发展权作为一项基本人权，从其功能上来说，具有功能的母体性。从实践着的发展权观念的母腹中能衍生出表征它的外在社会形式——其中以发展权规范性法律文件为主要形式，以及它的具体表现形式——一系列子人权。从微观上讲，享有发展权就意味着主体享有经济发展合作权、发展国际援助权、社会保障权、平等就业权、生活质量提高权、教育科技发展权等具体人权；就业权既是发展的子人权，又是发展权在国内法的具体表现形式之一。

2. 就业权在发展权体系中具有优先性

就业权在发展权体系中的优先性，是当前时代的主题和发展权在人权体系中的优先性决定的。中国的发展，首先是经济的发展，而经济的发展，人民的充分就业是前提。对于城市少数民族来说，就业权有保障了，收入增加了，才能实现其他的发展权。同时，在人权体系中，发展权也具有优先性。发展权和其他人权一道，对主体的价值和尊严、独立性与自主性以及权威性起着决定性的不可取代的作用。完整意义上的人是作为私生活、社会生活和政治生活主体的三重角色的统一体，人权尤其是发展权集中体现着主体参与社会、政治生活的广度和深度，丧失了经济、社会、文化和政治发展权中的任何一方面都预示着人的不完整。在当代社会，发展不充分是实现和享有人权的主要障碍。

3. 城市少数民族的就业问题，其本质就是城市少数民族为了实现"人的全面发展"，追求发展权的一种表现

利益性是民族关系问题的一个基本特征。利益是满足人的物质需要和精神需要的保障条件。从少数民族流动人口异地流动的趋势来看，总体流向是相当稳定的：大多数是从农村流向大中城市，从中西部地区流向东南沿海城市和经济特区，从生产力水平低的地方向生产力水平高的地方流动，从落后地区向先进地区流动。从少数民族流动人口异地流动的动机和目的来看，主要就是为了谋生就业，增加收入，提高自己和家庭的生活质量。其本质就是追求自身的发展权，实现人的全面发展。

4. 保障城市少数民族的发展权，解决城市少数民族的就业，是保证城市政治稳定、经济繁荣，构建和谐城市民族关系的前提

发展权是人的本质的全面反映。城市少数民族追求发展权是其内在素质不断外化的客观需要，也是对现实社会关系的理性批判。传统的城市民族工作重在对城市少数民族的管理，把城市少数民族作为被管理的对象，运用行政手段保证城市的政治稳定。但作为一个民主的国家，管理更是一种服务，通过提供各种服务，保证城市少数民族依法享有各种权利，实现自身的发展。而现在我们面临的现状是，城市世居少数民族大量下岗、城市少数民族流动人口生存状况令人担忧，如果不能很好地解决城市少数民族的就业，改善他们的生活和生存状况，保证城市的政治稳定、经济繁荣，构建和谐的城市民族关系都是纸上谈兵。解决城市少数民族的就业，是保证城市政治稳定、经济繁荣的前提，也是今后很长一段时间城市民族工作的重点。

5. 解决城市少数民族的就业问题，是落实党的民族政策与实践"三个代表"重要思想的有机统一

我们党在各个历史时期，都非常重视少数民族与民族地区的发展，以真正实现民族团结、民族平等和各民族的共同进步与繁荣。在新的历史时期，城市少数民族职工的就业和城市少数民族流动人口的就业，是城市民族工作的头等大事，是我们必须面对和解决的问题。只有解决城市少数民族的就业问题，城市少数民族生活改善了，才能真正实现各民族的平等、进步和共同发展。因此，在新的历史时期，解决城市少数民族的就业问题具有优先性，是工作的基础。这也是与"三个代表"思想相一致的。最近党中央下发的《关于促进农民增加收入的若干政策的意见》也明确指出要保障农民工的合法权益，创造就业机会，增加农民收入。因此，我们把解决城市少数民族的就业问题作为实现城市少数民族发展权的途径，也是有政策依据的。

三、解决城市少数民族就业权必须注意的几个问题

解决城市少数民族的就业权，实现城市少数民族的发展权是城市民族工作的主线，城市政府在开展这项工作的时候，有几个问题还须引起我们的思考。

1. 城市民族工作的主体

按照传统的思路，我们一谈到民族工作，就认为是民族工作部门的事，并且学术界在对城市民族工作下定义时，也只关注到城市民族工作的对象、内容，而忽视了城市民族工作的主体，即由谁来开展城市民族工作。由于经济社会的发展，民族问题已突破了已往的范畴，民族问题也更广泛，因此，城市民族工作的主体从大的方面来讲是城市政府，从小的方面来讲，是城市政府的各个职能部门，虽然从总体上说，民委仍是城市民族工作的主要责任部门，但需要城市政府的总体规划和各个职能部门的协调和配合。因此，在

新的历史时期，城市民族工作的主体是多元的，解决城市少数民族的就业问题，实现城市少数民族的发展权，需要各个部门的积极配合和努力。

2. 废除劳动就业歧视制度，真正实现劳动就业平等权

我国宪法明确规定，中华人民共和国公民都有劳动的权利，国家创造条件，保证公民充分就业。随着我国经济体制改革的逐步深入，城市下岗职工增多，为了保障城市下岗职工的再就业，城市政府先后提出了对"外来人口"实施"总量控制"，实行差别就业和"职业保留"（将相对较好的职业留给本地人，使城市居民具有好职业的就业独占权，外来务工人员被明确地排除在这部分职业的范围之外）等限制外地人员就业的措施。对于城市少数民族，特别是少数民族流动人口这个问题就尤其突出。许多城市政府和用人单位，因为少数民族流动人员的风俗习惯和宗教信仰，害怕处理不好，引起民族矛盾，对于城市少数民族的求职善意拒绝，这是一个极为值得关注的现象。其实，城市化与民族散居化是人类社会发展主线的两个方面，这两个方面相互作用、相互促进。民族散居化在城市化中表现得更加深刻、更加充分，城市化进程在民族散居化的作用下表现得更加丰富多彩、更加充满活力。城市化过程本身就是城市多民族化、文化多元化的过程。同时，我们也应该看到，在工业化和现代化进程中，农村人口向城市的转移是一个世界性的现象，中国也不例外。少数民族向城市的流动，是我国现代化的一个过程，也是我国经济文化进步的一个标志。正确认识这个问题，从落实党的民族政策，保障城市少数民族发展权的思路出发，就应该废除劳动就业歧视制度，实现城市少数民族的劳动就业平等权。

3. 充分利用城市资源优势，做好城市少数民族劳动力转移培训工作

城市少数民族尤其是城市少数民族流动人口，文化素质普遍较低，劳动技能差，解决城市少数民族的就业问题，首先要解决的就

是城市少数民族劳动力的就业技能培训问题。城市作为政治、经济、文化的中心，在劳动力职业技能培训方面具有得天独厚的优势，城市民族工作部门和城市政府要充分利用这一优势，做好城市少数民族的劳动力转移技能培训，使其胜任新的工作岗位。

4. 建立城市少数民族法律援助制度

城市少数民族法律援助制度是我国第一次全国城市民族工作会议提出的要建立和完善的 7 个制度之一，但从我国城市民族工作的实践来看，这一制度仍处于探索阶段。这主要是由两个方面的原因决定的。一是城市少数民族法律援助的理论框架还没有最终形成，没有形成理论体系。二是还没有具体的文件或专门的法规出台。虽然 2003 年我国颁布了《法律援助条例》，对于法律援助的主体、对象、内容和形式都作了明确规定，但《法律援助条例》规定的法律援助只是一种事后救济，对于城市少数民族而言，由于自身的文化素质低、不知悉城市规范、法律观念不强的特点，更需要专业人士的事前指导。因此，笔者认为，城市少数民族法律援助制度的主体、内容和范围在已颁布实施的《法律援助条例》的基础上要适度扩大。就城市少数民族就业问题来说，主要考察劳动合同的公正性、合法性以及劳动纠纷的事后救济。

就业问题是一个世界性的问题，我国也不例外。在新的历史时期，我们把解决城市少数民族的就业问题，保障城市少数民族的发展权作为城市民族工作的主线，对于城市民族工作的开展，落实党的民族政策，服务于城市少数民族和民族地区，实现人的全面发展无不具有重要意义。工作主线明确了，在"三个代表"重要思想和科学发展观的指导下，我国城市民族工作将更上一个新的台阶。

参考文献：

[1] 沈林. 关于城市民族工作中的几个理论和实践问题. 中国民族，2002（3）

[2] 邓行. 城市民族法制建设刍议. 中南民族学院学报，2000（3）

[3] 段成荣. 流动人口对城乡社会经济发展的影响. 人口研究，1998（4）

［4］沙莉．世纪之初的中国人口·"五普"新闻分析（之三）：京、沪、粤三大人口流入圈流动人口结构呈现"三高"特征．中国人口报，2004 年 3 月 25 日

［5］沈林等．散杂居民族工作概论．北京：民族出版社，2001

［6］武汉市民族宗教事务委员会．武汉市志·社会志·民族篇（1980—2000 年），内部资料

［7］张继焦．城市的适应——迁移者的就业与创业．北京：商务印书馆，2004. 207

［8］陈云、林兰芳．城市少数民族的分化与整合．中南民族大学学报，2006（5）

［9］李伟梁．少数民族流动人口的城市生存与适应——以武汉市的调研为例．中南民族大学学报，2006（5）

［10］汪习根．论西部发展权的法律保障．法制与社会发展，2002（3）

（原载《中南民族大学学报》2008 年第 4 期）

五、少数民族与民族社区研究

散杂居民族问题研究

中国城市里的少数民族聚落

沈　林

一、中国的民族和城市

中国自古以来就生活着众多的民族。自秦始皇统一中国，中国就成了统一的多民族国家。统一国家的形成，促进了各民族的迁徙、交往和融合，从而使得今天的中国各民族呈现出"你中有我，我中有你"的格局。在中国各少数民族中，在语言文字、风俗习惯、社会经济和文化传统等方面都有相同、相近或同源的地方。正是由于这种原因，中国形成了各民族既杂居又聚居、"大杂居，小聚居"的民族分布特点。现在，中国除汉族外，还有 55 个民族人口较少，习惯上统称为少数民族。

中国有着悠久的城市传统。在中国古代文献中，"城市"是两个相互联系的概念，"城"是指四周用围墙围起来，具有防御性作用的统治中心；"市"是指商业性货物集散的贸易中心。随着社会经济的发展，城内人口的增加，"城"与"市"连接为一体，成为"城市"。从城市形成的时候起，它就既作为人口、活动、物资、设施等高度集中的中心，又作为政治、经济、文化的中心，成为各个民族、各种文化接触与变迁的中心。城市，在民族交往、融合和民族文化形成与发展的进程中，起着十分重要的作用。

中国古代各民族都建立过相当数量和规模的城市。尽管有些民族已经消失在历史长河中，而越来越发展的城市却打破了原先单一的民族和文化结构，出现了众多的民族和多元文化的城市结构。例如，北京古城早先曾由华夏、羯、鲜卑等古代民族建立，后不仅是由汉族所建立的明王朝的京都，也曾是由契丹、女真、蒙古、满等族所建立的辽、金、元、清等朝的京都；又如古都洛阳、长安（西安），不仅是东周、秦汉、曹魏、西晋、隋唐等的京都，也曾是魏晋南北朝少数民族氐、羌、鲜卑等族建立政权的都城。这些古代民族留下了许许多多各具特色、风格的城市文化。中国城市，一部分是由少数民族建立的，主要分布在西部；一部分主要是由汉族建立的，主要分布在东部。

二、中国城市里的少数民族聚落

由于历史和自然的原因，中国城市主要分布在东部且发展程度较高，而占国土面积60%以上的西部民族地区的城市，只占全国城市的15%左右，且发展程度较低。在西部城市中，除有相当数量的汉族人口外，一般聚集着一个或几个少数民族的人口，其居住呈"片"状。而在东部城市，特别是在大城市中，民族成分多，文化结构多样，少数民族居住呈"散"或"点"状。本文所说的"中国城市里的少数民族聚落"，主要是指东部城市的少数民族聚落。

城市少数民族聚落，一般是指生活在中国城市中的少数民族相对集中的居住区或居住点。城市中的少数民族都是散居少数民族，他们一般居住分散，人口很少。目前，中国城市常住少数民族人口约有800万左右，且形成了成百上千个大大小小的聚落。城市少数民族聚落在形成过程中，由于不同时期的历史特征或不同城市的特点而有不同类型，主要有以下几种。

（一）城市世居少数民族聚落

主要是指新中国建立前因历史上各种经济、政治、文化活动形成的城市少数民族聚落，它们大多是因少数民族生活习俗、宗教信仰或统治者的需要，聚集于清真寺、喇嘛寺或兵营周围而形成的，几乎都有百年或数百年的历史。新中国建立后，这些聚落纳入了新的行政管理系统。许多城市还特别设立了民族区、民族街道、民族乡、民族居民委员会。例如，北京市就有数百人、上千人的回族聚落大大小小几十个，仅城南的牛街一处就有近三千户回族聚集而居。这类聚落，目前仍是中国城市少数民族聚落中最典型和最基本的部分，但其数量将不会有显著增加，其人口数量将自然增长，在较长时间内仍是组成城市少数民族人口的主要部分。他们是城市的世居者，十分适应都市的社会文化环境，已成为都市生活方式、价值观和道德观的传载人群，但他们仍然保留了浓厚民族特点、传统文化和生活习俗。城市世居少数民族聚落主要集中在回、满、蒙古等民族特别是回族中，其他少数民族也有少量的世居性聚落。

（二）因民族工作机关的设立而形成的少数民族聚落

新中国把民族关系看成是关系国家前途命运的大事，政府十分重视民族工作。新中国成立伊始，从中央到地方设立了各级民族工作部门，即民族事务委员会，同时又相应地建立了一系列民族文化、民族研究、民族教育等机关。这些机关一般都设在作为政治、经济、文化中心的城市里。在这一过程中，国家十分注意培养和使用少数民族干部，一大批既熟悉本民族文化，又具有相当汉文化水平的少数民族进入民族工作机关，这些机关工作人员的民族化过程十分迅速。这些机关少则百人，多则上千人，他们基本上是同在一处工作，又基本上集中在一个或几个社区内生活，连同他们的家属，逐渐形成了大大小小的少数民族聚落。例如在北京，较大的民族工作机关就有：国家民族事务委员会、民族出版社（5种少数民族文字）、民族画报社（5种少数民族文字）、民族团结杂志社（5种少数民族文字）、中央民族语文翻译中心（7种文字）、民族文化

宫、中央民族歌舞团、中央民族大学、中央人民广播电台民族部
（5 种语言）、中国社会科学院民族研究所等单位。与之相同的，在
中国半数以上的省会城市都设有这些机构。这类聚落的特点是，民
族成分多，几乎来自各民族地区；其成员文化素质高，有许多是本
民族的杰出人物和代表人物，职业处于管理和研究者的地位，具有
较大的影响力。这类聚落是中国特有的产物，在许多方面都很有研
究价值。但是过去，人们习惯把这些机关或人员只看成是民族工作
部门或民族工作者，而没有或很少当成民族工作对象来看待。这类
聚落将会随着民族工作的发展、民族交往的频繁和民族社团的产生
而有所增加。

（三）因民族教育的发展而形成特殊的少数民族学生聚落

民族高等院校是中国政府专门培养少数民族高级人才的综合性
大学，目前全国有 13 所，分布在北京、武汉、大连、成都、广州、
兰州等大城市，每所学院在校生人数一般为 2000～5000。这些学校
是城市里少数民族成分最多、人口最密集、文化最发达的地方。就
其单个成员来看，他们在城市生活一般三五年不等，但就学校整体
来看是城市的一个长久的组成部分，各民族的学生在同一学校内学
习、生活，形成了一个特殊的少数民族学生聚落。与民族学院相同
的还有东部地区各大城市中至少上百所高校举办的民族班，每校在
校少数民族学生 200～300 人；还有许多各种类型的民族班等等。
例如，北京除了中央民族大学、西藏中学外，还有北京大学、清华
大学、北京师范大学、北京医科大学等十几所高校办有民族班。这
个特殊聚落的成员，具有年龄轻、思想活跃、民族意识浓、集体活
动频繁、社会和民族责任感强等特点，其影响广泛而深刻，是中国
城市多元文化建设和国家现代化建设的重要人群。这类聚落也是中
国特有的现象，目前对其产生、发展和地位、作用的研究还很
不够。

（四）因民族地区各级政府在东部城市设立办事机构而形成的少数民族聚落

中国幅员广大，发展不平衡，西部较偏远、闭塞，相对落后。为加强与东部经济文化的沟通，民族地区一般都在东部大城市设立了办事机构。其职责范围相当广，既为沟通东西部政府间的、民间的联系服务，又为进入城市的少数民族提供服务，同时还协助当地政府部门处理有关民族关系事宜。这些机构的工作人员许多是少数民族，加上它周围常年都聚合着许多城市少数民族流动人口，慢慢地就形成了一个个各具民族和地方特色的少数民族聚落。例如，北京的新疆和西藏办事处，以其浓厚的民族特色早已为北京市民所熟悉。随着东西部的发展和合作的加强，这类聚落会有所增加。

（五）因特色旅游景点而形成的少数民族聚落

改革开放使中国越来越重视旅游资源的开发和利用，许多大城市相继在城区建起"民俗村"、"民族园"、"民族村"之类的景点，将中国少数民族的民居、风俗、传统文化原原本本地搬进了城市，并招收了大批少数民族青年，进行歌舞、民俗表演，两三年一换。这样就逐渐形成了少则数百人以上的少数民族聚落。其成员大多来自边远山区，有的甚至连汉语都不懂，对都市生活十分陌生，但集体生活和歌舞、民俗表演，很快就抹去了他们对城市的陌生和怯懦，他们开始与城市中的本民族人员互相联络，成为城市少数民族聚落中的一部分。这类聚落随着时间的推移，将有更多的特色呈现出来，有发展的趋势，但不会有较大的增加。另外，城市中还有许多由民族地区办的饭店、餐厅，其少数民族成员都在数十人以上，且都身着民族服装。

（六）因进城经商而形成的少数民族聚落

随着市场经济的发展，城市更加开放，成千上万的农民涌入城市。自 20 世纪 80 年代初边疆少数民族开始进入东部城市从事商业活动以来，由于共同的习俗、共同的心理和相互关照的需要，他们在经历了艰难的选择和适应后逐渐形成了少数民族聚落。在北京、上海、广州、成都等都有了不少这类聚落。如北京的海淀区政府还命名了两处"新疆村（维吾尔村）"。其成员大多是农民，文化较低，但他们是城市中最有活力、最生动的少数民族聚落，是中国市场经济发展的产物。随着中国都市化进程的加快，这类聚落将有显著增多。但其成员不是城市正式居民，与前几类少数民族聚落相比，其形成过程更多的是自发而曲折的，因而与城市又有着许多矛盾。这类聚落早已引起政府和研究部门的关注，一些学者开始进行调查研究。

城市少数民族聚落由于其不同的人员构成、不同的地位和类型，除在主要方面有许多共同的属性之外，还有不少不同侧面的特点。

三、中国城市少数民族聚落生长的社会政治环境

少数民族聚落的产生发展或其生长过程，除了受上述各类聚落形成的历史背景的影响外，还受城市为其提供的社会政治环境的制约。中国城市为少数民族聚落创造了良好的社会条件和优惠的政策，主要表现在城市行政管理的各个方面。

（一）城市政府各个管理部门的工作

少数民族聚落作为城市的一部分，必然要接受城市政府各个部门的管理和服务。他们除享有同等的城市管理权力外，在许多方面还享受着城市政府给予的特殊的或优惠的待遇，如在参与管理国家事务方面，城市充分保证城市政权和行政机关工作人员中的少数民族有较高的比例，特别关注少数民族聚落的代表；在满足城市少数民族物质与文化需要方面，城市政府专门建立清真饮食网点，创办

供应少数民族特需用品的企业和其他民族企业，并给予税收等方面的减免照顾；保证宗教场所和宗教生活的需要，帮助举办各种民族节日活动，照顾民族丧葬习俗；在文化宣传方面，在广播、电视、报刊等新闻媒介中开辟专栏并安排在黄金时间或显著位置宣传相关政策，刊登、播放城市少数民族喜闻乐见的内容。此外，少数民族在升学、招工、住房分配、肉食补助等方面都能得到较多的照顾。在城市的旧城改造中，为照顾或保留原有少数民族聚落的完整，专门建立了具有民族特色的居民新区。

城市流动人口给城市带来了极大的压力和困难，但是对于城市少数民族流动人口，城市政府始终给予了极大的帮助，特别是对于进城经商的少数民族，采取鼓励和提供方便的政策。在安排经营地点、摊位、居住等方面给予照顾。如北京海淀区政府还前所未有地批准成立了由非北京正式居民构成的"新疆村"。城市政府把这些做法都当成是支援、帮助民族地区发展经济文化和促进民族团结的义务。

（二）城市政府的民族工作部门

它是专门管理城市民族事务的政府职能部门，除了大量协助有关部门为少数民族提供服务的工作外，主要是调查研究、制定政策，并监督检查各部门执行民族政策的情况，从而充分保证了城市给予少数民族优惠政策的真正落实。

（三）城市少数民族社团

这是城市少数民族自发或政府帮助建立起来的民间的少数民族社会团体，主要是沟通、联络情感，组织民族文化活动，为少数民族提供服务，同时也向政府反映少数民族的意愿、要求、建议和意见，协助政府解决民族纠纷等等，在少数民族中有较大的影响。在中国较大的城市都有这样的民族社团。如北京有少数民族联谊会、中国清真食品协会等团体，在上海有少数民族知识分子联谊会。作为民间组织，他们在促进互相了解和团结，加强民族经济文化的发展，保障城市少数民族利益方面都有着不可替代的重要作用。

尽管城市为少数民族聚落提供了良好的社会政治环境，但是由于旧中国长期实行民族压迫和民族歧视政策，其遗毒至今仍有残留，加之少数民族在城市中处于绝对少数，容易被忽视，因此，少数民族在城市中具有较强的自我防御意识。这些又必然产生文化冲突并在一定程度上影响民族关系。虽然这仅仅是城市民族多元化和多元文化过程中的枝节性问题，但我国政府和社会各界已给予了足够的重视和关注。1993 年 9 月，国务院批准颁布了《城市民族工作条例》，给予城市少数民族更多、更全面的权利保障。

四、中国城市少数民族聚落的意义

都市化是国家、民族现代化的必由之路，而都市化过程实际上也是多民族化、多元文化形成的过程。这是历史发展的趋势，各国在发展中证明了一个共同的现象：各民族互相影响会产生创造力，多民族的城市，其创造力大于单一民族的城市，多元文化居民是城市建设的创造力。但在都市化过程中如何对待多民族化的问题，由于各国的历史、制度、文化等的不同而又有许多不同的做法，主要是同化主义和多元文化主义。在多民族国家，多元文化主义越来越被更多的国家所接受。中国对都市化问题已有了全面的认识，并在实践中注意和强调城市作为经济文化中心的地位和作用，在这一过程中，始终坚持和致力于真正实现民族平等、民族团结和各民族共同繁荣的准则或承诺，充分保护和发挥各民族的积极性和创造性，共同建设不同民族、不同文化的平等共存、共同发展的城市。中国城市少数民族聚落的存在和发展，还具有以下作用和意义：

（一）少数民族聚落既是城市多民族化的基础，也是城市多民族化的结果

面对中国 85% 以上的城市（东部城市）中汉族人口占 95% 以

上的现实，少数民族聚落作为少数民族在城市"生根"、"开花"、"结果"的社会土壤或条件，已显示出了它特殊的、深远的历史意义。

（二）少数民族聚落既是保留民族传统文化的营地，又是传播民族文化的窗口

在城市中，由于社会环境中种种条件的原因，作为文化影响较小的少数民族，如果以单个个体出现，其保留自身民族传统文化和传播本民族文化的作用都是十分有限的。而少数民族聚落的形成，则极大地满足了城市少数民族在文化生活、宗教信仰、风俗和心理等方面的渴求和需要，从而使诸如民族节日、民族歌舞、民族建筑、民族饮食、服饰文化等等得以保留。这些传统文化的传承过程，也就是其向外传播的过程。一个少数民族聚落就是一个民族文化的窗口，它还具有发展民族传统文化、吸收他族文化的功能。

（三）少数民族聚落既与城市少数民族有着密不可分的联系，又与西部民族地区有着千丝万缕的联系

一方面，生活在城市的少数民族大多对少数民族聚落有种依恋情结，经常参加在少数民族聚落举办的各种活动，加强本民族同胞间的联谊和凝聚，因此，城市少数民族总是把自己同这些聚落联系在一起，另一方面，由于城市少数民族聚落大多是因发展民族地区经济文化的需要又由大多是来自民族地区的少数民族人员组成，所以他们与西部民族地区有着一种血肉亲情，他们关心民族地区的发展，并把这看成是自己的责任。因此，这些聚落与西部民族地区休戚相关。城市少数民族聚落在中国民族关系中有着十分重要的作用和不可忽视的影响，这与城市的中心地位是一致的。

中国的城市都是多民族的，不同文化背景的人在城市中平等相处、互相尊重、和睦互助。各民族通过不同层面的文化交流促进了互相学习、取长补短。例如少数民族饮食文化、服饰文化、建筑文

化、文学艺术等已渗进城市居民生活的各个方面，提起"羊肉串"、"旗袍"、"雍和宫"、"阿诗玛"等几乎是无人不晓。众多例子说明，改革开放以来，中国城市文化的多元化发展十分迅速，且将持续下去，并向更深层次发展。这种文化的多元发展源于城市居民日益增长的物质文化需要。文化的多元化不仅满足了不同个人多种多样的需要，丰富了人们的生活，而且为社会的更新和适应性变化提供了资源。迄今为止的任何一种文化都不是单线进化的结果，相反，对不同文化的容纳和吸收的能力，正是一种文化充满生机的表现。这种文化多元化的发展趋势证明了城市少数民族聚落生长的意义。

以上，我们对中国城市里的少数民族聚落只作了简单的介绍，实际上每一种类型的少数民族聚落都有许多深刻而丰富的内容，对它们进行研究对于做好城市民族工作是很有意义的。

（原载《中南民族大学学报》1996 年第 3 期）

现代城市民族社区功能探析

——以武汉市回族社区为例

李吉和

城市民族社区的形成是以一定的聚居区、一定数量的人口、有特色的文化、有代表性的社区组织和社区的认同感为依托。回族社区不管从历史上或现代看，社区要素都比较完整，特点也比较突出，具有一定的代表性。本文以武汉市回族社区为例，探讨现代城市民族社区的功能问题。

一、武汉回族社区的形成

武汉市回族社区从元代开始有穆斯林迁入，随着人数的不断增加，到明代逐渐形成。元朝时期，穆斯林在全国享有较高的政治地位，因此有不少穆斯林被派往各地任职，其中到湖北进入武汉的也不少。如职马鲁丁因其先人阿老丁为巨商，曾给蒙古统治者以资助，从而任职于武昌，史载："元世祖征西域，乏军饷，老丁仗军门，尽以资献。论功，赐田宅京师，奉朝请……职马鲁丁以世荫为武昌达鲁花赤。"[1]从此，其子孙世世代代在这里居住，繁衍生息。明初，朝廷又从安徽、山西、山东等地选派大量回族将领和仕宦来到武汉居住。今天长虹桥天平架的马氏墓地[2]就是他们在此居住生活的明证。同时，还有答、苦、魏、朱、徐、李、冯、金、钱等姓氏回族，他们或是随定宝禄、王武、马俊而来的姻亲、亲朋及部属，或为经商而至的其他回族。随着回族人口的增多，武汉回族社区已见雏形。特别是明中叶后，随着汉口逐渐成为中国中部商贸的中心，善于经商的回族在长江、汉水交合处逐步形成新的回族社区。

清代，移入武汉的回族人口来源更加广而众多，这些回族除小部分流布于各街巷外，大多数在武昌起义街、汉口广益桥及二七街等长江沿岸聚族而居。

到了晚清、民国初年，今天的武汉回族社区格局基本形成。其中，清真寺是回族社区的重要标志。历史上武汉回族社区曾先后建过9座清真寺，其中建造最早的当属明代洪武八年（1375年）的武昌辕门口清真寺，修建最迟的是三阳路清真寺（1945年）。清真寺是穆斯林礼拜、诵经的宗教活动场所和进行社会活动的中心，是回族人民精神凝聚的象征。现保存下来的有3座清真寺（武昌起义门清真寺、汉口民权路清真寺、江岸二七街清真寺）。

新中国成立后，随着经济社会的发展，武汉回族人口不断增多。到2000年第五次人口普查时，武汉市回族人口有20578人。这些回族，除一部分因工作、学习、经商而散居外，大部分回族仍居住在不同的民族社区内。

二、武汉回族社区的功能

1. 经济功能

武汉回族社区的传统经济与全国其他城市回族社区一样，过去主要以经商、屠宰业、饮食业为主，新中国成立后除一部分继续以此为业外，有不少人参加了工作或以体力劳动为主。1953年通过对武昌区明伦街、江岸区吉庆街、江汉区的统一街调查统计，在1642名回族人中，从事清真牛羊肉业的有641人，占39%。1956年调查统计，全市从事牛羊肉业共有194户，从业人员2261人，其中回族94人。[3]

清真饮食业也是回族的传统职业。城市清真饮食业只有在回族社区中才能真正地存在发展下去，历史上是这样，现在也是如此。如果离开了回族社区，清真饮食业难以继续发展。新中国成立前，武汉市比较有名的清真餐馆有北京"东来顺"、"老乡亲"，陕西"马福盛"，河北保定"增胜园"、"祥元楼"、"三新园"，南京"哈永兴"，湖北"黄永新"、"徐云记"等。还形成了闻名遐迩的武汉清真名菜"东来顺"、"老乡亲"的烤填鸭、涮羊肉、爆三样，"哈永兴"的板鸭、透味卤牛肉、油鸡，"寿春记"的锅烧牛肉等。

商业的发展，丰富多彩的民族饮食，为回族群众提供了大量的劳动就业机会。据1956年的调查统计，回族开设的企业共有商贩421户1997人。其中从事清真饮食业的有151户，占总户数的35.9%，从业人员共792人，占总人数的39.7%。改革开放以后，作为第三产业的清真饮食业得到了较快的发展，一些清真饮食个体户也迅速增长起来。据不完全统计，截至1985年，武汉市共发放个体清真饮食营业执照34个。到1990年底，清真饮食业中餐馆、饭店达20余户。

进入市场经济以来，由于少数民族经济规模发展的局限性，再加上回族社区人口的分散，武汉民族社区的经济功能逐渐弱化。随着搞活企业和市场竞争，武汉清真饮食行业出现了收缩的趋势。有的突破了清真范围，有的改行转向，有的被挤出了闹市区，给穆斯林群众的生活带来极大的不便。随着武汉市的不断发展，来汉经商、办工厂、观光、旅游的穆斯林将会越来越多，为发挥回族社区的经济功能提供了舞台。"大城市回族社区已经成为外国穆斯林在中国生存和发展的文化支撑地，同时也是外国穆斯林了解中国的'窗口'。"[4]因此，有必要加强民族社区的建设，充分发挥其经济交流功能，从而增强武汉对世界和全国经济文化的吸引力。

2. 文化功能

回族传统文化与伊斯兰教文化有着密不可分的关系。"地方文化和伊斯兰文化的结合是形成我国各地回族文化的基本方式。"[5]其中清真寺在保留、传播回族文化方面起了相当大的作用。历史上武汉回族社区建立了许多清真寺，对回族社区的形成和发展、增强民族凝聚力发挥了重要的作用。

清真寺既是社区的宗教中心，也是回族社区存在的标志，因此社区的文化功能更多地通过宗教文化来体现。"伊斯兰教是中国回族穆斯林认同本民族的宗教信仰、社会制度、世俗生活等而排斥其他一切异族文化的民族心理源泉。从古到今，伊斯兰教成为中国回族穆斯林民族性的文化底蕴，是外教人理解这个民族特性的一把钥匙。"[6] 以伊斯兰文化为主导的回族文化是全体回族居民文化认同的基点，培养了社区居民对回族文化的高度认同。"回族社区以伊斯兰文化为核心，吸收了汉民族文化中的某些成分，形成了一定的社区文化。长期的历史文化积淀使得回族民众大多具有社区归属感和认同感。"[7] 这种认同反射在社区居民身上，便是社区内人人都严格遵守本民族长期沿袭下来的生活方式和伊斯兰教教规。生活在该社区中的每个人或多或少掌握一些伊斯兰文化的传统文化知识，在家庭、清真寺和社区内部所受到的熏陶和教育，确立和强化了他们的穆斯林身份。像生活禁忌和习俗，只有在民族社区中才能更好地保留、传承下去。

社区文化功能通过民族节日也得以体现。少数民族社区可以极大地满足城市少数民族在文化生活、宗教信仰、风俗和心理等方面的渴求和需要，使得民族节日、民族歌舞、民族建筑、民族饮食、服饰文化等等得以保留、传承。一个少数民族社区就是一个民族文化的窗口，同时它还具有发展民族传统文化、吸收他族文化的功能。回族具有特色鲜明的民族传统节日如开斋节、古尔邦节、圣纪节等，这些节日在回民中具有全民性的广泛影响，通过这些节日展现了回族的民族宗教文化，增强了城市回族民族文化认同意识。

3. 教育功能

教育功能也是回族社区文化功能不容忽视的部分。历史上经堂教育是传承武汉回族传统文化的一种重要方式。经堂教育以清真寺阿訇为经师，招收"海里凡"若干名，初习认阿拉伯字、拼音及初等伊斯兰教教义。后转入"大学"，习十三本经（一说十四本经），学成后便挂帐穿衣，以示毕业，可受职担任阿訇。1901—1905 年，清廷实行"废八股、停科举、兴学堂"新政，回族中的一些有识之士在"教育救国"思潮的影响下，力图通过兴办教育达到"救国兴教"的目的，在有条件的清真寺兴办小学。辛亥革命以后，回族社区也兴办了新式学校，如万寿宫清真寺创办"清真学堂"，武昌起义门清真寺创办武昌私立崇真小学，招收回族子弟入学，虽然以学习阿拉伯文、宗教教义为主，但也开设国文、珠算等课程。目前，由于少数民族逐渐迁出传统的民族社区，依托民族社区的教育还比较薄弱。武汉市虽然有 5 所民族教育学校，但学校里的少数民族学生和教师占的比例不高，学生仅占 7%，其中有不少是回族，可以说，所谓的民族学校名不副实。

4. 民族文化旅游功能

建设好城市中的民族社区，可以使之成为现代化都市中的一个民族文化旅游点。如西安大清真寺的回族街就是一个较好的实例，整旧如旧的重建和回族特色的保持，回族风味饮食的荟萃，回族土特产物的集中营销，真假古玩和字画的展销等，使这个本来仅是回族集中的社区的所有街巷的价值都大大提升，成为民族商品、风情旅游、文物艺术一条街，几乎所有到西安的国内外游客都会到这条街上来寻找民族文化的瑰宝，来查看和体验中国回族的生活。最近几年，武汉很注意文化旅游开发，但独缺乏民族文化旅游，尽管建有所谓的"民俗村"，可看不出有什么民族特色，也没有什么人去。其实民族文化就在我们身边，看你怎么去认识他，去开发他。

5. 民族社区的政治功能

城市民族社区对和谐民族关系的建立会产生积极的影响。城市民族社区的民族成员与社区之外的大多数本民族成员保持着千丝万缕的经济、文化和感情联系，城市民族的态度和行为对边远地区民族聚居区的群众也会产生示范性、辐射性和连锁性影响，特别是居住于城市以外的民族往往以城市中居住的本民族同胞的发展和进步作为自己的榜样。城市民族社区无时无刻不与同族人"发生着经济、政治、文化和宗教等方面的联系。据对武汉回族社区的调查，武汉回族与外地少数民族有联系的占到 83%，经常联系的占31%"[8]。所以，如果将城市中的民族社区建设成一个精神文明和物质文明的示范社区，建设成一个团结、向上、文明、进步的社区，周围的民族及他们老家或边远民族聚集区也会受到影响，也会模仿着来寻找自我发展的路子。回族社区可以适当地协调民族内部关系，维护社会稳定。"社区内家庭与家庭，个人与个人关系失衡以及出现越轨行为时，社区便发挥协调关系的作用。"[9]尤其是随着党的民族宗教政策的贯彻落实，一些清真寺成为民族社区内宣传国家法律法规、政策时事的场所。

搞好民族社区建设，发展少数民族社区文化，也是国家民族政策的体现。新中国成立后党和政府对少数民族在政治上的平等、经济上的发展、文化上的繁荣给予了足够的重视，尤其是城市中的少数民族，社会各项事业发展都很快。但是不可否认，过去把主要精力放在了政治安定上，把不出现大的民族矛盾或问题放在第一位，而对少数民族聚居的社区建设尤其是对少数民族社区文化建设重视不够。都市化是国家、民族现代化的必由之路，而都市化过程实际上也是多民族化、多元文化形成的过程。但在都市化过程中如何对待多民族化的问题，由于各国的历史、制度、文化等的不同而又有许多不同的做法，主要是同化主义和多元文化主义。在多民族国家，多元文化主义越来越被更多的国家所接受。只有在多元文化的环境下，才能满足不同群体、不同民族所需，才能达到国家的长治久安。因此，重视少数民族社区的规划、建设，重视少数民族社区文化的发展，可以更好地体现多元民族文化政策，可以增加城市文化内涵。

三、现代城市民族社区存在的问题及对策

回族社区破裂，经济文化功能减弱，给回族群众的生活和文化带来了不利的影响。随着城市大规模的改造，回族社区受到了一定程度的冲击和震动，大规模和大面积的拆迁，使许多在这些社区世代居住的回族群众，不得不以城市发展大局为重，不少回族居民都迁到城外或城边新建的安居小区，社区回族人口逐渐减少，而搬迁出社区的回族，在生活上特别是宗教生活上受到很大影响，带来了极度不便。目前，虽然武汉的3个清真寺尚存，甚至重建得更辉煌，但是到清真寺做礼拜的人逐渐减少，尤其是年轻人更少，这说明社区的功能和传统的回族文化已经在城市建设和搬迁中被减弱，回族社区中原有的许多功能已渐渐丢失。

在改造和建设都市的民族社区时，如何尊重少数民族的宗教信仰和生活习俗，让他们丰富多彩的文化宗教生活得到正常履行和传承，使之成为都市中另一道亮丽的景观来衬托都市文化的多样性和兼容性，来体现政府的开明，体现民族政策的落实和到位，让多民族国家大都市中的民族有展示自己风采和特色的一席之地，是亟待解决的问题。但目前许多城市在改造中，对于少数民族社区的保存及少数民族宗教文化的传承很少考虑，更谈不上纳入规划之中。对于城市民族聚居区改造中如何保留民族社区问题，北京牛街的危改有比较成功的经验，政府采取优惠政策，允许居民回迁，回迁率达90%以上，基本上既保留了牛街回族聚居区的特色，又改善了社区回族群众的居住条件。[10]

在城市民族社区建设中，要注意几个问题。一是对具有历史和传统价值的民族社区要尽量保留，即使非拆迁不可，也要尽可能地统一规划，把同一社区的少数民族安排在同一社区，并把社区建设得富有民族特色，满足少数民族群众的宗教文化生活需求。二是正确认识宗教与民族文化的关系，促进宗教与社会主义社会相适应。

回族社区具有聚居型社区特点，尤其是清真寺，不仅是宗教活动场所，也是民族聚居社区的中心，是维持族群边界的重要象征。因此，城建部门在城建工作的行政决策中应增强决策意识中的文化含金量，即更多地从文化的角度来认识、看待城市中的宗教文化与民族文化的关系。三是保持和发展特色浓郁的民族经济。为了回族社区的持续繁荣，在制定建设规划时，应充分考虑社区经济和宗教职能，不能仅仅将之作为一个回族居住区。今后需要大力发展具有民族特色的经济，如清真食品的生产和销售。根据国外一些城市内部少数民族聚居区的发展轨迹，可以看到，它们的居住职能也逐渐被经济职能代替了，但是这种替代不但没有削弱其繁荣，反而起到了促进作用。建议今后重点规划的地区还应对人口、经济、宗教等方面进行综合考虑。过去武汉有的街道曾提出兴建"回族风情一条街"的建议，其目的是为了经济、文化的发展需要，既可解决部分回族从业问题，又为武汉市增加一条风景线，但直到现在，由于种种原因，未能落实。建议政府有关部门应从大处着手，在民族社区建立民族风情一条街，不仅是回族文化，其他民族文化风情也可包括进去。四是注意处理好社区建设中的民族关系。由于历史的原因，回族与汉族和其他民族长期交错居住，可以说没有纯粹的民族社区，民族社区边界不明显，这一方面有利于各民族经济文化的交流、融合，但另一方面，因信仰伊斯兰教的回族与其他民族宗教信仰和生活习俗上的差异，也不可避免地会产生一些矛盾和问题。尤其是在清真寺附近的民族、宗教矛盾冲突较多。对于这种情况，政府和城建部门在城市建设中应给予充分的重视，尽可能使汉族居住区远离清真寺，能搬迁的搬迁，尽量减少民族矛盾，从某种程度上说，也给政府的民族宗教工作减去了负担。

总之，城市民族社区的保护和建设对于城市现代化进程来说是一项特殊而价值颇大的计划和项目。民族社区建设得好，会为城市增加一个非常有吸引力的亮点。但是，如果把原有的且颇具特色的民族社区随意破坏掉和毁灭掉，对于一个城市将是无法弥补的文化、经济损失，同时也是一种珍贵的文化信息和文化资源的丧失。所以，在有民族社区的城市中，要注意建设好民族社区，让无价的民族社区发挥出自己的多重功能和作用，产生出无穷的价值；过去没有民族社区的城市，也应该注意培植和发展有特色的民族社区，使城市中的民族社区发挥辐射和示范作用，促进社会主义和谐民族关系的建立。

参考文献：

[1] 张廷玉．明史·丁鹤年传．上海：上海古籍出版社，1986

[2] 答振益．湖北回族．北京：中央民族学院出版社，1993

[3] 武汉地方志编纂委员会．武汉市志·社会志．武汉：武汉大学出版社，1997

[4]［7] 张鸿雁、白友涛．大城市回族社区的社会文化功能——南京市七家湾回族社区研究．民族研究，2004（4）

[5] 董卫．城市族群社区及其现代转型——以西安回民社区更新为例．规划师，2000（6）

[6] 马平．回族心理素质与行为方式．银川：宁夏人民出版社，1998. 128

[8] 武汉市民族事务委员会专题调研小组．关于武汉市构建城市和谐民族关系调控机制的调研报告．民族研究，2001（6）

[9] 柏贵喜．都市回族社区及其对回汉关系的影响——关于武汉市的个案研究．见：中国都市人类学会秘书处．城市中的少数民族．北京：民族出版社，2001

[10] 沈林．中国城市中的少数民族聚落．见：中国都市人类学会秘书处．城市中的少数民族．北京：民族出版社，2001

（原载《中南民族大学学报》2006 年第 1 期）

城市社区民族文化涵化的类型分析

高永久　刘　庸

城市化是社会发展进程中人类居住形式的进化、生活方式的嬗变、文化形态的变迁，是人类社会发展和进步必不可少的重要一环。从民族社会层面考察，城市化是现代民族社会关系和人格心理的促变因素，随着它的扩展，必将催生出新的民族生活方式、新的民族人格心理、新的民族价值观念、新的民族互动关系、新的民族文化系统等。城市化的推进必然会引起民族社区少数民族文化的变迁。变迁的形式多种多样，其中以民族文化的涵化为主要形式。

长期以来，西北民族地区形成了既具有西北民族特色又各具城市社区特征的独特文化。城市化的快速推进在一定程度上可以说是在推进一种完全不同于西北少数民族传统文化的社区新文化，两者之间产生某种程度上的冲突是不可避免的。西北民族地区的现代化和城市化将逐渐推动民族社区的发展和进步，同时必然会影响其文化的变化，尤其是社区内的民族文化成分。

一、城市社区民族文化涵化的背景

从 20 世纪初期始起，人们就对"社区"的概念和定义争论不休，从滕尼斯的"'社区'是通过血缘、邻里和朋友关系建立起来的人群组合，它的基础是'本质意志'"的界定，再到帕克和伯吉斯所指出的"'社区'一词系对社会和社会集团的一种称述：当从地理分布上来考虑社会和社会集团所含的个人和体制时，我们就把社会或社会集团称为社区。"[1]有关社区的概念和界定已有几百种之多。①《中国大百科全书·社会学》上解释：社区"通常指以一定地理区域为基础的社会群体。它至少包括以下特征：有一定的地理区域，有一定数量的人口，居民之间有共同的意识和利益，并有着较密切的社会交往"[2]。R. D. 麦肯齐从生态学上给社区的分类有其独特的价值，他把社区分为四类：第一类社区是基本服务社区，诸如农业村镇，捕鱼、采矿、林业社区等；第二类社区是类社区是指在生活资料分配过程中履行次要功能的社区；第三类社区是工业城镇，它是商品制造业的中心；第四类社区是指那些缺乏自身明确的经济基础的社区。[3]这种分类特征主要突出了经济的功能和作用。

在探讨城市社区民族文化涵化之前，应该了解目前的城市民族社区与其他类型的社区在特征上的不同，尤其是"小传统"与"大传统"的不同。改革开放给民族地区的城乡关系带来了以下几个方面的影响。第一，是地域空间上的影响。城市化的进程已广泛影响到城市与乡村的边界，城市向郊区地域上的侵入提升了城市中心的地价，缩小了城乡的距离，影响到城乡少数民族居民居住格局的变化。"城中村"现象凸显了地域空间上的影响因素。"城中村"可以说是"非城非乡"或者是"亦城亦乡"，在许多民族地区都存在类似的"城中村庄"，由于城市的侵入，这些村庄最终"转化成了有自身情感、传统，有自身历史的小地区"[4]。正是由于民族地区历史上与现代城市发展过程中形成的诸多"城中村"，才保留了丰富的城市民族社区。第二，是制度结构上的影响。城市与乡村社会结构分化日益加速，城乡结构的重组使新的社会阶层逐渐形成。社会分化带来了许多方面的变化，其中一个变化就是民族地区人口

---

① 1955年美国学者G. C. 希莱里就已经对94种社区定义进行了比较研究。参见《中国大百科全书·社会学》，357页，北京，中国大百科全书出版社，1992。美籍华裔社会学家杨庆堃教授于1981年统计，社区已有140多种不同的定义。参见黎熙元等：《现代社区概论》，2页，广州，中山大学出版社，1998。

流动的速度加快，越来越多的乡村少数民族人口伴随着流动的步伐进入城市社区，乡村少数民族成员进入城市各社区，主要是受到了城市区位因素的影响，城市舒适的生活方式、选择余地较大的活动空间等都是吸引他们进入的要素。其中一部分少数民族成员散落在城市的各个角落里，还有一大部分进入原先已有的民族社区当中，充实了原先城市民族社区居民的数量，也带来了原先居住地的民族传统文化。第三，是民族文化传播方式上的影响。城市边界的扩展和城市文化的扩散，不可避免地使乡村的弱势传统文化受到城市强势文化的冲击，由于强势的城市文化有优越的物质文化、制度文化和行为文化的保护，所以它具有普遍性和扩张性，它会使进入城市社区内的那部分少数民族居民所拥有的民族文化逐渐发生变异，并逐渐形成区别于原先城乡已有的民族文化特征的另类"地方民族文化类型"。本文在这一背景下对民族地区城市社区的少数民族文化变迁与涵化进行探讨，目的就是要揭示城市化进程加速对城市社区民族文化的影响速度、方向、规模等各种变量。民族地区城市社区文化变迁与涵化是导致社会转型进程中城市民族社区"地方民族文化类型"产生的先决条件，值得注意的是，不同城市民族社区的规模、相互间的距离和功能类型都会对"地方民族文化类型"产生影响作用。

二、全涵化和半涵化

从一种民族文化对异文化接受的程度来考察，可以分为全接受涵化和半接受涵化两种类型。西北民族地区的城市中有相当一部分社区是以共同的民族认同感维系而成的人们共同体，不同的民族成分由于存在文化、历史、心理、个性特征等不同的情况，表现在对现代文化的接受程度上也有较大的差异。如果城市化带入的现代文化与社区民族传统文化没有严重的冲突、相悖甚至影响民族心理的文化因子，或者对民族传统文化的影响较弱，那么民族成员对现代城市文化不会有明显的心理抵触，就可以使社区的民族文化逐渐接受外来文化的冲击，这种文化接受的方式就是全接受式涵化。如果外来文化与社区民族文化在本质上严重相悖，少数民族居民就会在心理上有意识或无意识地排斥它们，尽管迫于压力不得不接受外来强势异文化，但这种接受也不会是发自内心主动自愿的接受，更不会完全地接受异文化，而可能只是接受其中的一小部分，这就是半接受式涵化。例如，在西北四省区的城市中有一些回族社区，随着现代城市文化的侵入和渗透，回族居民对不同于自己本民族传统文化的现代文化在居住格局、行为方式等方面有一定程度的接受，但他们的宗教信仰、饮食结构、传统思想观念等是不可能轻易改变的。也就是说，在很长的历史时期内，城市民族社区内的回族居民对强势的现代城市文化是不会采取全部接受的方式，只能采取半接受式的涵化。一般来说，尽管城市化的进程速度加快，但少数民族社区由于受传统民族文化的影响比较大，很难在短期内完全接受现代城市文化，即大多是半接受式的涵化。

城市化推进过程中，现代城市大众文化对民族文化的涵化不是单向的，某些民族的传统文化也会影响到城市大众文化，因为民族文化的某些部分会逐渐使城市大众文化的一些内涵发生改变，进而成为城市大众文化新的特色和内涵。如信仰伊斯兰教各民族的饮食文化在许多大中小城市中都有所体现，尤其是在西北四省区更加明显。这就表明民族传统文化对城市大众文化的影响和渗透。另外，就一个城市来说，由于民族人口和民族文化的特性不同，也会对形成何种城市大众文化有不同影响。如银川、乌鲁木齐这两个城市会因为回族、维吾尔族的民族人口、文化影响力等在各个城市中不同，就形成明显各具民族特色的城市大众文化；而兰州、西宁由于民族类别、文化影响力等相对多样化而会形成多民族文化特色的城市文化。从文化间相互涵化的角度来看，这就是由于城市中少数民族文化对城市化推进中的现代城市文化产生了涵化。

三、顺涵化和逆涵化

从一种民族文化对异文化接受的自愿与否来看，可以分为顺涵化和逆涵化。"自愿接受另一民族文化要素的现象被称为'顺涵化'，而被迫接受另一民族文化要素的现象就被称为'逆涵化'"[5]。不同的民族群体在同一城市社区或者同一民族文化在不同社区对城市现代文化的适应性可能有很大差异。一般而言，任何城市社区中的各族居民都能够主动或被动接受与本民族文化差异不大的现代文化因子而排斥差异较大的文化成分，但各个民族由于文化的特性不同，所表现出来的状况也是不同的；而且由于所处社区文化环境的不同，文化间涵化的状况也是不同的。

各个民族在历史传统、地理环境、社会氛围、文化特性、民族心理等方面都存在着一定的差异，所以它们对城市现代文化的接受程度就有很大不同。如有些民族尽管经济生活水平比较落后，但它们能够快速适应城市现代文化的要求，积极地改变自身的文化传统，主动地适应并接受城市现代文化；而有些民族则是在城市现代文化推动下的被动适应。当前，我国城市化进程的推进主要是依靠政府的力量，也即城市化的扩张主要是借助国家机器的力量而得以实现，这就使得一些少数民族居民在没有任何心理准备和一定心理承受力的情况下，被迫接受城市现代文化。这个方向进程中的文化涵化主要表现为民族文化的逆涵化。当前西北民族地区城市化推进对传统民族文化的影响更多地表现为逆涵化的形式。逆涵化是一种被迫接受的文化，它给城市社区少数民族居民的发展带来两个方面的影响：一方面可能会促使少数民族居民在未来接受并逐渐适应它；另一方面，可能会适得其反，引起少数民族居民的强烈反感，从而导致产生威胁社区稳定的隐患因素。所以，应该努力提高城市社区少数民族居民的文化素质，加强教育引导，使他们认识到城市化的推进和适应并接受城市文化有利于民族经济发展、社会进步、文化繁荣，使他们自愿地接受城市文化，同时也就变更多的民族文化的逆涵化为顺涵化。普同（遍）性文化也即是"大传统文化"，"大传统文化"引导文化的方向，"小传统文化"也即是各民族居民所代表的社区居民文化，小传统文化能够提供具体民族文化的素材，两者都是构成整个文明的重要部分，如果只注意大传统文化而忽略小传统文化，就不能够反映社区各族居民的真正需要。特别是要注意小传统文化代表的社会力量的价值，它在民族社区往往能够起到代替大传统文化的作用，而影响社区的经济发展和城市化的进程。

四、群体涵化和个体涵化

民族地区城市社区并不是只存在一种由社区全体居民共同享有和认同的单一民族文化，而是存在着多种亚文化。当城市社区的一个民族群体形成了一种既包括原先本民族整体文化的基本特征，同时又具有自身文化特质的某些文化内涵时，就会形成多个社区民族亚文化的状态。城市社区各民族的亚文化对群体具有较强的约束力，有研究者指出："亚文化一经形成便是一个相对独立的功能单位，对所属的全体成员都有约束力。"[6]亚文化是与主文化相联系的，也有研究者使用主流文化与非主流文化来指称。主流文化一般是国家层面的政府机构所推广的大众文化，而亚文化往往植根于民族社区之中。根据一个民族对另一个民族的文化即另一个亚文化接受的受众范围，可以分为群体涵化和个体涵化。群体涵化指在不同文化接触的过程中，引起一个民族文化在整体上的各个层面、各个结构发生变化；个体涵化则是指个人的行为、认同、价值观以及态度等的变化。[7]城市化推进的过程中，群体涵化受到许多条件的影响，如民族心理、民族性格、民族文化传统、民族历史渊源、社会环境、自然状况等。因影响条件不同，群体涵化的程度也就有深有浅，如就社会环境来说，同在城市社区中生活，在发达城市社区的民族群体所受到的涵化就要比在相对落后保守的城市社区要深。民族成员的个体涵化因个人年龄、知识程度、性格、爱好、性别、价值观以及所处自然和社会环境等而不同，对现代文化接受的态度、程度、速度等都有所差异，如从年龄上看，年青的一代比年老的一代接受态度较积极、速度较快，相对个体涵化的程度也较高；从性别上看，男性由于社会接触面大，接受的信息量多，比女性居民文化涵化的程度高。

从个体涵化与群体涵化的关系来看，个体涵化的程度往往会影响到群体涵化的程度，而群体涵化的方向往往是和大多数民族成员个体涵化的方向一致的；反过来，个体涵化受群体涵化的引导作用，会努力和群体涵化保持一致。民族成员的群体涵化趋势会对整个社区的文化变迁起到决定性作用，并影响社区文化的民族特色。民族文化的群体涵化主要通过民族中某些个体，特别是与外界接触较多的个体的价值观念转变而逐渐引发的。个体涵化是群体涵化的必经之路，群体涵化则是个体涵化的必然结果。西北民族地区在推进城市化的过程中，要先对各个城市社区民族成员中的精英进行涵化，通过他们的影响可以逐渐达到民族群体的涵化，进而达到对整个社区中的民族成员乃至整个民族的涵化。

五、接受、适应与抗拒

民族成员个体对城市现代文化接受的态度可以分为接受、适应与抗拒三种形式。

1. 接受

城市社区中的民族成员主动吸收城市现代文化，并且抛弃与之相悖的本民族传统文化，这是一种主动的接受型涵化。在这种涵化形式中，民族成员对城市现代文化的接受不是盲目的、随意的，而是有选择性和较强的目的性，如那些能促进民族进步、更好地适应现代社会发展的文化因子容易被接受，表层文化（如服饰、饮食、音乐等）也容易被接受。现在，在西北民族地区城市各个社区的日常生活中已经很难看到少数民族成员穿着民族服装，取而代之的是现代服饰。一般来说，少数民族成员对现代文化的接受总是从表层逐渐深入扩展到深层，当然这个过程是漫长的，但现代化和城市化所带来的影响和作用是有目共睹的，少数民族成员有选择地接受现代文化，小到自身进步，大到对本民族的发展都起到了巨大地推动作用。

2. 适应

适应即在接受城市现代文化的同时并对其加以改造，使之与本民族或本社区的文化相适应，换句话说，就是吸收城市现代文化并使之成为本民族文化的一部分。社区中的民族文化在融合城市现代文化的同时，本民族文化会相应地发生一定变化，以适应城市化所带来的文化冲击。面对强势的城市文化，社区中的民族文化适应它的要求才有出路，因为它是城市社区具有民族特色的传统文化逐渐走向现代化的必由之路，也是民族文化在现代社会中的发展和进步。

3. 抗拒

抗拒即固守本民族传统文化，对城市化所带来的现代文化有明显的抵触情绪，有意回避与其他文化进行接触，特别是在生活方式上的抗拒表现得相当突出。[8] 如西北有较多的回族人口，居住较集中，尽管随着城市化的扩张，回族"大分散，小聚居"的居住方式有了一些改变，出现了回族同其他民族（主要是汉族）杂居、混居的局面，但是从总体上来说，回族居民居住格局变化不大，在西北四省区的城市中到处可见回族围寺而居的社区。而且，回族一般拒绝和外族（尤其是汉族）通婚。当然，这有利于保护回族文化的传统特色，但从一定程度上可以说它实际上是在拒绝城市现代文化对回族文化的涵化。无论出于何种原因拒绝其他民族文化的涵化，都只是一时的，不可能永久地全面拒绝城市大众文化的涵化，尤其是一种社会发展趋势的文化的涵化。

总之，无论从任何一个角度进行思考，西北民族地区城市社区中的文化正在发生着或大或小的变化，这种变化是不以民族成员某一部分人甚至大部分的意愿为转移，而是在强大的外来动力——城市化的推动下进行的。当前，在西北民族地区的城市化推进过程中，主要表现为城市现代文化对民族传统文化的涵化。

六、城市社区民族文化的变迁趋向

全球化的趋势日趋增强，城市化的步伐越来越快，如阵阵巨浪向保守落后的西北民族地区涌来，使西北四省区城市社区中文化的多元性和民族性日益突显，表现在社区文化的发展趋向上，就是有更多不同的文化在社区中汇集。这样，社区民族文化就不再仅仅保存原先的民族文化（尽管不只是一种民族文化），而是存在着多种民族文化的共存。既有传统民族文化，也有现代文化；既有本土文化，也有外来文化。因此，当前西北民族地区城市社区文化是各种民族文化在城市化背景下逐渐接受城市化带来的多种异文化相互影响融合而产生的新文化。

城市化推进进程中的社区不可能孤立于城市文化的影响之外。城市的开放性特征和现代大众媒体影响的广泛存在与作用的发挥使城市文化通过各种渠道和途径向传统民族社区渗透，不断地使传统的民族文化发生着涵化。城市文化对民族社区的影响可以用物质尺度、社会尺度和心理尺度来衡量。第一，物质尺度，指的是存在着明确边界的社区这一地域范围；第二，指社会尺度，是该社区居民的对外交流与沟通的互动关系；第三，指心理尺度，即该社区中特有的居民心理特征。城市文化的渗透将逐步由地域范围的逐步被打破，发展到社会隔离和距离的缩小直至民族心理的彻底变革。这个过程的完成就是民族文化之间的被涵化、民族逐渐融合的过程。现在，西北民族地区城市社区之间的物质尺度已经发生了很大的变化，正在由聚居型社区向散居开放型社区转变，社区有形的边界开始消失，无形的"围墙"倒塌，社区特有的传统民族文化直面多种外来异文化，这样，就不可避免地遭到各种现代文化的涵化。另一方面，随着城市化的推进，城市改造和城市建设的突飞猛进，各民族居民原先的居住格局逐渐被打破，民族成员个体居住迁移和变动的时间也越来越频繁。由于居住格局的变迁，带来了民族间有形隔离的障碍，促进了各民族社区之间的相互适应，引起了文化上的涵化，在客观上为社会交往和社会距离的缩小奠定了前提条件。

在多民族聚居的社区，各民族居民文化的发展具有自身特殊的路径趋向。根据世界各国和我国各地区社区文化发展的经验，开始在一种起主导作用的民族文化影响下形成的社区，往往在以后的社区发展中居于"领导"地位，外来的其他文化尤其是影响程度不太大的民族文化很难取代原来文化的主导地位和影响。因为，在一个社区中一旦某一种文化的主导地位确立下来，文化的自我维持和整合功能便不断地发挥作用，通过"激励"和"惩罚"某些行为，可以约束社区居民的行为、思想等，使社区的文化传统得以确立和维护。虽然在城市化的冲击下，民族社区有形的边界被打破，但是社区以其民族文化的自我维持功能，在短期内还会保持一定的特色，并努力维持社区民族居民的向心力和凝聚力。

虽然社区民族文化具有自我维持和整合的功能，在强大的城市化背景下，社区民族文化的逐步涵化仍然是不可避免的趋势。自古以来，民族文化的发展与变迁，最终结果不外乎以下三种情况：完全消失、融入强势文化或演变发展成为一种新的文化体系。面对城市化推进带来的强势文化，城市社区中的各民族文化要不断地进行调整改革，在加强自身文化发展的同时，努力向有利于传统文化发展的方向进行涵化。其实，无论怎样涵化，社区中的传统民族文化是不会由于受到现代城市文化的涵化而变得面目全非，因为社区文化会在新的情景里找到文化传统和现代文化相适应的途径，同时也会始终保留一部分体现本民族特色的文化因子，并且会使两者在不断的涵化中融合，从而形成多元的城市社区文化。

参考文献：

［1］帕克、伯吉斯著，宋俊岭等译．社会学导言．见：帕克著，宋俊岭等译．城市社会
学——芝加哥学派城市研究文集．北京：华夏出版社，1987.141

［2］［6］中国大百科全书·社会学．北京：中国大百科全书出版社，1992.356

［3］［4］帕克著，宋俊岭等译．城市社会学——芝加哥学派城市研究文集．北京：华夏
出版社，1987.66～67

［5］高永久．西北少数民族地区城市化建设研究．兰州：兰州大学出版社，2003.32

［7］马季方．文化人类学与涵化研究（上）．国外社会科学，1994（12）

［8］高永久．西北少数民族的族际交流．中南民族学院学报，2002（1）

（原载《中南民族大学学报》2006 年第 3 期）

城市少数民族的分化与整合

陈　云　林兰芬

社会分化与社会整合一直在社会学的研究中居于核心地位。近年来，学界关于分化与整合的研究集中于分层领域，探讨分层指标、分层结构、贫富分化对社会发展的影响，并进行对策分析。然而，这些研究无意中多以汉族人口作为研究对象，忽视了少数民族群体在现代化和城市化过程中所发生的分化现象及其特征。而城市少数民族的社会分化对于城市社会的整合与发展产生的影响更应当引起我们的关注。

一、城市少数民族的分化

社会分化是指社会机体在其发展过程中产生或形成结构分化及功能转化的现象或过程。结构变迁理论认为，社会结构的组成实际上是指由个人所组成的不同群体或阶层在社会中所占据的位置，以及它们之间表现出来的交往关系，它可以由水平方向的类别参数和垂直方向的等级参数来加以规范。[1] 目前中国城市少数民族常住人口约有 800 万，形成了成百上千个群体和聚落。但是，这些基于血缘、地缘、族缘关系形成的传统聚落在开放的城市社会中越来越多地受到现代化和城市化因素的影响，在社会分化力的作用下呈现出不同的类属和层次，在职业、观念、阶层和利益方面的差别日益明显。

首先，少数民族在城市中的行业分布日渐广泛。以武汉市为例。2000 年，武汉市少数民族从业人口总数为 20216 人，分布在农林牧渔、采掘、建筑等 16 个行业，人数分布最集中的行业是科教文卫和体育业（21.16%），批发和零售贸易、餐饮业（18.02%），农林牧渔业（6.78%），社会服务业（6.3%），交通运输、仓储及邮电通讯业（6.1%），党政机关团体（5.38%），建筑业（5.13%）。① 这种职业分化的过程伴随着劳动者知识含量与市场意识的提升，是少数民族在遭受现代化和城市化因素冲击的过程中所作出的最直接的反应。"劳动分工是一种派生的和从属的现象。表面现象由于自身的处境更容易受外部原因的影响，只要某种时机激起了一个民族对物质利益强烈的需要，经济劳动分工就会得到发展。"[2]

其次，收入差异和财产差异所造成的阶层分化在城市少数民族中也正在形成。职业分化所带来的收入差异是十分明显的。有资料显示，2001 年，北京市有约 70% 的外来少数民族人口的收入水平相对于北京市普通职工的平均工资水平要低，其中 48% 的人月收入在 1000 元以下，22% 的人月收入在 301~500 元之间，3% 的月收入低于 300 元。[3] 2005 年对武汉市的调查显示，约有 62.7% 的受访者月收入在 1000 元以下，月收入 2000 元以上的仅占 9.9%。② 外来少数民族基本上是非正规就业，职业性质决定了其收入来源十分有限，因此他们属于城市中的低收入阶层。与此相比，城市中的世居少数民族中也有约 26% 左右的家庭月收入低于 500 元，26% 的家庭月收入高于 1500 元。③ 而少数精英人士，包括政府官员、高校教师、私营企业主等则以较高而稳定的收入成为其中的富裕阶层。

---

① 《武汉市志·社会志》民族篇（1980—2000 年），武汉市民族宗教事务委员会内部资料。

② 资料来源：中南民族大学"少数民族流动人口城市适应与城市管理课题组"2005 年暑期对武汉市少数民族流动人口的访谈。

③ 资料来源：中南民族大学青年项目"城市少数民族生活质量课题组"2005 年对武汉市民族社区的调查。

收入差异并不是城市少数民族阶层分化的唯一原因，财产分化和政策待遇在很大程度上也决定着城市少数民族的社会地位。世居人口和精英人士由于历史和现实的原因，通过遗产继承或事业发展，多数在城市中拥有了自己的住房以及享受普通城市居民的同等待遇，包括养老保险、医疗保险等等。在武汉市，少数民族聚居的二七街、民权路、武泰闸、关山村等地区，虽然聚集了大量的下岗人员、无业人员，但是每家每户基本上都有自己的房产，少则 30～40 平方米，多则 400～500 平方米，贫困家庭还享受社会保障。少数民族流动人员则以租住房屋为主。更为重要的问题是，城市少数民族流动人口目前还无法享受城市提供的各种社会福利，并且要忍受少数城市居民的不理解和排斥。显然，收入分化与财产分化正在将城市少数民族人口归入高低有序的不同社会阶层之中，同时这种分化也融入到更大规模的社会分化序列之中。

与此同时，城市少数民族由于在城市适应过程中的阶段性差异而表现出了对城市主流文化和现代文明的态度分化。少数民族的城市适应是一个漫长的过程，城市社会的急剧变迁必然对城市少数民族的民族文化产生冲击，而一个民族的深层文化对表层文化的约束，会产生不和谐现象。目前看来，少数民族对城市主流文化主要形成了四种态度。同化，即与城市主流文化进行密切交往，并完全接受之，主要表现在部分散居的世居少数民族和年青一代中。分化，即执意坚持本民族文化，不愿意接受城市主流文化的任何东西，有意回避与城市主流文化的任何交往，主要表现在部分刚刚来到城市，各方面尚不适应或者在城市中曾受到不公正对待以及极少数极端民族主义者中。整合，即在保留本民族原有文化风貌的同时，吸收城市主流文化的做法，主要表现在城市聚居的世居少数民族中。边缘化，即无意保持原有文化，但也不愿接受城市主流文化，处于两种民族文化的夹缝之中，这是一种过渡形态，属于个别现象。① 在少数民族异文化适应的过程中，城市少数民族处于本民族文化与汉族文化、乡村文化与城市文化、农耕牧文化与现代文化交锋的最前沿，文化心理的矛盾、困惑、抗拒是不可避免的。但这是一种非对抗性的文化竞争和发展，是在民族团结、和谐发展的前提下进行的文化碰撞与交流，其结果必然是激发文化融合，形成新的文明形式。

综合而言，城市少数民族在社会分化力的作用下正在形成不同的利益群体，而少数民族流动人口则处于最底层，他们的处境甚至比其他移民更为艰难，不仅要承受生存的考验，还要忍受文化冲突所带来的心理煎熬。因此，少数民族流动人口的城市适应、发展和社会福利应当引起有关方面的关注。

二、分化中的局部整合

城市少数民族的社会分化已经成为一个社会事实，越来越多的少数民族加入到权力和资源的多元化和分散化的分配体系中，然而，少数民族群体内部异质性的增强并未明显导致城市少数民族族群意识和民族文化的衰弱。相反，城市少数民族正在逐渐凝聚成为一个引人注目的群体，对社会和谐与现代城市的管理产生日益明显的影响。

一般而言，文化的变迁要经历由表及里的过程，物质层面最先受到影响并发生变化，其次是中间层，包括知识、技术和制度等，最后才是核心层（民族心理、文化认同）的改变。民族心理和认同是文化体系中最为稳固的部分，对城市少数民族的族群整合起着至关重要的作用。世居人口经过长期的接触和交流，虽然接受并遵守

---

① 赵定东：《群体失业者的转型适应与社会认同——基于辽宁省大型国有企业的分流人员调查》，见黄家海、王开玉：《社会学视角下的和谐社会：中国社会学会学术年会获奖论文集》，434~448页，北京，社会科学文献出版社，2006

城市的主流文化，并对本民族原有的语言、宗教等文化内容逐渐生疏，但仍具有高度的民族认同感。而少数民族外来人口在较大的文化落差和心理落差之下，更是对城市的主流文化和异族文化采取排斥和抗拒的态度，游离于城市社会和文化的边缘。强烈的民族意识使他们仍然顽强地固守着作为本民族成员的骄傲和自尊。

民族意识是一种内在的、民族成员代代相传的人格系统，它的实质是对自身民族生存、发展的地位，待遇和权利、利益的享有和保护感。它是一种群体意识，也是民族存在的标志，主要由民族属性意识、民族交往意识和民族发展意识组成。[4]在实际生活中，城市少数民族的民族意识的表现形式和强弱是有区别的，目前看来，在多数情况下是表现于某种特殊情境之中。例如，当与其他民族的成员之间发生带有一定群体性的摩擦、冲突或本民族遭受来自外界的某种刺激、遇到某种社会挫折时，民族意识就被焕发出来，民族的认同感就会明显增强，表现出团结起来一致对外的心理和行为。

功能论认为，社会分工和分化使现代社会具有高度的异质性，维护社会的整合需要传统权威和共同的信仰。[5]在城市少数民族的局部整合过程中，宗教也是一个非常重要的纽带。孔德指出，宗教是社会秩序的基础，是人类行动的指导，能够帮助人们建立社会情感上的联系，克服个人的自私自利和对社会的离心力，并在人类生活中倡导利他主义。[6]尤其在少数民族文化处于劣势的城市现代社会，少数民族群众更需要依靠民族宗教提供心理支持和情感慰藉。

第三种整合力量就是家庭与社会网络。在中国传统社会，达成交换和组织信任关系的"共同价值观"既包括人们对血缘和地缘关系的认同，也包括对所谓"圈内人"的认同。差序格局使人们由内向外依次建立了亲缘、地缘和"自家人"的信任序列，人们互相帮助、互相信任。格兰诺维特指出，在劳动力市场中，信息是通过求职者的人际网络传递的。[7]城市少数民族流动人口的就业在很大程度上要依赖家族亲缘关系和地缘同乡关系。

张继焦在《城市的适应——迁移者的就业与创业》一书中指

出，少数民族外来人口采用的最主要、最常见的经济生产方式就是开办"家庭企业"或"家族企业"[8]。城市中的回民饭店、土家菜馆、新疆风味饭馆等都是少数民族利用本民族的特色饮食风味，雇用本民族劳动力在城市中开展的以家庭为中心的经济活动单位。这些家族企业不仅是本家族自我保护的堡垒，也为家族之外的老乡、同胞、朋友提供了就业的机会。这种以家庭为基础的谋职网络与劳动力市场的不规范和转轨时期正式职业中介制度的缺失有着密切联系。但对于大多数少数民族外来人口而言，通过亲友关系到城市发展是风险最低的求职途径。

总体而言，宗教信仰、民族意识和心理以及族内关系网络共同促成了城市少数民族的内部整合，使之成为城市中联系紧密、团结互助的独特群体。

三、社会整合的暂时失衡与再整合

城市少数民族的局部整合在一定程度上与城市社会的整体整合产生了矛盾，对城市社会的管理和控制造成了一些消极影响，并产生了社会整合的暂时失衡。在人口规模、权力、财富和声望等方面均处于劣势地位的城市少数民族，无论是民族宗教信仰，或是独特的民族心理，都具有很强的敏感性。在面对一些非原则性冲突或者城市社会制度和管理规则的约束时，难以理解甚至误解其性质，进而产生各种不利于社会稳定的矛盾。

社会问题产生的根源是社会整合力量的减弱。在现代社会，社会问题产生于社会各个组成部分之间的不协调，不能共同担负起维护社会正常运转的功能。对城市少数民族与城市社会暂时失衡的最有力的解释来自"推拉"理论。所谓的"拉力"，即为城市少数民族局部整合的三种力量：宗教信仰、民族心理和关系网络。在这三种力量的作用下，城市少数民族内聚为一个团结的整体，排斥和抵制城市主流文化的深入影响，形成少数民族分化和边缘化的局面。

所谓"推力",是指城市管理部门、主流群体在管理工作、政策宣传、日常生活中对城市少数民族群众心理落差和民族文化的缺乏理解以及行为处理不恰当。

显然，城市社会整合的暂时失衡并非完全由城市少数民族的排斥和抗拒引起，而是"推拉力"共同作用的结果。这种暂时失衡所引发的各种冲突的确给社会稳定造成了影响，但仍然潜在社会进一步整合的契机。刘易斯·科塞认为，社会系统的部分之间的整合失衡导致这些部分之间各类冲突的爆发，此种爆发进而形成系统临时性的再整合，从而使得社会系统内的弹性增强，解决由冲突带来的进一步失衡的能力增强，以及适应环境（条件）变化能力的增强。[9]显然，这些有限的冲突实际上增强了社会系统的弹性，为社会再整合创造了条件。维护现代异质社会的整合不能仅靠传统权威和共同的信仰，也要靠更复杂、更精细的社会制度来协调组织间和个人间的相互依赖与期待关系。这种新型的社会制度必须充分体现出人文关怀。

在对待城市少数民族的问题上，首先要在管理态度和方法上做到对少数民族群众的民族文化和身份的理解与尊重，尤其是对城市少数民族流动人口，要有充分的耐心和细心。改进管理者的工作态度和方法是城市管理制度建设的核心问题。其次，要充分调动民族社区和民族精英的影响力，以消除少数民族对城市主流文化的戒心和排斥。民族社区能够为少数民族群众提供情感支持和文化保护，充当"民族关系平衡器"。民族精英素质高、联系面广、影响力大，对于党的民族政策认识理解得更加透彻，对本民族、本民族地区的发展更加关心。因此，获得城市少数民族精英的理解和支持对于城市社会的再整合具有积极作用。最后，要加强社会福利制度的建设和对少数民族经济的扶持力度，实施合理的税收优惠政策，提供适量的小额创业贷款，加强职业技能培训，为少数民族群众提供就业与创业的有力支持。此外，在力求安定团结、构建和谐社会的今天，我国民族宗教所具有的多元和谐、重生尚德、爱国进步的传统显得格外珍贵。城市社会秩序的优化需要调整和完善民族宗教关系，开发民族宗教的现代价值和意义，将其转变为构建和谐社会的重要文化资源。

总之，城市少数民族在现代化、城市化的过程中也经历着水平分化和垂直分化。这些分化增强了城市少数民族的异质性，对少数民族的局部整合和社会的再整合产生了重大影响。城市管理部门应当正确处理好少数民族分化与社会整合之间的关系，帮助少数民族适应城市化、现代化的进程，使他们更好地融入到整个社会的和谐发展中去。

参考文献：

[1] [5] 吴忠民、刘祖云. 发展社会学. 北京：高等教育出版社，2004

[2] [法] 雷蒙·阿隆著，葛志强、胡秉诚、王沪宁译. 社会学主要思潮. 北京：华夏出版社，2000. 215

[3] "城市适应课题组" 2001 年对北京的访谈调查资料. 见：张继焦. 城市的适应——迁移者的就业与创业. 北京：商务印书馆，2004. 207

[4] 汤夺先. 试论城市少数民族的民族意识与民族关系. 中南民族大学学报，2004（3）：28~32

[6] 周晓虹. 西方社会学历史与体系：第一卷. 上海：上海人民出版社，2002. 51

[7] Mark Granovetter. *The Strength of Weak Ties*. 见：周长城. 经济社会学. 北京：中国人民大学出版社，2003. 100~101

[8] 张继焦. 城市的适应——迁移者的就业与创业. 北京：商务印书馆，2004. 146

[9] 谢立中. 西方社会学名著提要. 南昌：江西人民出版社，1998. 228~240

（原载《中南民族大学学报》2006 年第 5 期）

六、民族经济研究

散杂居民族问题研究

对口支援与散杂居民族地区小康建设

——来自江西省少数民族地区对口支援的调研报告

陈志刚

加快少数民族和民族地区的小康建设，不仅是一个重大的经济问题，也是一个重大的政治问题，对于增进民族团结，确保社会稳定具有重要意义。作为少数民族散杂居的江西省，结合民族地区经济的现状与特点，通过省直部门对口支援民族乡村的经济发展，在民族地区小康建设方面取得了显著的进展。对此，国家民委副主任牟本理进行了高度评价："江西为民族工作提供了一个新的途径，一条新的经验，一个新的方法，江西的经验值得向散杂居民族地区推广。"[1]

一、对口支援与民族地区小康建设：理论分析

按照哈罗德—多马的经济增长模型（$G = s/C$），经济增长的决定因素有二：（1）投资规模的扩大，（2）投资效率的提高。对于民族地区经济而言，对口支援不仅带来了资本、促进了投资，而且带来了基础设施、技术（管理）、人力资本、市场理念（制度）和发展精神，提升了投资效率。通过上述一揽子生产要素的投入，对口支援可以促成民族地区经济的跨越式发展，在民族地区小康建设中发挥重要的促进作用。

（一）对口支援与民族地区投资

1953 年，美国发展经济学家纳克斯（R. Nurkse）提出"贫困恶性循环"理论。[2]该理论的要点是一个著名的纳克斯命题："一国穷是因为它穷"。若将该理论应用到民族地区经济发展，我们得到以下供给与需求方面的贫困恶性循环。（1）供给方面的贫困恶性循环。民族地区经济不发达，人均收入水平低，从而储蓄与投资水平也相应低，结果是资本形成不足；资本形成不足使经济增长缓慢，产出和人均收入也相应低。（2）需求方面的贫困恶性循环。民族地区经济落后，人均收入水平低，从而居民消费和购买力水平低，结果是投资引诱与资本形成不足；资本形成不足又导致低产出和低人均收入。纳克斯的贫困恶性循环理论，一方面解释了民族地区经济落后且发展缓慢的现状；另一方面给出了加快民族地区经济发展、实现脱贫致富的"处方"——扩大投资规模，促进资本形成。

从资金来源角度，民族地区经济的投资构成有二：一是内部投资，决定于民族地区自身储蓄、储蓄向投资的转化率；二是外来投资，决定于民族地区的硬、软投资环境、劳动力成本与素质、市场容量等。在经济落后的民族地区，较低的收入主要用于消费，根本没有多少储蓄可言，依赖于储蓄的内部投资增长受到限制。外来投资则受到下列因素约束：（1）地处边远，自然地理条件恶劣，交通、通讯、能源等基础设施建设严重滞后；（2）社会经济发展总体水平低，相关企业群体和市场体系残缺不全，与外来投资要求的配套能力相去甚远；（3）劳动者素质不高，特别是科学文化水平低，严重缺乏懂技术、会管理的干部队伍和专门人才；（4）人们普遍缺乏变革意识、竞争意识、商品意识、法制意识等市场经济理念，与此同时，自然经济观念、小生产观念、传统的计划经济观念却较为浓厚，且根深蒂固。以上因素决定了民族地区极差的投资条件，既不能保证投资顺利实现，更不能保证项目建成后能得到良好的利润回报，外来投资也只有望而却步。

内部投资与外来投资不足以使民族地区经济走出纳克斯贫困恶性循环陷阱。在此情形下，民族地区的经济发展与小康建设只有依赖于政府投资，对口支援则是政府投资的一种重要形式。按照凯恩斯的乘数和加速数理论，作为一种重要的外部投资力量，对口支援使民族地区走出贫困恶性循环陷阱，促进了经济发展；另一方面，随着经济发展与收入水平的提高，民族地区内部储蓄能力增强了，投资条件改善了，进而内部投资与外部投资得以不断增长。投资又推进了经济发展，经济发展又促进了投资增长。于是，在对口支援的推动下，民族地区在走出贫困恶性循环的同时，走进了经济发展的良性循环，并由此不断地向小康社会迈进。

（二）对口支援与民族地区投资效率

在经典的经济增长要素跨国时间序列实证研究中，库兹涅茨得出了一个基本结论：在人均国民生产总值增长结构中，25%归因于生产资源投入量（投资）的增长，75%归因于投入生产要素生产率（投资效率）的提高。[3] 所以，在民族地区的经济发展与小康建设中，相对于投资增长而言，投资效率提高将发挥着决定性作用。投资效率是基础设施、技术（管理）、人力资本、市场理念（制度）和发展精神的函数。在广大民族地区，这些影响投资效率变量较低的取值，决定了较差的投资效率，进而较慢的经济发展速度与小康建设步伐。对口支援，不仅通过注入资本，推动民族地区走出贫困恶性循环；更重要的是，通过引入一系列促进投资效率的因素，使民族地区经济发展与小康建设驶入"快车道"。

1. 对口支援与基础设施

在经济发展进程中，交通运输、邮电通信、水利电力等基础设施是重要的基础性平台。恶劣的自然条件、偏远的地理位置，再加上历史上基础设施建设投入不足，严重地制约了民族地区投资的增长、投资效率的提高和经济发展。由于基础性平台的缺失或薄弱，民族地区丰富的水能、矿产、森林、药材、旅游等自然资源得不到有效的开发与利用，陷入"人在山里穷，宝在山里烂，端着金碗讨饭吃"的尴尬处境。另一方面，基础设施具有投资规模大、建设周期长和准公共物品的特性，通常被以利润为宗旨的私人部门投资排除在外，而"吃饭型财政"的民族自治地方政府对此也只能心有余而力不足。所以，构成民族地区经济发展与小康建设平台的基础设施建设，必须依赖于省直部门投资、中央政府的投资。中央财政限于经济实力，短期内对散杂居民族地区不可能投入足量的资金，作为省直部门投资的重要形式和中央政府投入的重要补充，对口支援在这方面将发挥重要作用，可以有效地解决散杂居民族地区的交通运输、邮电通信、水利电力等基础设施缺乏或不足问题，为民族地区经济发展与小康建设构建坚实的基础性平台。

2. 对口支援与技术进步、人力资本

以罗默和卢卡斯为代表人物的新增长理论，着重强调了技术进步与人力资本在经济增长中的决定性作用。罗默认为，投资会引致知识的积累，知识增长加快了技术进步的进程，技术进步则提高了投资的收益，从而进一步刺激了投资。在这一正反馈中，经济系统出现了增长的良性循环，从而使经济长期稳定增长。[4]卢卡斯则强调人力资本在经济增长中的贡献，认为人力资本的规模和人力资本建设的效率，对经济的持续增长起着至关重要的作用。[5]在我国民族地区，科学、教育、卫生事业落后，技术水平低，劳动者的素质差；因此，科技进步、人力资本对经济增长的贡献率低，经济增长速度缓慢。在民族地区致力于经济发展和小康建设的进程中，技术进步和人力资本将是重要的障碍和瓶颈。

知识积累和以 R&D 为基础的技术进步是投入大、风险高、耗时长的过程，依靠民族地区自身的内部力量难以实现。但是，在民族地区与发达地区存在较大的知识与技术差距情况下，因为知识与技术的外溢性，通过以下途径和措施，对口支援可以促进民族地区技术与人力后发优势的发挥，在短期内实现技术进步和人力资本的跨越式发展。(1) 联系省内颇具科研技术开发实力的科研院所和大专院校对民族地区进行科教扶贫，帮助其进行技术创新和改善教育。(2) 鼓励和引导省内先进地区带资金、技术、人才和项目到民族地区投资开发，通过科技成果交流、提供技术咨询、联合办厂、技术转让、代培人员等形式，提高民族地区技术水平与劳动力素质。(3) 加大民族地区科技普及推广工作的力度，建立健全社会化技术推广服务体系，努力推广实用技术和有条件发展的高新技术。(4) 改变民族地区文化、教育、卫生的落后状态，基本普及初等教育，积极扫除青壮年文盲，大力发展职业教育和技术教育。(5) 加强民族地区卫生事业建设，优化卫生资源配置，发展城镇社区卫生服务，促进农村初级卫生保健目标的实现。

3. 对口支援与市场理念、发展精神

经过二十多年的改革开放，民族地区市场经济有了较大的发展，人们的市场观念和竞争意识也有所增强。但是，思想观念的全面转变是一个长期的历史过程，旧观念在一部分人包括少数决策者的头脑中仍根深蒂固，与社会主义市场经济体制相适应的市场、竞争、科技、质量、效益等观念和意识仍十分淡薄。以省直部门对口支援为契机，在政府的正确引导与支持下，可以有效地移植和模仿发达地区的市场经济理念，短期内在民族地区建立市场经济制度，通过制度变迁的效率机制促进民族地区的经济发展和小康建设。其次，面对发达的外部环境，相对落后的民族地区会陷入紧张状态，形成发展的巨大压力。但是，在省直部门的对口支援和正确指导下，这种压力可以演变成发展的动力，成为一种重要的发展精神。这种发展精神，可以使人们超越某些具体的矛盾和冲突，全身心地推进民族地区经济发展和小康建设。

二、对口支援与民族地区小康建设：江西经验

江西省有 51 个少数民族成分，少数民族人口共 12.57 万，在

地理上呈典型的"散杂居"分布，共设有 7 个民族乡，61 个民族村，400 多个民族村民小组。改革开放初期，全省民族地区区域性贫困问题相当突出，民族乡村基础设施落后，生产发展极其缓慢，少数民族群众收入渠道单一，贫困率和返贫率居高不下。当时，民族地区流传的一首民谣——"一把竹梢两头尖，一担干柴换油盐；今天喝碗薄稀粥，明天饥饿去问天"，形象地反映了当地的贫困状态。改革开放以来，在各级党委、政府和民族地区干部群众的共同努力下，民族地区逐步告别贫困、解决温饱。尤其是自 1997 年积极开展省直部门对口支援民族乡村经济发展工作以来，江西省民族地区经济发展和小康建设取得了突破性进展。

（一）对口支援民族地区小康建设的框架与做法

1997 年，以贯彻执行党的民族政策，实践"三个代表"的重要思想为根本出发点，结合散杂居民族地区经济现状与特点，在江西省委、省政府的统一组织和部署下，省直部门对口支援民族乡村经济发展工作全面展开。在对民族地区进行充分调查研究的基础上，结合本部门的特点，民宗局、计委、财政厅、交通厅等省直部门选择了对口支援的民族乡村，形成了对口支援的总体框架（见表1）。

在确定对口支援对象的基础上，各省直部门明确了分管领导和承办处室，并制定了详细的对口支援方案和步骤。如果综合各省直部门的具体做法，不难发现他们对民族乡村的对口支援主要集中在以下几个方面。

1. 加强民族地区的基础设施建设

基础设施缺失或薄弱，是民族地区经济发展的重要障碍，基础设施建设也就构成了省直部门对口支援的重头戏。譬如：交通厅投入 60 万元，为信地畲族村修建了一条 7.5 公里的出山公路，一下子拉近了少数民族群众与山外发达地区的距离，沉睡太久的资源得到了开发，食用菌、香菇、木耳开始了规模生产，成为了少数民族群众致富的重要来源。水利厅先后投入 50 万元，为九水畲族村解决了一系列的基础设施问题：（1）修复加固了章江河堤，使农民生命财产免受洪水侵袭，消除了老百姓的心腹之患；（2）解决了农业用水问题，改善了农业生态环境，极大地提高了农民增产增收能力；（3）对进村道路进行了扩建与维修。

表1　　　　　江西省直部门对口支援民族乡村的总体框架

省直部门	对口支援民族乡村
民宗局	弋阳县葛溪乡雷兰畲族村
计委	铅山县徨碧畲族乡
财政厅	贵溪市樟坪畲族乡
交通厅	上犹县平富乡信地畲族村 铅山县太源畲族乡
建设厅	溪县乌石镇新月畲族村 都昌县多宝乡多宝回族村
水利厅	大余县池江镇九水畲族村 大余县青龙镇元龙畲族村
林业厅	泰和县西阳山畲族村
新闻出版局	莲花县下坊乡冲头黎族村
工商局	全南县龙源坝镇瑶族村

资料来源：江西省民族宗教事务局。

2. 通过技术、人才、市场援助促进优势产业发展

对西阳山畲族村的对口支援，林业厅重点强调了科技扶贫和教育扶贫的作用。为配合毛竹低改工程的实施，特派本系统的专家赴西阳山举办技术培训班，并向村民赠送了技术资料和 VCD 技术讲座光盘，深入浅出的理论授课和生动形象的实地示范使 50 多位村民受益匪浅。为提高人才素质，从该村应届初中毕业生中选拔 3 名

少数民族学生，采取补助学费的优惠政策，将他们送到江西环境工程职业技术学院的相关专业进行为期3年的培训，毕业后回乡村服务。市场方面，财政厅通过支持民族地区名优特新产品和土特产品参加全国性展销会，提高了民族地区产品的知名度与品牌，销售范围也由省内扩展到上海、广东、福建等地。

3. 培育市场理念和发展精神

在开展对口支援的过程中，省直部门时刻提醒少数民族干部群众要注意克服"等、靠、要"思想，在艰苦创业、增强造血功能上下工夫，将外部支援和自身努力有机结合起来，逐步推进民族地区的经济发展和小康建设；并重点强调，民族经济通过扶持发展起来了，要有后劲就必须遵循市场规律，只有经受市场的考验，才能迎来广阔的发展空间。另一方面，在对口支援的项目开发中，少数民族干部群众理清了切实可行的发展思路，学到了搏击市场的门路和方法，使他们由旁观者转变成唱市场经济大戏的主角。对口支援加强了少数民族同政府部门的情感互融、精神与力量互动，增强了民族地区改变落后面貌、实现小康的斗志。从某种意义上讲，这种发展精神的形成才是对口支援的最大价值所在。

（二）对口支援有力地推进了民族地区小康建设

就江西整体而言，自1997年以来的对口支援，在近13万人的民族地区结出了丰硕的成果，改变了少数民族干部群众的思想观念，促进了民族地区的经济发展和社会进步。

2000—2003年，民族地区获得各类扶持资金5500万元，民族乡财政收入、GDP连续4年保持12%以上的增幅。2003年，全省农村少数民族人均纯收入达到2000元，20%左右的民族村突破了3000元，民族乡实际招商引资也突破了3亿元。在短短的几年里，民族经济的增长点和增长极不断形成，建成了10万亩高效油茶林、30万亩毛竹林、3000多亩生态果园和2000多亩特色花卉、苗木、药材基地，一批绿色、生态、高效产业已经具备了一定的规模。与全省同步推进的民族地区"两基教育"取得了喜人的成绩，接受高等教育的少数民族超过了2500人。70%以上的民族乡村用上了自来水和卫生达标的饮用水。民族地区开始出现协调、和谐、快速发展的趋势，全省民族团结的良好风尚得到不断增强和弘扬。

从乡村个案来看，贵溪市樟坪畲族乡的发展颇具典型，在省直部门的对口支援下，畲族乡的经济发展和小康建设有了突破性进展。

樟坪畲族乡是江西省最早设立的民族乡之一。全乡总面积122平方公里，耕地面积2109亩，山林面积7.6万亩，总人口3800人，下辖4个行政村、40个村民小组，属于典型的散杂居民族乡。改革开放以前，该民族乡农业基础设施薄弱，交通不便，信息闭塞，少数民族群众思想观念陈旧，民族经济十分落后。

1997年，樟坪畲族乡利用省政府开展省直部门对口支援民族乡村经济发展工作的机会，争取到财政厅70万元的资金援助，着手修筑全长10公里的樟桃公路，并于2000年1月竣工通车。在财政厅、交通厅的大力支持和援助下，又先后修筑化坪、姜山、太源3条公路，共计40多公里。6年来，全乡共投入公路建设的资金300多万元，实现了村村通公路的目标，结束了畲民肩挑背驮的历史。其次，在省电力公司、省电信移动公司的大力支持下，2001年樟坪畲族乡南电联网、农网改造工程先后竣工，打破了制约经济发展的电力"瓶颈"，并开通了移动通信基站，架设了有线电视网。至此，路、电、通信三项基础设施基本到位，为樟坪畲族乡的经济发展和小康建设创造了良好的条件。

在消除基础设施障碍的条件下，樟坪畲族乡利用自身的资源优势，对毛竹林实行低改，开始建立高效丰产的毛竹林基地，创办了竹制品加工厂，生产竹凉席、竹椅垫、竹地板等产品，并成为贵溪市重要的毛竹销售基地，有力地促进了畲族乡的经济发展。在"走出去"的同时，樟坪畲族乡实施了"引进来"战略，奔赴福建、浙江、江苏等地，凭借得天独厚的资源优势吸引客商前来投资，先后兴办了保健茶厂、萤石矿厂、白水际电站等企业，既解决了畲族群众的就业问题，也破解了群众增收渠道狭窄的难题，有效地促进了民族经济的发展。1996 年，樟坪畲族乡国民生产总值1000 万元，乡镇企业总产值 300 万元，农业总产值 400 万元，财政收入 11 万元，人均收入 1200 元。在省直部门的对口支援下，到 2001 年，全乡国民生产总值 2000 万元，乡镇企业总产值 800 万元，农业总产值 600 万元，财政收入 31.9 万元，人均收入 2103 元。在樟坪畲族乡，上述各项经济数据 5 年内实现了翻一番，增幅高于全省平均数，并荣获贵溪市委、市政府的奖励，广大少数民族群众不但脱了贫，致了富，并且正迈着稳健的步伐，向小康之路前进。

三、结论与启示

按照美国发展经济学家纳克斯的理论，我国落后的民族地区经济将陷入"贫困恶性循环"状态，而且走出这种状态的唯一出路在于扩大投资规模，促进资本形成。然而，因为内部投资受到自身储蓄能力的限制，外来投资又受到恶劣投资环境的约束，民族地区的经济发展与小康建设只有依赖于政府投资，对口支援则是政府投资的一种重要形式。对口支援不仅是一种外部资本注入，更重要的是，带来了基础设施、技术、人力资本、市场理念（制度）、发展精神等一揽子要素，促进了民族地区投资效率的提高。通过对投资和投资效率的促进作用，对口支援在引导民族经济走出"贫困恶性循环"陷阱的同时，使之踏上了经济发展与小康建设的快车道（见图 1）。

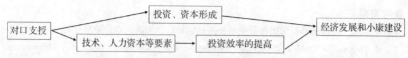

图1 对口支援促进民族地区经济发展和小康建设的作用机制

上述理论观点得到了江西省实践经验的充分证实。自 1997 年以来，在江西省散杂居民族地区，周密部署和切实可行的省直部门对口支援成为民族地区经济摆脱"贫困恶性循环"陷阱的首要推动力；并且通过加强民族地区的基础设施建设和技术、人才、市场援助促进优势产业发展，培育市场理念和发展精神，对口支援有力地促进了民族地区经济发展和小康建设。

对于少数民族集中的地区（如湖北恩施州），限于地方政府部门的财力，省直部门恐怕难以实施大规模的对口支援活动。但是，对于类似于江西这样少数民族人口不足 13 万的散杂居省份，省直部门有足够的资金对民族地区实行对口支援，并且可以利用这些部门在基础设施建设、技术、人力资本、市场网络方面的优势，促进民族地区的经济发展和小康建设。从本质上讲，对口支援是一种政府投资行为；与私人部门投资相比，因为投资主体目标函数的根本差异，对口支援同样具有政府投资低效率问题。所以，在省直部门对口支援中，对投资效率需要给予特别关注，周密部署和切实可行的计划与实施是决定对口支援实施成效的关键，江西的成功也源于此。从表面上看，作为一种政府投资行为，对口支援与以政府投资不断收缩为特征的中国经济市场化改革并不相符。但是，对于发展严重滞后且投资环境恶劣的民族地区而言，在发展的内部力量不足以使之走出"贫困恶性循环"的情况下，对口支援或其他形式的政府投资则是民族经济发展的第一推动力和不可超越的阶段。当然，经过这个阶段以后，随着民族经济的发展和内部力量的加强，对口支援将有一个逐步退出的过程，这又与我国经济的市场化改革相吻合了。

参考文献:

[1] 牟本理. 江西的经验值得向散杂居民族地区推广. 中国民族, 2002 (9)

[2] R. Nurkse. *The Problem of Capital Formation in Less – developed Coun tries* . Cambridge: Oxford University Press, 1953. 253 ~ 55

[3] Kuznets, S. *Modern Economic Growth*: *Rate*, *Structure and Spread* . New Haven: Yale U-niversity Press, 1966. 437 ~ 52

[4] Romer, P. *Increasing Returns and Long Run Growth* . *Journal of Political Economy*, 1986 (94)

[5] Lucas, R, Jr. *On the Mechanics of Economic Development. Journal of Monetary Economics*, 1988 (22)

(原载《中南民族大学学报》2005 年第 3 期)

民族地区城市化建设中民族
文化的弘扬与重塑

程　莘

随着西部大开发的深入进行，围绕实现"富民兴边"，全面建设小康社会的目标，西部民族地区城市化进程正在加快，城市建设取得了较大成绩，城市经济也得到长足的发展。然而，对民族地区城市经济和政治起着推动作用的城市文化特别是民族文化建设严重滞后，已影响到城市的进一步发展。如何加强民族地区城市文化建设，实现民族地区城市的可持续发展，是民族地区城市化进程中的重要课题。

一、民族文化在民族地区城市化建设中的重要作用

民族文化是各民族在历史发展过程中创造的物质文明与精神文明的总和，它既是一个民族精神之根脉，也是民族发展的动力源泉，又是现代城市文明的灵魂和精髓。如果丢弃民族传统文化，我们的社会或城市将失去持久的吸引力及发展的动力和源泉。实践证明，优秀的民族文化是营造城市的品牌和特色、塑造良好的城市形象的重要依据，是推动民族地区城市经济发展的原动力，是城市可持续发展的基础和动力。

1. 民族文化能营造民族地区城市的特色和品牌，塑造良好的城市形象，提升城市的知名度

一个城市的魅力所在就是特色。有特色才会有价值，才能打造

成品牌，才能塑造一个良好的城市形象。"而城市特色正是一种文化，文化是城市特色的内涵和其集中表现，城市特色实际就是城市文化特色在一个城市的精神面貌和物质环境面貌上的具体体现。"[1] 对民族地区城市来说，民族文化就表现在城市历史景观、建筑风格、城市格局，以及市民的价值观念、思想情操和精神风貌之中。民族文化决定着城市的精神，决定着城市的个性特色、城市的品牌，能增强城市的厚重感。中国有 55 个少数民族，每个民族都有绚丽多姿、各具特色、底蕴深厚的文化。另外，我国民族地区绝大部分处于中西部内陆地区，与东部地区相比，有着不同的自然环境，高原、雪山、草地、戈壁、沙漠、山地、丘陵、原始森林等丰富多彩的地形地貌，与多姿多彩、各具个性的民族文化交相辉映，成为民族地区城市的个性和特色彰显的重要依据。如新疆乌鲁木齐、吐鲁番、喀什，西藏拉萨，甘肃兰州，云南丽江、大理、迪庆等城市都具有浓郁的民族特色，充满魅力，令人向往。

但目前，我国城镇化过程中普遍存在"特色危机"，"建筑一律、结构雷同"等问题日益突出。由于近一二十年以来，我国城市化进程加快，难免产生急功近利的思想，加上决策者贪大求洋、追求政绩的心理作祟，使中国城市之间互相模仿抄袭之风日盛。东部学国外，西部学东部，小城市学大城市，造成了城市建设的严重雷同，城市建设大拆大建现象十分严重。城市表面似乎很洋气、很现代，但文化内涵浅白直露，缺乏历史底蕴。一些原本颇具民族特色和地方特色的名城在追求现代化的过程中，逐渐丧失了个性和特色，使其城市形象大打折扣，降低了吸引力。西部民族地区城市除少数外，大部分城市与东部城市差别不大，没有特色可言。去年，笔者到西部某自治区首府开会，行前充满了期待和向往，结果却大失所望。平心而论，当地城市建设发展很快，但毫无民族特色可言，被当地人津津乐道的新建的"十公里长街"、"十车道大马路"人车稀少，两旁的建筑、雕塑、广场毫无民族特色和地域特色。走在这里，丝毫不觉得是身在西部民族地区城市。相比之下，欧洲的城市建设非常注意历史文脉的延续，注重对本民族文化的保护，城镇规划建设能反映城镇的昨天、今天，城市建筑、雕塑、壁画、环境、园艺表现的都是本民族文化、宗教、历史，欧洲几乎每一座城市都有自己的特色，散发着独特的魅力。

由此可见，民族文化在营造民族地区城市个性和特色、塑造城市形象方面，具有不可替代的作用。

2. 民族文化能提供民族地区城市经济发展的原动力，推动城市经济的发展

在人类社会历史发展过程中，经济、政治、文化起着举足轻重的作用，共同推动着人类社会的发展和进步。如今，经济发展为文化发展提供物质基础，文化发展为经济发展提供强大的精神推动力。任何缺乏精神推动力的经济都可能是不完善的，甚至是短命的。而缺乏物质的雄厚基础，文化建设特别是公益文化建设会失去支撑的力量。[2] 城市文化是城市经济发展的重要条件和原动力，它渗透到城市经济的方方面面，通过物化的或精神领域的东西影响着经济活动，从产业的构成、经营理念、管理方式，到消费服务的各个方面，或者有利于城市经济的发展，起着正向的推动作用，或者不利于城市经济的发展，起着阻碍和负向作用。"一个城市的文化，包括历史上所遗留下来的文化传统和文化遗迹，也包括现代所创造的新的文化因子，与经济发展的关系至为密切，它可以作为一个自变量纳入城市经济的生产函数分析中去。甚至文化作为经济的一种变量，它对经济的影响远远超过了资本、技术、土地等要素。"[3] 20世纪中期以来，文化逐渐产业化并蓬勃发展，在国民经济领域占据越来越重要的地位。当今世界，文化产业在社会生活和国民经济中的地位正在迅速上升，在许多发达国家，文化产业已经成为国民经济的支柱产业和新的经济增长点。如美国文化实现的增加值占 GDP 的比重已超过 20%，400 家最富有的美国公司中有 72 家是文化企业。

西部民族地区的城市，作为当地政治、经济、文化汇聚的中

心，在长期的历史发展过程中，积淀了当地丰厚的民族文化和地域文化，在民族地区城市化进程中特别是西部大开发以来，民族文化对当地经济产生了较大的推动作用。如云南地区的少数民族文化，包括建筑、服饰、音乐、美术、舞蹈等艺术文化甚至是婚俗文化都在成为云南经济的推动力之一。到 2002 年，云南以民族文化为依托的旅游业年收入超过 250 亿元，对 GDP 的贡献超过 12% 。以云南迪庆藏族自治州为原形的"香格里拉"，利用独特的自然景观和丰富多彩的藏、纳西、白、傈僳等族的民俗和文化发展旅游文化产业，2002 年旅游总收入近 10 亿元，超过原来的森林工业总产值。纳西族主要聚居地丽江市古城区，在抢救和保护其民族文化瑰宝——东巴文化的同时进行产业化开发，以"东巴"命名的文化产业大量出现，全区东巴文化产业年收入不下 1000 万元。目前，以纳西古乐、东巴文化、民营文化、文化遗址保护等 4 大部分组成的文化产业格局已基本形成，每年为地方创造 1 亿多元的产值。[4]

3. 民族文化将增强民族地区城市的吸引力和竞争力

城市竞争力是一个城市集散资源，积聚资金、技术、管理、优势人才等经济要素，提供产品和服务的能力，它决定着一个城市未来的发展。影响和决定一个城市竞争力和吸引力的因素较多，但文化是基础；衡量一个城市竞争力、吸引力大小的标准也有不少，但重要的是看它的文化资源、文化氛围和文化发展状况。许多国际机构在排定城市竞争力和选择投资方向时，已经把城市的相关文化环境列为重要的考核目标。"在市场经济条件下，一个城市对经济增长要素具有的吸引力、积聚力和增值力，来自城市资产的独特个性，一个城市越是具有吸引城市流动资产积聚的洼地效应，那么城市越能获得较高的市场定价"[5]，其竞争力也越强。民族文化或地域文化是最能体现一个城市个性和特色的资本。在城市逐渐趋同的今天，一个城市只有具备丰厚的民族或地域文化资源，才会显示出鲜明的城市个性和独特的魅力，从而获得较强的吸引力和竞争力。上海作为当前中国最发达的城市之一，其综合竞争力在 2005 年中国内地城市竞争力排名第一，虽然其经济具有相当的实力和竞争力，但上海真正的吸引力还是来自于其独树一帜的"海派文化"，那种极具异质的中西混杂文化特点、超前的商业文化氛围以及现代的精英文化理念，已渗透到社会、经济等各个领域，深深融入其外在的形象（市容、市貌、建筑、街道、雕塑等）及内在的思想观念、价值取向、行为方式及风俗习惯中，显示出独特的城市魅力和吸引力。

西部民族地区，由于自然、历史、地理环境等原因，社会经济发展相对滞后于东部地区，城市化进程也相对迟缓。西部民族地区城市要增强自身的吸引力和竞争力，赶超东部地区，光靠有限的经济实力、相对落后的管理模式、较贫乏的人力资源等等因素是很难实现的。幸运的是，西部民族地区城市拥有丰厚的民族文化资源，这是其彰显城市特色和独特魅力的雄厚资本。西部地区是我国少数民族聚居区，分布着 38 个少数民族，西部独特的风情及各民族异彩纷呈的文化是民族地区城市增强吸引力和竞争力的无形资产。如西藏的拉萨，以其独特的雪域高原风光、神秘的藏传佛教的代表物——布达拉宫及丰富多彩的藏族文化显示着独特的个性与魅力，名扬海内外，每年吸引大批国内外人士或旅游观光，或投资经商，或从事贸易，其城市吸引力和竞争力越来越强。又如甘肃兰州是一个多民族聚居的城市，民族建筑比比皆是，风俗各异的多民族文化共存；兰州自古就是著名的丝绸之路上的交通要冲和商埠重镇，兰州又是黄河流域唯一黄河穿城而过的城市，积淀着丰厚的丝路文化和黄河文化。近年来，兰州政府和学界努力挖掘和突出兰州的城市文化特色，在城市建设中，将丝路文化、黄河文化和民族文化汇集其中，建成了具有兰州特色的城市标志和亮丽的风景线。"兰州 40 公里黄河风情线"、"兰州碑林"、"兰州太平鼓"等富有地方特色和民族特色的城市文化建设[6]，使兰州出落得更有魅力，成为西部民族地区最有吸引力和竞争力的城市之一。

21 世纪是知识经济的时代，文化与社会、经济、政治相互融合、渗透的趋势十分明显，文化在综合国力竞争中的地位和作用越来越突出。在某种程度上可以说，国家以文化比强弱，城市以文化论输赢。因此，在西部大开发深入进行的今天，民族地区要加快城市化进程，必须加强城市文化建设。通过发掘丰厚的民族文化和地域文化来延续城市历史文脉，营造城市的文化特色；通过弘扬民族文化和地域文化来塑造城市的个性形象，增强文化氛围；通过重塑民族文化和地域文化来提升城市文化品位，塑造文化品牌，从而增强民族群众的民族自豪感和自信心及凝聚力，由此转化为巨大的创新能力和城市竞争力。

二、民族地区城市化建设中民族文化弘扬与重塑的途径

1. 转变观念，加强对民族文化在民族地区城市化建设中重要作用的认识

民族地区在城市化建设的实践中，由于认识上的不到位，导致对民族文化建设的忽视或弱化。主要表现为重发展经济，轻文化建设，对经济发展和城市建设有较全面的规划，而对文化建设则没有明确的发展规划，文化建设方面的投资远远低于经济和城市建设投资。[7]民族文化对民族地区经济和城市建设的巨大作用无从发挥，大多数民族地区城市建设因缺乏民族文化意识、盲目模仿别人而失去自己的特色，文化品位不高，文化品牌意识不强，精品较少，因而缺乏竞争力和吸引力；城市经济也因缺乏动力和特色而显得后劲不足，与东部地区城市的差距拉大；文化产业化水平低、规模小、特色不鲜明，对地区经济发展的贡献小。因此，要转变对民族文化的片面认识，充分认识到民族文化在民族地区城市化进程中所起到的巨大作用，认识到民族文化是民族地区城市经济发展的重要条件，民族文化发展是城市经济发展的直接、重要目的之一。树立全新的民族文化发展观，找准民族文化的正确定位，认识到民族文化既是民族地区经济和社会发展的精神动力和智力支持，又是一种物

质力，它不仅属于上层建筑，同样也是经济基础的一部分，在此基础上形成保护和传承民族文化的自觉意识，努力挖掘、弘扬与重塑民族文化，使其在民族地区经济发展和城市化建设中发挥应有作用，同时也使民族文化得到较好的传承和发展。

2. 保护与传承、弘扬与重塑民族文化，将民族文化融入民族地区城市建设之中

我国是个多民族国家，民族文化资源十分丰富，但长期以来，对民族传统文化重视不够。在当代，由于崇新、崇洋心理的泛滥，大量富有民族特色和地方特色的城市街区、建筑被拆毁，许多富有特色的民族文化被视为落后或老土而遭到丢弃和遗忘，导致许多地区民族民间文化资源的大量流失。文化是一个国家、民族、地区或城市赖以生存发展的重要根基和历史文脉，对于民族地区城市来说，民族文化是它个性特色形成和缩小与东部地区城市差异的雄厚资本。民族地区城市作为一个民族地方的政治、经济和文化中心，更有必要对民族文化进行大力保护与传承、弘扬、重塑。

首先，要进行民族文化的发掘和整理工作，对优秀民族文化进行积极保护。我国民族众多，居住分散，同时由于历史的原因，许多民族文化深藏或湮没于民族群众中，必须进行深入的挖掘整理工作。如对民族文化景观、民族文化遗存造册登记，修缮维护，或者列为重点文物保护单位予以保护；对民族艺术文化，可采取文字记录、培养传人及普及的方式进行保护。只有这样，民族文化才能得以有效传承和弘扬。其次，利用民族聚居地比较本原的文化生态，建立民族文化生态保护区，以利于对民族文化进行全方位的立体保护。如重庆市黔江区辖内聚居着土家族、苗族为主的少数民族，该区正在申报建设全国第一个土家族文化生态保护区，以期对该区小南海板夹溪土家族聚居地从空间、物质和精神形态上，对土家文化进行全面的立体保护。[8]再次，利用博物馆，将当地的有形和无形民族文化遗产进行馆藏保护。目前，不少民族地区城市已意识到民族文化资源的重要性，已经或正着手这项工作。如内蒙古海拉尔附

近的鄂温克族自治旗就有鄂温克族民俗博物馆，比较完整地保存了鄂温克族的民族风俗习惯；又如云南丽江华裔画家于涌创办了私立民俗旧器博物馆；丽江玉龙县拟在县城建一个集东巴文化保护、收藏、展览于一体的博物馆。博物馆既具有收藏功能，又有开放展出的功能，不仅能收藏保存民族文化，还能向人们宣传民族文化，增强民族群众的民族自豪感和凝聚力。最后，与现代社会的发展趋势相结合，将民族文化进行提炼与升华。这即是在继承与保护的基础上重塑民族文化，对它进行创新，使之更好地为民族地区城市化建设服务。一方面融入民族地区城市物质文明建设之中，使现代城市规划、布局、街区、道路、建筑、雕塑、主题公园等注入当地民族的风土人情、文化精神理念及具体的物质文化形态，从而表现出浓郁的民族风情和特色。当然，在城市建设中要认真处理好历史文化保护与开发建设的关系。另一方面，融入民族地区城市精神文明建设之中，使民族文化中的良好精神和理念如坚韧不拔、吃苦耐劳、勇敢顽强、质朴豁达等精神及与自然和谐共处、重视生态保护等理念，与当代社会以人为本、可持续发展理念相结合，化为民族地区群众建设自己美好家园的强大精神动力；将优秀的民族文化形态如音乐、舞蹈、体育、文学、艺术等通过一些现代化的手段加以普及，使民族群众能够愉悦身心、陶冶情操、健身休闲，从而不断提高民族地区城市广大民族群众的文化品位、精神品质和思想境界。

3. 发展民族文化产业，加快民族文化产业化进程，发挥其对经济发展和城市化建设的动力作用

文化产业是指从事文化产品的生产、提供文化服务为主的产业，是第三产业的重要组成部分。当前，文化产业的作用越来越大，在社会经济结构中形成了支柱产业的态势，与信息产业并称为21世纪两大主要的新兴支柱产业。如美国文化产业产值在社会各行业中名列前茅，日本文化产业的年产值超过汽车产业。因此，民族文化资源丰富的民族地区在其城市化建设中，有必要发展民族文化产业，这是培育新的经济增长点，促进欠发达地区尽快脱贫致富

的重要措施。同时，也是民族文化壮大自身力量，促进经济和城市建设发展，反过来又促进自身的传承和发展的有效途径。在发展民族文化产业方面，前文已提及，云南丽江、迪庆等地是做得比较好的。而对大部分民族地区来说，民族文化产业化刚刚处于起步阶段，规模小，品种少，市场窄，力量薄弱，产业组织不健全，市场化运作手段不成熟。要发挥民族文化对民族地区经济和城市化建设的动力作用，就必须加快民族文化产业化进程。首先，要科学制定文化产业发展的战略和规划。民族地区要根据各地社会经济发展的具体情况，制定符合本地区文化产业发展的战略和规划，特别要将文化产业发展规划与当地城市、社区的总体规划有机结合，把文化产业项目建设纳入本地区的年度计划和中长期规划中。在规划中，要立足有利于民族文化的保护、传承与弘扬这一根本点。其次，要深化文化体制改革和机制转换。在社会主义市场经济条件下，民族地区文化体制改革要与市场接轨，将民族文化事业推向市场，依靠企业化运作模式，生产出大量品位高、市场反响良好的文化产品，获得较大的经济效益和社会效益。通过文化体制改革，政府也实现了职能的转变，由负责具体事情，转向宏观规划、管理，为文化企业创造良好环境，提供更大的发展空间，从而有利于民族文化产业的更快发展。再次，要坚持因地制宜，突出特色发展文化产业。立足当地丰富独特的民族文化资源和地域文化资源，发展特色文化产业，并做大做强，形成民族文化产业品牌，以此组建龙头企业，从而带动当地民族文化产业的快速发展。最后，要大力培养民族文化产业的人才队伍。造就一大批熟悉民族文化产业市场、熟悉经营管理业务、通晓国际市场有关法律法规的高级管理型人才，及文化经纪人、策划人、艺术家等文化产业专门人才，为民族文化产业的发展提供强有力的人力及智力支持。

4. 对城市规划和建筑设计中民族文化的传承进行立法保护

我国幅员辽阔，民族众多，民族文化资源蕴藏丰富，要对之进行有效管理和保护绝非易事。当前，我国民族地区城市化进程加快，随着民族地区大城市现代化建设步履的加快及中小城镇建设的兴起，大量有着丰富民族文化价值和历史底蕴的少数民族民居、文化景观被破坏，面临永久性的毁灭，如果不及时进行抢救性保护，将留下永久的遗憾。面对严峻的形势，2005 年"两会"期间就有委员建议在我国乡村城镇化进程尚不太快的中西部地区全面调查摸底，摸清有保存意义的古镇、古村、古建筑、古民居，再会同有关部门制定出衡量历史文化城镇、村庄、民居的标准，制定出有关历史性文化城镇保护的法规，使城市规划和建筑设计中民族文化的保护和传承做到有法可依、违法必究。法律法规的硬性约束，将对随意的破坏文化古物的行为起到较大的制约作用，有利于城市现代化中民族历史文化资源的有效保护，应该得到国家和民族地区政府的高度重视。

参考文献：

[1] 朱铁臻. 城市现代化与文化化. 中国城市建设网，2004 年 7 月 29 日

[2] 周业伟. 文化与经济的关系. 见：杨波. 专家学者谈文化与经济的关系（城市研究），2003（10）

[3] 陈安国. 把城市文化与城市经济的关系问题作为研究重点. 城市研究，2003（6）

[4] 云南：民族文化产业成为投资热点. 新华网·云南频道，2003 年 2 月 9 日

[5] 徐小军. 城市个性的缺失与追求. 学术探索，2004（11）

[6] 崔旺来. 商事制度创新之建设兰州商文化. 商界论坛，2005（1）

[7] 陈向群. 浅谈城市化进程中的城市文化建设. 理论前沿，2004（24）

[8] 张宗清. 塑造民族文化品牌全力做优民族文化. 中国民族，2004（11）

（原载《中南民族大学学报》2005 年第 5 期）

"打工"生产方式对中、东部散杂居地区的影响

——以山界回族乡民族村、司前镇左溪村为例

邓　行　韩　昕

农民"打工"，即农民到城市或乡镇企业从事非传统农业的各种工作，是当代中国农村社区最普遍、最重要的社会现象之一，民族地区少数民族劳动力"打工"，构成了这一社会现象的重要组成部分。如湖南、湖北、贵州、重庆等省市的民族地区，外出"打工"人数一般都占当地青壮年劳力总人数的90%以上，"打工"已名副其实地成为这些民族地区社会主体成员最重要的、也是全新的生产、生活方式，由此，"打工"也全方位地影响和改变着当地传统的生产、生活方式，影响和改变着当地的经济结构、社会结构和文化结构。"打工"成为民族地区特别是贫困民族地区人们摆脱贫困、改变现状最便捷的手段，也成为推动当前民族地区社会文化变迁的重要社会因素。在全面建设小康社会宏伟目标的新的历史时期，考察"打工"生产方式对中、东部散杂居地区发展的影响并对其进行对比研究，总结经验，对于促进中、东部散杂居地区加快发展具有重要意义。基于这一思路，我们选择了湖南省隆回县山界回族乡民族村、浙江省温州市泰顺县司前镇左溪村这两个在自然环境、资源、人口等方面都大体相似的点进行了调查。

一、山界回族乡民族村、司前镇左溪村的基本情况

湖南省隆回县位于湘中地区，山多地少，属于国家"八七扶贫攻坚计划"的 592 个国家级贫困县之一。山界回族乡是省定贫困乡。民族村位于县城西南 5 公里处，有一条乡级公路直达村里，交通比较便利。民族村是一个以回族为主体的行政村，全村共有 16 个村民小组，1680 人，回族占 85%。村民劳动力的受教育程度为：高中毕业的占 10%，初中毕业的占 70%，小学毕业的占 20%。民族村的地形介于丘陵与山区之间，山多地少。由于人口密度大，人均耕地只有 0.28 亩。经济作物以种植水稻、大蒜、生姜、辣椒、旱烟、百合为主，副业主要靠养羊、牛、鸭。长久以来，根据世代相传的经验，回族群众掌握了百合生加工的技术，近年来，百合的价格较高，百合生加工成为当地回族群众增加收入的又一个门路。民族村人均收入 900 元，比全乡的人均收入 780 元高出 120 元。根据与村委领导班子和村民的座谈，我们了解到村民增收的主要途径是打工、经商和百合生加工。由于受汉族群众打工的影响，民族村有 33% 的适龄青壮年劳动力在外打工。跨省流动的地域主要是广东和浙江，大体广东占 80%，浙江占 20%。主要分布于制衣厂、电子厂、玩具厂等劳动力密集型企业，外出打工人员只有 13% 的人接受过技术培训。在外打工的收入并不高，人均每月 700～800 元，扣除自己的生活费及消费外，每年实际寄回家的钱有 4000 元左右。打工的收入主要用于供小孩上学和家庭建房。但是由于人多地少，一小部分子女多、资金缺乏又没有什么技术的家庭，仍处在贫困线下。

浙江省温州市泰顺县位于浙南边陲，全县有 15 个少数民族 20586 人，占全县总人口的 5.88%，设竹里、司前两个民族乡镇，是一个典型的散杂居地区。泰顺县虽然地处经济发达的东部沿海地区，但其经济社会发展滞后于整个地区的平均水平。根据国家"八

七扶贫攻坚计划"划定的国定贫困县，它仍属浙江省的 3 个贫困县之一。司前镇左溪村位于泰顺县城西面 10 公里处，是一个以畲族为主体的民族村。道路等基础设施较好，有一条省际公路穿过该村，交通条件比较便利。左溪村共有人口 1972 人，畲族人口占82%。人均耕地 0.5 亩，以农业为主，主要种植水稻、大棚反季蔬菜，副业以养猪、渔业、养羊为主。村里有一个小水电站和两个玩具厂，一个雕刻厂正在筹办中。人均收入 3000 多元，略高于全县平均水平。村民的主要收入来源是外出打工或搞特色农业，依靠本地资源优势，发展小水电事业。全村适龄劳动力有 40% 在外打工，主要分布在上海、温州、杭州及广东，主要从事服务业及轻工业，约 76% 的人接受过职业培训。外出打工人员人均月收入约 1100 元。

二、"打工"生产方式对中、东部散杂居地区的影响

1. "打工"已成为中东部散杂居地区少数民族群众脱贫致富、增加收入的主要途径，也是农村人口解决阶段性贫困的首要选择

少数民族群众"打工"是人口迁移流动的一种类型。"人口迁移流动的目的在于追求更优越的生存环境、更高的就业机会、更具潜力的发展环境等，也就是说，经济因素是人口迁移流动的主要原因。"[1]中东部散杂居地区的发展，除了人口素质、交通不便等方面原因外，最大的障碍就是耕地资源的稀缺。从我们实地调查的山界回族乡民族村 6 组及司前镇左溪村 2 组的情况看，两个村民小组都地处丘陵与山区，人多地少。山界回族乡民族村 6 组的人均耕地只有 0.3 亩，司前镇左溪村 2 组的人均耕地只有 0.5 亩，当地群众即使精耕细作，也只能解决温饱问题，靠传统农业的收入，脱贫致富存在相当大的困难。因为对于民族村来说，普遍的情况是一亩地只有 250 元收入，还要扣除劳动力的工资。民族村 6 组共有 20 户居民，总人口 84 人，适龄劳动力 50 人，外出打工人员 16 人，打工人员占适龄劳动力的 32%。在 20 户村民中，没有外出打工的有 8

户，主要从事农业生产，人均收入只有 706.25 元。而 12 户有外出打工人员的家庭，人均收入则有1937.5元，比没有外出打工人员的家庭高出1231.25元。左溪村 2 组共有 12 户居民，总人口 54 人，适龄劳动力 31 人，外出打工人员 21 人，外出打工人员占适龄劳动力的 68%。左溪村 12 户人口中只有一家没有人外出打工的，其他家庭都有人在外务工。在家从事农业生产的家庭人均收入 3000 元，外出务工、经商的家庭人均收入 3455 元，比从事农业生产的高出455 元。可以说，当前打工已成为增加农民收入的主要来源。

2. "打工"生产方式成为推动农村经济体制和产业结构改革与调整的新动力

"打工"生产方式加速了土地使用权的有偿流转，促进了当地农村产业结构的调整，催生了规模和特色农业产业。农民外出"打工"，不能从事农业生产，使一部分土地资源空闲，为加速土地使用权的有偿流转准备了条件。从我们调查的情况来看，土地的有偿流转已成事实，并且是一种发展的趋势。左溪村 2 组 12 户家庭，已有 4 户家庭外出打工，不再种田，告别了祖辈传统的农业生活模式。而左溪村 2 组的种菜、养鱼、养猪、板栗种苗培育能手不但承包了本组外出打工人员的土地，还大量承包其他小组外出打工人员的土地。土地使用权的有偿转让，不但促进了农村的多种经营，加快了农业产业结构的调整，催生了一批规模和特色农业产业，而且促进了农村劳动力职业结构的调整，一部分农村劳动力从农民转换成农业工人。如左溪村 2 组的种、养殖专业户，由于家庭人手不够，就长期聘请一些人为他们打工，实行按工付酬。实现了由农民到企业家的职业角色的转换。

3. "打工"生产方式改变了中东部散杂居地区贫困落后的面貌，改善了少数民族群众的生活条件，促进了两个文明的建设

农民外出打工，经济条件得到了较大的改善。根据我们对两村的调查，打工人员的收入主要用于小孩上学、家庭建房和消费。民族村 6 组 20 户家庭有 12 户修建了砖混结构的二至三层的楼房，老

式的土砖房只有5座了。左溪村2组12户家庭都是清一色的三层小楼，沿街修建。卫生条件得到了很大改善。通过国家扶贫和群众自筹，我们调查的两个村都用上了自来水。现代通讯工具和家用电器逐步走进农家。生活质量得到了较大提高。现在的农村人吃饭不仅仅是为了填饱肚子，而是要看菜吃饭。人们的衣着也发生了很大变化，除了时尚与前卫不及城里人外，大部分的式样在农村可以看得到。人们的娱乐活动也变得丰富多彩。以前的农村除了打牌、聊天外，基本上没有什么娱乐活动。现在可以看电视、听音乐、唱卡拉OK。娱乐生活的丰富，极大地促进了精神文明建设，最典型的是农村打牌赌博的人少了，想法子致富的人多了。

4. "打工"生产方式改变了农村人口的价值观念

通过"打工"拉近了农村与现代生活的距离，都市的价值观正在影响或逐渐取代农村传统的价值观，并且培养了一批具有市场意识、带领群众致富的领路人

少数民族群众外出打工的主要是青壮年，他们的价值观决定农村价值观的发展走向。少数民族外出打工人员深受都市文明的影响，许多观念正在发生变化。时间观：打工人员适应了紧凑、有规律的作息时间。婚姻观：恋爱自由、婚姻自主、离婚自由的观念逐渐被农村人所接受。生育观：进城打工人员的生育观已发生了很大变化，多子多福正逐渐被优生优育所代替。教育观：现代的打工人员都比较重视子女的教育，知识改变命运的观念已深入一部分打工人员的心间。打工人员回家后，又用现代的生活、价值观影响和改造传统的生活和观念。农民通过"打工"，开阔了眼界，更新观念，积累资金，掌握技术，学习经验，结识朋友，开拓市场（门路），从而脱贫致富，这是"打工"之所以长盛不衰的动力和生命力所在。农民在打工过程中学习到了现代管理和经营的知识，了解了市场，接受了市场经济运行的规则。通过打工经历的磨炼和积累，有些人自己创办了企业，成为带领群众致富的领路人。我们在左溪村就看到了两家由打工仔兴办的玩具厂。雷氏兄弟通过打工，学习到

了现代企业管理和经营的知识，通过一段时间资金的积累，回家乡利用当地的竹木资源，兴办了两家玩具厂，解决了当地一部分人的就业问题，并且取得了不错的效益。另一个比较典型的例子就是左溪村村委会钟主任，当过兵，打过工，当选村委会主任后，在农村较早地引入了"股份制"观念，通过股份制募集资金，利用本地的水资源兴办了村办企业——小水电站，不但解决了村民的用电问题，而且向外面输电，产生了较好的效益。

5. "打工"生产方式对农村教育来说是一把双刃剑

一方面，通过打工，农民增加了收入，相应地增加了对教育的投入，另一方面，由于外出打工，缺乏对孩子教育的关怀、指导，以及打工能够立即改善自身经济条件的诱惑，使许多学生不愿继续上学，希望早日加入打工行列。从我们的调查情况来看，九年义务教育实施的情况较好。司前镇左溪村已全部普及了九年义务教育，适龄受义务教育人口的入学率达到100%。山界回族乡前几年的义务教育普及率只有80%左右，近些年少数民族群众外出打工，增加了收入，加之国家扶贫项目、希望工程的支持，九年义务教育的普及率已达到了98%。但同时，我们也不能回避这样一个事实，农村孩子受教育的外部环境正在受到打工生产方式的影响。在两村，我们发现，在家的大部分是老人和小孩，小孩的生活、教育主要由老年人管理。而老年人由于受教育程度、体力和精力等原因，大部分人只能管好小孩的生活，对于未成年人学习的指导、人格的成长则力不从心。许多留守儿童的在校表现、学习成绩及心理都存在一定问题。加之近些年来大学生就业率的下降，许多大学生待业或加入打工的行列，使许多农村家长变得更加现实，认为连大学生都找不到工作，倒不如早点打工挣钱。许多考上普通高中的学生在家长的影响下，放弃了学习的机会早早地走上打工之路。有的初中一毕业就开始了打工生涯。我们调查的民族村6组只有1人在上高中，大部分初中一毕业就外出打工了。左溪村2组只有2人在上高中。随着打工经济的深入发展，农村孩子接受非义务教育的前景会怎么样，这不能不使我们感到一些忧虑。全面建设小康社会关键在农村，农村的现代化是全面建设小康社会的必由之路。而农村的现代化，其人口的现代化是关键。提高农村人口的整体素质是实现人口现代化的必由之路。打工经济虽然增加了广大农民的收入，使其脱贫致富，但对农村人口的非义务教育的影响我们也不能低估。中东部散杂居地区少数民族群众整体文化素质不高，劳动技能缺乏，将是农村现代化的最大阻碍，也将为中东部散杂居地区少数民族的可持续发展埋下隐患。

三、中、东部散杂居地区发展差异分析

中、东部地区发展不平衡，东强中弱是一种总体态势。山界回族乡民族村6组和司前镇左溪村2组在环境、资源、人均耕地、人口受教育程度都相差不大，但仅就人均收入这一项经济指标来说，左溪村2组的人均收入是民族村6组的3倍多，差距的确较大。其发展差异的原因主要表现在以下方面：

1. 职业技能决定打工的收入水平

此次在两个村民小组调查，我们发现，受过职业技能培训的打工者与没有受过职业技能培训的打工者的收入相差较大。如民族村6组的小马，受过模具设计与制造的培训，他的月收入达8000元，而同组没有受过职业技能培训的打工者在同一个厂的月收入就只有500～600元。通过此次调查，我们也发现，农民打工的收入跟受教育程度相关性不是很大，决定打工收入水平的是职业技能。左溪村2组的打工人员大部分受过美容、美发、摩托车修理、机械制造等方面的培训，打工人员的月均收入都在1000元以上。而民族村6组的打工人员接受职业技能培训的人很少，只占打工者的13%，打工人员的月均收入只有700～800元。在以打工为主要增收途径的中部散杂居地区，加强外出打工人员的职业技能培训，将是劳务输出工作的重点。

2. 农业经营模式的差异是中、东部发展差距的一个表现

传统的农业生产方式对中、东部散杂居地区来说，基本上只能解决温饱问题。因此，调整农业产业结构、发展特色农业是提高农民收入、发展农村经济的发展方向。但因农业产业结构的调整，发展特色必须有农业科技的支持和掌握先进技术的人才。这方面，左溪村做得较好。左溪村 2 组在家务农的村民，利用山区环境并结合山区的需要，大力发展大棚蔬菜、板栗种苗培育、养猪产业，取得了很好的经济效益，年收入都在 3 万元以上。而民族村在这方面做得较差，还没有形成特色农业产业，也没有涌现出专业户。

3. 地域文化的差异对中、东部散杂居地区的发展有一定的影响

从文化的分类来说，可以把文化划分为海洋型文化和大陆型文化。东部地区虽然整体上属于大陆型文化，但深受海洋文化的影响。以浙江温州为中心而形成的地域文化，秉承了大陆文化和海洋文化的精华，当地人以勤劳勇敢、吃苦耐劳、敢于冒险、勇于创新、敢想敢干出名。司前镇虽然是一个以畲族为主体的民族镇，有本民族的文化，但由于地处温州，深受当地文化的影响。以左溪村 2 组为例，该组外出打工的 21 人中，有 7 人自主创业，开设发廊和美容院。村委会能引进企业、兴办工厂，并通过股份制募资组建股份制企业，走符合本地发展实际的工业化道路。中部散杂居地区则属于典型的大陆型文化，人们相对来说比较保守，追求稳定，缺乏冒险精神。从我们对民族村的调查及访谈中可以看出，打工者的独立创业欲望不强，至今还没有从打工者中产生一位企业家，且民族村也没有村办企业。中、东部发展的差距可以折射出地域文化对本地发展的影响。

四、中、东部散杂居地区发展建议

1. 政府部门应积极地加以引导、规范和推动，促进并缩短中、东部散杂居地区脱贫致富和社会转型的途程

"人口流动是社会发展的必然趋势，是人力资源进行合理配置

的基础。"[2]民族地区人口外出打工，实际上是人力资源开发的一种主要形式。政府在劳务输出中应发挥主导作用，主要是要加强以下几方面的工作。(1) 加强劳务输出的组织引导工作。目前，中、东部散居地区的少数民族群众外出打工，除自主创业和常年在外打工、有固定工作单位的打工者外，大部分打工者的迁移流动是以血缘、乡邻、朋友为纽带的链条式转移，工作岗位并不确定，往往造成一些外出打工者找不到工作，从而引发一些社会问题，增加打工者的风险成本、费用成本和心理成本。政府的组织和引导非常重要。(2) 加强对输出劳动力的职业技能培训。职业技能培训是决定打工者收入水平的决定性因素。政府应该充分利用本地的教育培训资源，发展职业技能培训机构，组织对打工群众的职业技能培训。(3) 加强劳务输出地与劳务输入地之间的互动，建立劳务需求的信息平台。(4) 坚决贯彻《劳动法》，加强对劳务用工的执法检查，规范劳动合同，切实保护打工者的合法权益。(5) 劳务输入地政府要坚决取缔不合理的针对外来打工者的歧视性政策。(6) 针对打工者这一弱势群体，建立相应的法律援助制度，为打工者提供法律援助。

2. 加速农村产业结构的调整，发展符合本地实际的特色产业

"农村经济结构调整的目的就是要对发展方向和重点作出取舍，利用和培育自己的优势，建设特色经济，以强以优取胜。"[3]民族地区经济发展目前最大的矛盾是人多地少。打工生产方式解放了土地，解决了规模化生产所需土地的瓶颈，为发展特色、规模农业准备了条件。但产业结构的调整，政府应该发挥主导作用。我们说的主导作用，并不是行政强制，而是要为发展特色农业提供方向、技术和资金支持，同时做好宣传工作，重点扶持，发挥示范效应所起的带动作用。同时，应结合本地的优势资源，以农民增收、为农民找市场作为农村产业结构调整的重点。通过现代信息技术，指导农民的生产。左溪村的发展不失为一种好的模式，也是缩小中东部差距、建设现代农村的方向。

3. 完善农村土地产权制度，确立农民的土地财产权

"农地制度是农村经济制度中最基础性的制度安排，从根本上制约着农业经济的效率。"[4] 2004 年宪法修正案已经确立了公民合法的私有财产权，社会也形成了产权制度。但在农村，农民的产权是不明晰的，土地制度是不完善的。农民的土地财产权利主要包括农民的土地使用权、土地处分权和土地收益权。目前，农民使用土地、处分土地和获取土地收益的权利被排斥或剥夺，因而缺乏获取土地使用权、处置土地财产、决定土地用途和享受土地转让收益的应有权利。农民土地财产权利的模糊首先体现在国家的立法层次上，我国的《宪法》、《民法通则》、《土地管理法》和《农业法》都规定了农村的土地所有权属于农村集体，但事实上怎样界定这个"集体"的概念是十分困难的，这就造成了农民的土地使用权、处分权和收益权被侵犯。法律对这样的一种行为也难以实施合理的保护与救济。土地产权的不确定，是农村经济长期得不到发展的制度原因。因此，有必要完善农村土地产权制度。

4. 改革农村现有的户籍制度，允许有稳定收入，在当地居住了一定时间的打工人员在当地安家落户

我国的户籍制度从某种意义上说是一种身份制度，它将农村和城镇人口人为地分割为性质不同的农业人口与非农业人口，国家又对这两种人实行有差别的社会福利待遇，客观上将农民置于不平等的位置，置于城市化、现代化之外，侵犯了农民的人身自由权，成为几十年来束缚农民人身自由、阻碍农村经济发展的首要因素。在一定程度上可以说，二元制的户籍管理制度既阻碍了打工者的自身发展，也延缓了我国的现代化和城市化进程。其一，不管打工者的经济收入多么高，身份仍然是农民，农村仍是其归属，因此，对于打工者来说，土地仍是安身立命之本，这不便于土地使用权的流转，不利于中东部散杂居地区规模农业的产生。其二，由于不能在城市安家落户，许多打工者只好在家修房。在这次调查中，我们看到农村有许多修好的房子空着没人住，一问才知道，房屋的主人在

外打工或在城里租房。这个房子是留给自己以后养老的。二元的户籍管理制度使许多打工者的资金用于在家建房，不利于资金的盘活，也不利于拉动本地消费市场。因此，必须要对现行的二元制户籍管理制度进行改革，允许有固定收入、在打工地居住一定时间的打工者在当地安家落户。这样既可以腾出部分土地，减轻中东部散杂居地区人口和资源的压力，又有利于当地的生态建设和专业化、规模化的特色农业的培植，也有利于打工者的个人发展。

5. 城市管理者要坚持以人为本，按照科学发展观来认识少数民族群众外出打工的本质

少数民族流动人口异地流动的动机和目的很单纯，就是为了谋生就业，增加收入，提高自己和家庭的生活质量。其本质就是追求自身的发展。"发展权是国际人权公约中的一项重要人权，它与公民权利和政治权利，经济、社会和文化权利一起成为国际社会公认的一项不可剥夺的人权。"[5]人口流动是民族地区人口追求发展权的一种途径，理应得到尊重和保护。自20世纪80年代后期开始的打工经济经过十多年的发展，打工阶层开始出现一些新变化。新一代打工者经过学校的教育、现代传媒的影响，有自己的人生观和追求，他们外出打工的目的不像父辈那样，纯粹是为了挣钱，也不管什么脏活、累活都愿意干。他们外出有的是想开阔眼界，增长见识；有的是向往城市生活；有的是想学习技术等。他们对于打工待遇、打工环境都有自己的选择。现在媒体经常报道的"民工荒"与新一代打工者的择业有一定的联系。这不是一件坏事，它有利于促进中国产业结构的调整，也有利于农村人口的现代化进程。既然打工经济是目前甚至今后较长一段时间里农民增加收入的一种主要途径，也是外出打工人员追求发展权、实现人的全面发展的一种外在表现，也正符合我党提出的以"以人为本"为核心的科学发展观，那么，制定相关的政策和法律，加强对外出打工人员合法权益的保护势在必行，这既是国家民主政治建设和现代化进程的需要，也是坚持科学发展观、以人为本的必然要求。

参考文献：

[1] 段敏芳．城市化发展与人口迁移．统计与决策，2005（4）：53

[2] 张呈琼．人口迁移流动与农村人力资源开发．人口研究，2005（1）

[3] 孙耀吾、李克琴．湖南农村特色经济与名牌战略研究．湖南社会科学，2001（3）

[4] 杨显贵、夏玉华．我国现阶段农村土地制度探析．湖北社会科学，2005（1）

[5] 夏清瑕．发展权视野下发展问题探讨．河北法学，2005（10）

（原载《中南民族大学学报》2006 年第 1 期）

七、研究综述

散杂居民族问题研究

20 世纪 80 年代以来我国城市民族研究综述

刘超祥

改革开放以来，我国的城市有了很大的发展。今天的城市同几十年前相比，城市人口增加了，规模扩大了，城市中的少数民族成分和少数民族人口也有了很大的增长。在这种情况下，越来越多的学者开始关注丰富的、复杂的城市民族现象。本文对 20 世纪 80 年代以来的城市民族研究加以归纳和总结，以期对我国的城市民族研究状况有所认识和了解。

一、城市民族经济发展研究

城市民族经济发展研究主要集中在通过对中国部分城市的分析，探讨城市中的少数民族在城市经济发展中所起的作用，以及城市发展对周边地区和民族地区经济发展的辐射和推动作用。

如张崇根根据中国部分都市的少数民族情况和民族工作的实践经验，阐述了都市对少数民族发展繁荣所起的作用。首先，作者列举北京、上海、天津等 10 都市中少数民族人口及其所占该市人口的比例，指出都市文化发展是各族人民共同努力的结果。其次，作者还分析了 10 都市的少数民族在构成、分布、职业和文化方面所具有的特点。最后，作者归纳出中国都市在少数民族的发展繁荣中所起的三个主要作用。[1]朱在宪以珲春市为个案详尽研究了珲春市发展经济的种种优势及其所处的重要战略地位，以及对民族经济发展的辐射作用等。张应强则运用第一手调查资料，深刻剖析了南方少数民族地区都市发展与周边农村社会和经济发展的相互制约、相互促进的关系，并就以都市带动农村的发展问题提出了几点建设性意见。[2] 此外，宋栋[3]、黄木桂、韩恩荣[4]、王家恒、王忠民[5] 等人也就这一主题作了探讨。

二、城市民族人口研究

城市中的少数民族人口包括世居的和非世居的少数民族人口，通过分析，可以发现近二十多年来的城市民族人口研究的内容主要包括对城市民族人口的构成、素质、特点以及有关城市少数民族流动人口情况等方面的分析。其中，主要集中在城市少数民族流动人口的研究上。有关城市民族构成、素质、特点等方面的研究：乌兰察夫以深圳市为例，分析了深圳市少数民族人口的构成、特点和存在的问题，对于我们认识少数民族在城市化进程中的规律和特点，具有重要的理论和实践意义。[6] 张天路对北京少数民族人口的特点的研究[7]、李竹等对贵州都匀市少数民族人口素质的调查研究[8] 等也是这些方面研究的典范。

关于城市少数民族流动人口情况的分析，其研究目的是为了搞好民族工作，保障少数民族流动人口的合法权益。杨健吾就成都市少数民族流动人口问题进行了调查研究，在分析成都市少数民族流动人口基本情况的基础上，指出其主要问题是盲流及其导致的犯罪，并总结了成都市有关部门处理少数民族流动人口的各种措施和经验。他强调指出，西部散杂居民族地区城市民族工作应当妥善地处理城市少数民族流动人口的问题。[9] 沈党生、张全录[10]，徐钢泓[11] 等关于少数民族流动人口的调查报告，从一个侧面反映了城市民族工作部门是如何关注和参与保护少数民族流动人口合法权益的。张继焦则指出，1980 年以来，中国城市里的流动和常住少数民族人口有 900 万左右，已形成了成百上千不同规模的居住群落，城市民族形成多样化格局；城市中少数民族迁移者并不只是被动地适应城市，他们在就业和创业过程中也为城市作出了巨大的贡献。[12]

三、少数民族城市化

少数民族城市化探讨的是少数民族人口向城市的移动以及在文化心理和行为上的适应。猛谋就小城镇建设对我国少数民族地区的经济、人口聚居情况、文化、少数民族心理素质四个方面产生的影响加以分析，并在此基础上对少数民族共同体在小城镇建设影响下的发展前景作了预测。认为小城镇建设将进一步增加民族融合因素，从而使我国少数民族共同体在发展过程中出现如下一些情况：少数民族经济文化的发展速度不断加快，少数民族与汉族经济文化联系越来越紧密；少数民族人口将逐渐向小城镇区内集中，将有越来越多的人口与汉族人口杂居；少数民族的某些特点会逐步淡化以至消失。[13]此外，汪宁生、麻国庆等人也就这一问题做了探讨。[14]

四、城市民族社区研究

城市民族社区作为城市少数民族生活的载体，是城市民族研究中的一个重要方面。为了了解城市民族社区少数民族政治及社会经济生活状况，进一步探讨市场经济条件下城市民族工作的重要性、复杂性和特殊性，许多学者关注城市少数民族社区的变迁过程及其发展规律。由北京市牛街地区现状调查组对北京市牛街回族社区进行调研后所作的《北京市牛街地区现状调研报告》、《牛街危改》、《从牛街清真牛羊肉市场的成长看市场经济条件下北京市的清真食品供应》[15]，从社会历史、民族文化、经济生活、民族教育、小区改造、清真食品供应等角度对该社区进行了全面的阐述。柏贵喜在对武汉市的个案研究中，分析了回族社区的特点和功能，概述了社区对回汉关系的影响，最后描述了回族社区破裂之后回汉之间携手共存、文化互动的新情况。[16]此外，沈林和王树理等人的研究[17]也从不同的角度论证了民族社区之所以产生、存在的背景和理由。

五、城市少数民族社团的研究

关于城市少数民族社团的研究，主要是以城市中某个少数民族社团为例，运用国际国内有关社团理论，分析和探讨民族社团在维护少数民族民族特征，保护和发扬少数民族传统文化，维护少数民族自身权益等方面所发挥的重要作用，从而论证保护和发展民族社团的重要意义。陈延超以广州市满族联谊会为例，分析和探讨了民族社团的上述作用和意义。[18]此外，上海市民委[19]及青岛市民族事务局的研究[20]也是进行这方面研究的典型。

六、城市民族关系研究

城市民族关系问题可以概括为两类，一类是各民族自身的社会、经济和文化的保持、适应与发展问题，另一类是各民族与其他民族的相互关系问题。无论是哪一类问题，都可以从民族关系问题的历史性、差异性、场景性、政策性、复杂性等不同层面和角度，分别地或综合地加以分析和处理。二十多年来有关城市民族关系的研究主要集中在以下两个方面：

1. 对我国当前城市民族关系现状及特点等方面的认识

如郑信哲[21]以我国的城市化和城市多民族化进程来分析和探讨了我国城市民族关系的现状与发展趋势。孙懿认为改革开放和社会主义市场经济体制的确立，加强了我国原有的"大分散、小聚居、交错杂居"的情况，强化了散杂居各民族之间的联系，同时民族纠纷增多，散杂居地区民族关系成为影响我国民族关系的重要方面。[22] 李忠斌认为目前城市民族关系的研究大多还处在定性研究阶段，逻辑化的、定量化的研究尚不多见，作者对城市民族关系的特点、结构和功能进行逻辑化的剖析和研究，努力寻求其内部各要素之间的内在联系，试图找到对城市民族关系进行宏观调控的机制，以期为进一步的量化研究打下前期基础。[23]

2. 对城市民族关系重要性和构建和谐城市民族关系方式的探讨

郑洪芳、王宏晓[24] 认为多民族化有利于城市的繁荣、各民族的团结平等和共同富裕。作者从民族工作的角度出发提出了几条确保城市中民族关系和谐的建议。张书云认为在城市中应该建立民族社区，它只居住一个少数民族或风俗习惯大致相同的几个少数民族。[25] 武汉市民族事务委员会专题调研组以武汉市为个案，对当前城市民族关系的特点、影响城市民族关系的主要因素进行了调查和分析，并从加强调控主体、完善调控手段、确立调控效果评估体系等方面对调控机制进行了研究探讨。[26] 郑信哲、周竞红则以少数民族人口流迁与城市民族关系为主题，强调了城市民族关系的重要性，提出了建立健全协调城市民族关系、做好城市民族工作的新机制的迫切性及其设想。[27]

七、城市民族文化教育研究

城市民族文化研究主要集中在对城市少数民族文化的作用意义及建设等方面的探讨上，如李筱文、盘小梅以广州、深圳为例，论述了我国少数民族在都市生活的情况、特点及少数民族传统文化与都市文明的双向调适，并对如何加强少数民族传统文化与城市文化的协调提出了建议。[28] 张昀认为民俗学作为一门科学，不仅要研究乡村的风俗习惯，也要研究都市的民俗事象。尤其是改革开放以来，我国农村与都市的格局发生了较大的变化，带来了都市民俗文化的变迁。新疆都市民俗文化具有民族与区域特色，对此进行研究更具学科价值和现实意义。[29]

城市民族教育问题深受学者关注，有关这方面的研究有：由北京市社会学学会等单位组成的联合调查组对北京市散居少数民族教育问题进行了初步调查，提出抓好少数民族教育是散杂居地区民族工作的一项重要任务，并就一些问题提出了建议。[30]曹红霞、麻秀荣则就湖北省武汉市少数民族教育的发展进行了个案调查与研究，充分肯定了党的十一届三中全会以来武汉市少数民族教育发展所取得的成就，深入分析了武汉市教育发展中存在的问题，提出了加快城市散居少数民族教育发展的对策。[31]

八、城市民族问题及城市少数民族权益（或权利）保护问题

城市民族问题作为民族问题的一部分，具有其自身的特点。对城市民族问题的研究主要是集中在对其产生的原因、内容、特点以及重要性等方面的认识。如：雷海从城市少数民族的特点，城市民族问题及其主要内容、特点，城市民族问题与城市民族工作等五方面分析、论述了城市民族问题。他认为随着流动到城市的少数民族人口的增多，城市民族问题会与其他社会问题掺杂在一起，具有敏感性、辐射性、连锁反应等特点。[32]周光大、周劲松则从社会学和民族学学科相结合的角度，探讨了如何处理好在城市社区建设中的民族问题。作者认为，随着城市化的发展，在城市中形成相当数量和规范的少数民族聚落和社区，城市社区建设中的民族问题也就日益凸显，文章最后提出了解决城市社区民族问题的对策。[33]

城市民族权益（或权利）保护的研究主要集中在保护城市民族权益的重要性以及如何保护等方面。这方面的研究成果主要有：肖俊论述了保护城市少数民族权益的重要性，并就新时期城市民族工作背景下，我们应如何完善有关保障城市民族权益的法律法规展开了分析。[34]邓行论述了加强民族法制建设的重要性，分析了我国城

市少数民族权益保护的法律框架和现实的法律保护，对城市少数民族权益的立法提出了意见和建议。[35]徐合平[36]、陈延超[37]等人也就此作了探讨。

九、城市民族工作研究

城市民族工作就是指以城市少数民族问题为主要对象的民族工作以及与城市功能相联系的民族工作。当前，我国的城市民族工作研究主要包括城市民族工作的内容、重要性、方法探索、面临的问题以及未来的发展趋势等方面的研究。如买寿清、虎有泽从城市民族工作的发展历程、取得的成就和经验入手，分析了城市中民族的特点，城市民族工作的地位和作用，提出了城市民族工作面临的四大机遇和五大任务，为城市民族工作提供了可以借鉴的理论和方法。[38]广西区民委工作调研组的《广西城市民族工作调研报告》[39]、盘小梅的《新时期的城市民族工作——广东城市民族工作调研》[40]以及安顺爱、金海燕的《分析研究城市民族的工作新情况，探索新思路——辽宁省城市民族工作调查》[41]分别就广西、广东、辽宁的城市民族工作做了调查，对这些地方城市民族工作所取得的成就、特点以及面临的问题等方面作了探讨。由沈林等著的《中国城市民族工作的理论与实践》[42]一书，既回顾了中国城市民族工作的发展历程，阐述了城市民族工作的地位、作用和意义，又对中国城市与民族问题的关系进行了理论分析，更是对城市民族工作的对象、内容、方法等方面进行了探索。

十、评价

通过以上分析，我们可以发现，自 20 世纪 80 年代以来，城市民族研究取得了大量成绩，但也存在着许多不足之处。有的方面没有涉及或是研究得不够，今后有待加强。第一，应对城市民族意识做一些研究。城市是各民族交往较多的地方，又是工商业、科学技术、文化教育比较发达的地方。人的个性和民族意识容易有比较充分的发展，因此，对城市民族意识的研究不仅有理论上的意义，也有现实的意义，有助于我们认识城市民族关系，处理城市民族问题，搞好城市民族工作。第二，要开展城市民族史的研究，使各民族居民了解本民族对城市发展的贡献，以便将来更好地团结协作。第三，进行城市少数民族与民族地区少数民族的比较研究，以便更好地了解城市民族的特点及其文化变迁等方面。第四，加强城市民族的民族节日文化研究，在有条件的城市大力举办民族节日活动，这有利于保留民族传统文化，增强民族间的相互了解。

参考文献：

[1] 张崇根. 都市中的少数民族及都市对少数民族发展繁荣的作用. 民族研究，1990 (1)

[2] [3] [4] [24] [25] 李德洙. 都市化与民族现代化——中国都市人类学会第一次全国学术讨论会论文集. 北京：中国物资出版社，1994

[5] 王家恒、王忠民. 从实际出发，发展少数民族自治区首府城市的外向型经济. 实践，1991 (1)

[6] 乌兰察夫. 东南沿海城市少数民族人口研究. 内蒙古社会科学，2004 (3)

[7] 张天路. 北京少数民族人口的特点. 人口与经济，1985 (5)

[8] 李竹等. 贵州都匀市少数民族人口素质调查研究报告. 西南民族学院学报，2002 (7)

[9] 杨健吾. 城市少数民族流动人口问题研究——以成都市为例. 西南民族学院学报，2002 (7)

[10] [11] [15] [16] [17] [18] [19] 中国都市人类学会秘书处. 城市中的少数民族. 北京：民族出版社，2001

[12] [13] 猛谋. 小城镇建设对我国少数民族共同体的影响. 思想战线，2004 (3)

[14] 阮西湖. 都市人类学. 北京：华夏出版社，1991

[20] 青岛市民族事务局. 发挥少数民族社团作用，拓宽城市民族工作渠道. 中国民族，2003 (11)

[21] 郑信哲. 浅谈我国城市民族关系的现状与发展趋势. 中央民族大学学报，1996 (3)

[22] 孙懿. 论社会主义市场经济对城市和散杂居地区民族关系的影响. 满族研究，2002 (2)

[23] 李忠斌. 论城市民族关系的特点、结构与功能. 贵州民族研究，2003 (2)

[26] 武汉市民族事务委员会. 关于武汉市构建城市和谐民族关系调控机制的调研报告. 民族研究, 2001 (6)

[27] 郑信哲、周竞红. 少数民族人口流动与城市民族关系研究. 中南民族大学学报, 2002 (4)

[28] 李筱文、盘小梅. 少数民族文化与都市文明之双向调适——以广州、深圳为例. 广西民族研究, 2000 (1)

[29] 张昀. 新疆都市民族民俗文化述略. 青海民族研究, 2002 (1)

[30] 北京市社会学学会. 北京市散杂居少数民族教育问题调查报告. 黑龙江民族丛刊, 2001 (4)

[31] 曹红霞、麻秀荣. 城市散居少数民族教育发展中的问题与对策——关于武汉市少数民族教育发展个案研究. 阴山学刊, 2002 (5)

[32] 雷海. 浅谈城市民族问题. 黑龙江民族丛刊, 2002 (4)

[33] 周光大、周劲松. 城市社区建设中的民族问题. 广西民族研究, 2004 (1)

[34] 肖俊. 论城市散居少数民族权益的法律保障. 西南民族学院学报, 2002 (7)

[35] 邓行. 城市民族法制建设刍议. 中南民族学院学报, 2000 (3)

[36] 徐合平. 对城市民族法制建设的几点思考. 中南民族学院学报, 2001 (5)

[37] 徐杰舜、周建新. 人类学与当代中国社会: 人类学高级论坛 (2002). 哈尔滨: 黑龙江人民出版社, 2002

[38] 买寿清、虎有泽. 城市民族工作管窥. 兰州学刊, 2001 (2)

[39] 广西区民委工作调研组. 广西城市民族工作调研报告. 桂海论丛, 2002 (4)

[40] 盘小梅. 新时期的城市民族工作——广东城市民族工作调研. 西南民族学院学报, 2001 (10)

[41] 安顺爱、金海燕. 分析研究城市民族的工作新情况, 探索新思路——辽宁省城市民族工作调查. 满族研究, 2002 (2)

[42] 沈林等. 中国城市民族工作的理论与实践. 北京: 民族出版社, 2001

（原载《中南民族大学学报》2005 年第 1 期）

少数民族城市化研究综述

南文渊　卢守亭

由于历史的原因，我国的少数民族人口大多居住于边疆、高原、山地、草原与森林地带，经济社会发展较为落后，20 世纪 50 年代以前，许多民族尚处于农业或前农业经济发展阶段。新中国成立以后，特别是 20 世纪 80 年代以来，随着我国改革开放和工业化进程的加快，少数民族社会发展中出现了具有历史意义的伟大转折——越来越多的少数民族人口告别传统的经济文化类型，而进入城镇发展。少数民族城市化成为民族发展中最具重要意义的事件，也是我国现代化进程中出现的新现象、新问题。鉴于少数民族在我国城市化、现代化过程中的重要性及其特殊性，少数民族城市化研究提上了日程。近年来许多民族研究者对此进行了全方位的深入研究。

一、少数民族城市化研究的内容和进展情况

（一）少数民族城市化的意义和战略途径研究

1. 少数民族城市化的意义研究

学者们普遍认为，少数民族城市化对西部大开发、缩小东西差距、促进民族经济发展和社会变迁、推进西部地区现代化、全面建设小康社会以及维护社会稳定和国家安全都具有重要意义。高永久指出，城市化是民族地区实现现代化的必由之路，是民族区域经济

发展稳定增长的前提，是民族地区城市空间扩散与集聚效应作用产生的保证。[1]徐和平认为，加速城市化进程，能从外部导入新的要素，加速少数民族的社会变迁，推动其社会现代化进程，带动经济发展。[2]袁仲由认为，实施城镇化战略是人类社会发展的必然要求，是实践"三个代表"的集中体现，是推动城乡经济结构调整的重要举措。[3]蒋彬认为，加速推进城镇化进程是西部民族地区全面建设小康社会的有效途径。[4]张鸿雁、陈俊峰认为，加快城市化既是缩小民族地区发展差距的主要途径，也是中国区域社会平衡发展、社会稳定和国家总体安全战略的重要选择。[5]还有些人认为，少数民族城市化进程中产生的城市文化多元化，是历史发展的趋势，城市多元文化居民是城市建设的创造力。[6]因此，几乎所有的研究者都肯定了城市化对少数民族实现现代化具有重要的积极意义。

2. 少数民族城市化战略途径研究

对于少数民族，尤其民族地区少数民族城市化战略途径的研究，一直是专家学者们研究的重点。在研究方法上，研究者大多是在实地调研的基础上，针对民族地区整体或某个具体区划的现状进行分析，总结出其城市化的特点，或指出城市化中存在的问题和制约因素，最后指出战略途径或给出对策措施。例如，刘晖通过对西北民族地区城市发展的进程、动力、现状、制约条件的全面分析，提出了"一个中心，两个重点"战略[7]；邓正琦论述了渝东南民族地区城镇化所处的阶段，分析了该地区城镇化的特点及形成原因，探讨了推进城镇化进程的对策措施[8]。

在战略途径上，通过认真深入的研究，学者们取得了丰硕的成果，对西部少数民族城市化道路提出了不同的观点。有的主张发展小城镇战略，比如张建英，他结合民族地区小城镇发展的实际，专文分析了在民族地区加强小城镇建设的重要性，他认为小城镇建设是促进民族地区经济社会发展，提高其城市化水平的重要举措，必须加快民族地区的小城镇建设[9]；有的学者强调发展大城市，他们认为西部民族地区地域辽阔，小城镇的聚集和扩散能力极为有限，再加上西部经济整体发展水平低，小城镇很难发挥扩大非农就业功能，只有发展大城市，建立大都市区、都市群和都市连绵区，才能发挥规模效益，扩大就业容量，减少对西部生态环境的破坏，促进城市化、工业化、现代化与环境的和谐发展；还有人认为应该发展中等城市，因为发展中等城市既可以发挥一定的聚集效应，又可以避免发展小城镇的弊端。需要说明的是，以上三种论点之间并非绝对排斥关系，只是发展的重点、对象有所不同。还有的学者综合了上述观点，提出"城市体系发展论"，他们认为西部民族地区城市化应以大城市为依托，积极而有重点地发展中小城市，形成一个有机的城镇网络体系。另外，还有人提出"非均衡型区域城镇结构体系战略"，他们认为，目前民族地区的城市化水平差异大，需要根据现实发展状况构建不同性质的城镇体系，比较发达地区可以建立高密集度、高聚集度和高度互动关系的城镇群，发展较快的城市则可以加快城市现代化进程[10]；还有人主张"市场主导型多元城镇化战略"，强调用市场化的方式，依靠各个城镇化主体的自主决策、创新和协调推进城镇化，主张城镇规模结构、空间布局、产业定位、近域扩张、人口聚集的多元化，该战略以尊重市场规律、尊重市场选择为核心[11]。高永久则认为，民族地区城市化应实行"一中心两重点"的战略，即以中心城市的发展为中心，以旅游城镇和边贸口岸城镇的发展为重点，完善城市体系的等级规模，建立城乡经济社会的中介层次，调节城市的产业结构，以中心城市和特色城镇为龙头，带动西部民族地区经济腾飞。[12]此外，还有一些研究者提出了加快城市化进程的具体原则、措施、途径。上述主张、建议，如"发展小城镇战略"、"大中小城市协调发展论"被政府部门不同程度地采纳实行，为加快少数民族城市化进程发挥了积极的作用。

(二) 少数民族城市化进程中的民族问题研究

1. 城市流动人口问题研究

这方面的研究主要包括少数民族城市流动人口的产生原因、特点、类型、影响、解决措施等内容。高永久教授对沈林、金春子、周竞红、胡令明、郑信哲等人在此方面的研究成果作了总结，可简单概括如下：流动人口产生的原因，一是城乡差别大，二是农村出现大量剩余劳动力；流动人口的特点主要为绝对数不大，从业集中，文化素质低，居住大分散、小聚居，流动性大，流向城市形式多样化等；流动人口的类型主要有普通务工型、特色经营型、盲目流动型、迁徙城郊异地型等；流动人口的影响，既有促进文化交流，繁荣城市经济，方便市民生活等积极影响，也有增加城市管理难度、社会治安管理难度、民族关系协调工作难度等方面的负面影响[13]。另外，不少学者对流动人口问题的解决方法进行研究，杨健吾指出，要以"为本地少数民族服务、为外来少数民族服务、为少数民族地区服务"为指导思想，加大城市民族工作力度[14]；金春子认为，政府要重视流动人口工作，把对其管理服务看成大事[15]。华彦龙认为，统战部门也应有所作为。[16]

2. 对城市民族关系中出现的问题的研究

随着少数民族城市化进程的加快，城市多民族化程度加深，城市民族关系发生了急剧变化，许多学者对城市化进程中民族关系的特点、影响因素进行了研究，并提出了解决问题的对策。在特点方面，学者们认为少数民族城市化进程中，民族关系有三个全新的特点：民族间直接交往得到发展，民族关系进一步复杂化，民族文化交融加强。[17]在影响因素方面，有人指出，"城市少数民族流动人口问题、民族意识增强问题、落实民族政策问题"是影响城市民族关系的主要问题[18]；也有人从经济、政治、文化、社会、宗教、国际因素等方面分析影响城市民族关系的主要因素[19]；还有人以某具体城市为例，强调"单位制"对民族关系的决定性影响，并提出影响城市民族关系的"外因说"[20]。在处理民族关系问题的对策上，有人主张通过创造良好的社会环境、政策环境、法制环境等措施，建立城市民族关系调整新机制[21]；还有学者提出，要加强对新形势下城市民族关系新情况、新问题的研究，要将民族关系协调工作纳入法制化轨道，要密切少数民族人员流出地和流入地间的配合与协作，要坚持对干部群众的宣传教育工作[22]。另外，还有学者从其他方面对民族关系进行研究。这些成果对城市化环境下我国民族关系的新特点、新趋势作了归纳、概括，有助于我们把握民族关系中出现的新问题，同时对政府与司法部门协调民族关系，维护社会稳定，具有指导意义。

3. 民族社区研究

少数民族城市化进程中，曾经形成了某一民族集中居住于一地的居住区，在此基础上形成了富有民族传统文化特色的社区。民族社区问题研究主要涉及民族社区的变迁、城市民族社区建设等方面。关于社区变迁的概念和内容，有的学者认为，社区变迁主要指社区整体结构与各个要素之间通过相互作用，不断适应新的历史时期的发展，在新的条件与机制基础上运行与发展的历史过程，包括人口变迁、空间关系变迁、经济结构变迁、生活质量与生活方式变迁等各个方面。这方面比较突出的是对城市中回族社区的研究，有人对回族社区拆迁中回族居住格局的变化问题进行探讨，并强调回族社区城市化过程中需要认真研究回族群体的文化变迁过程，还要重视少数民族群体及个体在城市化中的作用；还有学者对西北回族穆斯林社区的地缘、社缘变迁进行研究，并指出，以文化自觉的方式实现自身结构的现代化是城市回族穆斯林生存与发展的必由之路。另外，还有人对网络穆斯林社区的兴起与发展进行了探讨。[23]关于城市社区建设中的民族问题，有的学者强调，充分照顾人口较少的民族的利益，认真贯彻多元一体文化的政策，认真落实《城市民族工作条例》等法规，深入系统研究城市民族问题的特点和发生变化的规律，是解决城市社区建设中民族问题的主要对策。[24]还有人对城市民族社区建设进行了研究，他们认为民族社区应以历史形成或自然形成为原则；应在国家意识和爱国主义旗帜下，提倡团结、尊重、了解和友谊；社区服务应作为市政服务机构的一个分支，以便更好地为少数民族居民服务；还要切实帮助少数民族居民的职业教育，以促进就业，维持社会安定。[25]

4. 城市少数民族权益保障问题研究

为了贯彻实施《散杂居少数民族权益保障条例》，切实保障城市化进程中城市少数民族的政治、经济、教育、文化等权益，一些民族研究者作了相应的研究。有的学者认为，民族地区流动人口教育问题具有"教育主体的多民族性、学习载体的多元文化传统、教育规律的特殊性"等特点，应从"政策上优惠；提高父母素养，完善家庭教育；更新观念，锐意改革，提高教育教学质量"等方面采取措施，切实保障少数民族流动人口的受教育权益。[26]还有人认为，保障城市少数民族的权益，既是当前社会发展的需要，又是保障人权的需要，应通过法律途径给予保障，尤其强调完善立法的重要性。[27]还有学者对少数民族文化权益保障问题作了研究，并指出民族地区城市化建设必须立足于民族多元和文化多样的区域特色，注重提升城市的文化品位，增加城市化建设中的文化含量。[28]

5. 民族文化保护问题

城市化进程中，多元文化之间的碰撞、冲突与融合加剧，学者们就如何缓解文化冲突，保持多元文化和谐发展，维护民族文化多样性以及民族文化对城市发展的作用等问题进行了研究。有的学者从社会共生论角度，提出了城市多元文化共生态思想，即伴随城市化而聚集到城市的各种文化都可作为一个相对独立的文化系统，与其他文化系统一道平等地享有生存、传播、弘扬和发展的权利与自由。主要表现为城市多元文化的容纳性、整合性以及多元文化主体的利益分享性等形式。并提出"合理解决城市多元文化冲突、保护弱小文化、建构多元文化状况下的生态城市"等建设城市多元文化共生态的相应措施，以保持民族文化的和谐多元发展[29]；还有的学者就民族文化对城市发展的积极作用进行了探讨，他们认为，民族文化是城市文化的基础，城市文化是民族文化在城市发展的最终形式，城市要发展必须谦逊地、宽容地吸纳各种不同特质的优秀的民族文化，以壮大自己的文化体系，使城市成为殷实、高雅、文明的世界大都会[30]。

（三）少数民族城市化进程中民族工作研究

少数民族城市化进程加快，在"流动人口、民族关系、民族社区、城市少数民族权益保障"等方面引发了一系列新问题，对城市民族工作提出了新的要求。加强城市民族工作研究，使其适应城市化的要求，成为民族研究者面临的一个重要课题，众多研究者不懈努力，取得了丰硕的成果。这些成果在内容上包括新形势下城市民族工作的地位作用研究、其特点和面临的问题研究、任务内容研究、民族工作的方法思路研究。在形式上主要体现在政府的法规文献、专家学者的著作论文中。重要的法规文件可参见《散杂居民族工作政策法规选编》[31]。最有代表性的著作是沈林、张继焦、杜宇、金春子等人撰写的《中国城市民族工作的理论与实践》一书，对城市民族工作的地位、意义、内容以及工作方法、动力组合、面临问题、发展趋势等进行了较全面的分析和论述，并对城市民族工作的一些理论问题进行了探讨。书中强调，做好城市民族工作，对保障城市少数民族人口的权利，对城市的稳定、发展、繁荣，对边疆民族地区的稳定、发展，对增强国际交往与合作，对城市的多元文化发展都具有重大意义；城市民族工作具有"特殊性、长期性、包容性、辐射性、示范性、动态性"六个特性；城市民族工作的内容包括：保障城市少数民族的政治平等权利，发展少数民族经济、文化、教育等各项事业，尊重城市少数民族风俗习惯和宗教信仰，协调城市民族关系，保障少数民族流动人口的合法权益等方面；在城市民族工作的方法上，应以建立机构为前提，领导重视为关键，全民动员为根本，法制建设作保障，把协调协商当传统；在城市民族工作的动力上，书中强调城市民族工作是全社会的工作，除加强民族工作部门的职能建设，调动政府各职能部门的积极性以外，还应充分发挥社会团体的作用。[32]这是一项系统论述城市民族工作的重要研究成果。除此以外，还有周竞红、安顺爱、金海燕等人的论文。

二、少数民族城市化研究中存在的问题

（一）研究领域仍显狭窄且不均衡

少数民族城市化研究的领域仍主要集中于西部民族地区的城市化现状、特点、制约因素分析上，从学术论文上看，粗略估算，此方面成果将近占一半，对其他方面的研究显然不足，对许多重要领域和内容涉及得极少。首先，对少数民族城市化的理解过于狭窄，大多数研究文章将少数民族城市化仅仅理解成少数民族人口流入城市的过程，而忽略了城市化实际上也是一个民族生产方式、生活方式和社会文化全面变迁的过程，在城市化过程中，许多少数民族人口虽然仍在乡村牧区，但他们的生产、经济活动却服从于城市需求，为城市市场而生产，他们的生活方式也已城市化了，也就是说，城市化使整个少数民族地区纳入了城市生活的轨道。另外，对散杂居的少数民族人口的城市化问题涉足很少；对城市化进程中少数民族的政治、经济、教育等权益保障和民族文化的保护研究得也不够；对少数民族城市化未来发展趋势所进行的前瞻性、预测性的研究更少，比如多元文化城市的构建、多民族社区建设、民族城市化理论体系化、民族城市化研究方法创新等。少数民族城市化对少数民族自身发展前景的研究更显得不足。这些都需要我们作深入探讨。

（二）研究的理论深度不够

现有研究大多停留于对地理现状的调查分析上，不能上升到一定的理论高度，未能总结出具有中国特色的少数民族城市化规律，大多数研究只是针对城市化进程中的问题、影响因素，提出相应的

对策思路或解决途径，没有形成系统的理论。另外，相当多的成果以某个地区的调查报告形式出现，又缺乏深入的理论分析，使其停留在较低的层次水平上。

三、少数民族城市化研究展望

随着民族经济的发展，城市化速度的加快，少数民族城市化研究已经受到了人们的普遍关注，研究当中现存的大量未经触及和深入的领域，有待广大研究者们进一步去发掘、探索和研究，不断丰富城市化研究的成果，从而形成系统的少数民族城市化理论体系。笔者认为有两个方面首先值得我们重视。其一，少数民族城市化进程的加快对我国全面建设和谐社会的意义、地位与作用。其二，少数民族城市化对民族自身发展的影响，进而对我国民族关系的新特点和民族文化保护提出前瞻性、建设性的看法。因而少数民族城市化研究，首先应拓宽研究领域，加强前瞻性研究。在保持现有研究重点、研究领域的基础上，应加强薄弱领域研究，尤其是具有前瞻性、预测性的研究，只有这样，我们的成果才不至于仅仅应对现实，我们的理论才能真正起到指导实践的作用。具体来说，就是在少数民族城市化进程中起到重要指导作用。我们只有用新思路、新方法去研究新领域，才能不断完善少数民族城市化理论体系。其次，少数民族城市化研究是一项跨学科的研究，我们要借鉴社会学、经济学、民族学、民俗学、人类学、教育学等其他社会科学的理论成果，来推动少数民族城市化研究取得突破性的进展，从而加大研究的理论建构力度，提高少数民族城市化研究的理论水平和层次，完善自身的理论建设。

参考文献：

[1] 高永久. 城市化与民族地区的区域经济发展. 兰州大学学报（社会科学版），2004
    （4）：127～131

［2］徐和平．城市化与贵州少数民族社会现代化．贵州民族研究，2000（3）：39～43

［3］袁仲由．关于加快实施民族地区城镇化战略的思考．中南民族大学学报（人文社科版），2003（1）：24～28

［4］蒋彬．西部民族地区城镇化与全面小康社会建设．广西民族学院学报，2004（2）：47～53

［5］［10］张鸿雁、陈俊峰．中国民族地区城市化发展战略与对策创新．社会科学，2004（6）：64～74

［6］［25］阮西湖．人类学研究探索——从"世界民族"学到都市人类学．北京：民族出版社，2002

［7］刘晖．西北民族地区城市发展研究．西北民族研究，2002（4）：104～110

［8］邓正琦．渝东南民族地区城镇化现状及对策研究．西南民族大学学报，2004（4）：180～183

［9］张建英．论民族地区的小城镇建设．青海民族研究，2002（1）：17～19

［11］高新才、毛生武．西北民族省区城镇化战略模式选择与制度创新．民族研究，2002（6）：26～35

［12］［13］［23］［28］高永久．西北少数民族地区城市化建设研究．兰州：兰州大学出版社，2003

［14］杨健吾．城市少数民族流动人口问题研究．西南民族学院学报，2002（7）：245～277

［15］金春子．城市少数民族流动人口与城市民族工作．中国民族，2003（3）：11～13

［16］华彦龙．关于城市少数民族人口流动问题的思考．中州统战，2003（10）：8～11

［17］［21］周竞红．城市民族关系的结构变化与调整．中央民族大学学报，2001（6）：10～15

［18］王有星．我国城市民族关系的若干思考．广播电视大学学报，2000（2）：30～35

［19］王洁．试论城市民族关系的影响因素．黑龙江民族丛刊，2004（2）：116～119

［20］王俊敏．呼和浩特市区民族关系研究．北京大学学报（哲学社会科学版），1997（2）：13～23

［22］国家民委政策法规司．在城市化进程中巩固和发展社会主义民族关系．中国民族，2001（3）：32～33

［24］周光大、周劲松．城市社区建设中的民族问题．广西民族研究，2004（1）：10～14

［26］王积超．西南民族地区流动人口子女教育问题研究．红河学院学报，2003（2）：60～62

［27］肖俊．论城市散居少数民族权益的法律保障．西南民族学院学报，2002（7）：202

~205

[29] 周大鸣. 论城市多元文化的共生态. 广西民族学院学报（哲学社会科学版），2004
(4)：17~20

[30] 李筱文. 论城市多民族和文化多元之关系. 广西右江民族师专学报，2005
(1)：24

[31] 沈林、李志荣. 散杂居民族工作政策法规选编. 北京：民族出版社，2000

[32] 沈林、张继焦等. 中国城市民族工作的理论与实践. 北京：民族出版社，2001

（原载《中南民族大学学报》2006年第5期）

湖南桑植散杂居白族研究现状及
存在的问题

张丽剑

湖南省张家界市桑植县的白族，祖居云南大理地区。自称"白子"、"白尼"，汉族和其他少数民族称其为"民家人"，主要聚居在桑植县的芙蓉桥、马合口、麦地坪、洪家关、刘家坪等 15 个乡镇，现有人口十余万，占全县总人口的 23.4%。由于分布上的散杂居，加之地域隔绝所导致的与大理白族联系减少，使学界对桑植白族的研究较少，本文试为抛砖引玉之作，希冀引起学者们的讨论与关注。

一、湖南桑植散杂居白族研究的有关成果

对桑植白族的研究，前人做了许多有益的工作。

在桑植白族的研究过程中，一个首先提到的问题就是有关桑植白族的族源。白族族源的研究包括三个方面，一是桑植的"民家人"是否为白族的问题。在桑植白族身份已没有疑问的今天，在 20 世纪 80 年代则充满了许多的困惑。随着当时对桑植县内土家族成分的认定，"民家人"的族属问题被提了出来。这在当时有关申报成立白族乡的文件、报告中均有所反映。随着 1984 年桑植县 7 个白族乡的成立，"民家人"为白族的问题最终尘埃落定。

二是桑植、沅陵等地白族的来源问题。以谷忠诚等为代表的绝大多数学者认为，桑植白族的族源只有一个，那就是来自云南大

理。这在桑植白族的历史文献、谱书、碑刻、祠堂、《拜祖词》、还傩愿调等方面均有具体体现。所以，"桑植白族的来源只有一个，那就是云南大理。"① 在此基础上，钟玉如介绍了沅陵民家人的人数、宗教信仰、风俗习惯、语言特点、文化艺术、建筑风格等概况，认为沅陵民家人应该属于白族的一部分，其中沅陵县的钟姓和桑植县的钟姓有密切的联系，沅陵县的钟姓和桑植县的钟姓一样，都是属于白族。[1]鹤峰县民族事务委员会编写的《鹤峰白族简介》及张丽剑所撰《鄂西鹤峰白族的来源及其文化》一文指出：桑植白族源于云南大理，鹤峰的白族源于桑植。[2]谷臣章、谷忠诚指出：大庸白族的来源与桑植白族的来源相同。[3]但是，也有人提出不同观点，认为桑植白族来源于江西、四川等地。

三是桑植白族各主要姓氏的族源认同问题。自从桑植县的"民家人"被确定为白族后，随之而来的是各有关姓氏的民族成分问题。由于在落实桑植白族成分的时候，确定以谷、王、钟、熊、李五姓为桑植白族的主要组成部分，谷、王、钟三姓有更为丰富的史料佐证、历史遗迹，其白族成分是没有疑问的，但其他姓氏则颇有争论。基于此，在民族成分问题上，各姓氏基本上采取了一个宏观的参照系数，认为桑植"民家人"是白族，则本姓氏依理当为白族。这种情况典型地反映在熊姓身上，熊姓认为："桑植姓熊的，大部是住在上述桑植民家人的主要聚居区，也是桑植民家人的一个组成部分，既是桑植民家人的一部分，那么桑植姓熊的族别，也就取决于桑植民家人，桑植民家人是什么族，我们姓熊的也就是什么族，这是毋庸置疑的。"与熊姓情况相类似的其他各姓，在原来的"民家人"范围之内，也先后被认定为白族。② 鹤峰《钟姓族谱》

---

① 谷忠诚等：《桑植白族风情录》（征求意见稿），1991。类似观点参见谷臣章、谷忠诚的《桑植大庸白族概况》、谷臣章的《确定桑植白族成份的前后》、石绍河的《从苍山洱海走来的桑植白族》等书。

② 熊朝资等编：《熊氏族谱》，2005年笔者于洪家关白族乡访得。

也指出："我们是从桑植迁来的，桑植民家人是什么民族，我们就是什么民族"[1]。个别学者为了要论证南诏的族属是苗族，甚至认为桑植白族是当地的世居民族。[4] 推其本意，大概以为把桑植作为白族的世代聚居地，那么就可以否认大理是白族世代聚居的区域，就能达到论证南诏政权是苗族建立（而不是白族建立的或彝族建立的）的目的②，这种置"爨僰军"及宋、元之际白族之客观历史于不顾的错误是很明显的。

宗教信仰作为民族文化的重要组成部分，无疑是学者们着力较多的领域，但深入考究就会发现在"三元教"的相关问题上仍有许多缺陷。谷忠诚认为，三元教是道教的一个分支，并考察了三元教的仪式、过程。王明达、段寿桃等较系统地介绍了三元教的相关仪式[5]，认为三元教是一种民间宗教，并分析了它与道教、佛教的联系，从三元教本主来历看，认为三元教表现了比较原始的祖先崇拜特色，指出三元教与道教的关系及其中蕴含的本主信仰的成分，讨论了有关杖鼓舞的三种传说，指出杖鼓舞的动作与大理地区白族的"霸王鞭"有相似之处。

与宗教密切联系的是民间信仰，它因具有浓厚的民众基础而涵盖了本主信仰、祖先崇拜、"大、二、三神"信仰等内容。谷忠诚列举了桑植白族的本主类型，并分析了与本主信仰密切相关的庙会的时间、地点，认为本主是一种保护神，这和大理白族的本主信仰的性质是一致的。③

大、二、三神信仰是桑植白族地区极为普遍的一种信仰。在湘

---

① 鹤峰《钟氏白族谱》，2005 年笔者于铁炉白族乡访得。

② 关于南诏政权的族属问题，学术界一般分为三种观点，其一认为是彝族先民建立的；其二认为是白族先民建立的；其三认为是彝族先民和白族先民共同建立的。尚未见有认为是苗族先民建立的类似观点。吴心源的《南诏政权族属考》从史料、论证等方面看，均不充分，立论显误。

③ 谷忠诚：(桑植)《白族简史》（送审稿），桑植县民族侨务局、张家界民族旅行社编辑出版；谷忠诚等编：《桑植白族风情录》（征求意见稿），1991。

西，不仅白族有大、二、三神信仰，土家族地区也广泛存在大、二、三神信仰。溇水流域土家族民间信仰中就普遍存在大、二、三神信仰，敬奉的是覃、田、向三位土王，实际上是土王信仰。在土司统治时期，人们相信土王不仅生前有统治权，死后亦有统治权。吴杰认为："信奉大、二、三神是土家族特有的信仰，是原生形态的土家族信仰"[6]。同样是对土家族大、二、三神信仰的研究，游俊则指出，大、二、三神相传是协助女娲补天的三个兄弟。土家人将这三位撑天的英雄视为祖先神，合立神庙，用樟木雕刻成红、黑、白三座神像加以祭祀。其信奉地区，主要是湘西桑植、石门、大庸及鄂西的鹤峰、五峰等地。对大、二、三神的祭祀，平时由土家族按户敬奉，敬奉结束即举行大型祭赛，届时远近百姓均前往"三神庙"敬香祭祀。[7]

从以上研究中可以看出，大、二、三神信仰普遍存在于土家族地区，也同时普遍存在于白族地区，甚至还有在湘西其他民族地区存在的可能性。不同民族中的大、二、三神信仰应该存在一种互相影响的关系，而很难是独立发展的不同主线。同样是大、二、三神信仰，在白族和土家族地区有差异，即使在本民族内部的不同地区，传说、神祇也不尽相同，更不用说在信仰的内容、功能、仪式、过程等方面的差异。大、二、三神信仰既是一种本主信仰，更是一种祖先崇拜、英雄崇拜，应该加强二者的对比研究。

与本主信仰密切相连的是庙会。谷俊德指出，白族人把农历十月十五日定为麦地坪庙会日，世代相沿成俗。麦地坪庙会由"经商"、"游神"、"献艺"三部分组成。"游神"的神像有3座，由"红脸"、"黑脸"、"白脸"组成。[8]谷历生将桑植白族文化特点概括为五个方面：整体意识，人和精神，"德"、"法"相应，无畏强暴，重开拓、学先进。认为桑植外半县的"三庸"，即东有官地坪、中有马合口、南有瑞塔铺的地区，俗称三峪、三溶等，这"三门"正是文化板块的接触点。马合口居中庸上段，酉水东过西下，沿岸全为白族聚落，是白族中心地带，民家语以此境最典范，并对白族赶庙会提出了另一种观点，认为起于谷、王、谢、陈、夏等大姓的结棚为市，后来兴起一、四、七为集市期。[9]

"仗鼓舞"是桑植白族文化中一个有特色的内容。向智星对桑植白族的"仗鼓舞"进行了深入的研究。她首先从艺术的起源和文化特征两个方面考察了白族"仗鼓舞"，并采取比较研究的方法，论述了桑植白族"仗鼓舞"与大理白族舞蹈的联系，以及白族"仗鼓舞"对苗族"踩鼓舞"、瑶族"铜鼓舞"的吸收与融合。在对比研究白族"仗鼓舞"及瑶族"长鼓舞"起源的基础上，向智星认为这体现了一种"民族文化的相互交应"，并指出白族"仗鼓舞"具有明显的社会功利性和实用性。[10]她据此归纳了包括"仗鼓舞"在内的湘西少数民族舞蹈的一些特征：（1）以祭祀祖先为主要题材；（2）属于广场艺术；（3）具现实生活性；（4）顺摆，即动右手出右脚，甩左手出左脚（即甩同边手）；（5）具形象性；（6）圆圈运动。[11]戴楚洲指出：白族舞蹈"杖鼓舞"和"九子鞭"，均为文体合璧的传统歌舞。杖鼓舞可与土家摆手舞、苗族猴儿鼓媲美。所以，张家界一带素有"土家摆手舞，民家杖鼓舞，苗族猴儿鼓"的说法。[12]

桑植被誉为"民歌"的海洋，如《马桑树儿搭灯台》等曲目在国内外享有盛名。陈金钟、王子荣主编的《桑植白族民歌选》一书共收录至今流传在湖南省桑植县白族民间的民歌近400首，反映了宋末元初随元世祖忽必烈大军进入湘西定居750多年来，白族人民在这片人杰地灵的土地上生息繁衍，与当地汉族、苗族、土家族共同创造灿烂的湘西文化的历史，是白族文化在异地生根、开花结出的奇葩，被誉为桑植白族的《诗经》[13]。钟以轩主编《桑植民歌》[14]，收录了丰富的民歌资料，包括山歌、傩愿调，并将桑植民歌的特点归纳为：历史悠久，源远流长；品种繁多，特色鲜明；流传面广，影响面大。书中收录的白族源流歌之《拜祖词》和《祖训》是研究桑植白族族源的第一手史料。

与宗教、舞蹈密切相连的是傩愿戏，然而，目前对傩愿戏的相关研究还较为缺乏。傩戏，因地域和民族的不同，又称为傩堂戏、傩坛戏、傩愿戏、傩神戏、神戏、脸子戏、师道戏、师公戏、阴戏等。这种戏剧在南方各民族中都有流行，它产生并依附于原始的宗教祭祀仪式，是傩祭仪式中的一个重要组成部分。傩坛祭祀中除了包含有叫做"正戏"的傩戏外，还有大量的祭祀仪程——"法事"。法事与正戏相互衔接，形成一个祭祀的整体，以达到一个共同的愿景：或祈祀丰年、或禳灾纳吉、或求子赐福、或超度亡灵。含冰指出：被称为"戏曲活化石"的傩愿戏在桑植县保存最为完整，佛戏、道统戏也只有桑植仅存，属戏剧奇葩。[15]

对桑植县内的族群研究亦为薄弱环节，王剑峰从族群的角度进行研究，并将桑植白族与大理白族的族群特征进行了比较研究，是近年来较为集中研究桑植白族的研究专著之一。[16]

风俗习惯无疑是学者们讨论最多的一个领域，但许多成果偏重于一般性介绍，尚未形成系统研究。戴楚洲指出：张家界一带白族从云南大理迁来虽然已有七百多年历史，但是民族特点仍然显著，主要体现在九个方面：族称、服饰、饮食、居住、婚姻、丧葬、节日、文艺、宗教。并从诸姓楹联的角度论证了桑植白族的祖源[17]。成均等撰写的《桑植白族婚俗探秘》一文认为，桑植白族婚俗保存着云南大理古代传承下来的富有民主自由色调和浪漫气息的婚制礼俗，呈现出与桑植各少数民族相互交融的古朴、绚烂的风采，从而充满着欢快、别致的情调，桑植白族婚俗从一开始，就弥漫着神秘的桑植楚风楚韵。桑植白族婚俗自始至终有十四道程序，可以说内容丰富、色彩斑斓，有：赶场定亲、打衣比子、发八字、颂恩与报日、圆礼、闹棚、迎亲、掐新娘、敬三道茶、闹房、筛蛋、回门、送蛋、报喜等。[18]谷历生在《湖南桑植白族茶的礼俗》一文中认为湖南桑植白族人用茶的礼俗各种各样，但都能体现其文明风范和礼仪教化；谷俊德描述了桑植白族的饮食，指出白族乡民宴第一个特点是菜味极辣，品种多样。山里人炒菜最讲究"辣"字，素有

"土家族人不怕辣，苗族人家辣不怕。白族男女怕不辣"之称。[19]①
除了以上论著外，在《民族论坛》等刊物上有部分关于桑植少数民
族风情的介绍性文章，在其他著作中有部分章节零星涉及桑植白族
族情况。

此外，近期已经出版或即将出版的著作尚有：《光明日报》出
版社已经公开出版发行的《桑植民族史》、《桑植土家族史》、《桑
植民俗礼仪大全》、《桑植白族史》和《桑植白族民歌选》五本民
族文化著作；由桑植县委、县政府组织编写的《桑植民族民间文化
系列丛书》，包括《桑植民歌》、《桑植花灯戏音乐》、《桑植傩戏音
乐》、《桑植唢呐曲牌》、《桑植傩戏演本》、《桑植民族歌舞》、《桑
植民间故事》、《桑植文物》、《桑植民族文化》等。

二、湖南桑植散杂居白族研究存在的问题

综观上述，从有关桑植白族的研究中可以发现存在以下问题：

第一，学者们有关桑植白族的历史、文化、风俗习惯、节日习
俗、宗教信仰等方面内容的基本线索是较为清晰的，但研究中往往
停留于叙述的层面，偏重于现象的陈列和资料的介绍，缺乏深入的
探究，系统的研究和理论的探讨有待深化。

第二，对桑植白族的研究，学者们达成了许多共识，但在一些
具体问题上，分歧较大，甚至往往是祖述某说，不加深究，导致一
错百错，往往对同一现象有不同解释。造成这种现象的客观原因之
一在于，有关桑植白族的资料较少，这也给研究工作带来了很大困
难，客观原因之二是由于地理上的隔绝而导致当地与云南大理文

---

① 笔者认为，这实际上典型地体现了白族与土家族、苗族之间的关系。求同，即同样
生存背景下的适应和民族交融、文化融合，"辣"之共同点在三个民族的饮食中均
居于突出地位；存异，反映民族交往、融合中民族特色、民族文化的维系、保持乃
至巩固，同样是"辣"，但"辣"得不一样，"辣"的程度也不同。

化、白族研究的学术交流甚少。

第三，对于桑植白族各文化因子（事象）的具体分析，体现出三个缺陷：一是缺乏横向比较，忽视了桑植白族各文化因子（事象）的内在联系；二是缺乏将白族文化与土家族文化、苗族文化进行横向的比较研究；三是缺乏与大理白族文化因子（事象）的比较研究。

第四，有关桑植白族文化因子（事象）的研究中，针对族源、舞蹈、庙会、三元教、风俗习惯等方面的研究成果较集中，而对语言、建筑等其他领域则关注较少，对民族关系、文化变迁等方面的研究尤待深入。即使是已有的研究成果中，加以深究、进行细化研究仍大有空间。

第五，除了专著外，研究成果相对集中发表于湖南省民委主办的《民族论坛》、白族学会主办的《白族学研究》、《大理文化》，并有部分文章发表于其他学术性刊物，在相关著作中有部分章节零星涉及，总体而言，研究成果仍然很少。[①] 这一方面反映出桑植县白族的研究没有引起人们足够的重视，另一方面也反映出对桑植白族的研究很薄弱，从事桑植白族研究的学者少，和桑植白族在历史上的地位是极不相称的。

参考文献：

[1] 钟玉如. 论桑植沅陵钟姓的族属源流. 白族学研究，1993（3）
[2] 张丽剑. 鄂西鹤峰白族的来源及其文化. 湖北民族学院学报，2007（4）
[3] 谷臣章、谷忠诚. 湘西大庸白族概况. 白族学研究，1993（3）
[4] 吴心源. 南诏政权族属考. http：//gzc2. com/xyyl/list. asp？id＝88/，2003 年 7 月 31 日

---

① 学术界对桑植白族研究的薄弱性可以通过以下实例得以体现：《白族学研究》是目前国内以白族为专门研究对象的专业研究刊物，截止到 2004 年所出版的 14 期中，专门论及桑植白族的仅有 4 篇专文，其他文章几乎不涉及桑植白族，此外仅有一条关于桑植县成立白族学分会的报道消息。

［5］ 王明达、段寿桃．桑植白族"三元教"简评．白族学研究，1991（1）

［6］ 吴杰．溇水流域土家族民间信仰初探．中南民族学院学报，2000（2）

［7］ 游俊．土家族祖先崇拜略论．世界宗教研究，2000（4）

［8］ 谷俊德．十月十五日，麦地坪赶庙会．民族论坛，2003（6）

［9］ 谷历生．桑植白族文化特点．民族论坛，2003（9）

［10］ 向智星．略论湘西白族的《仗鼓舞》．湖南大学学报，1998（2）

［11］ 向智星．简论湘西少数民族舞蹈的特征．贵州民族研究，1999（2）

［12］［17］ 戴楚洲．张家界市白族风情谈略．怀化师专学报，1998（4）

［13］ 陈金钟、王子荣．桑植白族民歌选．昆明：云南美术出版社，2003

［14］ 钟以轩．桑植民歌．长沙：岳麓书社，2000

［15］ 含冰．古歌隐现　风情簇然．民族论坛，2001（5）

［16］ 王剑峰．桑植白族经济与社会结构研究．长春：吉林人民出版社，2002

［18］ 成均、石绍河、谷历生．桑植白族婚俗探秘．民族论坛，2002（5）

［19］ 谷俊德．白族乡民宴．民族论坛，2002（1）

（原载《中南民族大学学报》2008 年第 2 期）

图书在版编目（ＣＩＰ）数据

散杂居民族问题研究／雷振扬主编．—北京：民族出版社，2010.6

ISBN 978 - 7 - 105 - 10993 - 7

Ⅰ.①散… Ⅱ.①雷… Ⅲ.①民族问题—中国—文集
Ⅳ.①D633.1 - 53

中国版本图书馆 CIP 数据核字（2010）第 124690 号

散杂居民族问题研究

出版发行：民族出版社

社　　址：北京市和平里北街 14 号　邮编：100013

电　　话：010 - 64271909（编辑室）

　　　　　010 - 64224782（发行部）

网　　址：http：//www.mzcbs.com

印　　刷：北京市艺辉印刷有限公司

经　　销：各地新华书店

版　　次：2010 年 8 月第 1 版　2010 年 8 月北京第 1 次印刷

开　　本：880 毫米 × 1230 毫米　1/32

字　　数：418 千字

印　　张：14.875

定　　价：30.00 元

ISBN 978 - 7 - 105 - 10993 - 7 / D · 2004（汉 290）

该书若有印装质量问题，请与本社发行部联系退换